अलक्षित आख्यान

स्त्री-विमर्श की कहानियों का चयन

अलक्षित आख्यान

स्त्री-विमर्श की कहानियों का चयन

चयन एवं सम्पादन

डॉ. लालसा यादव

प्रोफ़ेसर, हिन्दी विभाग

इलाहाबाद विश्वविद्यालय, प्रयागराज

लोकभारती प्रकाशन

पहला संस्करण हिन्दी परिषद् प्रकाशन द्वारा 2003 में प्रकाशित

लोकभारती प्रकाशन
पहली मंजिल, दरबारी बिल्डिंग, महात्मा गाँधी मार्ग
इलाहाबाद-211 001
वेबसाइट : www.lokbhartiprakashan.com
ईमेल : info@lokbhartiprakashan.com
शाखाएँ : 1-बी, नेता जी सुभाष मार्ग, दरियागंज
नयी दिल्ली-110 002
अशोक राजपथ, साइन्स कॉलेज के सामने
पटना-800 006
36-ए, शेक्सपियर सरणी
कोलकाता-700 017

पहला संस्करण : 2019

मूल्य : ₹ 150

लेजर टाइप सेटिंग **प्रखर कम्प्यूटर**
झलवा, प्रयागराज

आस्था पेपर कन्वर्टर
प्रयागराज द्वारा मुद्रित

ALAKSHIT AKHYAN
by Dr Lalsa Yadav

ISBN : 978-93-88211-12-3

समर्पण

"महिलाओं की स्वतन्त्रता ही उनके जीवन की दिशाओं का विकास करेगी। हमें सिर्फ़ उनकी स्वतन्त्रता का स्वरूप बताना है और यह भी सत्य है कि पुरुषों के निरादर करने पर भी स्त्री-शक्ति का विकास रुक नहीं सकता, न वह अब तक कहीं रुका है।"

सूर्यकान्त त्रिपाठी 'निराला'

'समाज और महिलाएँ' शीर्षक से लिखे गये सितम्बर, 1932 की 'सुधा' (मासिक, लखनऊ) की सम्पादकीय से

विषय-सूची

भूमिका

(i) हिन्दी कहानी का विकास

आधुनिक हिन्दी गद्य की कई महत्त्वपूर्ण विधाओं का प्रारम्भ उन्नीसवीं शताब्दी के उत्तरार्द्ध में दिखायी देता है। किन्तु आधुनिक हिन्दी कहानी (मॉडर्न शार्ट स्टोरी) की शुरुआत बीसवीं शताब्दी के आरम्भ में होती है। इसके पूर्व हिन्दी कहानी का जो रूप दिखायी देता है वह आख्यान अधिक, कहानी कम है। वैसे तो फोर्टविलियम कॉलेज से जुड़े लेखकों में से एक ने 1841 में 'रानी केतकी' की कहानी लिखी थी। किन्तु इससे हिन्दी कहानी की परम्परा का विकास नहीं माना जाता है। "उन्नीसवीं शताब्दी के मध्य तक जब संयुक्त राज्य अमेरिका, जर्मनी, फ्रांस और रूस में कहानी कला अपने बिकास के परवान पर पहुँच रही थी, अंग्रेज़ी में नयी कहानी का विकास अपनी आरम्भिक अवस्था में था। इधर बीसवीं शताब्दी के आरम्भ में हिन्दी-क्षेत्र के लेखकों का जो थोड़ा-बहुत सम्बन्ध 'छोटी कहानी' से बना वह बँगला और अंग्रेजी साहित्य के माध्यम से ही। पहले **सरस्वती** में और बाद में **इन्दु, मर्यादा, माधुरी, विशालभारत** आदि पत्रिकाओं में बँगला गल्पों के अनुवाद और रूपान्तर प्रकाशित होते रहे। अंग्रेजी के माध्यम से टॉल्सटॉय, गोगोल, मोपासाँ, चेखव, ओ-हेनरी आदि की कतिपय प्रसिद्ध कहानियों के अनुवाद भी दूसरे-तीसरे दशकों की पत्र-पत्रिकाओं में प्रकाशित हुए। इन सबसे हिन्दी के लेखक प्रेरित और प्रभावित हुए। पर हिन्दी लेखकों को कहानी लिखने की प्रेरणा भले ही अंग्रेजी या बँगला से प्राप्त हुई हो, उनके सामने संस्कृत, प्राकृत, अपभ्रंश और हिन्दी की कथा आख्यान परम्परा का विशाल रिक्थ भी था।"[1]

हिन्दी कहानी के इतिहास की बात करते हुए उसके प्रारम्भ पर आचार्य शुक्ल की यह टिप्पणी सार्थक लगती है– "जिस प्रकार गीत गाना और सुनना मनुष्य के स्वभाव के अन्तर्गत है, उसी प्रकार कथा-कहानी कहना और सुनना भी। कहानियों का चलन सभ्य-असभ्य सब जातियों में चला आ रहा है। सब जगह उसका समावेश शिष्ट समाज के भीतर हुआ है। बृहत्कथा, बैताल पचीसी, सिंहासन बत्तीसी,

माधवानल कामकन्दला, सीतवसन्त इत्यादि वृत्त वैचित्र्यपूर्ण होते हुए भी कथा के मार्मिक स्थलों में रखनेवाले भावप्रधान आख्यान हैं।[2] रामचन्द्र शुक्ल द्वारा 'पहली कहानी कौन?' विवाद में उल्लिखित कहानियों का जो प्रकाशन-वर्ष दिया गया है उसको आधार बनाकर कहें तो कहानी का आविर्भाव सन् 1900 से 1907 के बीच माना जा सकता है। किशोरीलाल गोस्वामी की कहानी 'इन्दुमति' 1900 में (सरस्वती में) प्रकाशित हुई। यह हिन्दी की पहली कहानी मानी जाती है। 1901 में माधवराव सप्रे की 'एक टोकरी भर मिट्टी' प्रकाशित हुई। भगवानदास की 'प्लेग की चुड़ैल (1902) तथा आचार्य रामचन्द्र शुक्ल की 'ग्यारह वर्ष का समय' (1907) और 'बंगमहिला' उर्फ राजेन्द्रबाला घोष की 'दुलाईवाली' बीसवीं शताब्दी की आरम्भिक महत्त्वपूर्ण कहानियाँ थीं। चन्द्रधर शर्मा 'गुलेरी' की कहानी 'उसने कहा था।' सन् 1915 की सरस्वती में छपी।

बीसवीं सदी के दूसरे दशक से चौथे दशक तक का समय प्रेमचन्द के प्रभाव का समय था। उनकी आदर्शवाद से यथार्थवाद तक की विकास-यात्रा आगे आने वाले लेखकों के लिए प्रेरणास्रोत रही। जहाँ प्रेमचन्द जीवन की वास्तविक घटनाओं और समस्याओं को लेकर यथार्थ की प्रतिस्थापना कर रहे थे, वहीं प्रसाद मनुष्य के भीतरी भाव जगत् के द्वन्द्व को व्यक्त कर रहे थे। प्रेमचन्द वर्तमान के दुःख-दर्द, हार-जीत, न्याय-अन्याय की कहानी कह रहे थे, जबकि प्रसाद अतीत में कल्पना के सहारे रम रहे थे।[3] 'प्रेमचन्द के कहानी- लेखन की सबसे बड़ी विशेषता है कि उसमें हिन्दी कहानी के विकास की प्रायः सभी अवस्थाएँ दृष्टिगोचर होती हैं। किन्तु प्रसाद की कहानियों में प्रेम और करुणा का, त्याग और बलिदान का, दार्शनिकता और काव्यात्मकता का प्राधान्य है'।[4] 'आकाशदीप' की चम्पा, 'देवरथ' की सुमाता, 'पुरस्कार' की मधूलिका आदि प्रसाद की कहानियों के अनुपम नारी पात्र हैं। नियति और समाज से एक साथ संघर्षरत नारी का ऐसा चित्रण दुर्लभ है। राय कृष्ण दास ने प्रसाद की तरह ही भावप्रधान कहानियों की रचना की। इस दौर के कहानीकारों में कौशिक की 'ताई' और 'रक्षाबन्धन' तथा पाण्डेय बेचन शर्मा 'उग्र' की कहानी 'माँ' ने अधिक प्रसिद्धि प्राप्त की। इस कहानी को आधार बनाकर आचार्य नन्ददुलारे वाजपेयी ने उग्र को हिन्दी का पहला राजनीतिक कहानीकार कहा था। उग्र के बाद राजनीतिक सरोकारों को ध्यान में रखकर जैनेन्द्र कुमार ने अनेक कहानियाँ लिखीं। 'फाँसी', 'ग़दर के बाद', 'रानी महामाया', 'जयसन्धि' आदि के माध्यम से उनकी राजनीतिक चेतना को समझा जा सकता है। प्रेमचन्द की तरह परिवार के प्रति हार्दिक चिन्ता और निष्ठा को केन्द्र में रखकर भी जैनेन्द्र ने कई कहानियाँ लिखीं। 'मास्टर जी', 'घुँघरू', 'ग्रामोफोन का रिकार्ड', 'जाह्नवी', 'ब्याह' और 'भाभी' उनकी प्रेम-सम्बन्धी कहानियाँ हैं जिनमें स्त्री-जीवन की यातना के विविध चित्र उपस्थित हैं।

प्रेमचन्दोत्तर कहानियों में अज्ञेय का नाम प्रमुखता से लिया जा सकता है। अज्ञेय के कथा-संसार में क्रान्ति के समर्थन से लेकर भावुकता से भरी प्रेम कहानियाँ भी मिलती हैं। अज्ञेय की कुछ कहानियाँ ऐसी हैं जिनमे मानवीय और प्रगतिशील तत्त्वों को देखा जा सकता है। 'जिजीविषा', 'चिड़ियाघर', 'पहाड़ी जीवन', 'अलिखित कहानी' और 'खितीन बाबू' जैसी कहानियाँ इसी दृष्टि से लिखी गयी हैं। अज्ञेय के बाद इस दौर के प्रमुख कहानीकारों में यशपाल का नाम लिया जा सकता है। 'मक्रील', 'प्रेमसागर' और 'हृदय' आदि इनकी भावुक प्रेम कहानियाँ हैं। भगवतीचरण वर्मा की 'दो बाँके' और 'मुग़लों ने सल्तनत बख़्श दी' जैसी कहानियाँ इसी दौर में लिखी गयीं।

प्रेमचन्दोत्तर काल में ऐसे कई लेखक हैं जो प्रेमचन्द के साथ-साथ ही लिख रहे थे और जिन्होंने इस कालावधि में, इस दिशा में अपनी रचनात्मक सक्रियता द्वारा कहानी में न सिर्फ़ अपनी उपस्थिति का एहसास कराया बल्कि रचना-शिल्प और भावबोध की दृष्टि से कहानी को समृद्ध भी किया। ऐसे लेखकों में उपेन्द्रनाथ अश्क, विष्णु प्रभाकर, अमृतलाल नागर, रांगेय राघव, अमृत राय और भैरवप्रसाद गुप्त आदि का नाम उल्लेखनीय है। इनमें से अधिकांश पर प्रेमचन्द का गहरा प्रभाव है। इसी काल में 'निराला' और 'पन्त' ने भी कुछ महत्त्वपूर्ण कहानियाँ लिखकर अपने कवि से इतर कहानीकार व्यक्तित्व का परिचय दिया। निराला की अधिकांश कहानियाँ स्त्री-जीवन से सम्बन्धित हैं जिनमें स्त्री अनुभूतियों की गहरी छाप है। 'देवी', 'जानकी', 'सुकुल की बीबी', 'श्यामा', 'लिली', 'पद्मा' जैसी कहानियाँ निराला की अत्यन्त महत्त्वपूर्ण कहानियाँ हैं। पन्त की कहानी 'पसवाला' में अनुभूति पक्ष की प्रधानता है।

इस युग की महिला लेखिकाओं में सुभद्रा कुमारी चौहान की कहानियाँ सामाजिक-पारिवारिक जीवन् के व्यावहारिक चित्रण के लिए विशेष प्रसिद्ध हैं। 'बिखरे मोती' और 'उन्मादिनी' में संगृहीत कहानियों में उन्होंने अधिकतर भारतीय नारी की परिस्थितियों, समस्याओं तथा भावनाओं का सजग चित्रण किया है। प्रेमचन्द की पत्नी शिवरानी देवी ने भी प्रायः उन्हीं की शैली में सामाजिक सरोकारों से जुड़ी कहानियों की रचना की। ऊषादेवी मित्रा तथा चन्द्रकिरण सोनरेक्सा ने भी भावुकता भरी कल्पनामयी सामाजिक कहानियाँ लिखीं। हिन्दी कहानी के विकास की दृष्टि से यह काल बेहद महत्त्वपूर्ण रहा।

प्रेमचन्दोत्तर कथाकारों की एक पीढ़ी ने नयी कविता की तर्ज पर 'नयी कहानी' आन्दोलन का निर्माण किया। नयी कहानी में कहानी के परम्परागत और

रूढ़ तत्वों के आधार पर कहानी के मूल्यांकन का विरोध किया गया। समकालीन सन्दर्भों से जुड़ी हुई 'नयी कहानी' ने अपने आगमन के साथ ही अतीत से हटकर अपने आपको वर्तमान पर केन्द्रित किया। वर्तमान विसंगतियों और विद्रूपताओं को उकेरती हुई नयी कहानी शिक्षा और नौकरी के लिए किये जाने वाले संघर्ष, बेरोजगारी से उपजी हताशा और भ्रष्टाचार के प्रति समाज की बढ़ती हुई उदासीनता और स्वीकृति को अपना मुख्य कथ्य बनाती है।"[5] कृष्णा सोबती और उषा प्रियम्वदा की कई कहानियों में प्रेम-सम्बन्धों से उपजी हताशा को देखा जा सकता है। राजेन्द्र यादव की कहानी 'कमज़ोर लड़की' में पत्नी और प्रेमिका के बीच का तनाव उपस्थित है तो अमरकान्त की कहानी 'डिप्टी कलक्टरी' में बेरोज़गारी की पीड़ा बेहद संवेदनशीलता के साथ मौजूद है। कामकाजी महिलाओं और परिवार में बढ़ती उनकी हैसियत को ध्यान में रखकर भी कई महत्त्वपूर्ण कहानियाँ लिखी गयीं। अपरम्परागत और नयी संवेदनशीलता से विकसित रिश्तों को महत्त्व दिया जाने लगा। शिवप्रसाद सिंह की 'दादियाँ', मार्कण्डेय की 'गुलरा के बाबा' और भीष्म साहनी की 'चीफ की दावत' आदि कहानियों में परिवार और समाज की पुरानी पीढ़ी की मानसिक यातना और नयी पीढ़ी के साथ उनके मूलगत अन्तराल को रेखांकित किया गया है। कुछ प्रेम कहानियाँ भी नयी संवेदनशीलता के साथ रची गयीं। कुछ कहानियों में प्रेम के प्रति लौकिक और यथार्थ दृष्टिकोण भी दिखायी देता है– जैसे 'परिन्दे', 'तीसरी कसम', उर्फ 'मारे गये गुलफ़ाम', 'लाल पान की बेगम', 'कोसी का घटवार', 'नीली झील' आदि।

नयी कहानी के विकास में सबसे बड़ी उपलब्धि थी महिला कथाकारों की उपस्थिति। कृष्णा सोबती, मन्नू भण्डारी, उषा प्रियम्वदा आदि इसी दौर की कथाकार हैं। "इन लेखिकाओं ने अपनी दृष्टि से अपने जीवन को देखा और कदाचित् पहली बार हिन्दी में स्त्रियों के जीवन और उनकी समस्याओं को प्रामाणिक और विश्वसनीय अभिव्यक्ति मिल सकी।"[6] नयी कहानी के महिला-पुरुष दोनों कथाकारों ने अपने पात्रों की मनोदशाओं का वर्णन ब्योरेवार तो किया ही है, उनमें भावनात्मक जटिलता को बिम्ब विधान द्वारा व्यक्त करने की सजगता भी दिखायी देती है।

साठोत्तरी कविता को जिस तरह 'अकविता' कहा गया था, उसी तरह साठोत्तरी कहानी को 'अकहानी' नाम दिया गया। 'अकहानी' का भी मूल स्वर विरोध और नकार का रहा। गंगाप्रसाद विमल 'अकहानी' में तत्कालीन यूरोप में सक्रिय कला एवं साहित्य जगत् के अनेक प्रभावों को घुला-मिलाकर प्रस्तुत करते हैं। एब्सर्ड थियेटर, एण्टी स्टोरी, अस्तित्ववाद और बीटनिक जेनरेशन आदि के तत्त्व इस अकहानी की प्रकृति का निर्धारण करते हैं। जीवन में स्थापित मूल्यों और नैतिक

हस्तक्षेप का विरोध जिस मनुष्य को 'अकहानी' में प्रस्तुत करता है वह विद्रूपताओं और कुण्ठाओं का शिकार मनुष्य है।[7] ज्ञानरंजन, दूधनाथ सिंह, गंगाप्रसाद विमल, गिरिराज किशोर, रवीन्द्र कालिया, महेन्द्र भल्ला, ज्ञानप्रकाश, काशीनाथ सिंह आदि इसी दशक के कथा लेखक हैं और इन्हीं के साथ ममता कालिया, सुधा अरोड़ा, नमिता सिंह, चित्रा मुद्गल आदि कथा लेखिकाएँ भी कहानी के परिदृश्य में महत्त्वपूर्ण उपस्थिति दर्ज कराती हैं। ये युवा लेखक किसी परम्परागत नैतिकता या सामाजिक प्रतिबद्धता के कायल नहीं। वे सत्य को अपनी आँखों से देखने पर अधिक विश्वास करते हैं। अतः सातवें दशक की कहानी के अन्दर हर लेखक जूझता या संघर्ष करता दिखायी देता है। इस काल की कहानी की भाषा और शैली अधिक सघन, स्पष्ट और तार्किक है।[8]

महिला कथाकारों की कहानियों में सामान्यतः स्त्री के स्वतन्त्र व्यक्तित्व के चित्र आँके गये हैं। यहाँ तक कि सेक्स और रोमांस का चित्रण करते समय भी महिलाओं में झिझक और संकोच नहीं है। अकहानी आन्दोलन के बाद 'समानान्तर कहानी' और 'जनवादी कहानी' शुरू होती है। कमलेश्वर ने 'सारिका' के अपने सम्पादन काल में आठवें दशक के शुरू में समानान्तर कहानी आन्दोलन की शुरुआत की। परिवर्तनशील और बदलती हुई जीवन स्थितियों को लेकर तथा प्रतिबद्धता से मुक्त होकर कहानी रचना की जाने लगी। से. रा. यात्री की कहानी 'अँधेरे का सैलाब', मेहरुन्निसा परवेज़ की कहानी, 'आतंक भरा सुख', जितेन्द्र भाटिया की कहानी 'शहादतनामा', सुधा अरोड़ा की कहानी 'बगैर तराशे हुए' इसी दौर में लिखी गयीं। समानान्तर कहानी में जुलूस, भीड़ और दिशाहीन आन्दोलनों की भरमार-सी है।

कहानी के विकास में 'जनवादी कहानी' वस्तुतः प्रगतिशील कहानी का ही विस्तार है। नयी कहानी की आत्मपरकता और अनुभववाद के विरुद्ध भीष्म साहनी, अमरकान्त, मार्कण्डेय और शेखर जोशी जैसे लेखक उसी दौर में सक्रिय थे। इनकी और नयी कहानी धारा के अन्य लेखकों में अन्तर है। नयी कहानी के दौर में ये चारों लेखक अपने परिवेशगत और युगीन प्रभावों के बीच प्रगतिशील कहानी की इस धारा को विस्तार देने में सक्रिय दिखायी देते हैं।

समकालीन कथा-साहित्य में महिला कहानीकारों की भूमिका और सक्रियता महत्त्वपूर्ण है। महिला लेखन के अन्तर्गत उनकी पहचान नारी मुक्ति आन्दोलन से जुड़ी हुई है। पहले की लेखिकाओं ने भी संवेदनापूर्ण कहानियाँ लिखी हैं। जैसे सुभद्रा कुमारी चौहान, होमवती देवी तथा चन्द्रकिरण सोनरेक्सा आदि। किन्तु इनके लिखे को स्त्रीवादी लेखन के रूप में नहीं स्वीकार किया गया। नासिरा शर्मा, मैत्रेयी पुष्पा, मृदुला गर्ग, सूर्यबाला, राजी सेठ, चित्रा मुद्गल आदि ऐसी ही महिलाएँ हैं जो अपने

परिपक्व विचार और लेखन द्वारा स्त्री मुक्ति के नये आयाम गढ़ रही हैं। स्त्री मुक्ति आन्दोलन की दृष्टि से मैत्रेयी पुष्पा एक महत्त्वपूर्ण नाम है। मैत्रेयी पुष्पा ने ग्रामीण परिवेश को अपनी कहानियों के केन्द्र में रखा है। बुन्देलखण्ड और ब्रजप्रदेश उनकी कहानियों में गहरी संवेदना के साथ अंकित हैं। नारी मुक्ति आन्दोलन के साथ जुड़ी कई युवा लेखिकाओं ने भी कथा-साहित्य में महत्त्वपूर्ण मुकाम हासिल किया है। इनमें प्रमुख हैं– अल्पना मिश्र, गीताञ्जली श्री, नीलाक्षी सिंह, वन्दना राग, ज्योति चावला आदि। अपनी रचना में स्त्री मुक्ति को मुख्य मुद्दा बनाकर पितृसत्तात्मक मूल्यों और गैर बराबरी पर आधारित सिद्धान्तों का विरोध करती हुई ये लेखिकाएँ मुक्त स्त्री छवि रचने का कार्य कर रही हैं। महिला कथाकारों की भाषा और संवेदना कहीं से भी शिथिल अथवा सपाट नहीं है। परिपक्व कहे जानेवाले पुरुष लेखकों के बीच अपनी मजबूत उपस्थिति दर्ज कराते हुए ये लेखिकाएँ निरन्तर आगे बढ़ रही हैं।

स्त्री-विमर्श की सैद्धान्तिक : कुछ जरूरी बातें

आज नारीवादी चिन्तन की मुख्य चिन्ता है स्त्री की दोयम दर्जे की स्थिति और उसकी ज़िम्मेदार संरचनाएँ। तात्पर्य यह कि स्त्री अस्मिता का प्रश्न आज के विमर्श का सबसे महत्त्वपूर्ण प्रश्न है। आज की दुनिया में शायद ही कोई ऐसा समाज हो जहाँ स्त्री-पुरुष में पूर्ण समानता हो, उन्हें अवसर की बराबरी, इज़्ज़त व सामाजिक, सांस्कृतिक, आर्थिक संरचना में बराबरी के अधिकार प्राप्त हों। घर के भीतर और बाहर सब तरफ़ उसके लिए बन्धनकारी स्थितियाँ मौजूद हैं। जो पुरुषों के लिए ज़ायज़ है वह स्त्री के लिए नाज़ायज़ है। स्त्री कहीं स्वतन्त्र नहीं है। उसकी सुरक्षा पुरुष के अधीन रहने में ही है। उमा चक्रवर्ती के शब्दों में कहें तो– "विश्व के अधिकतर हिस्सों में दर्ज इतिहास की अधिकांश अवस्थाओं में स्त्री पराधीनता का वज़ूद है।"[9] लेकिन इस पराधीनता के स्वरूप और हद का निर्धारण सामाजिक, आर्थिक और सांस्कृतिक कारक करते हैं। सिमोन कहती हैं– "स्त्री की दशा सामाजिक परिवर्तनों के बावजूद प्रायः एक जैसी ही बनी रही। इस स्थिति के द्वारा ही स्त्री चरित्र का निर्धारण होता रहा है। स्त्रियाँ अपनी विश्वव्यापी स्थिति में ख़ुश हैं। वे विरोधाभासों में जीती हैं, वे हीन और मूर्ख हैं। वास्तविकता से अपरिचित हैं उसमें नैतिकता का अभाव है, वे उपयोगितावादी हैं। वे मिथ्याचारिणी हैं, वे नाटकीय हैं, उनमें नैतिकता का अभाव है, वे आत्मकेन्द्रित हैं– आदि बातें आरोपों के रूप में कही जाती हैं। ...इस तरह के व्यवहार के लिए स्त्री की परिस्थिति ज़िम्मेवार होती है।"[10] इसी दृष्टि से हमें स्त्री जीवन का अध्ययन करना है। स्त्री जीवन की चुनौतियों को समझने के लिए हमें सामाजिक, आर्थिक और सांस्कृतिक परिस्थिति को सूक्ष्मता

से व्याख्यायित करना होगा। नारीवादी विचारधारा को प्रभावित करनेवाले उक्त पहलुओं के अतिरिक्त व्यक्तिगत, राजनीतिक और दार्शनिक पहलू भी शामिल हैं।

नारीवादी विमर्श का पहला और महत्त्वपूर्ण कार्य है– महिलाओं को अधीन करनेवाली जटिल संरचना को पहचानना। संरचना जटिल ज़रूर है पर पहचानना मुश्किल नहीं है। स्त्री को अधीन बनानेवाली सामाजिक संरचना में पितृसत्ता की एक अहम् एवं महत्त्वपूर्ण भूमिका है। बीसवीं सदी के आठवें दशक तक आते-आते हिन्दी क्षेत्र में जो स्त्री-विमर्श उभरा श्रमवाद, नारीवादी लेखिकाओं, विचारकों ने पितृसत्ता को विशिष्ट अर्थ में परिभाषित करना शुरू कर दिया।

पितृसत्ता का अर्थ है पुरुष वर्चस्व। इस वर्चस्व के जरिये सभी संस्थाएँ स्त्रियों का शोषण और उत्पीड़न करती हैं। पितृसत्ता की सर्वाधिक महत्त्वपूर्ण और उपयोगी परिभाषा गार्डा लर्नर ने दी है। उनके अनुसार, "पितृसत्ता परिवार में महिलाओं और बच्चों पर पुरुषों के वर्चस्व की अभिव्यक्ति और संस्थागतकरण तथा सामान्य रूप से महिलाओं पर पुरुषों के सामाजिक वर्चस्व का विस्तार है। इसका अभिप्राय है कि पुरुषों का समाज के सभी महत्त्वपूर्ण सत्ता प्रतिष्ठानों पर नियन्त्रण रहता है और महिलाएँ ऐसी सत्ता तक पहुँच से वंचित रहती हैं। वह यह भी कहती हैं कि इसका यह अर्थ नहीं है कि– "महिलाएँ या तो पूरी तरह शक्तिहीन हैं या पूरी तरह अधिकारों, प्रभाव और संसाधनों से वंचित हैं। इसका यह अर्थ भी नहीं है कि प्रत्येक पुरुष सदा वर्चस्व की और प्रत्येक महिला सदा अधीनता की स्थिति में रहती है। महत्त्वपूर्ण यह है कि वह व्यवस्था जिसे हमने पितृसत्ता का नाम दिया है, के तहत यह विचारधारा प्रभावी रहती है कि पुरुष महिलाओं से अधिक श्रेष्ठ हैं, तथा उन पर सदा पुरुषों का ही नियन्त्रण होना चाहिए।" मनु ने भी स्त्री पर सदा नियन्त्रण और निगरानी रखने की वकालत की है–

"एवं स्वभावं ज्ञात्वाऽऽसां प्रजापति निसर्गजम्
परमं यत्नमातिष्ठेत्पुरुषो रक्षणं प्रति।"

अर्थात् सृष्टिकर्त्ता ने उसे रचते समय ही प्रजनन-क्षमता से लैस कर दिया, इसकी कठोर निगरानी हरेक पुरुष का परम दायित्व है। पितृसत्तात्मक व्यवस्था में स्त्रियों के जीवन के जिन पहलुओं पर पुरुषों का नियन्त्रण रहता है उनमें सबसे महत्त्वपूर्ण पक्ष उसकी प्रजनन क्षमता होती है। गार्डा लर्नर भी अधीनीकरण की तह में सबसे प्रमुख कारण महिलाओं के लिए उसकी प्रजनन क्षमता को ही मानती हैं और कहती हैं– "स्त्री की यौन अधीनता सबसे प्रारम्भिक क़ानूनी व्यवस्थाओं में भी मौजूद थी और उसे राज्य की सम्पूर्ण शक्ति के साथ कार्यान्वित किया जाता था। इस तरह से पुरुष स्त्री की यौनिकता पर पूर्ण नियन्त्रण रखता है। यौनिकता पर

नियन्त्रण रखकर उसकी उत्पादकता या श्रम शक्ति पर भी नियन्त्रण प्राप्त कर लेता है। श्रम पर नियन्त्रण के चलते उसकी आने-जाने की आज़ादी सीमित हो जाती है। इसके लिए रीति-रिवाजों का सहारा लिया जाता है। उत्पादक संसाधनों तक उसकी पहुँच नहीं हो पाती और वह पूर्णतः पुरुषों पर निर्भर हो जाती है।" उमा चक्रवर्ती पितृसत्ता पर लिखे अपने एक लेख में कहती हैं– "पैतृकवाद लिंग-आधारित श्रम विभाजन के साथ-साथ लिंग पर आधारित सत्ता सम्बन्धों को भी मजबूत करता है क्योंकि वह मूलरूप से इस विचार पर आधारित है कि शारीरिक असमानताओं के कारण महिलाओं को पुरुषों से भिन्न क्षेत्रों में काम करना चाहिए।"[13] स्त्री अपनी अधीनता की स्थिति को जब अपनी नियति मान लेती है तो परिणामस्वरूप अधीनता की स्थिति दिखना बन्द हो जाती है। तब पितृसत्ता की जड़ें और मज़बूत हो जाती हैं, मजबूत होकर एक विचारधारा का रूप धारण कर लेती हैं। "किसी भी व्यवस्था की मज़बूती का सूचक उसकी विचारधारा की सूक्ष्म स्तरीय व्यापकता है। इस लिहाज़ से ब्राह्मणवादी पितृसत्ता को सफल और मज़बूत कहा जा सकता है। कारण, स्त्रियों के लिए इसने पतिव्रता की जो धारणा गढ़ी, वह उसके दिलो-दिमाग़ में काफ़ी गहरी पैठ बनाने में कामयाब रही। स्त्रियों का अपनी यौनिकता को ख़ुद ही नियन्त्रित कर अथवा पतिव्रत धर्म का निर्वाह कर सम्मानित और गौरवान्वित महसूस करने की मिसाल शायद ही किसी अन्य सत्ता में देखने को मिले। 'पतिव्रता' की धारणा ने न केवल ब्राह्मणवादी पितृसत्ता के माध्यम से स्त्रियों की यौनिकता पर नियन्त्रण की, पर्दापोशी की, बल्कि स्त्रियों की ही सक्रिय भागीदारी के माध्यम से असमान और पदानुक्रमित संरचना के आसान पुनरुत्पादन को भी सम्भव किया। इस तरह स्त्री की यौनिकता पर नियन्त्रण के उपक्रम और स्त्री की पराधीनता ने एक विचारधारा के रंग में रँगकर 'स्वाभाविक' का रूप अख़्तियार कर लिया।"[14] पितृसत्ता के कायदे कानून अक्सर शास्त्रों से लिये जाते हैं। पितृसत्ता के सांस्कृतिक माडलों में, मिथकों के सहारे महिलाओं का समाजीकरण किया जाता है। वह अपने सबलीकरण के लिए अपनी शुचिता और कर्त्तव्यपरायणता में विश्वास करने लगती है। उन्हें लगता है कि उनके भीतर एक विशिष्ट शक्ति है जिससे वह चमत्कार भी कर सकती है। इस प्रकार उसकी आन्तरिक शक्ति को धुँधला कर दिया गया और गढ़ा हुआ झूठ मज़बूती से उसके भीतर बैठ गया और वह अपने सहयोग से पितृसत्ता को और मज़बूत करने लगी। सीता, सावित्री, अनसूया, अरुन्धती ऐसी ही स्त्रियाँ थीं।

सामान्यतः स्त्रियों की समस्याओं की जड़ में मर्यादावाद एवं यौन पवित्रता मुख्य कारक थे। विवाह संस्था के द्वारा स्त्रियों से पतिव्रत धर्म और सतीत्व का पालन ज़बरदस्ती कराया जाता था। विवाह की धार्मिक स्वीकृति एवं संस्कार के रूप में

प्रतिष्ठा के बाद ही स्त्री शिक्षा से और सार्वजनिक जीवन में अपनी भागीदारी से वंचित हुई। पुत्र की महत्ता बढ़ी। पत्नी और बच्चों पर पति का एकाधिकार हुआ। यौन शुचिता स्त्री की सामाजिक स्थिति का अंग बना। विवाह संस्था द्वारा स्त्री से जितनी अधिक सतीत्व की अपेक्षा की गयी, विवाह के बाहर पुरुष के लिए उतने ही अधिक अवसर उपलब्ध हुए। विश्व के अधिकांश समाजों में स्त्री की स्थिति प्रायः यही थी। दलित और स्त्रियाँ, खासकर निम्न जाति की स्त्रियाँ जिस सांस्कृतिक शोषण की शिकार होती हैं वह आर्थिक और शारीरिक शोषण से कहीं ज़्यादा अमानवीय और दुःखदायी होता है। "जाति-आधारित धारणाओं तथा पुरुष वर्चस्व के कारण महिलाओं का दोहरा शोषण होता है। वह जाति और पुरुष दोनों से अपमानित होती है। प्रत्येक जाति के अपने खास सांस्कृतिक आचार-व्यवहार, भोजन, रीति-रिवाज, वस्त्र, कला-रूप आदि हैं। ऊपरी तौर पर तो इससे यही इंगित होता है कि हिन्दू समाज में भिन्न-भिन्न संस्कृतियाँ विद्यमान हैं। लेकिन हक़ीक़त यह है कि जातियों के पेशे और सांस्कृतिक आचार-व्यवहार एक व्यापक ढाँचे में श्रेणीबद्धता की स्थिति में हैं।" इस श्रेणीबद्धता के हिसाब से ही (ऊँची जाति तथा निम्न जाति) जातियों के बीच संसाधनों की उपलब्धता का असमान बँटवारा होता है। स्त्री जिस जाति की श्रेणी में आती है वह उसी संसाधन के भीतर अपने भाग को अपने दर्जे के हिसाब से प्राप्त करती है। उच्च जाति की स्त्रियाँ ज़्यादा सुविधासम्पन्न हैं (इससे यह नहीं समझना चाहिए कि सुविधा सत्ता का पर्याय है) और निम्न जाति की कही जानेवाली स्त्रियाँ उन सुविधाओं से वंचित हैं। यद्यपि सभी वर्गों की स्त्रियों में सामाजिक-सांस्कृतिक चेतना का विकास हुआ है लेकिन यह विकास सन्तोषजनक नहीं कहा जा सकता है। स्त्री और पुरुष के बीच की असमानता से ज़्यादा जाति-वर्ग के भीतर स्त्री-स्त्री के बीच भी असमानता और श्रेणीबद्धता मौजूद है।

स्त्री की अपनी कोई पहचान नहीं होती है। उसकी केन्द्रीय और मुख्य पहचान पत्नीत्व की है। मातृत्व को कभी भी पितृत्व से श्रेष्ठ नहीं माना गया। आज पिता के नाम के साथ माँ का नाम भी जोड़ा जा रहा है। पत्नीत्व की विशेषताओं को मनुस्मृति में बड़े व्यवस्थित ढंग से रखा गया है। "जो स्त्री जीवन और मृत्यु दोनों ही स्थितियों में अपने पति की आज्ञा का पालन करती है (5-61) चरित्रहीन, कामी तथा गुणों से रहित पति की सेवा करती है (5-57) पति के न रहने पर ब्रह्मचर्य का पालन करती है (5-69) मन, वचन, कर्म से पति धर्म का पालन करती है तो परलोक में सद्गति प्राप्त करती है। इसके विपरीत आचरणवाली मरने के बाद गीदड़ योनि में जन्म लेती है और कोढ़ जैसे अनेक असाध्य रोगों से भी कष्ट पाती है (5-16)।"[15] उक्त उदाहरणों से स्पष्ट है कि स्त्रियों को ऐसी वस्तु के रूप में दिखाया

गया है जिसकी रक्षा की जानी चाहिए तथा साथ ही यह परामर्श दिया गया कि स्त्रियाँ यह भी महसूस करें कि सारे सुरक्षा के इन्तज़ाम उनकी बेहतरी के लिए किये गये हैं। मनु ने सभी वर्णों के पुरुषों को निर्देशित किया कि स्वयं दुर्बल होने के बावजूद स्त्री पर नियन्त्रण रखें (9-6)। मनु की इन अवधारणाओं, विचारों से पता चलता है कि स्त्री-पुरुष का सम्बन्ध एक राजा और प्रजा का होता है। पुरुष की श्रेष्ठता और स्त्री की निम्नता का बोध न सिर्फ़ स्त्री के सम्बन्धों को बल्कि उसके पूरे जीवन को दयनीय बना देता है, विशेषकर वैवाहिक सम्बन्धों को।

स्त्री पितृसत्तात्मक संस्कृति को अच्छी तरह वहन कर सके इसके लिए हर धर्म स्त्री के लिए किसी-न-किसी मूल्य की संरचना करता है। उदाहरणार्थ श्रीमद्भागवत के अनुसार– पूर्व जन्म के पापों के फलस्वरूप स्त्री के रूप में जन्म ग्रहण करना पड़ता है। चाणक्य ऐसी स्त्री को स्त्री नहीं मानते जो लज्जा से युक्त न हो। कौटिल्य के अर्थशास्त्र में चाणक्य ने लिखा है कि– "स्त्री पर कभी विश्वास नहीं करना चाहिए"। इतना ही नहीं उन्होंने सभी उत्पातों की जड़ स्त्री को माना। बौद्ध साहित्य में नारी की उपमा नदी, मार्ग, शराबखाने, धर्मशाला, प्याऊ से की गयी है। कुरान में कहा गया है कि, "तुम्हारी पत्नियाँ तुम्हारे लिये खेती हैं, जाओ जिस तरह चाहो अपने खेत में।" आज भी यहूदी लोग प्रातः काल की प्रार्थना में कहते हैं– "ईश्वर का भला हो कि उसने हमें औरत नहीं बनाया।" बुद्ध ने महिलाओं को निर्वाण प्राप्त करने योग्य नहीं माना बल्कि अपने उपदेशों में कहा कि महिलाओं के सम्पर्क से पुरुष भी मोक्ष से वंचित हो जायेंगे।" एक दूसरे उपदेश में कहा कि- "महिलाओं की ओर देखने से ख़ुद को रोको। अगर किसी महिला को देख लिया है तो सोचो कि देखा ही नहीं, उससे कोई बात मत करो। अगर बात करनी ही पड़े तो शुद्ध हृदय से करो और ख़ुद को बोलो इस पाप भरी दुनिया में कलंकहीन होकर ज़िन्दा रहूँगा।"

सभी धर्म और धर्मग्रन्थ स्त्री को दोयम दर्जे का नागरिक मानते हैं। किसी भी धर्मग्रन्थ में महिलाओं को पुरुषों के बराबर का सम्मान प्रतिष्ठा हासिल नहीं है। सभी ने किसी-न-किसी रूप में स्त्री को पुरुष से हीन माना।

इस अन्तर्विरोध को भक्तिकालीन कविता में प्रत्यक्ष रूप में देखा जा सकता है। निर्गुण काव्यधारा, सगुण काव्यधारा की अपेक्षा अधिक परिवर्तनकामी और सामाजिक सवालों को लेकर अधिक लोकतान्त्रिक और समतावादी मूल्यों की समर्थक रही है। वह धार्मिक रूढ़ियों, अन्धविश्वासों, वर्ण-व्यवस्था के अमानवीय पक्षों तथा इस तरह की दूसरी जड़ताओं के विरुद्ध जितना आक्रामक हैं उतना ही आक्रामक स्त्री के सवालों पर नहीं, बल्कि पारम्परिक मूल्यों की ही पोषक हैं। कहीं-न-कहीं इसका कारण हमारे दर्शन में स्त्री को माया और अविद्या मानना रहा है, जो मोक्ष में बाधक है।

मोक्ष की चिन्ता धर्म और धर्मग्रन्थों में जितना पुरुष के लिए है उतना ही स्त्री के लिए नहीं। यहाँ तक कि पुत्रोत्पत्ति से 'पुन्' नाम के नरक से मोक्ष की अवधारणा जुड़ी है, जबकि यह मोक्ष उसी के जन्म से सम्भव नहीं है। इस प्रकार सन्तानोत्पत्ति में भी पुरुष सन्तान को धर्मग्रन्थ अधिक महत्त्वपूर्ण व श्रेष्ठ मानते हैं।

आश्चर्यजनक रूप से सभी दर्शनों में भी स्त्री मोक्ष (निर्वाण) की अधिकारी नहीं है (नारी नरकस्यद्वारम्)। सभी दर्शनों में पञ्च तत्त्वों से निर्मित शरीर को नश्वर तथा आत्मा को श्रेष्ठ और अनश्वर माना गया। किन्तु स्त्री-शरीर में आत्मा की परिभाषा वही नहीं है। यहाँ स्त्री तत्त्व प्रभावी और बाकी सारे तत्त्व गौण हो जाते हैं, आत्मा जो विकारमुक्त है वह विकारी हो जाती है। नश्वर शरीर अनश्वर हो जाता है। उसके शारीरिक कर्म ही पाप और पुण्य का निर्धारण करने लगते हैं।

पारम्परिक नैतिकता ने अघोषित रूप से स्वीकार किया कि स्त्रियाँ पुरुषों के समान विकसित नहीं हैं। शास्त्रों ने सांस्कृतिक रूप से पुरुषवादी गुणों का अति मूल्यांकन किया। पुरुषवादी अधिकारों, सिद्धान्तों, अवधारणाओं और मूल्य व्यवस्था के कारण स्त्री की समस्याओं और उससे जुड़े सवालों तथा उसके गुणों पर ध्यान तो नहीं ही दिया, बल्कि उसे कमतर करके आँका। स्त्री को घर-गृहस्थी तक ही सीमित कर दिया गया। खाना बनाना, बर्तन साफ़ करना, बच्चे पैदा करना, उनका पालन-पोषण करना, बाल, वृद्ध एवं रोगी की सेवा करना आदि स्त्री का कर्त्तव्य मान लिया गया है। मातृत्व जैसे महत्त्वपूर्ण गुणों के बावजूद स्त्री को कमतर मानव माना गया। उसे शारीरिक रूप से दुर्बल, मानसिक रूप से अस्थिर, बौद्धिक रूप से कम अक़्ल और सृजन के ऊँचे कार्य के लिए अक्षम माना गया। यह बात शास्त्रों के अनेक आख्यानों, कथाओं एवं दृष्टान्तों में भरी पड़ी है। जहाँ स्त्री अपनी संवेदनशीलता, आवेगमयता भावुकता आदि कोमल गुणों के कारण पुरुष प्रदत्त नैतिकता के सिद्धान्तों का पालन नहीं कर सकी, उसे नैतिक रूप से विचलित और पतित मान लिया गया। इन सामाजिक निर्मितियों के सन्दर्भ में विख्यात नारीवादी चिन्तक 'मेरी वोल्सटन क्राफ्ट का तर्क है कि– "यदि पुरुष को भी स्त्री की तरह एक पिंजरे में बन्द कर दिया जाय तो उसका भी चरित्र स्त्री की भाँति कमज़ोर होगा। वह चाहे जितना बड़ा सैनिक हो, घर की चाहरदीवारी में क़ैद रहने के कारण उसके स्वभाव में मजबूती नहीं आयेगी। वह भी औरत की भाँति ज़्यादा भावुक, अति संवेदनशील, आत्मकेन्द्रित और स्वयं को दुलरानेवाला होगा।"[16] 19वीं शताब्दी में स्त्री को कम बुद्धिमान् मगर ज़्यादा नैतिक गुणों वाला माना गया। इसी से परेशान व्यवहारवादी दार्शनिक जॉन स्टुअर्ट मिल का कहना था– "व्यक्ति के सद्गुणों का या फिर बुद्धि एवं आचरण का उसके लिंग के साथ कोई लेना-देना नहीं है। समाज अपने दोहरे मूल्यबोध के कारण

ही पुरुष की नैतिकता और स्त्री की नैतिकता का मूल्यांकन भिन्न-भिन्न दृष्टिकोण से करता है। जे. एस. मिल के अनुसार स्त्री की 'नैतिक श्रेष्ठता' को समाज द्वारा निर्धारित आन्तरिक सद्गुणों के रूप में नहीं लिया जाना चाहिए, बल्कि यह समझना चाहिए कि स्त्री के सद्गुण सामाजिक अनुकूलन का परिणाम है।"[17] स्त्री के सद्गुणों की प्रशंसा और महिमामण्डन वास्तव में पितृसत्तात्मक समाज के स्वार्थों की पूर्ति है। पुरुष मनोवैज्ञानिक रूप से स्त्री स्वभाव में उन गुणों को बढ़ावा देता है जो गुण उसके अहं को सम्पोषित करें, उसकी स्वार्थपूर्ति में सहायक बनें। जॉन स्टुअर्ट मिल के अनुसार इन सद्गुणों को समाज ने स्त्री पर आरोपित किया है। स्त्री से पुरुष समाज की माँग है कि वह निष्ठावान् रहे और नैतिकतावादी आचरण करे। यह पुरुषों का स्वार्थ ही है कि उन्होंने स्त्रियों के सामने विनम्रतापूर्ण समर्पण और व्यक्तिगत इच्छा के हनन को यौन आकर्षण के अभिन्न अंग के रूप में रखा ताकि मनोवैज्ञानिक रूप से स्त्रियाँ इतनी समर्पिता हो जायँ कि यौनिक स्वेच्छा और स्वतन्त्रता के बारे में सोच भी न सकें। उन्हें अपनी पराधीनता में ही सुख का अनुभव हो।

शास्त्रों में वर्णित स्त्री छवि भले ही उतनी भयावह न हो, किन्तु आदर्श स्त्री के गुण धर्म का मानक सदियों से ऐसा ही रहा है। अति पिछड़े समाजों में स्त्री की वैवाहिक स्थिति, सतीत्व आदि के मानदण्ड इतने कठोर नहीं थे लेकिन पुरुष श्रेष्ठता बोध वहाँ भी मौजूद रहा है। शोषण का तरीक़ा भी वही रहा है। पुरुष वर्ग को नारी मूल्यों (यौन शुचिता, पतिव्रता, सतीत्व) की रक्षा के लिए साम, दाम, दण्ड और भेद का प्रयोग करने के उपाय हमारे शास्त्र बता गये हैं।

जहाँ परिवार का ढाँचा पितृसत्तात्मक होता है वहाँ परिवार जनतान्त्रिक आधारों पर नहीं, बल्कि पिता/पुरुष/मुखिया की निरंकुश सत्ता पर आधारित होता है। हर तरह का अधिकार पुरुष मुखिया के पास होता है। इसी निरंकुश सत्ता का दूसरा पहलू स्त्रियों की घरेलू दासता है। मुखिया का निर्णय ही अन्तिम निर्णय होता है। परिवार का प्रत्येक सदस्य अपने अच्छे बुरे कार्यों के लिए उसी के प्रति उत्तरदायी होता है। सम्पत्ति को बेचने-ख़रीदने आदि के निर्णय पति या पिता के रहते हैं। स्त्री अधिक-से-अधिक अपनी राय दे सकती है। परिवार का पुरुष मुखिया ही सभी सदस्यों के भरण-पोषण के लिए जिम्मेदार होता है। बच्चे और स्त्रियाँ (जो अर्थोपार्जक की श्रेणी में नहीं आते) इस मुखिया के ऊपर आश्रित होते हैं और दासों जैसा जीवन बिताते हैं। पुरुष सन्तान (लड़के) ही पितृसत्ता के प्रतिनिधि माने जाते हैं, अतः वे अपेक्षाकृत विशेषाधिकार प्राप्त होते हैं, जब कि स्त्री-पक्ष के सम्बन्धों (नाना, नानी, मामी, मौसी आदि) का दर्जा नीचे होता है। सास-ससुर, जेठ-जेठानी, ननद आदि सम्बन्ध पितृसत्ता का प्रतिनिधित्व करते हैं। बहू इस परिवार में सभी

प्रतिनिधियों द्वारा शासित होती है। यद्यपि सभी स्त्री पात्र एक स्तर पर स्वयं बहू होती हैं और उत्पीड़न झेलती हैं और दूसरे स्तर पर पितृसत्ता की प्रतिनिधि के रूप में उत्पीड़न करती हैं। दोनों स्थितियाँ नैतिकता के तर्क से उचित मानी जाती हैं और पितृसत्ता के हित में होती हैं।

स्त्रियों को परिवार में 'कमाऊ श्रेणी' में नहीं गिना जाता। उनकी भूमिका मुख्यतः घर चलाने और बच्चे पालने तक होती है। इस तरह से आर्थिक दृष्टि से पुरुष मज़बूत होते हैं। आर्थिक मज़बूती न सिर्फ़ उन्हें सत्ता दिलाती है बल्कि विशेष सम्मान के अधिकारी भी हो जाते हैं। पुरुष धनोपार्जन नहीं करता फिर भी उसकी भूमिका सत्ता प्रतिष्ठानों में मुख्य होती है। स्त्री कमाऊ होने पर भी घरेलू ही मानी जाती है। कमाऊ होने पर भी स्त्री को पुरुष के बराबर का दर्जा तो नहीं ही मिलता, उल्टे घर और बाहर की दुहरी चक्की में पिसना पड़ता है। स्त्री नौकरी करे या न करे, यह भी पुरुष मुखिया ही तय करता है। आधुनिक सुख-सुविधाओं के आकर्षण से पुरुष बाहर से इतना उदार बन गया है कि वह स्त्री को अर्थोपार्जन के लिए बाहर भेजने पर मजबूर हुआ है।

स्त्री इस अवसर का लाभ उठाकर बाहर निकलने की गुंजाइश निकाल ली है (कि नौकरी करे) लेकिन पगार की .ख्वाहिश घर का मुखिया ही रखता है। यही नहीं, यह भी चाहता है कि स्त्री बाहर का कार्य भी मेरे अनुशासन में रहकर ही करे। अपनी कमाई अपनी इच्छानुसार खर्च करने का अधिकार स्त्री को नहीं होता। अर्थोपार्जन के अतिरिक्त शेष जीवन के दैनन्दिन व्यवहार में पितृसत्ता प्रभावी है। इसका कारण अवैज्ञानिक श्रम-विभाजन भी है जिसके कारण स्त्रियाँ दिन-रात अनुत्पादक श्रम में लगी रहती हैं। घरेलू कार्य जैसे— बच्चे पालना, खाना बनाना, साफ-सफाई करना, पशुओं की देखभाल करना आदि का न कोई आर्थिक मूल्य मिलना है और न ही ये कार्य सामाजिक दृष्टि से प्रतिष्ठित माने जाते हैं। घर पति का रहता है, वह जब चाहे पत्नी को घर से बाहर निकलने की धमकी भी दे सकता है। यह श्रम विभाजन अवैज्ञानिक.और अजनत्रान्त्रिक है, क्योंकि वह आधी आबादी को उत्पादन से वंचित रखता है। अपनी इस सामाजिक भूमिका से अलग-थलग स्त्रियाँ घर के मुखिया की व्यक्तिगत सम्पत्ति बनने पर मजबूर होती हैं। सामाजिक रूप से असुरक्षित और आर्थिक रूप से आत्मनिर्भर न होने के कारण पति द्वारा प्रताड़ित होने पर भी, उसी घर में, उसी के आश्रय में रहने पर मजबूर हो जाती हैं। इस आर्थिक विषमता के कारण उस पर अत्याचार की सम्भावनाएँ भी बढ़ जाती हैं। स्त्रियों की निकट आर्थिक-सामाजिक स्थिति के कारण ही विवाह सम्बन्ध भी श्रेष्ठ और हीन के बीच होता है। कानून होने के बावजूद पिता की सम्पत्ति में पुत्री हकदार नहीं होती, पति

की सम्पत्ति में पति के जीवित रहते उसका अलग से हक नहीं होता। स्त्री के तमाम अधिकार पुरुष के अधिकार में शामिल कर लिये जाते हैं। अगर स्त्री को पिता की सम्पत्ति में अधिकार मिलता है तो भाइयों से उसके सम्बन्ध अच्छे नहीं रह जाते या फिर वह सम्पत्ति पति ही हथिया लेता है। यदि विधवा है तो पति की सम्पत्ति को स्वतन्त्र रूप से बेचने की हकदार नहीं होती। देवर, जेठ या भतीजे उस पर अनधिकार हक़ जमा लेते हैं। इस तरह वह अपने घर में अपनी ज़मीन पर बँधुआ मजदूर बनकर रह जाती है। पुरुषों से दो गुना श्रम करने के बावजूद वह बोझ समझी जाती है। इसका कारण है स्त्री को अनुत्पादक इकाई के रूप में देखा जाना। मनु महराज ने भी पुरुषों को निर्देशित किया है कि विपत्ति से अपनी रक्षा करने के लिए धन इकट्ठा करना चाहिए। लेकिन स्त्रियों की रक्षा करने के लिए उस धन को खर्च करने में भी हिचकिचाना नहीं चाहिए, किन्तु जब अपने पर विपत्ति आये तब धन और स्त्री दोनों का उपभोग अपनी रक्षा के लिए करना चाहिए।"[18] विवाह के समय उपहार में दिये गये आभूषण आदि ही स्त्री की सम्पत्ति मानी जाती है। उसके लिए भी निर्देशित है कि आपात् समय में वह उससे अपने परिवार की रक्षा करे। स्त्री स्थायी सम्पत्ति की हकदार नहीं होती है।

स्त्री रोटी और कपड़े पर जीवनपर्यन्त अपनी सेवा अपने परिवार को उपलब्ध कराती है, लेकिन श्रम में भागीदारी पुरुष की अपेक्षा ज्यादा रहती है। बाहर की दुनिया में जहाँ भी उसे अर्थोपार्जन का मौक़ा मिलता है वहाँ उसके द्वारा किये गये काम के बदले उसे पारिश्रमिक (वेतन) कम मिलता है। "इस श्रम-विभाजन के पीछे कोई प्राकृतिक या जैविक असमानताएँ नहीं हैं। बल्कि इसकी जड़ में कुछ विचारधारात्मक मान्यताएँ हैं। इसलिए एक तरफ तो औरतों को शारीरिक रूप से कमजोर और भारी शारीरिक श्रम के लिए अनुपयुक्त माना जाता है, वहीं दूसरी तरफ़ घर के भीतर और बाहर भारी काम वही करती हैं। जैसे– पानी भरना, जलावन के बड़े-बड़े गट्ठर ढोना, चक्की में अनाज पीसना, धान की रोपाई करना, खदानों, निर्माण कार्यों में ईंट-गारे को ढोना। लेकिन इसके साथ ही जब औरतों द्वारा किये जाने वाले कार्य का मशीनीकरण हो जाता है, जिससे काम आसान हो जाता है, उसका पारिश्रमिक भी बढ़ जाता है तब उस नयी मशीनरी को इस्तेमाल करने का प्रशिक्षण पुरुषों को दिया जाता है। और औरतें हाशिये पर धकेल दी जाती हैं।[19] इसका कारण है पितृसत्तात्मक सामाजिक मूल्यों के द्वारा स्त्री के गुणों का अवमूल्यन। उनकी कथित प्राकृतिक कमजोरियाँ, उनकी अतार्किकता, वस्तुतः उनमें शिक्षा की कमी, चयन की आज़ादी का अभाव, पुरुष पर उनकी निर्भरता तथा दोषपूर्ण सामाजीकरण, जिनमें वे पूर्णतः अनुकूलित हो चुकी हैं, की उपज हैं। सामाजिक अनुकूलन के कारण ही

शोषक और शोषित का भेद मिट गया है। शोषण करनेवाले को यह नहीं लगता कि मैं शोषण कर रहा हूँ और शोषित को भी नहीं लगता है कि हमारे साथ अन्याय हो रहा है। सब-कुछ सहज और सामान्य दिखायी देता है। 1884 में एंगल्स ने 'परिवार, व्यक्तिगत सम्पत्ति और राज्य की उत्पत्ति' नामक कृति में कहा था कि– "प्रारम्भिक क़िस्म के समाजों में महिलाएँ घरों के अन्दर उत्पादन के साधनों पर (घरेलू उपकरण और बर्तन) और पुरुष घर के बाहर अन्य उपकरणों औजारों पर नियन्त्रण रखते हैं। घर के बाहर उत्पादन के अधिकाधिक साधन होते जाने के साथ ही इस क्षेत्र में ज़्यादा अधिशेष (Surplus) पैदा होने लगा। पुरुषों द्वारा इसके हस्तगतकरण (Appropriation) की प्रक्रिया में उन्हें महिलाओं की तुलना में अधिक आर्थिक सत्ता प्राप्त हुई।"[20] एंगल्स के हिसाब से नारी मुक्ति तब तक सम्भव नहीं है, जब तक महिलाएँ घरेलू काम छोड़कर घर के बाहर मज़दूरी मिलनेवाले काम को नहीं स्वीकारती हैं।

आज महिलाएँ घर से बाहर निकलकर जो अर्थोपार्जन कर रही हैं उसके प्रति यह धारणा प्रचलित है कि महिलाओं की आय पूरक होती है, जब कि वास्तविक जीविकोपार्जन का कार्य पुरुष श्रमिक ही करते हैं।

लेस (Lace) बनाने के भारतीय उद्योग के विस्तार का अध्ययन करते हुए मारिया मीस का एक अध्ययन बताता है कि किस तरह वैश्विक बाज़ार के लिए लेस बनाने के भारतीय महिलाओं के काम का यह कहकर अवमूल्यन किया गया कि यह फुरसत के समय में सम्पन्न किया जानेवाला काम है। लेस बनाने के उसके काम को 'खाली' समय में उनके द्वारा अन्जाम दिये जाने वाले काम के रूप में देखा जाता है, जब कि ठेकेदार जो इस लेस को बेचने का व्यवसाय करते हैं, उन्हें इसमें श्रमिक के तौर पर देखा जाता है। प्रचण्ड कुशलता की माँग करनेवाले इस काम के लिए महिलाओं को मामूली-सी मजदूरी मिलती है।

नारीवादी आन्दोलनों और बहुत-कुछ आधुनिक चेतना ने 'स्त्री अधीनता के पारम्परिक स्वरूप में परिवर्तन किया है। कानूनन वह पिता और पति की सम्पत्ति की हकदारनी बन चुकी है, पुरुषों के समान-स्तर, समान सामाजिक अधिकार और आर्थिक जीवन में पूर्ण भागीदारी प्राप्त कर रही हैं। यद्यपि परम्परागत कार्यों से स्त्री अभी मुक्त नहीं हुई है। किन्तु भारतीय पारम्परिक पितृसत्ता की छवि वही नहीं है। संविधान और स्त्री-संगठनों की जागरूकता तथा आन्दोलनों के प्रभावस्वरूप बहुत-सारे सांस्कृतिक परिवर्तन हो रहे हैं। पारम्परिक सामाजिक समीकरणों में भले ही कोई अन्तर न आया हो, परन्तु अब उन्हें राजनीतिक क्षेत्र में पुरुषों के समान ही अधिकार प्राप्त है। बहुत पिछड़े क्षेत्रों और वर्गों को छोड़ दें तो महिलाओं के प्रति आम पढ़े-लिखे पुरुषों का रवैया सकारात्मक हुआ है। स्वतन्त्रता के उपरान्त योजनाबद्ध

विकास के मॉडलों द्वारा जो नीतिगत निर्णय लिये गये हैं और लिये जा रहे हैं उनसे स्त्री की स्थिति पहले जैसी नहीं रह गयी है। यद्यपि सामाजिक, आर्थिक क्षेत्र में जो विकास हो रहे हैं, उससे सभी महिलाएँ पूरी तरह से लाभान्वित नहीं हो पा रही हैं। रूढ़िवादी परिवार व्यवस्था और शिक्षा की मुक्तिदायी सम्भावनाओं के साथ मध्यवर्गीय परिवारों से आयी महिलाएँ, जो साहित्य के क्षेत्र में कदम रख चुकी हैं और रख रही हैं, वे अपने लेखन के माध्यम से महिलाओं की सामाजिक भूमिका और मुक्ति के सवालों को शिद्दत से उठा रही हैं। रचनाकार के रूप में स्त्रियों के आने और सक्रिय होने से स्वतन्त्र स्त्री दृष्टि भी विकसित हुई है। अब सारी परम्पराओं, मान्यताओं को स्त्रीवादी नजरिये से देखा जा रहा है। सामाजिक, सांस्कृतिक और राजनीतिक स्तर पर स्त्रियों की स्वतन्त्रता के लिए संघर्ष करनेवाले संगठनों और आन्दोलनों का विकास तो हुआ ही है, साहित्य में स्त्रियाँ अपनी आत्मकथाओं के माध्यम एक नयी चेतना और जागरूकता विकसित कर रही हैं। आत्मकथा के साथ-ही-साथ स्त्री जीवन की कठिनाइयों एवं विसंगतियों पर महिला रचनाकारों द्वारा लिखी गयी कहानियाँ, कविताएँ एवं वैचारिक लेख इतने सशक्त हैं कि आलोचना में नये सौन्दर्यशास्त्र की माँग उठ खड़ी हुई है।

हिन्दी कहानी का मूल्यांकन

वास्तव में स्त्रीवाद और स्त्री-विमर्श सामाजिक मुक्ति के विमर्श हैं। साहित्य का सरोकार समाज से है। साहित्य को समाज का दर्पण कहा जाता है। स्त्रियाँ समाज का आधा हिस्सा हैं। वह सभी विधाओं के साहित्य में उपस्थित हैं। विश्लेषण का विषय यह होगा कि जिस विधा में वह उपस्थित हैं, उसमें उनका स्वरूप कैसा हो? कह सकते हैं कि स्त्री मुक्ति का और उसके व्यापक हितों का गहरा सम्बन्ध हमारे साहित्य से है। लिंग भेद, असमानता और पितृसत्ता से भी इसका सीधा सम्बन्ध है। स्त्रीवादी चिन्तक इसे स्त्री सन्दर्भ में रखकर विश्लेषित करते हैं। कथा-साहित्य में कई ऐसे लेखक (कथाकार) हैं जिन्होंने महिलाओं के जीवन को अपने लेखन की केन्द्रीय कथावस्तु के रूप में प्रस्तुत किया है। हिन्दी कथा-साहित्य की शुरुआत नवजागरण काल में 20वीं शताब्दी में होती है। नवजागरण की केन्द्रीय आकांक्षा थी 'मुक्ति' या 'स्वाधीनता'। यह स्वाधीनता संघर्ष राजनैतिक स्तर पर औपनिवेशिक दासता से मुक्ति और सामाजिक स्तर पर शोषित वर्गों की मुक्ति का संघर्ष था। भारतीय स्त्री के बारे में इसी दौर में मार्क्स ने टिप्पणी की थी कि वह दोहरे स्तर पर सर्वहारा है– आर्थिक दृष्टि से भी और सामाजिक दृष्टि से भी। इसलिए यह स्वाभाविक ही है कि हिन्दी कहानी में महिला जीवन की कठिनाइयाँ, उनके दुःख

तक़लीफ़ों तथा उनके शोषण और संघर्ष का चित्रण हो। आरम्भिक दौर में महिला कथाकार आज की तुलना में कम थीं। लेकिन उनके प्रश्नों और मुक्ति की आकांक्षाओं को हिन्दी कहानी में अभिव्यक्ति मिलती रही है और यह काम बदलाव के पक्षधर और जागरूक पुरुष कहानीकारों ने भी किया है।

यह महज एक संयोग है कि अन्य भारतीय भाषाओं सहित हिन्दी में भी उपन्यास का आरम्भ तो 19वीं शताब्दी में हो जाता है, किन्तु हिन्दी कहानी का आरम्भ 20वीं शताब्दी में होता है। इसके पीछे गद्य के विकास की ऐतिहासिक स्थितियाँ थीं। आधुनिक युग में महाकाव्यों का स्थान उपन्यासों ने ले लिया जिनका फलक उतना ही विस्तृत था। उपन्यास की तुलना में कहानी छोटी रचना है। गद्य के अधिक प्रौढ़ होने पर उपन्यास के साथ-साथ कहानी का भी विकास हुआ। हिन्दी कथा-साहित्य में प्रेमचन्द की उपस्थिति के बाद परिदृश्य बदला। प्रेमचन्द की आख़िरी दौर की यथार्थवादी चेतना ने हिन्दी कथा-साहित्य को गहरे तक प्रभावित किया। प्रेमचन्द की कहानियों, उपन्यासों के पात्र, विशेषकर नायक-नायिका जैसे मुख्य पात्र समाज के हाशिये पर ढकेल दिये गये लोग हैं। प्रेमचन्द ने नायकत्व का समाजशास्त्र बदल दिया। उनके केन्द्रीय पात्र, जिनसे उनकी सहानुभूति है, मुख्यतः दलित किसान और स्त्रियाँ हैं। हिन्दी कथा-साहित्य का समाज के सबसे कमजोर, उपेक्षित और शोषित वर्ग से बुनियादी रिश्ता है– इस रिश्ते की विस्तार से पड़ताल करने की जरूरत है। नामवर सिंह इस रिश्ते पर प्रकाश डालते हुए लिखते हैं– "किन्तु आज मैं एक दूसरी और धारा की ओर इशारा करना चाहता हूँ जिसकी शुरुआत उन्नीसवीं सदी में ही हो चुकी थी। इसी समाज के अन्तर्गत नये नारी आदर्श और नारी की स्वाधीनता से उपन्यास गहराई से जुड़ा हुआ था। ...स्वयं अपनी अन्तर्वस्तु में नारी की वेदना, पीड़ा और करुणा के साथ उपन्यास का गहरा सम्बन्ध है। मैं फिर कहूँ कि मध्यवर्ग से इस उपन्यास का कोई लेना-देना नहीं है। . ..भारतीय उपन्यास को परिभाषित करने के मूल में एक तो वह किसान जो उपेक्षित पीड़ित है, जिसे साहित्य में स्थान ही नहीं मिला था, पहली बार नायक बना, हीरो बना। दूसरी ओर वह नारी जो हाशिये पर थी, उपन्यास विधा में समस्त संवेदनाओं का केन्द्र बनी। इन दोनों के साथ भारतीय उपन्यास ने अपना रूप प्राप्त किया।" ('प्रेमचन्द और भारतीय समाज' नामवर सिंह, सम्पादक– आशीष त्रिपाठी, राजकमल प्रकाशन, नयी दिल्ली में संकलित व्याख्यान 'भारतीय उपन्यास और प्रेमचन्द', पृ. 64-65) यह जितना उपन्यास के बारें में सही है, उतना ही कहानियों के लिए भी। यही कारण है कि हिन्दी कहानी में स्त्री संवेदना की सघन अभिव्यक्ति तब भी दिखायी देती है जब हिन्दी क्षेत्र में स्त्री मुक्ति का कोई शक्तिशाली आन्दोलन मौजूद

नहीं था। स्त्रियों के आने से पहले पुरुष कथाकारों ने स्त्री जीवन के दुःख और हाहाकार को अत्यन्त मजबूती से कथा-साहित्य में व्यक्त किया। प्रेमचन्द, निराला, प्रसाद, जैनेन्द्र, मोहन राकेश आदि कई ऐसे महत्त्वपूर्ण नाम हैं जिन्होंने अपनी संवेदना का विस्तार किया और स्त्री जीवन के नारकीय अँधेरे को पाठकों के सम्मुख प्रस्तुत किया। स्त्रियों द्वारा लिखी गयी स्त्री जीवन पर केन्द्रित कहानियाँ और इसी ज़ीवन पर पुरुषों द्वारा लिखी गयी कहानियों में मुख्य फ़र्क़ सहानुभूति और स्वानुभूति का है। सहानुभूति के मुकाबले स्वानुभूति निश्चय ही अधिक शक्तिशाली होती है। किन्तु साहित्य यदि परकाया प्रवेश है तो सहानुभूति उस परकाया प्रवेश की पहली सीढ़ी है। स्त्री लेखन और स्त्रीवादी आन्दोलन को एक आधारभूमि देने में इन कहानियों की भूमिका 'नींव की ईंट' की तरह महत्त्वपूर्ण है।

स्त्री-विमर्श की दृष्टि से महिला रचनाकारों द्वारा लिखी कहानियों का मूल्यांकन

नारीवादी लेखन– सैद्धान्तिक स्तर पर लेखकों में जाति भेद या लिंग भेद करना भले ही ठीक न हो, लेखक (रचनाकार) लेखक होता है– "हरि को भजै सो हरि का होई," पर अनुभूति की विशिष्टता में जाति, वर्ग, लिंग– इन सभी तत्त्वों की निर्णायक और महत्त्वपूर्ण भूमिका होती है। कथ्य का चुनाव, ट्रीटमेण्ट, दृष्टि, मानसिक संस्कार, कुछ पूर्वग्रह, चिन्ताएँ और सरोकार इन सभी स्तरों पर जाति और लैंगिक स्थिति के अनुसार फर्क पड़ता है। "इसका तत्कालीन सम्बन्ध अपने-अपने अनुभव वृत्तों से जुड़ाव तो है ही, किन्तु इसका मुख्य और महत्त्वपूर्ण आधार सामाजिक-सांस्कृतिक वितान में उन दोनों का एक ऐसे स्थल पर स्थित होना है जहाँ से परिवेश की प्राथमिकताएँ भिन्न-भिन्न, दबाव और तनाव के केन्द्र अलग-अलग, स्वीकृति के स्थल और संस्कार अलग, अधिकारों-कर्त्तव्यों का विधान अलग, परिणाम में व्यक्तित्व की बुनावट अलग-अलग और अन्ततः तो जहाँ पहुँचना है उसका संघर्ष भी जुदा-जुदा। पुरुष स्वीकृति है, स्त्री स्वीकृति के लिए लड़ रही है।"[21]

एक समय था जब स्त्रियाँ घर की चहारदीवारी के भीतर कढ़ाई-बुनाई वगैरह में व्यस्त रहकर या घरेलू कार्यों को करते हुए अपना समय और जीवन दोनों व्यतीत करती थीं। लेकिन आज स्थिति बिल्कुल भिन्न है। शिक्षा के प्रचार-प्रसार तथा आधुनिक भावबोध से स्त्री के सोच-विचार की धारा ही नहीं बदली, बल्कि उसके हाथ में क्रोशिये के स्थान पर क़लम है। आज महिला लेखन के बढ़ते दायरे ने कविता, कहानी, यात्रा वृत्तान्त, डायरी, संस्मरण, आत्मकथा—अनेक विधाओं में अपना सफल हस्तक्षेप किया है। स्त्री-विमर्श और स्त्री जीवन के यथार्थ को उद्घाटित करनेवाली महिला रचनाकारों ने बड़ी शिद्दत से स्त्री के पारिवारिक, सामाजिक और दैहिक

शोषण को व्यक्त या चित्रित किया है। इससे शक्ति पाकर स्त्री ने अपने दोयम दर्जे की स्थिति को नकारा है और अपने शोषण के विरुद्ध आवाज़ उठाना शुरू किया है। उसने स्त्री की अनकही पीड़ा, उसकी संघर्ष चेतना और स्त्री द्वारा अपनी लड़ाई आप लड़ने का आख्यान प्रस्तुत किया है। महिला लेखन के मूल में स्त्री चेतना का एक छोटा-सा बीज है। महिला लेखन कोई चुनौती न होकर एक सामाजिक प्राणी की हैसियत से स्त्री के मानवीय अधिकारों की सम्पूर्ण माँग करनेवाला साहित्य है। लेखन के घोर एकान्तिक क्षणों में चूँकि लेखक अशरीरी हो उठता है, अतः लैंगिक पहचान की बात यों भी बेमानी हो जाती है। महिला लेखन का मानना है कि अपनी-अपनी आधी दुनिया में विभाजित प्रतिद्वन्द्वी ही जीते हैं, परिवार, समाज, राष्ट्र और संस्कृति का निर्माण करनेवाले नागरिक नहीं। मानवीय संस्कृति के निर्माता और संवाहक परस्पर कटकर नहीं रह सकते। समन्वय और संवाद उनकी मानवीय अस्मिता की पहली शर्त है। असहमतियाँ, मतभेद, आपत्तियाँ और विवाद जीवन्तता की निशानियाँ हैं, जिन्हें मिल-बैठकर संवाद और सौमनस्य के सहारे सुलझाया जा सकता है। इसी से चिन्तन गहन और अनेक आयामी होता है।"[22] अक्सर महिला रचनाकारों पर अपनी संकीर्ण परिधि में घूमते रहकर परिवार की आँसू भरी दास्तानें सुनाने तथा वक़्त काटू लेखन करने का आरोप लगाया जाता है। लेकिन समकालीन कहानियाँ इस आरोप को अस्वीकार करती हैं। "रोने-धोने, आत्म दया से लस्त-पस्त होने या समाज से दंशित होने के आरोपों से साहित्य नहीं बनता पर उससे एक वर्ग या समुदाय का इतिहास ज़रूर बनता है। पिछले पच्चीस वर्षों में तनावों, दबावों, चीत्कारों के रूप में स्त्री-लेखन के नाम पर जो कुछ भी लिखा गया है, वह भी अपने इतिहास की काली सुरंग से गुज़रने की पीड़ा कही जायेगी, पर पीड़ा व्यक्त करने का उद्देश्य पीड़ा का विस्तार करना नहीं, उसका निदान करना है। अपना रास्ता हर कोई चलकर ही पार करता है। उसे कूदकर पार नहीं किया जा सकता। अपनी लड़ाई को अपनी ज़मीन पर अपने हथियारों से लड़ना होता है, तभी उसमें निदान की सम्भावना होती है।"[23] आधुनिक ज्ञान-विज्ञान, तर्क, आविष्कार से स्त्री के भीतर बहुत-से बदलाव आये हैं। उसे शिक्षित, स्वतन्त्र और आत्म सजग किया। इस आत्म सजगता से उसके भीतर ढेर-सारे सवाल उठ खड़े हुए हैं। पुरुष से बराबरी की उसकी जायज आकांक्षा जाग उठी है। आधुनिक ज्ञान-विज्ञान, तर्क, आविष्कार से लैस पुरुष ने भी उसके लिए आगे बढ़ने के रास्ते प्रशस्त किये हैं। लेकिन इन सबसे स्त्री की वास्तविक स्थिति में परिवर्तन नहीं आ पा रहा है। हाँ, इससे उसका शब्दकोश, उसकी वैश्विक जानकारी अवश्य बढ़ी है। यही शब्दकोशीय ज्ञान और वैश्विक जानकारी कथावस्तु के रूप में उसके साहित्य में प्रकट हो रहे हैं, साथ ही प्रकट हो रही है स्त्री जीवन की छटपटाहट।

स्त्री की परिवर्तनकामी उग्र माँग से पुरुष अपनी भूमिका को लेकर अवश्य दुविधा में पड़ गया है, जबकि स्त्री अपनी नयी भूमिका को लेकर उत्साहित और सम्मानित महसूस कर रही है।

कहते हैं कि साहित्य समाज का दर्पण होता है और शायद इसीलिए महिला कथाकारों ने साहित्य के आईने में स्त्री की सामाजिक छवि को पूरी शिद्दत के साथ दिखाया है। स्त्री व पुरुष दोनों ही इस परिवार व समाज की इकाइयाँ हैं और दोनों ही इस पितृसत्तात्मक व्यवस्था के शिकार हैं। शिकार और शिकारी का भेद इसी व्यवस्था के भीतर से होकर समाज तक, फिर व्यक्ति तक पहुँचता है। पुरुष कितना ही तर्क दे मगर यह मानना ही पड़ता है कि सफलता औरत से बहुत बड़ी कीमत माँगती है। सफल लेखिकाएँ जिस प्रतिष्ठा के सोपान पर आज विराज रही हैं उसकी कीमत उन्हें किसी-न-किसी रूप में चुकानी ही पड़ी है। महादेवी वर्मा, मन्नू भण्डारी, प्रभा खेतान, कात्यायनी जैसी लेखिकाएँ परम्पराओं को धता बताकर ही आज रचनात्मक चुनौती को स्वीकार कर पायी हैं, अपने स्त्रीवादी विचारों से 'यत्र नार्यस्तु पूज्यन्ते रमन्ते तत्र देवता' सूक्ति की धज्जियाँ उड़ा दी हैं। नारीवाद भले ही पश्चिम की देन हो पर अपने कथा-लेखन से लेखिकाओं ने भारतीय स्त्री को यह बता दिया है कि देवी होने के जिस अभिमान से वह मरी जा रही है, दरअसल वह उसकी मानवता का आख्यान नहीं, मर्दों द्वारा सदियों से बनाया गया ऐसा विचार भर था जिससे कभी पूजकर तो कभी पीटकर अपनी सत्ता कायम रखी थी। लेकिन इस पूज्य भाव से मुक्त होने के पश्चात् भी श्लील-अश्लील, संस्कृति-अपसंस्कृति की सारी परिभाषा स्त्रियों के लिए है।

हमारे समाज में जो भी समस्याएँ हैं प्रायः स्त्री से जुड़ी होती हैं। प्राचीनकाल की सामन्ती शासनव्यवस्था में कच्ची उम्र में ही बच्चियों के मन में यह बात भर दी जाती थी कि पति परमेश्वर होता है। भले ही पति लम्पट, दुराचारी, मूर्ख ही क्यों न हो! उसकी सेवा और भक्ति ही पत्नी का परम कर्त्तव्य है। स्त्रियों के मन में यह बात बिठाकर उसकी सेवा का लाभ लेकर भी पति के मन में उसके लिए दया, सहानुभूति जैसे भाव या कृतज्ञता का भाव नहीं रहता है। समाज में स्त्री की दयनीय स्थिति का कारण एक तो उसका स्त्री होना है, दूसरा सामाजिक संकीर्णताओं को उस पर लादना भी है। ख़ासकर मध्यवर्गीय स्त्रियाँ इन संकीर्णताओं की ज्यादा शिकार होती हैं। नारी जाति का सबसे बड़ा शोषक, यह आम धारणा भी है कि, उसका संसार, उसकी दुनिया, पति, बच्चे और उसका घर-परिवार है। पुरुष वर्चस्व के चलते सदियों से स्त्रियाँ मानसिक और शारीरिक रूप से पीड़ित रही हैं, आज भी हैं। बीसवीं सदी की समस्त बौद्धिकता, विज्ञान, टेक्नोलॉजी का विकास और तार्किकता भी पुरुष के

भीतर छिपे स्त्री विरोधी रवैये को छिपा नहीं पाते। धर्म और नैतिकता की बहुत-सारी मान्यताओं को 'आधुनिकता' ने पीछे छोड़ दिया है। किन्तु स्त्री के सन्दर्भ में कहे गये नीति वचन को आज भी स्त्री-शुचिता और नैतिकता का आधार माना जाता है और स्त्री से यह अपेक्षा की जाती है कि वह हमारे धार्मिक ग्रन्थों में बताये गये नियमों का पालन पूरी सत्यनिष्ठा के साथ करे। रूढ़िगत बन्धनों और परम्पराओं को ढोती हुई परतन्त्र, तनावग्रस्त स्त्री को लेकर रचनाकारों द्वारा ढेरों कहानियाँ लिखी गयीं जिसमें उसकी सहनशक्ति की तारीफ़ की गयी या उसकी दयनीय स्थिति को उजागर कर उससे सहानुभूति प्रकट किया गया।

संग्रह की कहानियाँ : संक्षिप्त परिचय

कथा-लेखन में बीसवीं सदी बड़े अन्तर्विरोधों की सदी रही है। स्त्री को लेकर यह सदी सबसे ज्यादा दुविधाग्रस्त, असहाय और सन्तप्त रही है। महिला कहानीकारों के द्वारा महिला विषयों पर लिखी गयी कहानियाँ स्त्री अनुभव की कहानियाँ हैं। देश, समाज, समय और परिस्थितियों की भिन्नता के बावजूद हर जगह स्त्री वही है और सुख-दुःख को महसूस करता उसका मन भी एक ही है। स्त्री लेखिकाओं ने अपने दैनिक जीवन के छोटे-छोटे लेकिन तल्ख़ अनुभवों को अपनी कहानियों के माध्यम से नारी अस्मिता से जुड़े सवालों को नये सिरे से उठाया है।

समय-समय पर समाज में घटित होनेवाली घटनाओं की प्रतिक्रियास्वरूप सरकारी नीतियों, कानूनों, दावों व इरादों की पोल खोलनेवाली कहानियाँ भी महिला कहानीकारों द्वारा लिखी जा रही हैं। मैत्रेयी पुष्पा की कहानी 'फ़ैसला' ऐसी ही एक कहानी है जो पुरुष सत्ता की करनी और कथनी की पोल खोलती है। छोटी-छोटी बातों को मुद्दा बनाकर लड़नेवाले राजनीतिज्ञ, हल्ला करनेवाले संगठन महिला प्रधान के अधिकारों में उसके पति या परिवार के मुखिया का हस्तक्षेप सहर्ष स्वीकार ही नहीं करते हैं, बल्कि 'प्रधान पति' जैसे नये नामकरण को सामाजिक स्वीकृतिभी दे दी गयी है। मैत्रेयी पुष्पा की कहानी 'फ़ैसला' चिट्ठी की शक्ल में लिखी गयी है जो कि ग्रामीण राजनीति में होनेवाली उठा-पटक का न सिर्फ़ बयान करती है, बल्कि नये परिवर्तन की बयार का भी खुलासा करती है। नये परिवर्तन के साथ आनेवाली स्त्री ऐसी ही धीमी गति से किन्तु भीतर के उल्लास के साथ मजबूती से पैर दबाती हुई आती है– कथा में भी और सामाजिक परिवर्तन में भी। बसुमती लिखती है– "बाद में कारण समझ में आ गया था। जब मैंने सारी औरतों को एक ही भाव से आह्लादित देखा, उमंगों-तरंगों का भीतरी आलोड़न चेहरों पर झलक रहा था।" कहानी की मुखर पात्र ईसुरिया चराती तो बकरी है लेकिन ज़माने के बारे में पूरी ख़बर रखती

है। तभी तो कहती है– "एऽऽ सब जनी सुनो, सुन लो कान खोलकर! बराबरी का ज़माना आ गया। अब ठठरी बाँधे मरद माराकूटी करें, गारी-गरौज दें, मायके न भेजें, पीहर से रुपइया मँगवावें, क्या कहते हैं कि दायजे के पीछे सतावें तो बैन सूधी चली जाना बसुमती के ढिग, लिखवा देना कागद, करवा देना नठुओं को जेहल।" बसुमती ग्राम प्रधान बन गयी है और गाँव की औरतों की उम्मीद भी। लेकिन कोई जुलूस नहीं रौनक नहीं। तभी तो ईसुरिया कहती है- "रन्ना परधान बना था तब कैसी रौनक लगी थी। माला पहरायी थी। झण्डा लेकर चले तो लोग रन्ना तो कन्धा-कन्धा चढ़ के परिक्रमा की थी गाँव की।"

स्त्री के प्रधान बनने से घर-परिवार की इज़्ज़त तो बढ़ जाती है लेकिन पंचायत में न्याय दिलाने से पंचों के बीच में जाकर फ़ैसला सुनाने से इज़्ज़त को बट्टा लगता है। तभी तो रनवीर बसुमती को समझाता है– "पंचायती चबूतरे पर बैठी तुम शोभा देती हो। लाज-लिहाज मत उतारो! कुल-परम्परा का ख़्याल भी नहीं रहा तुम्हें? औरत की गरिमा आड़-मर्यादा से ही है। फिर तुम क्या जानो गाँव में कैसे-कैसे धूर्त हैं!"

धूर्तता भरा बयान औरों को धूर्त बताकर औरत की हिम्मत को पस्त कर रहा था। बसुमती का मन प्रतिउत्तर के लिए उफनता है लेकिन उसका विरोध हमेशा दूध के झाग-सा बैठ जाता है। मैत्रेयी पुष्पा की बड़ी विशेषता है कि वह अपने पात्रों के मनोभावों को ऐसी सूक्ष्मता से पकड़ती है कि भाव पाठक के सामने साकार हो उठते हैं। ज्यों-ज्यों स्त्री अपने अधिकारों के प्रति जागरूक हो रही हैं त्यों-त्यों उनके भीतर राजनीतिक चेतना का भी विकास हो रहा है। विकसित राजनीतिक चेतना के कारण न सिर्फ़ पंचायतों में, बल्कि संसद् तक में बैठने-बोलने का अधिकार प्राप्त कर चुकी हैं। अपने भले-बुरे की समझ उसे आ गयी है। न्यायव्यवस्था के ठेकेदारों के जुल्मों को सहने की ताक़त कम हुई है। 'फ़ैसला' आंचलिकता के रंग में रँगी हुई कहानी है। ग्रामीण समाज की विसंगतियाँ इसमें अच्छी तरह चित्रित हुई हैं। हत्या और आत्महत्या के बीच में विवाह की त्रासद स्थितियों को भोगती हरदेई का मार्मिक चित्रण हुआ है। एक सफल, रचनाकार की पहचान है कि उसके पात्र पाठक से बात करें, पाठक को बहुत-कुछ सोचने पर विवश करें और अपने चरित्र की गहरी छाप उसके मन-मस्तिष्क पर छोड़ें। मैत्रेयी जी को यह सफलता हासिल है। बार-बार मरती हुई चेतना और सहमती हुई अस्मिता के ख़िलाफ़ 'फ़ैसला' की बसुमती का उठ खड़ा होना आकस्मिक नहीं है। जो किर्चें बसुमती की आत्मा में चुभ गयी थीं, उसके आख़िरी निर्णय से कम ज़रूर हुई होंगी। सवाल की सीमा तक खुले होंठ बिना कुछ कहे ही सब-कुछ कह लिये। लठैत पति द्वारा सरपंच बना दी गयी महिला का अन्तिम फैसला उसे न्याय दिलाये न दिलाये, इससे 'पातिव्रत्यधर्म' का खण्डन ज़रूर होता है।

साहित्य का अपने समाज से हमेशा सीधा और इकहरा सम्बन्ध नहीं होता है। कभी वह व्यवस्था के ख़िलाफ़ आवाज़ उठाता है, कभी उसका प्रतिरोध करता है। गूँगी प्रजा की वकालत करता है। "...किसी भी व्यवस्था का शिकार और वाहक होना व्यक्ति के लिए सुभीते की चीज़ है। सुरक्षा कवच अपने-आप मिल जाता है उसे। बड़ी बात है व्यवस्था के दमनकारी स्वरूप को समझना और उसके ख़िलाफ़ आवाज़ उठाना।"[24] स्त्री साहित्य की भाषा में जिन वैचारिक संघर्षों की अभिव्यक्ति हुई है वे यह साबित करते हैं कि स्त्री सरोकार के मुद्दे मात्र वैचारिकता और स्त्री-पुरुष सम्बन्धों के पर्याय नहीं हैं। स्त्री-लेखन की विषय-वस्तु कुछ निश्चित परिवर्तनों को भी दर्शाती है। अपने वैयक्तिक सम्बन्धों, अनुभवों को भाषा के माध्यम से उतारने के साथ ही वे सामाजिक मुद्दों और संघर्षों की तरफ़ मुड़ी हैं। साहित्य लेखिकाओं ने स्त्री को एक नये नजरिये से देखा है, अब तक स्त्रियाँ ब्रह्म की और पुरुषों की मिली-जुली कल्पना से निर्मित थीं।

आज की नारी आधुनिक चेतना सम्पन्न और जागरूक नारी है। यह पुरुष के सम्मुख आत्म समर्पण करती, रोती-कलपती पीड़ित स्त्री नहीं बल्कि अपने वजूद के लिए संकल्पबद्ध भी है। समकालीन महिला कथाकारों की रचनाओं में जहाँ एक ओर पुरुष वर्चस्व दिखायी देता है, वहीं उस वर्चस्व को तोड़ती स्त्री चेतना की अभिव्यक्ति पर भी ख़ासा ध्यान दिया गया है। उसके (पुरुष) पारम्परिक दृष्टिकोण, उसके व्यक्तिगत अहम्, उसकी अमानवीयता उसके द्वारा मानसिक शोषण की स्थितियों के विरुद्ध तीव्र प्रतिक्रिया दिखायी गयी है। नमिता सिंह की कहानी 'गणित' अन्याय और शोषण के विरुद्ध परम्परा को तोड़ती उठ खड़ी हुई स्त्री की कहानी है। सामाजिक, राजनीतिक स्तरों और घोर पिछड़े हुए क्षेत्रों में तमाम रूढ़ियों, पुराने और जीर्ण-शीर्ण सामन्ती मूल्यों के तहत शारीरिक, मानसिक शोषण और अन्यायों-अत्याचारों से घिरी हुई लाखों-लाख निम्नवर्गीय मजदूर व किसान स्त्रियाँ भी जाने-अनजाने अपने हक़ और अधिकार के लिए मुँह खोलना, हाथ उठाना सीख गयी हैं। कहानी 'गणित' का रामलाल स्नेह और प्रेम की भाषा से दूर एक यान्त्रिक पुरुष है। उसके लिए लुगाई का आना घाटे का सौदा नहीं है। आनेवाली पूरा काम सँभाल लेगी। खाना पकाने से लेकर बर्तन सफ़ाई तक। न तनख़्वाह की किचकिच और न काम की झिक-झिक। सिर्फ़ खाना और कपड़ा तक मामला रहेगा। औरत से जो बाकी आराम होते हैं सो अलग।" यह बात 'गणित' का नायक ही नहीं बल्कि सभी पुरुषों को समझ में आती है। उसका गणित तो तब गड़बड़ाता है जब कोई स्त्री अपनी मेहनत का मुआवजा उसके आर्थिक लाभ में से अधिकारपूर्वक, हाथ झटककर ले लेती है। नमिता जी ने रामलाल की पत्नी द्वारा डण्डे को आग के हवाले कर मानो पुरुष के

अहंकार को ही जला दिया। यह कहानी औरत के स्वाभिमान को जगानेवाली, उसे रूढ़िवादी संस्कारों से बाहर लानेवाली तथा औरत के भीतर आत्मविश्वास पैदा करनेवाली है। औरत अपना आत्मसम्मान रो-गिड़गिड़ाकर नहीं, बल्कि सर उठाकर ही पा सकती है।

पुरुषप्रधान समाज में स्त्री की दैहिक शुचिता के मानदण्ड ऐसे बनाये गये हैं कि देह ही प्रमुख हो गयी है, स्त्री का व्यक्तित्व गौण। स्त्री उस दुर्घटना की जीवन-भर सजा पाती है जिसमें उसका कोई दोष नहीं, उसकी कोई भूमिका नहीं होती है। स्त्री भावनाओं को नज़रअन्दाज़ कर पुरुष वर्ग या पुरुष दृष्टिकोण से ग्रस्त स्त्रियों ने भी यौन शुचिता की अपनी अस्मिता से जोड़ लिया है। जैसे ही किसी ने छुआ कि वह मैली हुई, मानो वह कोई कपड़ा या वस्तु हों। स्त्री चाहे कितनी ही बहादुर, ईमानदार, सुशील, विदुषी हो, सब व्यर्थ हो जाता है, यदि देह की शुचिता पर आँच आ जाये। देह तो पुरुष की भी होती है, पर न वह मैली होती है न अपवित्र। चित्रा मुद्‌गल की कहानी प्रेतयोनि देह शुचिता को मूल्य के रूप में देखने, स्त्री जीवन को इसी मूल्य की तुलना में कमतर करके आँकने की कहानी है। जो स्त्री इस मूल्य की रक्षा नहीं कर पाती है या जिस पर इस देह के अपवित्र होने का दाग लग जाये उसे समाज में सर उठाकर जीने का अधिकार नहीं रह जाता। जिस कार्य के लिए वह ज़िम्मेदार नहीं, उसका दोष भी उसी के कन्धों पर डाल दिया जाता है। इस कहानी की पात्र अनिता गुप्ता की ईमानदारी, उसका शौर्य और अच्छा नागरिक होना यौन शुचिता के आगे, उसके माँ-पिता, भाई-बहन सबके लिए व्यर्थ सिद्ध होता है। अपने सगे-परिजनों की अवहेलना से अनीता के मन में आत्महत्या जैसे विचार भी आने लगते हैं। यह कहानी इस तरह के दंश को झेल रही उन तमाम औरतों के विचार हैं, सिर्फ़ अनिता के नहीं।

अनिता के सामने बाबू जी का जो रूप आता है उसे देखकर वह भौंचक है। धर्मभीरु, असत्यभीरु बाबू जी की काया में कौन प्रवेश कर गया है! बाबू जी सधे हुए पाखण्डी की तरह सत्य से कपट क्रीड़ा कर रहे थे। बाबू जी कुशल अहेरी की भाँति शुचिता-नैतिकता का ताना-बाना बुनने में लगे थे। बेटी की भर जानेवाली शारीरिक चोट को सहलाने के बजाय उसे मानसिक आघात पहुँचा रहे थे। मनुष्य का असली चरित्र और सम्बन्धों की असली परख ऐसे ही क्षणों में होती है। मुक्तिपथ पर चलने की शिक्षा देनेवाले बाबू जी आज कौन-सी शिक्षा दे रहे थे। सीमोन द बोउवार ने मध्यवर्ग और उच्चवर्ग की स्त्रियों के बारे में लिखा है– "हम यह भी नहीं कह सकते हैं कि मुक्तिपथ पर चलनेवाली स्त्रियाँ ग़लत हैं और न यह कि अपने इस नये क्षेत्र में वे सन्तुष्ट हैं। मैं तो यह कहूँगी कि आज की स्त्री बीच की स्थिति

में है। पुरुष से आर्थिक रूप से आज़ाद ये स्त्रियाँ अब भी मानसिक, सामाजिक या नैतिक स्थितियों में पुरुष के बराबर नहीं हैं। जिस प्रकार वे अपने व्यवहार में नियोजित और प्रतिबद्ध होती हैं उसका सन्दर्भ उसके जीवनगत दृष्टिकोण से तय होता है।"[25]

समकालीन लेखिकाओं द्वारा रचित कहानियों का अध्ययन करने से इसकी पुष्टि होती है कि स्त्री आज आर्थिक रूप से स्वतन्त्र हो रही है। इसके बावजूद पितृसत्तात्मक व्यवस्था में अपनी विशिष्ट पहचान बनाने में तमाम कठिनाइयों का सामना करना पड़ रहा है। क्योंकि समाज, संस्कृति, राजनीति और धर्म के मानदण्ड पुरुषप्रधान हैं "हमें यह नहीं समझ लेना चाहिए कि केवल आर्थिक स्थिति बदलने से ही स्त्री की स्थिति में पूरा परिवर्तन आ जायेगा। यद्यपि मानव विकास उसमें आर्थिक व्यवस्था का एक आधारभूत तत्त्व है। जो व्यक्ति का नियन्ता है। किन्तु इसके बावजूद नैतिक, सामाजिक, सांस्कृतिक आदि व्यवस्थाओं में भी परिवर्तन की पूरी ज़रूरत है जिसको बदले बिना कोई नयी स्त्री का आविर्भाव सम्भव नहीं है।"[26]

आज की स्त्री परम्परा और समाज के द्वन्द्व के बीच अपनी अस्मिता और अस्तित्व को लेकर निरन्तर संघर्ष कर रही है। यही कारण है कि वह पारम्परिक मान्यताओं, यथा– विवाह, स्त्री का ममत्व आदि, को इस राह में बाधक मानती है। वह देह होते हुए भी देहमुक्त रहकर ख़ुद को मनुष्यमात्र के रूप में देखना चाहती है। इस स्वतन्त्र अस्मिता की आकांक्षा बार-बार लेखिकाओं द्वारा रचित कहानियों में उभरकर आती है। जया जादवानी की कहानी 'क़यामत का दिन उर्फ क़ब्र के बाहर' में कहानी की पात्र सुमिता नागपाल एक दिन परिवार के पिंजरे से खुली सड़क पर निकल आती है। वह एक दिन खुलकर जीना चाहती है। लेकिन ज्यों ही परिवार से बाहर खुली हवा में पैर रखती है लोग उसकी शिनाख़्त एक देह के रूप में करने लगते हैं। चारों तरफ़ से लोग उसकी ओर ललचायी नज़रों से देखने लगते हैं। उसकी देह का मोल-तोल शुरू हो जाता है। वह थाने में पुलिस से कहती है- "मेरा नाम है सुमिता नागपाल। नागपाल परिवार की बहू हूँ। मैं एक दिन अपने तरीक़े से बिना किसी डर, संकोच या दबाव, बिना किसी जिम्मेवारी के जीने के लिए निकली थी, पर पाया कि इस दुनिया को हमने अपने हाथों से इतना तबाह कर दिया है कि अब यह दुनिया इस काबिल नहीं है कि कोई यहाँ मनुष्य बनकर एक दिन भी जी सके।" स्त्री-मुक्ति-आन्दोलन के प्रभावस्वरूप स्त्रियों में नयी चेतना का विकास हुआ है। परन्तु यह विकास अभी तक स्त्री चेतना के धरातल तक ही सीमित है, सामाजिक स्तर पर पितृसत्ता अभी भी प्रभावी है।

आधुनिक साहित्य में कृष्णा सोबती अपने विशिष्ट लेखन के लिए सुचर्चित हैं। अपनी रचना में एक सुखद विस्मय के साथ उनकी उपस्थिति दर्ज रहती है। 'डार से बिछुड़ी हुई' से लेकर 'सूरजमुखी अँधेरे के' तक एक-से-एक सधी हुई कथाकृतियाँ अपने शिल्प और बनावट में अनुभूति और अभिव्यक्ति के धरातल पर अत्यन्त जीवन्तता के साथ रची गयी हैं। 'बादलों के घेरे' उनकी आरम्भिक कहानियों का संग्रह है। इन कहानियों में वे जीवन के अनेक रंगों और चेहरों को भरती हैं जिनका सच बाहर से अरोपित न होकर अन्दर की गहराइयों से फूटा हुआ सच है, जिसने कथा को अपने-आप रूपायित होने दिया है। उनकी कहानियों में ताज़गी, तरलता एवं जीवन के प्रति एक सम्मोहन है। कृष्णा सोबती हिन्दी कहानी में एक साफ़-सुथरी संयमित अभिव्यक्ति और प्रेषणीय रचनात्मकता के लिए जानी जाती हैं। उनकी भावनात्मक ऊर्जा और कलात्मक अभिव्यक्ति का नमूना 'आज़ादी शम्मोजान की' में देखी जा सकती है। यह छोटी होते हुए भी भाव सम्प्रेषण में बेहद प्रभावशाली है। अपने समकालीन कथा लेखिकाओं में कृष्णा सोबती ने सबसे ज़्यादा स्वातन्त्र्य और नैतिक उन्मुक्तता के साथ पाठक को प्रभावित और प्रेरित किया है जो अपने और समाज के प्रति सजग, सचेत और चैतन्य हैं। कृष्णा सोबती की कहानी यह बताती है कि कहानी के उपकरणों (कथावस्तु, संवाद आदि जो कथा की कसौटी हुआ करती हैं) के बिना भी सशक्त कहानी लिखी जा सकती है। यह कहानी कथा विधा की सीमाओं को तोड़ती है और पाठक के भीतर एक गहरी टीस छोड़ जाती है।

समकालीन महिला लेखन को देखते हुए यह स्पष्ट धारणा बन रही है कि स्त्री रचनाकारों की कहानियों में स्त्री-पुरुष सम्बन्धों के विविध स्तरों का जैसा विवेचन हुआ है उससे इस दौर की कहानियों में जीवन सम्बन्धों के विविध पक्ष और स्तर उद्घाटित हो रहे हैं। नासिरा शर्मा का कथा-लेखन के क्षेत्र में एक बड़ा नाम है। वे अपने नारी पात्रों का सृजन इतनी जीवन्तता से करती हैं कि उसका वास्तविक चित्र पाठक के सामने उपस्थित हो जाता है। उपेन्द्रनाथ अश्क ने नासिरा शर्मा के कथा-लेखन पर टिप्पणी करते हुए लिखा है– "नासिरा शर्मा में कथा कहने की जन्मजात प्रतिभा दिखायी देती है उनके पास अनुभवों की कोई कमी नहीं है, अनुभूतियों का भण्डार हैं वे। शैली बहुत रवाँ-दवाँ, भाषा सरल सुलभ प्रवहमान है। उसमें काव्य का रस है।" 'दूसरा ताजमहल', 'नयी हुकूमत', 'संगसार', 'सरहद के इस पार', 'तीसरा मोर्चा', 'इन्सानी नस्ल' आदि तमाम कहानियाँ देखी जा सकती हैं। स्त्री चरित्रों के बिम्ब (छवि) कथन के साथ ही पाठक के मस्तिष्क में जगह बना लेते हैं। 'नयी हुकूमत' कहानी का आरम्भ देखिये- "हाजरा अधेड़ उम्र की दहलीज पार कर लुटी-पिटी तन व तन्हा शौहर के घर से जब माँ की चौखट पर पहुँची तो

जवानी की दौलत लुटा चुकी थी। खिचड़ी होते बाल, रूखा चेहरा, वीरान आँखें और साथ में थे चन्द रंग उड़े टीन के बक्से जो रिक्शेवाले ने दरवाज़े के अन्दर धकेल दिये थे।"

एक लुटी-पिटी स्त्री का पूरा बिम्ब कथा के आरम्भ में ही पाठक के सामने आ जाता है। भारतीय सामाजिक संरचना में स्त्री की पारिवारिक, सामाजिक हैसियत को कहानी बखूबी दर्शाती है। हाजरा अपने पति की सूरत से नफ़रत करती है लेकिन वही पति जब दूसरे स्त्री को पत्नी बनाकर लाता है तब वह बरदाश्त नहीं कर पाती। पति के प्रेम से अधिक असुरक्षा का भाव उसे आतंकित करता है। हाजरा तीन बच्चों की माँ है। पति ने दूसरा विवाह कर हाजरा को तलाक़ दे दिया है। वह अपने माँ के घर आ जाती है। माँ को जब पता चलता है तो उस पर मानो दुःख का पहाड़ टूट पड़ता है और उसका देहान्त हो जाता है। हाजरा सिलाई कर अपना भरण-पोषण करती है। अचानक एक दिन दुबई से उसका बेटा आता है और वह पुनः नयी हुकूमत को स्वीकार कर उसके साथ चल देती है।

हुकूमत-दर-हुकूमत स्वीकार करना स्त्री की नियति है। ग़लती उसकी हो, या न हो सजा की हक़दार वही होती है। "मर्द रिश्ता बनाता है मगर औरत उसे निभाती है, क्योंकि सृष्टि के इस खेल की सूत्रधार तो औरत है। मर्द तोता-चश्म होते हैं। उनके प्यार-मोहब्बत की उम्र बहुत छोटी होती है।"[27]

मुस्लिम समाज की स्त्रियों की कथा व्यथा नासिरा जी की क़लम से निकलकर इतनी हृदयस्पर्शी हो जाती है कि पाठक के हृदय पर अमिट छाप छोड़ती है। कहीं भी बनावटीपन उनकी कहानियों में नहीं मिलता है। स्त्री की रूपरेखा से जुड़ी, स्त्री होने के नाते शायद वह उसके अनुभवों को बेहतर समझ पाती हैं। उनकी एक कहानी है 'मेरा घर कहाँ है' जिसके अन्त में कथा की नायिका कहती है— "इस दुनिया के हर कोने पर मर्द खड़ा मिलेगा, कभी प्रेमी के रूप में तो कभी बलात्कारी के रूप में। मगर जो पति ढूँढ़ने निकलो तो एक भी क़ायदे का आदमी नज़र नहीं आयेगा।" हाजरा का पति उससे छीन क्या रहा था। बस अपने लिये कुछ खुशियाँ ही तो लाया था। लेखिका का सधा हुआ व्यंग्य न सिर्फ़ पुरुष समाज पर हैं बल्कि 'निकाह' और 'तलाक़' के उस अधिकार पर भी है जिसे पाकर वह शक्तिशाली ही नहीं अत्याचारी भी बना हुआ है। नारी मुक्ति से जुड़ा हुआ एक बड़ा सवाल तो यह है कि वह कब तक इस अधीनता की स्थिति को स्वीकारती रहेगी? क्या स्त्री की नियति एक पुरुष से दूसरे पुरुष तक भटकने की है? क्या उसका अपना स्वतन्त्र जीवन नहीं हो सकता? कब तक मनुस्मृति का श्लोक अभिशाप बना रहेगा? आर्थिक स्वतन्त्रता और आधुनिक चेतना ने उसकी मुश्किलें कम ज़रूर की हैं पर ख़त्म नहीं।

सत्ता या अधिकारबोध से स्त्री को हमेशा अलग रखने का अभ्यास कराया जाता है जिसके कारण शक्ति और सामर्थ्यबोध की चेतना उसके भीतर पैदा ही नहीं हो पाती। यह अभ्यास परिवार से लेकर समाज तक के अन्दर होता है। स्त्री सामाजिक और पारिवारिक दोनों व्यवस्थाओं के भीतर सामंजस्य बिठाती है। बदलाव की इच्छा से डरती है। उसके डर का बड़ा कारण है एकजुटता का अभाव। स्त्री पुरुष के द्वारा दी गयी पीड़ा का दंश तो झेलती ही है वह स्त्री के द्वारा दी जानेवाली पीड़ा की भी भागीदार बनती है। सामान्यतया यह कहकर पुरुष राहत पा लेता है कि स्त्रियों का शोषण सबसे ज़्यादा स्त्रियाँ ही करती हैं। कारणों की खोज किये बिना इस सच को बार-बार दुहराना आसान है। लेकिन जब एक मनोवैज्ञानिक की भाँति स्त्री के अतीत में लौटकर उसके मानस का विश्लेषण करते हैं, उसके सामाजिक परिवेश को खँगालते हैं, पितृसत्तात्मक व्यवस्था में उसके जीवन-संघर्ष, अस्तित्व की पहचान के लिए लड़ते देखते हैं तब आप उसके भीतर की स्त्री को समझ सकते हैं। "स्त्री की अपनी संस्कृति है अपना इतिहास है, जीवन और परम्परा है जो पुरुष से भिन्न है" मन्नू भण्डारी की कहानी 'कील और कसक' ऐसी ही एक कहानी है जो 'स्त्री-स्त्री की शोषक होती है' इस विचार को बल प्रदान करती हुई दिखायी देती है, लेकिन जब गम्भीरतापूर्वक इसका विश्लेषण करेंगे तो इसके पीछे के कारण ख़ुद-ब-ख़ुद, परत-दर-परत सामने आते चले जाते हैं। 'चाँद को शरमा देनेवाले रूप को पाकर भी रानी काले-कुरूप से ब्याह दी जाती है। रूप शायद रानी के लिए कोई मायने न रखता यदि पति उससे प्रेम करता। पर पति के रूखे व्यवहार से वह बेहद आहत हो उठती है। पति का नीरस व्यवहार और शेखर (जो सामनेवाले कमरे में रहते थे और यहीं खाना खाते थे) का प्रेममिश्रित व्यवहार और सहानुभूति पाकर वह अपने जीवन से समझौता कर लेती है। लेकिन निरन्तर रानी की प्रशंसा करनेवाला शेखर किसी अन्य लड़की से शादी ही नहीं करता बल्कि उसकी प्रशंसा भी करता है। यह देखकर रानी विद्रोह कर उठती है। मौक़ा पाते ही शेखर की पत्नी को जली-कटी सुनाने से नहीं चूकती। शेखर मूक है, पत्नी मुखर। दोनों औरतें लड़ती हैं, दोनों पुरुष तमाशबीन हैं, सरल सीधे अबोले। मन्नू भण्डारी अपने पात्रों का चरित्र निर्माण मनोवैज्ञानिक तरीके से विकसित करती हैं। जब ऐसे चरित्र निर्मित होते हैं तो उस चरित्र निर्माण की प्रक्रिया में क्या कुछ घटित होता होगा भीतर? मन्नू जी ने अपनी 'सम्पूर्ण कहानियाँ' की भूमिका में लिखा है– "सरल भाषा में लिखना सबसे कठिन काम होता है।" भाषा ऐसी हो कि पाठक को सीधे कथा के साथ जोड़ दे बीच में अवरोध या व्यवधान बनकर न खड़ी हो।" और सचमुच कहानी पढ़ते समय कहीं भी भाषा

अवरोध उत्पन्न नहीं करती। मनोवैज्ञानिक विश्लेषण से लेकर भाव, संवेदना, भाषा सबका निर्वाह मन्नू जी अपनी कहानियों में बखूबी करती हैं।

मृदुला गर्ग की कहानी 'मीरा नाची' भी कुछ इसी तर्ज़ पर लिखी गयी है। जहाँ माँ की निगरानी बेटी के विकास के लिए बन्धनकारी साबित हो रही है, उसकी शिक्षा ही प्रभावित नहीं हो रही है, बल्कि उसके कच्चे मन पर जो चित्र अंकित हो रहे हैं वह सामाजिक भेदभाव के प्रति गहरे असन्तोष की उपज हैं। माँ के भीतर आयी कठोरता उसके पिता के बर्ताव के कारण है। यह कहानी 'मैं' शैली में लिखी गयी है। विपरीत लिंग के प्रति लड़की के मन में स्वाभाविक-सी जिज्ञासा है। लड़कों को पढ़ने के लिए बाध्य किया जाता है। लड़कों के देर से स्कूल पहुँचने पर सब कहते हैं– "कुछ नहीं बनेगा तुम्हारा, बड़ा होकर आवारागर्दी करोगे।" लेकिन लड़कियों को घर-गृहस्थी के कार्यों में दक्ष किया जाता है। उससे कहते हैं– "पढ़-लिख लो वरना कोई ढंग का लड़का नहीं मिलेगा, सारी उम्र छाती पर मूँग दलोगी। लड़की ज़रा अधलेटी हो जाय तो कहेंगे– 'अलहदन हो जाओगी, कौन पूछेगा ससुराल में। आजकल के लड़के पतली छरहरी लड़की चाहते हैं। मुटा गयी तो ढंग का लड़का...खुले मैदान में खड़े होकर पतंग उड़ाने की छूट लड़कियों को कहाँ मिलती है।"

किशोर मन के भीतर लिंग भेद को लेकर कितनी छटपटाहट है और मुक्ति की कामना की कैसी ललक। तभी तो वह कहती है- "इस घर से निकलूँगी तभी मुक्ति मिलेगी।" फिर सोचती है पिता जी जैसा लड़का मिल गया तो ? मैं भी माँ की तरह... नहीं, वैसी दुःखी, निर्दयी, झगड़ालू, बदसलीका औरत नहीं बनना चाहती मैं। पर मेरे चाहने से क्या होता है? बचपन में ही लड़की के भीतर अपनी विवशता का अहसास हो जाता है। इसकी शिक्षा उसे नहीं देनी पड़ती। वह घर, परिवार, समाज के द्वारा अपने प्रति किये गये बरताव से ही समझ जाती है अपनी सामर्थ्य। तभी तो लड़की सोचती है– "उसका क्या है, लड़का है, चाहे कुर्सी पर बैठकर पढ़े, चाहे छत पर नाचकर पतंग लड़ाये। अपनी मर्ज़ी का मालिक है। न डाँट फटकार, न कोसने, न अच्छे लड़के की प्रतीक्षा में जेल की कैद। लड़की सोचती है, भाई ज़िन्दा रहता तो हम मिलकर पतंग उड़ाते। पर क्या पता, वह उड़ाता और मैं इसी तरह..."

अवचेतन में गहरे बसा 'विषाक्त भाव' किसी भी सम्बन्ध को स्थायी, स्वस्थ, सामान्य और स्नेहिल बने नहीं रहने दे सकता। व्यक्तिगत कड़ुवाहटों के बीच संवाद कहाँ हो पाता है? प्रतिस्पर्द्धा, जलन, कुण्ठाएँ, व्यक्ति को घात-प्रतिघात के लिए तैयार करती रहती हैं। पुरुष से अनादृत 'स्त्री ही स्त्री की दुश्मन' बन जाती है। शायद कठिन परिस्थितियों, घटनाओं, दुर्घटनाओं, सन्ताप, वितृष्णाओं आदि के कारण

उसके अवचेतन में एक विषाक्त भाव उत्पन्न कर देता है और वह विषाक्त भाव उसके व्यक्तित्व पर हावी हो जाता है। 'मीरा नाची' कहानी में लड़की की माँ उसे डाँटते हुए कहती है 'तू भी उसकी तरह रण्डी बनेगी, गैर मर्दों को रिझायेगी।' लड़की ने 'किसकी तरह' पूछा था सिर्फ़ एक बार। माँ ने वह धुनाई की थी कि पड़ोस की मिश्रा टीचर को आकर बचाना पड़ा था। यही वह संवाद है जो अनुपस्थित को लाकर उपस्थित कर देता है और माँ के मन की कड़वाहट का भी पर्दाफाश करता है। मृदुला गर्ग की इस कहानी की बुनावट बेहद महीन है, ऊपर से स्थूल दिखती ज़रूर है। इस तरह के पात्रों, चरित्रों को केन्द्र में रखकर विश्लेषण करने पर ही स्त्री-विमर्श और उससे जुड़े सवालों को समझा जा सकता है। "मृदुला जी यह साफ़ कर देती हैं कि वे स्त्री की उपेक्षा या उसकी अस्मिता के प्रश्न जैसे किसी भी सवाल को स्वतन्त्र, स्वायत्त रूप में ही नहीं देखतीं बल्कि पूरे समाज की अन्य विसंगतियों के साथ देखती हैं।"

स्त्री-विमर्शवादी दृष्टि से ममता कालिया की सामाजिक विसंगति पर लिखी कहानियाँ भी अपनी आत्मीय संवेदनशीलता तथा बेबाक पुनर्विचार के कारण चर्चित हुई हैं। "समकालीन कथा परिदृश्य में जिस नारी-विमर्श का शोर सुनायी दे रहा है उसका मौलिक स्वरूप व सरोकार इन कहानियों में अपनी समर्थ उपस्थिति बनाये हुए है। जब ये कहानियाँ लिखी गयी थीं तब नारी-विमर्श न तो बिकाऊ माल था न चालू नुस्खा, लेकिन ममता कालिया ने बहुत पहले यह देख लिया था कि स्त्री के जीवन में अधिकार का संघर्ष सतत चलनेवाला क्रम है। अपने सोच और विचार में यह रचनाकार पूर्ण तथा आधुनिक और निषेध युक्त है।" ममता कालिया की कहानी 'लड़कियाँ' में महत्त्वाकांक्षी लड़कियाँ घर परिवार की चिन्ता से दूर अपनी पढ़ायी-लिखायी और जीवन के सपनों में मशगूल हैं। दूसरों की आलोचना-प्रत्यालोचना भी करती हैं। एक साथ रहने पर किसी से डरती भी नहीं हैं। गर्मियों की एक शाम घूमने निकलती हैं तो किसी आग के गोले जैसी चीज़ का पीछा करते-करते ऐसी जगह पहुँच जाती हैं जहाँ दहकते अंगारों का कुछ ढेर, उसके करीब रखा नरमुण्ड, कुछ लड़कियाँ, मिट्टी का एक पात्र एवं भयानक मुखवाला एक साधु दिखायी देता है। दोनों लड़कियाँ भयानक मुखवाले साधु की फटकार तथा दहशत पैदा करनेवाले दृश्य को देख डरकर भागने लगती हैं। अँधेरा होने से ऊबड़-खाबड़ रास्ते तथा झाड़ियों में फँसकर उनके कपड़े फट जाते हैं, बाल बिखर जाते हैं। पसीने-पसीने हुई लड़कियाँ घर पहुँचती हैं। प्रतीक्षारत माता-पिता दोनों की हालात देखकर अपनी इज़्ज़त और लड़कियों की दैहिक पवित्रता को लेकर चिन्तित हो जाते हैं। लड़कियाँ अपनी बात बताने की नाकाम कोशिश करती हैं। दोनों के घरवाले उनकी पढ़ाई

छुड़ाने की बात करते हैं। लेकिन दोनों दृढ़तापूर्वक अपनी एम.ए. की क्लास में जाती हैं। कल तक जो लड़के उनसे बात करने की हिम्मत नहीं जुटा पाते थे, वही उन्हें गन्दे इशारे कर रहे थे। लड़कियाँ सहमकर नज़रअन्दाज करने के बजाय आँख मारनेवाले लड़के को थप्पड़ लगा देती हैं। उत्तेजना, आक्रामकता और आक्रोश से भरी लड़कियाँ अपने स्त्री होने पर लज्जित होने के बजाय दृढ़तापूर्वक अपनी निष्कलंकता का परिचय देती हैं। इस अर्थ में ममता जी की यह कहानी नारीवादी विमर्श के क़रीब ही नहीं है बल्कि अपने हक़ के लिए लड़ने को उत्साहित भी करती है। "उनकी रचनाओं में कलावादी कसीदाकारी न होकर जीवन यथार्थ का सौन्दर्यबोध जुड़ा होता है। इनकी रचना ने अपने समय और समाज को पुनर्परिभाषित करने का सृजनात्मक जोखिम हर कहानी में उठाया है। कभी वे समूचे परिवेश में नया सरोकार ढूँढ़ती हैं तो कभी वे वर्तमान परिवेश में, नयी नारी की अस्मिता और संघर्ष को शब्द देती है।" स्त्री का पुरुष की ज़्यादती सहन करना, पुरुष को उसकी गलती महसूस नहीं कराना, उसके अत्याचारों को बढ़ावा देता है। ममता जी ने तुलसीदास की सूक्ति 'जिमि स्वतन्त्र होई बिगर्रहिं नारी' का अतिक्रमण कर अपने कैरियर के प्रति सचेत लड़कियों को परिवार-समाज से मिल रही चुनौतियों का सामना कर आगे बढ़ने की राह दिखाती हैं।

भारतीय समाज में स्त्री होना एक कलंक है। पुत्री का धरती पर आते ही उसे अवमानना, उपेक्षा, अपमान का ज़हर दिया जाने लगता है। स्त्री-जीवन की इस नियति को सभी संवेदनशील रचनाकारों ने अपनी रचना का विषय बनाया है। प्रभा खेतान ने अपने एक लेख 'बाहर भीतर की दुनिया' में लिखा है– "माँ के गर्भ से ही स्त्री को अस्वीकृति मिलने लगती है। नाभि टटोलकर, चेहरा निरखकर, खट्टा या मीठा पूछकर उल्टियाँ जल्दी शुरू हुईं या देर आदि जाँच-परखकर, परिवार की और समाज की बड़ी-बूढ़ी औरतें यह ऐलान कर देती हैं कि बेटे की माँ बनेगी या बेटी की...।" बेटे का आना ही परिवार की खुशियों में बरक्कत लाना होता है। बेटी का आना कभी-कभी ही ख़ुशी का आना होता है पर ज़्यादातर तो गम ही आता है। कारण चाहे जो हो, दमघोंटू उत्पीड़न झेलती तो स्त्री ही है।

साम्प्रदायिक दंगों और हिंसा की सबसे ज्यादा मार स्त्रियों को झेलनी पड़ती है। साम्प्रदायिकता एक वर्चस्वशाली विचारधारा है और भारतीय समाज में वर्चस्व का मूलाधार पितृसत्ता है। यही साम्प्रदायिकता का सामाजिक आधार है। पितृसत्तात्मक व्यवस्था ही सामाजिक विषमता को जन्म देती है। साम्प्रदायिक दंगों में सबसे बर्बर हमला स्त्री पर ही होता है- बात 'तमस' में भी उभरकर आती है और ज्योति चावला की कहानी 'अँधेरे की कोई शक्ल नहीं होती' में भी। 1984 के सिक्ख विरोधी दंगों

पर स्त्री नजरिये से लिखी गयी यह एक बेहतरीन कहानी है। दंगों में लूटपाट, हत्या, बलात्कार, आगजनी जैसे दहशतगर्दी फैलानेवाले कृत्य होते ही हैं, बर्बरता का अन्तिम प्रहार स्त्री पर ही किया जाता है। 31 अक्टूबर, 1984 से पहले कथावाचिका, नायिका जिस मुहल्ले में रहती है वहाँ आपसी सद्भाव था, एक साझा चूल्हा था, जो गली के सभी परिवारों के सहयोग से बना था, जहाँ कभी औरतों के ठहाके गूँजते तो कभी चूल्हे से उठते हुए धुएँ में अपने आँसू छिपातीं और बहातीं, अपने दुःख-सुख साक्षा करतीं। 31 अक्टूबर, 1984 को साझा चूल्हा बुझ गया और इसका समापन होता है लड़की के शरीर से दंगाइयों की वासना के पाशविक खेल से। कहानी यहीं खत्म नहीं होती है। यह कहानी का पहला हिस्सा है। दूसरा शुरू होता है पटियाला के छोटे-से गाँव कोहड़ा से। दिल्ली जैसे बड़े शहर से पंजाब के एक गाँव में आयी लड़की एक अलग अनुभव से गुज़र रही थी। नानी की इकलौती बेटी की इकलौती सन्तान, जिसे लेकर नानी सदैव चौकस रहती थीं, "ठीक वैसे ही जैसे अपने घोंसले से बेघर और टूट चुके अण्डों को देखकर कौवा चौकस हो जाता है और कई दिन तक उन अण्डों की निगरानी में बैठा रहता है कि कहीं से कोई आकर उसके बच्चों को नुक़सान न पहुँचा सके।"

नाना-नानी, मामा-मामी के स्नेह प्यार से लड़की के भीतर धीरे-धीरे विश्वास और जीवन के प्रति आस पैदा हुई। लड़की साम्प्रदायिक, आतंकी काले-सपने को लगभग भूल-सी गयी। लेकिन शायद कुछ और खोना बाक़ी था। दंगे की त्रासदी अभी ख़त्म नहीं हुई थी। उसकी एक लुभावनी शक्ल मुआवजे के रूप में सामने आ गयी। मामा-मामी की आर्थिक स्थिति और स्त्री का पहाड़-सा जीवन उस लोभ का संवरण नहीं कर पाया। पुनः 10 मार्च, 1991 में दिल्ली में मामा और मामा के दोस्त द्वारा लड़की (प्रीतो) की इज़्ज़त तार-तार होती है। रक्षक भक्षक बन गया। अबकी बार वह अपनों के द्वारा लूटी गयी। उसकी खुली आँखें दंगे की एक और त्रासदी देख रही थीं। कहानी के अन्त में लेखिका ने एक छोटी-सी टिप्पणी की है जो दंगों और उससे उपजे स्त्री जीवन की त्रासदी को व्यक्त करती है— "1984 के दंगे में या ऐसे ही दंगों में कितने लोग मारे जाते हैं। सत्ता की इस लड़ाई में कितनी जानें चली जाती हैं। लेकिन कितने ख़ुशक़िस्मत होते हैं वे जो दंगे की वीभत्सता को केवल एक ही बार भोग पाते हैं। उन औरतों, उन लड़कियों की तरह नहीं जो बार-बार, हर बार दंगे की त्रासदी, इस आतंक, इस पीड़ा को झेलती हैं। सच पूछा जाय तो स्त्री की देह की इस आहुति के लिए किसी दंगे की ज़रूरत नहीं। उसके लिए तो चौरासी कभी ख़त्म ही नहीं हुई।"

कहानी अपरिचय के इस मार्मिक मोड़ पर ख़त्म होती है। पाठक को यहीं से सोचने के लिए अनन्त आकाश खुल जाता है, क्या वह अन्तिम त्रासदी थी या अनन्त त्रासदी की शुरुआत। साम्प्रदायिक दंगों के समय सबसे पहले दंगाइयों की धार्मिक पहचान खोजने की कोशिश की जाती है। किस सम्प्रदाय ने किसके ख़िलाफ़ दंगा किया, कितने हिन्दू मरे, कितने मुसलमान, कितने ईसाई। स्त्री कथा-लेखन में इस तरह का विमर्श देखने को नहीं मिलता। यद्यपि साम्प्रदायिक दंगों को लेकर पहले भी महिला कथाकारों द्वारा कहानियाँ लिखी गयी हैं। सोमवती देवी की कहानी 'स्वप्नभंग', सुभद्राकुमारी चौहान की कहानी 'हींगवाला' और कृष्णा सोबती की 'सिक्का बदल गया।' इस विडम्बना पर लिखी गयी महत्त्वपूर्ण कहानियाँ हैं, किन्तु इन लेखिकाओं ने इससे भिन्न दृष्टिकोण से विचार किया है। इन लेखिकाओं ने साम्प्रदायिकता का प्रति उत्तर खोजने के क्रम में सकारात्मक मूल्यों, चरित्रों एवं सामाजिक व्यवहार को केन्द्र में रखा है। इनके लेखन में साम्प्रदायिकता के द्वारा स्त्री शोषण का विवरण न्यूनतम है। इसके विपरीत धर्म निरपेक्ष, मानवतावादी रवैये और मूल्यों के चित्रण पर ज़्यादा ज़ोर है। 'स्वप्नभंग', 'हींगवाला' और 'सिक्का बदल गया' में दंगों के प्रभाव और दंगों की स्थिति का प्रतीकात्मक ज़िक्र है। तीनों कहानियों में भाई-चारा एवं सद्भाव का सन्देश सम्प्रेषित होता है। 'हींगवाला' के मध्यभाग में दंगे की ख़बर से शहर में भगदड़ और तनाव, 'स्वप्नभंग' में पाकिस्तान जानेवाले लोगों की अफरा-तफरी से उत्पन्न तनाव और 'सिक्का बदल गया' में साहनी को हवेली से निकाले जाने से उत्पन्न तनाव है। किन्तु ज़ोर तनाव पर नहीं, बल्कि सद्भाव पर है। 'अँधेरे की कोई शक्ल नहीं होती' कहानी में स्त्री चुप है पर हालात बोल रहे हैं, यहाँ स्त्री वेदना का हाहाकार है। ज्योति चावला, कहानी में हालात का जो वर्णन करती हैं वह भीतर कहीं कसक पैदा करती हैं। रोचकता और आकर्षण का केन्द्र एकदम भिन्न है। यहाँ भाषा का जो स्वरूप है उसमें अनुभूति पर ज़ोर है, तर्क की भाषा यहाँ नहीं है।

1984 में 'ऑपरेशर ब्लूस्टार' का अभियान छेड़ा गया था। वस्तुतः यह सफलता ऊपरी थी। भीतर-ही-भीतर एक सम्प्रदाय विशेष के मन में प्रतिशोध की अग्नि भी जल रही थी। परिणामस्वरूप इन्दिरा गाँधी की हत्या होती है और प्रतिक्रियावादी ताक़तें अपने-अपने हिस्से के क्रोध और घृणा को सामूहिक अभिव्यक्ति देने हेतु अमानवीय नृशंसता का ताण्डव करती हैं। इन्दिरा गाँधी की हत्या के बाद हिन्दू-सिक्ख-दंगों के ज़रिये औरतों की अस्मत से खिलवाड़ किया गया। क्योंकि मानवीय मूल्यों और सामाजिक सरोकारों की थाती उसके पास है। सारी छीन-झपट में नंगी होती है सिर्फ़ औरत। अधूरी हसरतों और सपनों, जमे हुए आँसुओं, चीत्कारों, फीके रिश्तों और

मुस्कराहटों के साथ ज्योति चावला के द्वारा प्रीतो की तस्वीर को गढ़ा गया है।

मध्यवर्गीय भारतीय परिवार में एक लड़की की कण्डीशनिंग इस तरह से की जाती है कि शादी के बाद एक लम्बा समय दबावों को झेलने और नये परिवार के नये सदस्यों के अनुरूप अपने को ढालने में बिता देती है। उसे यह पहचानने में ही कई साल लग जाते हैं कि उसका अपना भी एक अस्तित्व है। अपनी पिछली पहचान को पूरी तरह भुलाते हुए वह अपने को आदर्श पत्नी, आदर्श बहू आदि सिद्ध करने में अपनी पूरी ताक़त लगा देती है। कुछ लड़कियाँ अपने इस आदर्श स्वरूप में ही अपने जीवन की सार्थकता ढूँढ़ लेती हैं। अपने पति और बच्चों को सफलता की सीढ़ियाँ चढ़ते देख वे परम तृप्त होकर उनकी ख़ुशी में अपने होने को शुमार कर लेती हैं। कुछ ऐसी औरतें भी होती हैं जो अपनी ज़िन्दगी के महत्त्वपूर्ण साल इन कोशिशों में खपा देने के बाद भी अपने को असफल पाती हैं और देखती हैं कि उन्हें एक घुसपैठिये से अधिक का दर्जा नहीं मिल पाता है। इसके बाद शुरू होती है अपने अस्तित्व, अपनी पहचान, अपनी आकांक्षाओं की लड़ाई जिसे हर औरत अपने-अपने तरीक़े से लड़ती है और अपनी आज़ादी हासिल करना चाहती है। नीलाक्षी सिंह की कहानी—'रंगमहल में नाची राधा' ऐसी ही औरत की कहानी है जो अपनी आकांक्षाओं की लड़ाई अपने तरीक़े से लड़कर मुक्त होना चाहती है पर किसी स्त्री को मुक्ति इतनी आसानी से कहाँ मिलती है। इस कहानी की नायिका दीवानबाई की मर्जी के बिना उनका ब्याह सुदामा प्रसाद से हो जाता है।

दीवानबाई भी 'उसने कहा था' कि सूबेदारनी की तरह प्रेम के अंकुर को किसी अँधेरे तलघर में दफ़न कर पति और गृहस्थी में रम गयी है। लगभग चालीस बरस से दाम्पत्य सम्बन्धों का निर्वाह कर नाती-पोतों के बीच पुरखिन हो गयी है। इन्तज़ार है परलोक गमन का। उन्होंने जिस निष्ठा से पारिवारिक दाम्पत्य निभाये हैं उससे उनकी नैतिकता और नीयत पर कोई शक नहीं। वह एक आदर्श स्त्री हैं—अनुकरणीय उदाहरण भी। पर उनके तलघर में दफ़न सच्चाइयाँ, उनका प्रेम मरा नहीं। स्मृतियाँ बूढ़ी नहीं हुईं। सोलह-सत्रह की उम्र में किया गया प्रेम जब तक प्रेमी की छवि के साथ सीने में टीस पैदा करता रहता है। प्रेमी भी उसी शहर में कुछ कदमों के फ़ासले पर मौजूद है। प्रेमी की पत्नी का स्वर्गवास हो चुका था। दोनों बच्चों की भी कार दुर्घटना में मृत्यु हो जाती है। अपने परिवार में तृप्त-सन्तुष्ट दीवानबाई ख़बर सुनकर भीतर-ही-भीतर बेचैनी और वीरानगी से टूक-टूक हो गयी हैं। प्रेमी की छवि शिशु बनकर जब-तक गोद में आ बैठती है, इतने दायित्वों में बँधी होने पर तथा घर-परिवार-रिश्तेदार और एक औरत होने के बावजूद। दीवानबाई का घना प्रेम और घनीभूत होकर सहानुभूति में बदल जाता है। अब वह दो समानान्तर ज़िन्दगियों के

बीच सम साधनेवाली औरत बनकर नहीं रहना चाहती थीं। जो बात सुदामा प्रसाद को पहली रात बता देनी चाहिए थी, उसे अब बता रही थीं, उम्र के आख़िरी पड़ाव पर। पति के अधिकार भाव से दमित, लुटी-पिटी दीवानबाई अपना भरा-पूरा घर छोड़कर प्रेमी के घर की साँकल खटखटाती हैं। कर्त्तव्य और दायित्व के साथ स्त्री की अपनी .ख्वाहिशें भी होती हैं। .ख्वाहिशें पता नहीं पूरी होती हैं या नहीं लेकिन दीवानबाई ने हमारे सामाजिक नैतिकता के मानदण्डों का उल्लघंन करने का अपराध तो किया है। समाज के ठेकेदारों को दीवानबाई का व्यवहार भले अनैतिक लग रहा हो पर वह विवाह जैसी बुनियादी संस्था की अमानवीय संरचना को कठघरे में तो अवश्य ही खड़ा करती हैं। "देह और मन के ऐश्वर्य के बीच अपनी मनुष्यता को जीती दीवानबाई के भीतर की विशुद्ध स्त्री का सम्मोहित अवस्था में प्रेमी के घर के दरवाज़े तक चले आना, स्त्री मुक्ति के नाम पर किसी उच्छृंखल बेहयाई को जीना नहीं, स्त्री के भीतर पलती कोमल संवेदनाओं को रेखांकित करना है जिन्हें आज तक पुरुष समाज अनदेखा करता आया है। अनदेखा करने की यह आदत 'परम्परा' का महिमामण्डन पाकर जब मर्यादा और विवाह के नाम पर अकारण स्त्री-संवेदना की हत्या करने लगे तो इसमें अन्तर्निहित अनैतिकता के ख़िलाफ़ स्त्री ही उठेगी न! और स्त्री रचनाकार न!"[28]

जैसे-जैसे नारी चेतना, शिक्षा, जागरूकता और मुक्ति के स्वर मुखर होकर सामने आये हैं वैस-वैसे स्त्री के विरुद्ध यौन हिंसा बढ़ी है। स्त्रियों के द्वारा जितना विरोध-प्रतिरोध बढ़ रहे हैं, उससे अधिक यौन अपराध बढ़ रहे हैं। आये दिन होनेवाले महिलाओं के साथ बलात्कार सम्बन्धी .खबरें अब ध्यान आकर्षित नहीं करतीं। "महिलाओं के साथ होनेवाले बलात्कार ज़्यादातर उनके नज़दीकी मित्र, रिश्तेदार, परिचित या पड़ोसी के द्वारा ही किया जाता है। इन सबके बावजूद पिता द्वारा पुत्री का बलात्कार सामान्य अपराध नहीं माना जाता बल्कि सामाजिक दृष्टि से बेहद अनैतिक और घृणित कृत्य माना जाता है। इस तरह की अधिकांश घटनाओं का मुख्य कारण पति-पत्नी के बीच तनाव, लड़ाई-झगड़ा, अलगाव या बेटा न होने का दुःख भी शामिल होता है। बेटियाँ अपने ही घर में अपने ही पिता-भाई या अन्य सम्बन्धियों के बीच भयभीत, आतंकित और असुरक्षित हो जायें तो उसे न सम्मान से जीने का कोई रास्ता समझ में आता है और न गुमनाम मरने का। बलात्कार की संस्कृति के सहारे पितृसत्ता अज़र-अमर नज़र आती है।"[29] मनीषा कुलश्रेष्ठ की कहानी 'फाँस' ऐसी ही कहानी है जिसमें पुत्री पिता के द्वारा बलात्कार का शिकार होती है। कहानी की मुख्य पात्र अन्तिमा का कई स्तरों पर शोषण होता है। जब वह पैदा हुई तो दादी पछाड़ मारकर रोयी थीं, पिता घर छोड़कर चले गये थे, वैद्य की पाँच सौ रुपये की

दवा खाने के बाद भी माँ ने चौथी लड़की को जन्म दिया था। नाम रखा था– अन्तिमा। माँ ने अन्तिमा का लालन-पालन बेटे की तरह किया। परलोक जाने से पहले माँ ने अन्तिमा का रिश्ता अपनी पड़ोसी सहेली के बेटे जयदीप से तय कर दिया था। अपना बचपन वह जयदीप के साथ खेलते-घूमते व्यतीत कर दी। युवावस्था में जयदीप लांस नायक की ट्रेनिंग पर चला गया तो मानो उसकी आँखों की कोटरों के हरियल सपने भी उड़ गये। घर का स्वामी उसका जनक अपनी हार, हताशा और अकेलेपन के गर्त को शराब से पाटते हुए रिश्तों को शर्मसार करता हुआ, उसे अन्दर और बाहर से खाली कर रहा था। अन्तिमा का दबंग लापरवाह विद्रोही व्यक्तित्व का बाहरी आवरण काँच की गुड़िया की तरह टूट रहा था। वह अपने को दाँतों के बीच जीभ की तरह बचाकर रखती थी। मगर ज़रा-सी असावधानी से कभी कट जाती तो कभी बच जाती। उसके भीतर एक फाँस-सी चुभी थी। एक ऐसी फाँस जिसे लगातार कुरेदकर भी उससे निजात पाना सम्भव नहीं था। पिता की मृत्यु के बाद उसका अन्तिम क्रिया करम वही करती है। अर्थहीन देह के प्रति विरक्ति भाव और अन्तिम कपाल क्रिया के साथ उसके भीतर फाँस और उससे उपजा दर्द कहीं ग़ायब था। कहानी के मुख्य पात्र अन्तिमा के त्रासद जीवन का मार्मिक चित्रण है।

इस कहानी की घुटती-छटपटाती नायिका पाठक के भीतर भी एक अजीब-सी कसक-भरी छटपटाहट छोड़ जाती है और कथा के दो सूत्र वाक्य उसे मथते चले जाते हैं–

यू चिनी जाती हैं गालियों में लड़कियाँ
कोई रिश्ता उनके अख़्तियार में नहीं रहता।

दूसरा अन्तिमा से जयदीप का यह कथन– दुनिया जहान में रिश्ते के नाम पर चाहे छोटे-छोटे अनेदेखे काँटे लोग दिन-रात निगलते हों, पर अन्तिमा, मेरी माँ कहती है– "आँखों देखा मोटा काँटा नहीं निगला जा सकेगा। जीवन भर माँ तुझे हिकारत से देखे, यह मैं नहीं चाहता, तुम भी नहीं चाहोगी।"

पश्चिमी उत्तर प्रदेश, हरियाणा और राजस्थान में 'खाप पंचायतों' की भूमिका, इनके फ़ैसले समय-समय पर चर्चा का विषय बनते हैं। 'खाप' (जाति) पंचायतें परिवार की मर्जी के विरुद्ध विवाह, विवाह-पूर्व प्रेम, युवा लड़के-लड़की की दोस्ती का किस हद तक विरोध करते हैं– यह सर्वविदित है। इज़्ज़त की रक्षा के नाम पर प्रेमी युगलों की नृंशस हत्या, उनके परिवारवालों का सामाजिक बहिष्कार (हुक्का-पानी बन्द) और गाँव-घर में वापस न लौटने की धमकी खाप पंचायतों की 'इज़्ज़त-रक्षक कार्यवाहियाँ' हैं। लेकिन औरतों-लड़कियों की 'मारल पुलिसिंग' करनेवाले इन पंचायतों के पंच या सदस्य अपने निजी जीवन में, जिसे वे छिपाकर रखते हैं, कितने क्रूर, कुण्ठित, मर्यादाहीन और इज़्ज़त के लुटेरे होते हैं– इसी क्रूरता और पाखण्ड को

उजागर करती हैं युवा कथाकार शिल्पी की कहानी 'पापा तुम्हारे भाई'। खाप पंचायतें सजातीय विवाह की, वह भी घर-परिवार द्वारा तय किये गये विवाह की समर्थक हैं। इसके अलावा अन्तरजातीय विवाह या प्रेम, सगोत्रीय सजातीय होने के बावजूद विवाह या प्रेम की घोर विरोधी हैं। इसका एकमात्र कारण स्त्री के आत्म निर्णय के अधिकार, उनकी स्वतन्त्रता, उसकी उन्मुक्तता को किसी भी स्तर पर स्वीकार न करनेवाली मर्दवादी श्रेष्ठता और ज़िद है।

यह एक ऐसी लड़की की कहानी है जो आधुनिक मूल्यों-मानदण्डों के साथ पूरे आत्मविश्वास से आगे बढ़ रही है। इस क़हानी की नायिका ओलम्पिक हॉकी खिलाड़ी स्वर्गीय भारत सिंह की बेटी है। दिवंगत पापा को तस्वीर दिखाकर बात करते हुए कह रही है – ओह पापा तुम ज़िन्दा होते तो देखते, लोग कहते हैं मैं एकदम तुम्हारी तरह खेलती हूँ। विरोधियों के घेरे में उन्हें ललचाते हुए, लेकिन घेरा तोड़ने की नयी-नयी चालें सोचते हुए। तुम्हारी अचानक छूटी गोली जैसे दौड़ अब मेरी पिण्डलियों में जिन्दा हैं। तुम्हारी वह स्टिक हमेशा मेरे किट में रहती है। पापा से अपनी कुशल ड्रिब्लिंग की चर्चा करते हुए लड़की कहती है– "लेकिन तुम क्या जानो कैसा घेरा तोड़कर भागी हूँ। अचानक बहुत बड़ी होकर शर्म से लिथड़ गयी हूँ, खून, रिश्ते, समाज, प्यार मेरे लिये सब बंजर-ऊसर हो गये हैं...। लेकिन यकीन रखो एक दिन सच्चे खिलाड़ी की तरह सबका सामना करूँगी। घेरा चाहे जितना मज़बूत हो विरोधी चाहे जितने क्रूर ...।" ये पंक्तियाँ कहानी की गहराई से तो परिचय कराती ही हैं। कहानी जहाँ समाप्त हो जाती है उसके आगे पाठक को ले जाकर सोचने को बाध्य भी करती हैं।

लड़की जाट है और उसका प्रेमी अविनाश गुर्जर। लड़की के चाचा मर्यादा सिंह की कुदृष्टि लगातार उस पर रहती है इसलिए अविनाश के साथ उसका प्रेम उन्हें रास नहीं आता। गाँव के लड़कों के साथ मिलकर वह उसे बदनाम करते हैं। मर्यादा सिंह लड़की को एकान्त कमरे में कैद करके उसे नोचता-खसोटता है और विरोध करने पर पंचायत की धमकी देता है, जिसमें उन दोनों को मौत की सजा मिलनी तय है। वे जाट हैं और किसी गुर्जर का अपनी इज़्ज़त पर हाथ डालना बर्दाश्त नहीं कर सकते। लड़की के राज़ी नहीं होने पर इज़्ज़त बचाने के लिए पंचायत बैठती है और दोनों को फाँसी की सजा दे दी जाती है। लड़की कहती है – "पापा, तुम्हारे भाई मर्यादा सिंह, जो तुम्हारे मेडल, ट्रॉफियाँ, सर्टिफिकेट सँभालकर रखते थे और अख़बारों-पत्रिकाओं में तुम्हारे बारे में जो छपता था उसकी फ़ाइल बनाते थे। बता दूँ, गुज़र गये। अगर तुम ज़िन्दा होते तो भी तुम्हें दुःख नहीं होता, हद-से-हद शर्म और पछतावा होता।"

खाप पंचायतें जिस तरह से फैसला सुनाती हैं और उनके बीच में जो लोग बैठे

होते हैं उनका विवरण कथा नायिका ने इस तरह दिया है– सन्नाटे में अचानक चौंककर मैंने पंचों की ओर देखा। इनके बीच में हुक्का सुलग रहा था। लेकिन उसे किसी ने छुआ तक नहीं...। और पंच कौन थे पापा, हुक्म सिंह जिनके दादे-परदादे जानवर चुराते थे और इनकी सींगें तराशकर बेच देते थे। वे अब मानिन्द किसान और गाँव सभा के मुखिया हो गये, वे अपनी अधपगली पत्नी को सरेआम लाठियों से पीटते थे। चौधरी राजिन्दर सिंह, जिनकी डेयरी में यूरिया मिलाकर सैकड़ों लीटर दूध तैयार होता था, और बेचा जाता था। शहर में उनका बड़ा होटल था जहाँ अफसरों, ठेकेदारों को लड़कियाँ सप्लाई की जाती थीं। मानसिंह, सारा गाँव जानता है कि अफीम खिलाकर अपनी भानजी के साथ इन्होंने कई महीने बलात्कार किया, जब वह गर्भवती हो गयी तो उसे पागल बताकर पता नहीं कहाँ छोड़ आये। मैनेजर सिंह, कोटेदार, जो दहेज के लिए अपनी बहू जलाकर जेल हो आये थे। और उनकी दुकान का सारा राशन और तेल ब्लैक में बिक जाता था और पट्टी बाँधे डकैत लग रहे मेरे चाचा ख़ुद जिन्होंने आज सुबह अपनी भतीजी से सौदेबाजी की थी...तो ये मेरा न्याय करेंगे इज़्ज़त बचाने के लिए।"

लेखिका की उक्त पंक्तियाँ महादेवी के 'शृंखला की कड़ियाँ' में लिखे एक लेख के एक अंश की याद दिलाते हैं– "किसी भी पुरुष का कैसा भी चारित्रिक पतन उससे सामाजिकता का अधिकार नहीं छीन लेता, उसे गृहजीवन से निर्वासन नहीं देता, सुसंस्कृत व्यक्तियों में उसका प्रवेश निषिद्ध नहीं बनाता और धर्म से लेकर राजनीति तक सभी क्षेत्रों में ऊँचे-ऊँचे पदों तक पहुँचने का मार्ग नहीं रोक लेता। साधारणतः महान् दुराचारी पुरुष भी परम सती स्त्री के चरित्र का आलोचक ही नहीं, न्यायकर्त्ता भी बना रहता है।" (शृंखला की कड़ियाँ, पृ. 98) महादेवी जी की इस स्थापना को इस कहानी में चरितार्थ होते देखा जा सकता है।

कहानी समीक्षक डॉ. कृष्ण मोहन ने इस कहानी पर टिप्पणी करते हुए लिखा है– इस प्रकार एक तरफ़ तो अपने सम्भावित प्रतिद्वन्द्वी का चरित्र हनन करानेवाले साथी हैं, और दूसरी तरफ़ अपने तमाम अपराधों का बोझ अपने सबसे निरीह शिकार पर डाल देने का आदी हमारा लोकमन है। (कहानी समय – कृष्ण मोहन, पृ. 113, शिल्पायन, दिल्ली)।

इज़्ज़त, जिसे बचाने के लिए पंचायत एकत्र है उसके बारे में लड़की कहती है–"अचानक मुझे लगा कि इज़्ज़त कोई अदृश्य रहस्यमय प्रेत है जिसकी सवारी आते ही मसखरे भी भयानक लगने लगते हैं।" और अन्त में – 'लेकिन पापा, यह बताओ मान लो अगर इस वक़्त तुम ज़िन्दा होते तो कहीं तुम भी इज़्ज़त के रहस्यमय प्रेत के असर में पंचों के साथ तो नहीं खड़े हो गये होते! नहीं पापा ऐसा मत करना

यह पूछा इसलिए कि अब मैं तुम्हारी जितनी बड़ी हो गयी हूँ और तुम्हारे जूते मेरे पैर में आने लगे हैं।''

आज स्त्री का रचा साहित्य मात्र मनोरंजनार्थ नहीं रह गया है, बल्कि वह स्त्री के सघन सरोकारों का लेखा-जोखा भी है। धर्म, कर्मकाण्ड, परम्परा और भारतीय संस्कृति सक्षम स्त्री को बाँधने के लिए हथियार के रूप में उपलब्ध है। टी.वी., सीरियलों, समाचार चैनलों पर अध्यात्म-चर्चा के बहाने, बाबाओं-साध्वियों के ज़रिये स्त्री धर्म और परिवार की प्राचीन व्याख्याओं को नवीन बनाने लगा है, संस्कृति के नाम पर स्त्री की देह और सोच को नाजुक और निष्क्रिय बनाते व्रत त्योहारों का महिमामण्डन लगने लगा है; साथ ही भूत-प्रेत, जादू-टोना, जैसे अन्धविश्वासों की पुनर्प्रतिष्ठा कर रहे हैं ताकि सोचने-विचारनेवाली स्त्री, चुड़ैल, डायन, बाँयन साबित की जा सके। महाश्वेता देवी ऐसे ही सामाजिक सरोकारों से जुड़ी कथाकार हैं। सामाजिक समस्याओं को किसी-न-किसी रूप में अपनी कहानी में उठाती रही है। यद्यपि समय की सूइयाँ हमें आगे की ओर बढ़ती दिखती हैं। लेकिन हमारे समय की सूई जड़ता और अन्ध-विश्वासों के साथ हमेशा पीछे की ओर जा रही है। इसी जड़ता और अन्धविश्वास की कहानी है 'बाँयेन'।

महाश्वेता जी ने कहानी की शुरुआत ही बाँयेन और डायन के अन्तर के साथ किया है– "अगर किसी को डायन धर ले तो जलाकर मार देते हैं पर बाँयेन धरने पर उसे ज़िन्दा रखना होता है।" रूढ़ियों और अन्धविश्वासों से घिरा आदिम समाज कैसे-कैसे मूर्खतापूर्ण तर्क गढ़ता है! महाश्वेता जी ऐसे भयंकर पिछड़े और अछूत, दलित समाज के लोगों और उनके स्वभाव से बखूबी परिचित हैं। "ऐसे समाज जिनके सिर पर तेल और पेट में भात नहीं होता उनके मन में भयंकर ईर्ष्या, द्वेष और आक्रोश धुधुआते रहते हैं।" समाज के लिए कोई भी काम असाध्य नहीं है। भगीरथ जब छोटा था तभी उसकी माँ को बाँयेन ने धर लिया था। ख़ुद ढोल पीटकर उसके पिता मलिन्दर ने उसकी माँ चण्डी को बाँयेन घोषित कर दिया था। भगीरथ पूछता है, "बापू आदमी को बाँयेन कौन बनाता है?" मलिन्दर ने जवाब दिया 'विधाता'। फिर कहता है, "मैं पहले बड़ा निर्दयी था, तेरी माँ भूसी की आग की तरह सुलगती रहती थी। विधाता की इच्छा। एक दिन डोमपड़ा में जैसे ख़ुद भगवान् ने आकर पासा पलट दिया। चण्डी बाँयेन हो गयी– निष्ठुर, निर्दय और शिशुहन्ता। सभी मानवीय अधिकारों से वंचित कर दी गयी। चण्डी को गाँव से बाहर कर दिया गया। लेकिन चण्डी के भीतर की ममता, जिसके कारण छोटे बच्चों की क़ब्र खोदते समय उसकी छातियों से दूध बहने लगता था। मरी नहीं थी बल्कि और बलवती हो गयी थी।" निरुपाय चण्डी सैकड़ों ज़िन्दगियों के रक्षा के लिए स्वयं को ख़ुद ख़त्म कर देती है।

जिस अन्धविंश्वासी समाज ने उससे मनुष्य (औरत) होने का हक़ छीन लिया था उसी समाज की रक्षा के लिए अपने प्राणों को न्योछावर कर देती हैं।

नारी समाज आज भी शिक्षा के अभाव में उन्हीं पारम्परिक रूढ़ियों और अन्धविश्वासों में जी रहा है, जो सदियों से उसके लिए तय कर दिये गये थे। कहानीकार चाहे पुरुष हो या महिला, अपने परिवेश के प्रति जागरूक रहकर ही जीवन की जाँच-पड़ताल कर पाता है। महाश्वेता देवी परिवेश के प्रति जागरूक कथाकार हैं।

देश आज़ादी की स्वर्ण जयन्ती मना चुका, लेकिन स्त्री अशिक्षा और चाल-चलन की शुचिता की सूली पर चढ़ी हुई ज़िन्दगी की भीख माँग रही थी। नेट और कम्प्यूटर के युग में सामाजिक सत्ता का सामन्तवादी वर्चस्व अपनी पूरी अपरिवर्तनीयता के साथ उसकी दुनिया पर क़ाबिज़ है। "वह हर घर में चेखव की डार्लिंग है। वह हर उस पहचानहीन पहाड़ी नौकर की तरह है जिसका नाम बहादुर होता है।"[30] गुलाम होने का साझा दुःख दो स्त्रियों को आपस में जोड़ता है। 'पर्सनल एकाउण्ट' कहानी ने कुलवन्त और मन्सूर ऐसे ही बहनापे से जुड़ी हैं। एक-दूसरे से अपने मन और शरीर की बातें कहकर वह जीने का बल अर्जित करती हैं।

हारी हुई स्त्री झगड़ालू या लड़ाकी हो जाती है तो यह उसका व्यक्तिगत विद्रोह होता है। जन्नत में सब-कुछ खाने-पीने की आज़ादी होते हुए भी एक पेड़ के बारे में हुक्म था कि इसका फल कभी मत खाना। नाफ़रमानी की रवायत यहीं से शुरू होती है। हज़रत आदम ने लाख समझाया, हज़रत (मोहतरमा) हौवा ने गंदुम तोड़ कर खा लिया। कहते हैं "इसी नाफ़रमानी के नतीजे में आदम-हौवा को जन्नत से निकाल दिया गया। और वे दुनिया में आ गये। स्त्री की जिज्ञासा ही अवज्ञा के लिए उकसाती है। मंसूरा अवज्ञा करती है, भयमुक्त प्रेम के आदान-प्रदान से उसके लिए उनके रहस्यों से पर्दा उठ जाता है।" "जिस सम्बन्ध में भय दूध में मक्खी की तरह बैठा हुआ हो वहाँ प्रेम की गुंजाइश कहाँ।"[31] पितृसत्तात्मक व्यवस्था में जीवनयापन करनेवाली स्त्री सामाजिक उत्पीड़न के दंश (अभी भी) सहन करती है और शोषित-उत्पीड़ित होती रहती है। एक धरातल पर स्त्री, जीवन स्थितियों के दबाव में घर ही डेहरी के बाहर आयी है पर रूढ़ियों से चला आ रहा स्त्री-पुरुष का अलगाव केवल भौतिक धरातल पर ही थोड़ा-बहुत टूटा है आध्यात्मिक धरातल पर नहीं। नारी पराधीनता के विचार आज जिन सामाजिक-सांस्कृतिक संरचनाओं, संस्थाओं और साहित्यिक-कलात्मक अभिव्यक्तियों के माध्यम से संचालित हो रहे हैं, उनकी पहचान करने में सक्षम होने के बावजूद वह अपने को शोषित होने से नहीं बचा पा रही है।

नारीवादी स्त्रियाँ जा कहानियाँ लिख रही हैं, उनका केन्द्रीय मुद्दा, मेरी समझ से उन समस्याओं को अभिव्यक्त करता है, जिन्हें अब तक के इतिहासकार और कथा लेखक केवल पुरुष सन्दर्भ में देखने के अभ्यस्त रहे हैं। जीवन की वास्तविकता को केवल पुरुष दृष्टि से देखना ज्ञान की प्रणाली को सीमित करता है तथा दूसरे सारे अनुभवों के सार तत्त्व के रूप में दर्शन की किसी ख़ास प्रणाली को स्थापित करता है। सारे सामाजिक-धार्मिक दर्शनों से ऊपर उठकर दुनिया भर की लेखिकाएँ जब अपने अनुभवों को क़लमबद्ध करने लगीं तो कभी परिवार आड़े आता है तो कभी पितृसत्ता। सम्भवतः इसी महिला लेखन के विरुद्ध फ़तवों की ज़रूरत पड़ती है। फहमीदा रियाज की कहानी 'पर्सनल एकाउण्ट' ऐसी ही एक कहानी है जिसमें पुरुष ख़ुद तो बहुत तरह की छूट लेते हुए पैसा कमाने के सारे काल कारनामें करता है किन्तु स्त्री को अपने समाज की परम्परा और धर्म के रास्ते पर चलने का उपदेश देता है। "दरअसल हमारा मध्यवर्गीय समाज घोर वर्जनाओं अन्धविश्वासों और रूढ़ियों का पोषक है। खासकर स्त्रियों के प्रति बहुत ही कुण्ठित, रूढ़ और रहस्यवादी है।"[32]

"तुम औरतजात हो इसलिए यदि लड़का पैदा न हो तो दोष तुम्हारा है। तुम औरतजात हो इसलिए पति की हर इच्छा में अपनी इच्छा शामिल रखो। तुम औरतजात हो इसलिए तुम्हें सवाल करने का हक़ नहीं है। तुम औरतजात हो इसलिए तलाक़ लेने कोर्ट-कचहरी करने का भी तुम्हें हक़ नहीं। अपना भाग्य खोटा है तो किसी को दोष क्यों दो, क्योंकि तुम औरतजात हो। औरतजात हो अकेले कैसे रहोगी?"

अनपढ़-से-अनपढ़ व्यक्ति भी कितनी ही पढ़ी-लिखी आत्मनिर्भर लड़की हो, को यही शिक्षा देता है। उर्मिला पवार की कहानी 'औरतजात' इन्हीं वर्जनाओं की कहानी है। क़ानून ने उसे जो हक़ दिया है, समाज उसकी परवाह किये बिना निरन्तर उसे एक 'कमजोर औरत' होने का अहसास कराता रहता है। उसकी मुक्ति की राह का रोड़ा बन उसे उसकी औकात क़दम-क़दम पर बताता रहता है। अगर औरत को सचमुच मुक्ति चाहिए तो उसे लड़ना होगा– अपने समय से और उन न्यायकर्त्ताओं से जो स्त्री को बार-बार उसके स्त्रीत्व की याद दिलाकर उसे एक रूढ़ छवि के भीतर क़ैद करना चाहते हैं।

स्त्री के अनुभवों को स्त्री नज़रिये से देखनेवाले तमाम कथाकार अपनी रचनाओं में स्त्री-संघर्ष और मुक्ति से जुड़े मुद्दों को उठा रहे हैं, गम्भीर कहानियाँ भी लिखी हैं। जब आज की तरह 'स्त्री-विमर्श' जैसे सिद्धान्त नहीं थे। तब भी लेखक स्त्री-प्रश्नों को कथा-साहित्य में रख रहे थे। आज बहुत-सारे लेखक चाहे वे स्त्री हों या पुरुष, विमर्शवादी लेखन कर रहे हैं, पर स्त्रीवादी नज़रिये के प्रति पूरी तरह

प्रतिबद्ध नहीं हैं। बल्कि स्त्री के सवालों को, समस्याओं, अनुभूतियों और मर्दवादी नज़रिये से देख रहे हैं। किसी भी तरह का पृथक्तावादी नज़रिया स्त्री-पुरुष दोनों को विभक्त करता है तथापि स्त्री-विमर्श को ऐसे किसी भी मार्ग का अनुसरण नहीं करना चाहिए जो इस विमर्श को अँधेरे कमरे में बन्द कर दे। सवाल स्त्री पर आस्था का नहीं, बल्कि स्त्री के उस सत्य की खोज का है जिसके कारण वह बन्धनों से मुक्ति के लिए छटपटा रही है।

प्रतिष्ठा स्त्री की नहीं, परिवार और परिवार के मुखिया की होती है, जाति की होती है, यही कारण है कि स्त्री के उत्पीड़न, व्यथा और कष्ट की बजाय परिवार की प्रतिष्ठा धूल में मिल जाने की चिन्ता सताती है। पीड़ित स्त्री के साथ दोहरा अन्याय होता है। चित्रा मुद्गल की कहानी 'प्रेतयोनि' में उत्पीड़न और अन्याय को देखा जा सकता है। माता-पिता, भाई-बहन कोई भी 'लड़की' के प्रति अन्याय से व्यथित नहीं है। उसकी मनोदशा की उन्हें चिन्ता नहीं है। उसके साथ हुए दुर्व्यवहार और अपमान से कम अपमानित हैं। सच सामने न आ जाय, लोग यह न जान जायें की यह घटना हमारी बेटी के साथ घटी। इसे छुपाने के लिए ज़्यादा सतर्क और सावधान हैं। बेटी के अपमान से ज़्यादा वे अपने परिवार और इज़्ज़त रक्षा के लिए फ़िक्रमन्द हैं।

समकालीन स्त्री लेखिकाओं में स्त्री जीवन को जिन्होंने संश्लिष्टता के साथ चित्रित किया है– बिना किसी शोर-शराबे, नारेबाज़ी के, उनमें अल्पना मिश्रा का नाम प्रमुख है। उनकी कहानियाँ, आलोचक सियाराम शर्मा के अनुसार– "स्त्री-पुरुष सम्बन्धों के बीच अलगाव, अपरिचय एवं परायेपन के फैले उजाड़ और बंजरपना का जायजा लेती कहानियाँ हैं। ये स्त्री मन के गहरे अँधेरे, मनोजगत् की संरचना और उसे बीमार बना देनेवाली स्थितियों की पड़ताल की कहानियाँ भी हैं।" उनकी कहानी 'कथा के गैर ज़रूरी प्रदेश में' प्रेमहीन, नीरस दाम्पत्य जीवन के सच का बयान करनेवाली कहानी है। इस कहानी पर टिप्पणी करते हुए सियाराम शर्मा लिखते हैं– "साथ-साथ होने और सोने के बावजूद स्त्री अपने एहसासों में कितनी अकेली, अपरिचित और अजनबी होती है, उसके शरीर और सौन्दर्य के सारे स्रोत और मुहाने कैसे सूख जाते हैं– यही इस कहानी की विषयवस्तु है। स्त्री सिर्फ़ खोखल नहीं है, न अँधेरी सुरंग। वह जंगल का सम्पूर्ण सौन्दर्य है। वहाँ चिड़ियों का कलरव, पत्तों का संगीत, पहाड़ों के भीतर से रिसता हुआ सोता और झरने की कल-कल ध्वनि भी है। क्या स्त्री के मन और शरीर के भीतर फैले इस अगम्य और अबूझ जंगल के सौन्दर्य को समझने का प्रयास किया जाता है? अगर नहीं तो दाम्पत्य-जीवन के दो सरल समानान्तर रेखाओं की तरह बहुत दूर साथ-साथ चलते हुए भी स्त्री-पुरुष न तो एक-दूसरे के मन को समझ पाते हैं, न शरीर के रहस्य को।" सियाराम शर्मा की यह टिप्पणी इस गम्भीर कहानी को समझने की कुंजी है। अल्पना मिश्रा की

कहानियों में एक संश्लेष है, सपाटबयानी या एकहरापन को वे नहीं अपनाती हैं। दरअसल, सपाटबयानी या एकहरापन पाठक के सम्मुख रचना को बहुत जल्दी भले खोल दे, उसके सामने सोचने-विचारने के लिए कोई चुनौती नहीं खड़ा करती है। अल्पना मिश्रा इस दृष्टि से 'फैशन' या धारा के विरुद्ध चलनेवाली कहानीकार हैं। इस कहानी में भी उन्होंने स्त्री-पुरुष के सम्बन्ध की जटिलता को, उसमें विभिन्न कारणों से आ रही शुष्कता और निरसता को व्यंजित करने के लिए अरुन्धती के जीवन के अँधेरे का सहारा लिया है। कैसे अरुन्धती अपनी स्वतन्त्रता की ओर बढ़ती है– उसके पीछे स्त्री-पुरुष सम्बन्धों की नीरसता, स्त्री को सिर्फ़ उपभोग की निर्जीव काया माननेवाली मानसिकता की क्या भूमिका है– इन सभी प्रश्नों को इस कहानी में उठाया गया है।

अनिता गोपेश की कहानी 'एक स्त्री : कई कहानियाँ' शीर्षक में ही कहानी की नायिका के चरित्र की रहस्यमयता छिपी हुई है। अकेली स्त्री के मर्म को छूती कहानी की नायिका मधूलिका एक आधुनिक स्त्री है। अकेली होकर भी वह एकाकी नहीं है। तमाम कहानियाँ उसके चरित्र से जुड़ी हैं। संवेदनशील लेखिका मधूलिका के चरित्र को लेकर गढ़ी गयी कहानियों को समझती भी है और नहीं भी। लेखिका का सामना जब-जब मधूलिका से होता है, तब-तब वह बिदक जाती है, उसका वेदना उसके असमंजस को उजागर करता है।

चरित्र हनन के द्वारा स्त्री के हौसले को कैसे पस्त किया जाता है, यह पुरुष-सत्तात्मक समाज में कहीं भी कभी भी देखा जा सकता है। जिस औरत को शास्त्रों में सेक्सी कहा गया है, जिसके लिए औरत रिश्तों का भी ख़याल नहीं रखती वही औरत मधूलिका कहती है–"इट्स आल ए गेम ऑफ फ्यू सेकेण्ड्स।" यह कहने की हिम्मत तो आज की महिला कहानीकार ही दिला सकती है। स्त्री और पुरुष लेखन का फ़र्क़ यहीं पर दिखायी देने लगता है। जो औरत (मधूलिका) मर्दों को हाथ नहीं डालने देती वही–हिप्पोक्रेट, लेस्बियन, निम्फोमैनिस्म और न जाने कितने विशेषणों की अधिकारी हो जाती है।

आधुनिक स्त्री कितनी निरीह नज़र आती है जब वह देखती है कि अपने बेटे और पति के साथ-साथ सन्तुलन बचाकर चलनेवाली स्त्रियाँ कैसे समाज, परिवार में एक आदर्श स्त्री होने के तमगे को हथिया लेती हैं। लेकिन महत्त्वाकांक्षी, अपने अस्तित्व को बयाँकर चलनेवाली स्त्री, घोर निराशा का विषय बनाती है। कहानी की नायिका न तो 'मैं' को बचा पाता है और न ही परिवार को। लेखिका से अन्तिम मुलाक़ात में मधूलिका पति से अपने प्रेम को स्वीकार करती है। एक अनुत्तरित प्रश्न छूट जाता है– आखिर-प्रेम को गँवाकर कलंकिनी और विरहिणी होने का दर्द स्त्री ही क्यों भोगती है? जबकि प्रेम की ज़रूरत तो स्त्री-पुरुष दोनों को होती है।

अनिता गोपेश अपनी कहानियों में नारीमन की पड़ताल अच्छी तरह करती हैं। इसकी पुष्टि इनके कहानी संग्रह 'कित्ता पानी' की कहानियों में भी देखा जा सकता है। सदियों से नारी की देह को 'माल' के रूप में परिभाषित करने की चली आ रही प्रवृत्ति को समझकर ही उन्होंने मधूलिका के चरित्र के बारे में चल रही अफवाहों को विस्तार देकर कथ्य को न सिर्फ़ धारदार बनाया है बल्कि पाठक की चेतना को झकझोरने का भी प्रयास किया है। बल्कि संरचना से कहीं ज़्यादा हार्दिक, मानसिक संवेदना पाठक के भावबोध पर स्थायी प्रभाव डालती है।

अनिता गोपेश की कहानियों में जीवन की छोटी-छोटी अनुभूतियों के चित्र अभिव्यक्त हुए हैं। इनकी अनुभूतियों और संवेदनाओं का क्षेत्र गहरा और व्यापक है। सरल भाषा में स्त्री जीवन की जटिलता को रेखांकित करने में अनिता गोपेश सिद्धहस्त हैं, जिसका प्रमाण यह कहानी है।

सन्दर्भ

1. हिन्दी कहानी का इतिहास- गोपाल राय- राजकमल प्रकाशन, पृ. 27
2. आचार्य रामचन्द्र शुक्ल-हिन्दी साहित्य का इतिहास-पृ. 274 नागरी प्रचारिणी सभा, काशी।
3. डॉ. नगेन्द्र, (सं.) हिन्दी साहित्य का इतिहास, पृ. 523, नेशनल पब्लिशिंग हाउस, नयी दिल्ली, 1986)
4. वही, पृ. 590.
5. मधुरेश, हिन्दी कहानी का विकास, पृ. 63, सुमित प्रकाशन, इलाहाबाद, 2011
6. मधुरेश, हिन्दी कहानी का विकास, पृ. 64, सुमित प्रकाशन, इलाहाबाद-2011
7. वही, पृ. 123
8. 'ममता कालिया : नयी सदी की पहचान : श्रेष्ठ महिला कथाकार' की भूमिका में उद्धृत, लोकभारती, इलाहाबाद, 2002
9. उमा चक्रवर्ती, जाति समाज में पितृसत्ता, पृ. 33, ग्रन्थ शिल्पी, नयी दिल्ली-2011
10. 'सीमोन द बोउवार', स्त्री की स्थिति और चरित्र', 'नागपाश में स्त्री', सम्पा. गीताश्री में संकलित, पृ. 15, राजकमल प्रकाशन, दिल्ली
11. (सम्पा.) निवेदिता मेनन, सन्ध्या आर्य, जिनी लोकनीता, नारीवादी राजनीतिक-संघर्ष एवं मुद्दे, पृ. 1-2 हिन्दी माध्यम कार्यान्वयन निदेशालय, दिल्ली
12. मनुस्मृति, 9/16, (सम्पादन एवं प्रस्तुति) सुरेश जायसवाल, साधना पब्लिकेशन, दिल्ली-2008
13. नारीवादी राजनीति : संघर्ष एवं मुद्दे
14. जाति समाज ओर पितृसत्ता, पृ. 73
15. मनुस्मृति
16. मेरी वोल्सटन क्राफ्ट स्त्री अधिकारों का औचित्य-साधन, (अनु. मीनाक्षी) राजकमल प्रकाशन, नयी दिल्ली

17. प्रभा खेतान – 'नैतिक अनुभवों का अध्ययन', 'नागपाश में स्त्री', पृ. 57

18. मनुस्मृति, 7-213.

19. नारीवादी राजनीतिक संघर्ष एवं मुद्दे, पृ. 10.

20. वही, पृ. 30.

21. (सम्पा.) राजेन्द्र यादव– 'अतीत होती सदी और स्त्री का भविष्य' (लेख–राजी सेठ) पृ. 283, राजकमल प्रकाशन, नयी दिल्ली

22. (सम्पा.) राजेन्द्र यादव, अर्चना वर्मा- 'भूमण्डलीकरण : पितृसत्ता के नये आयाम', हंस मार्च-2001, (लेख– रोहिणी अग्रवाल, पृ. 170) राजकमल प्रकाशन, नयी दिल्ली

23. (सम्पा.) उमा शुक्ल, माधुरी खेड़ा– आधुनिक कथा-साहित्य में नारी स्वरूप और प्रतिमा, (लेख– राजी सेठ), पृ. 6, अरविन्द प्रकाशन मुम्बई

24. हंस (मार्च– 2001), लेख रोहिणी अग्रवाल, पृ. 179.

25. सीमोन द बोउवार - स्त्री उपेक्षिता, (अनुवाद–प्रभा खेतान) पृ. 319.

26. वही, पृ. 243.

27. अरविन्द जैन– 'औरत अस्तित्व और अस्मिता' – महिला लेखन का समाजशास्त्रीय अध्ययन, भूमिका प्रभा खेतान, पृ. 10

28. रोहिणी अग्रवाल– स्त्री लेखन नैतिकता के कोलाहल में देह विमर्श की धमक, ('नागपाश में स्त्री' में संकलित, पृ. 126)

29. अतीत होती शती और स्त्री का भविष्य, हंस-2000, (लेख- अरविन्द जैन, पृ. 259) राजकमल प्रकाशन, नयी दिल्ली

30. (सम्पा.) राजेन्द्र यादव– 'कथा जगत की बाग़ी मुस्लिम औरतें', भूमिका, पृ. 12

31. राजकिशोर– स्त्री पुरुष : कुछ पुनर्विचार, पृ. 16.

32. (सम्पा.) गीताश्री– रमणिका गुप्ता, 'स्त्री और नैतिकता', पृ. 82.

आज़ादी शम्मोजान की

कृष्णा सोबती

तिरंगों की छाया में शुभ्रवसना नगरी मुस्करा उठी। दीपमालाओं से अँधेरे-ख़ामोश आँगनों की सीमाएँ भी जगमगा उठीं। आज आज़ादी का त्योहार था। कोटि-कोटि जन उल्लास में झूमते हुए राजमार्ग पर बिखर गये। घर-बाहर सजे, बाज़ार सजे और सज गयीं रूप की वे दुकानें, जहाँ रूप रोज़-रोज़ इस्तेमाल होकर बासी और श्रीहीन हो जाता है।

शम्मोबीवी ने अपनी रूखी-सी कलाई पर पड़ी पीतल और काँच की चूड़ियों को झनकारकर किसी टूटे हुए अलसाये भाव से अँगड़ाई ली। सस्ती-सी रेशमी शलवार पर गहरे गुलाबी रंग की क़मीज़ और क़मीज़ में लिपटी हुई थकी-टूटी देह और देह के भार से अकड़ी हुई एक औरत की हड्डियाँ जैसे चरमरा उठीं। दरवाज़े पर लगी रंग-बिरंगी मोतियों की झालर कोठों पर से आती हुई फीकी हवा से ज़रा हिलकर मौन हो गयी। कोने में पड़ी मेज़ पर नीले से फूलदान में कई दिनों के मुरझाये फूल सलवटों से भरी मैली शय्या को देखकर संकोच में डूब गये। मगर शम्मोबीवी के लिए यह सब-कुछ नया नहीं। संकोच में डूबे हुए फूलों पर उसकी नज़र नहीं जाती। उनसे कहीं अधिक वह स्वयं उस गर्त में डूबी है, जहाँ संकोच अर्थहीन हो जाता है। सालों पुराने इस पानदान में से पान लगाकर चबाते-चबाते उसे यह सोचने की ज़रूरत नहीं पड़ती कि पान का रस चूस लेने पर पीकदान में थूकने की आदत क्यों बेमतलब नहीं?

और आज शम्मोबीवी जानती है कि आज़ादी का दिन है। जिन कोठों पर बैठकर वह राहगीरों को निमन्त्रण दिया करती है, उन्हीं पर आज तिरंगी झण्डियाँ लगायी जायेंगी। 'भूरे, भूरे...' उसने आवाज़ लगायी। शम्मोजान की सीढ़ियों पर बैठा भूरा किसी नौज़वान छोकरे को हाथ के इशारे से शम्मो के शरीर का नाप बतलाते हुए ऊपर आ पहुँचा और बोला, "हाँ, बाई, आज झण्डियाँ लगेंगी न?"

"रोशनी भी करनी है भूरे।"

"ज़रूर, बाई। लीलो, चम्पा, बन्नो सबके कोठे सज चुके हैं" और भूरे ने अपनी सुरमा-लगी तीखी आँखों से एक बार शम्मोजान को सिर से पाँव तक देखकर उसके गले के नीचे लगे सोने के बटनों पर अपनी नज़र टिका दी।

शम्मोजान ने उस टकटकी को समझते हुए भी उसे अनदेखा करके कहा, "ज़रा जल्दी करना भूरे, फिर लोग आ जायेंगे।"

भूरे ने अनमने भाव से झण्डियाँ लगानी शुरू कीं। पतले-पतले पतंगों के काग़ज़ों की-सी आवाज़ शम्मोजान अन्दर बैठी सुन रही है। उसके पोले पड़े दाँत सुपारी चबाते जा रहे हैं। सामनेवाले कमरे में मुन्नीजान निकल आयी और बोली, "कहो बहन, क्या हो रहा है, आज तो पूरा बाज़ार सजा है।"

"हाँ मुन्नी, आज तो शहर-भर में रोशनी है।..."

बीच में ही बात काटते हुए मुन्नीजान ने अपने कर्कश और फटे से स्वर में कहा- "लेकिन यह क्यों हो रहा है, क्यों हो रहा है?" और यह सवाल करते हुए अपना महीन दुपट्टा मैले से गावतकिये पर फेंक मुन्नीजान चारपाई पर लुढ़क गयी। उसके तलवों पर बदरंग-सी मेंहदी लगी थी।

शम्मोजान ने कहा, "आज आज़ादी का दिन है मुन्नी!"

"दिन नहीं, रात कहो, रात!" – मुन्नी ने ऐसे चीखकर कहा, मानो कहीं पड़ी हुई दरारों से फूटकर उसकी आवाज़ बाहर निकल आना चाहती हो और वह अपने पपड़ी-जमें होंठों को फैलाकर हँस पड़ी।

शम्मोजान ने सहानुभूतिपूर्ण दृष्टि से उसकी ओर देखा और कहा, "मुन्नी, कहते हैं, आज लोगों को आज़ादी मिल रही है, जुलूस निकल रहे हैं, जलसे हो रहे हैं।"

मुन्नी ने अपनी कसी और तंग क़मीज़ में से ज़रा लम्बी साँस लेकर कहा, "क्या कहा, आज़ादी? लोगों को आज मिल रही है आज़ादी! आज़ादी तो हमारे पास है। हम-सा आज़ाद कौन होगा, शम्मोजान?" और हा-हा अट्टहास कर गुलाबी रंग से लिपी-पुती नारी-देह लट्ठे की मैली चादर पर फैल गयी।

शम्मोजान कब तक वहाँ बैठी रही, मुन्नी को कोई ख़बर नहीं। बेख़बर सोयी पड़ी मुन्नी के अंग-प्रत्यंग की थकान को शम्मो समझ रही है। अपने अन्दर ढके परदों को उघाड़कर अगर वह भी देखे, तो एक टूटी आहत छाया उसकी उनींदी आँखों में झलक जायेगी। सालों बीते जब शम्मोजान लाज-शर्म छोड़कर पहली बार इन दीवारों के अन्दर बैठकर मुस्करा दी थी कि अब वह आज़ाद है। जिस आज़ादी को अभी-अभी मुन्नी ने अपनी बेसुरी आवाज़ में याद किया था, वह आज कितनी विकृत और कितनी कुरूप हो चुकी है यह आज उसे भूला नहीं।

रात काफ़ी हो चुकी। बाहर रोशनी अधिक है, पर बाज़ार मन्दा है। ग्राहक बड़ी-बड़ी इमारतों पर लगी रोशनी देखने में व्यस्त हैं। कितनी ही बाइयाँ तिरंगों से

सजे अपने कोठों पर खड़ी-खड़ी उन बाँहों की प्रतीक्षा कर रही हैं जो अधिक नहीं, तो आज की रात तो उन्हें बाँध सकें। वे जानती हैं कि यह रोज़-रोज़ का टूटना, जुड़ना और छूटना... वर्षों से बस एक ही क्रम! अगर किसी दिन उस पर विराम आ गया, तो शिथिल हो गये हाथ पैरों में धीमे-धीमे बहता रक्त एकबारगी जम जायेगा।

शम्मोजान देखती है कि मुन्नी आज जिस आज़ादी की बात सोचकर गहरी नींद में सो गयी है, उससे उठकर क्या वह फिर अपनी मलिन आँखों को कज़रारा करेगी, क्या वह अपने बालों को मोतियों से सँवारकर छज्जे पर जा खड़ी होगी? शम्मो को मुन्नी के लिए इसमें शक है, अपने लिये नहीं। वह तो अभी जग रही है, सोयी नहीं है। वह जो कुछ है, अपने-आपसे भूली हुई नहीं है। लेकिन भूलना क्या, उसे तो याद करने की ज़रूरत ही महसूस नहीं होती। यह ठीक है कि उसे अभी ज़िन्दगी काटनी है, अपने को बेचना नहीं, खरीदना है, ऐसे दामों में जिन्हें वह क्या, उसके कुल के वे सब देवी-देवता भी न चुका पायेंगे जिनके द्वार पर उसने नहीं, उसके पूर्वजों ने नाक रगड़कर वह वरदान प्राप्त किया होगा। मगर वह सब-कुछ क्यों दुहराये?

मुन्नीजान को उसी बेहोशी में छोड़ शम्मोजान कोठे पर आ खड़ी हुई। उसी समय भूरे ने अपने गलीज से स्वर में कहा, "बाई, चलो, आज अच्छी चीज़ लाया हूँ।"

एक लम्बी 'हूँ' के बाद क्षण-भर विराम लेकर शम्मो ने एक बार अटकी-सी नज़र से आज़ादी के चिराग़ों को देखा, हवा में खड़खड़ाती उन झण्डियों को देखा और फिर अपने सधे-सधाये क़दम उठाकर अपने कमरे की ओर चल पड़ी।

बाहर झण्डे हवा में लहरा रहे थे, चिराग़ हल्के-हल्के जल रहे थे, लोग आज़ादी से गले मिल रहे थे और अन्दर शम्मोजान अपनी पुरानी आज़ादी बाँट रही थी, जो उसके पास शायद अभी भी बहुत थी... बहुत थी?

●

कील और कसक

मन्नू भण्डारी

जैसे ही कैलाश ने आकर बताया कि नया मकान मिल गया है, रानी के मन को जैसे ठेस लगी। उसने कहा, "तुम तो किसी बात के पीछे ही पड़ जाते हो। अब दूर मकान लेकर कितनी परेशानी उठानी पड़ेगी, यह भी सोचा है? रात-दिन तुम्हें प्रेस में रहना पड़ता है, यहाँ थे तो जब चाहा ऊपर चढ़ गये, और मुझे भी तसल्ली रहती थी कि नीचे ही हो। दूर मकान लेकर यह काम कैसे निभेगा।"

"तुम्हीं ने तो अभी चार दिन पहले रो-रोकर घर-भर दिया था कि तुम अब एक घड़ी भी इस मकान में नहीं रहोगी। मेरा क्या है, जैसे भी होगा निभा लूँगा!"

"गुस्से में कह ही दिया तो उसका क्या? मुझे नहीं बदलना मकान। साल भर यहाँ रहते-रहते सबसे जान-पहचान हो गयी, अब कहाँ नयी जगह जाकर रहूँगी।"

"जान-पहचान! सारे दिन तो लड़ती रहती हो, न लाज, न हया। मेरी तो नाक कटवाकर रख दी तुमने, अब तो तुम लाख कहो, मैं एक दिन भी तुम्हें इस घर में नहीं रहने दूँगा।"

रानी रो पड़ी, "मैं तुम्हारे हाथ जोड़ती हूँ मुझे यहीं रहने दो। अब मुँह भी खोलूँ तो तुम्हारे सिर की क़सम।"

"मैं कह रहा हूँ, उठकर सामान बाँधना शुरू करो। कल जैसे भी हो, हमें नये मकान में चले जाना है।" और कैलाश धड़धड़ाता हुआ नीचे चला गया।

रानी का मन जाने कैसे अवसाद में डूब गया। वह पंखी लेकर चारपाई पर लेट गयी। चाहकर भी सामान नहीं बाँधा गया। सामने शेखर का कमरा था। वह उसी ओर देखती रही। परसों जो कुछ काण्ड हो गया, उसका परिणाम इतना भयंकर निकलेगा, यह जानती तो अपने मन को काबू में कर लेती। शेखर लाख बुरा हो फिर भी ...। और उसकी आँखें भींग गयीं। आँसू-भरी आँखों के आगे न जाने कितने धुँधले चित्र बिगड़ने लगे।

साल भर पहले जब वह ब्याहकर इस घर में पहुँची थी तो अरमानों की आँधियाँ उसके मन में मचल रही थीं। चढ़ती जवानी और चाँद को शरमानेवाले रूप ने सुहागरात की कल्पना को और अधिक चटकीला रूप दे दिया था। औरतों के बीच वह घिरी बैठी थी, पर मन उसका इस सारे कोलाहल को पार कर, दोपहर की उबा देनेवाली इस नीरस लम्बी घड़ियों को पीछे छोड़, रात के उस मदिर पहर की ओर दौड़-दौड़कर जाता था, जब कोई बड़े दुलार से उसका घूँघट हटाकर, अपने रोम-रोम को आँख बनकर उसके रूप को निहारेगा और प्रशंसा के पुल बाँधकर दो अपरिचित हृदयों की दूरी के अस्तित्व को ही मिटा देगा। यह कल्पना यहाँ बैठ-बैठे भी उसके गालों को सुर्ख बना देती और एक मादक-सी सिहरन उसके सारे शरीर में दौड़ जाती। उसको लगता उसका अंग-अंग जैसे बेकाबू हुआ जा रहा है। अपने पति की सूरत के सौ-सौ काल्पनिक नक़्शे उसकी आँखों के आगे दौड़ जाते—कैसे होंगे वे? और प्रश्न के साथ ही वह कल्पना में डूबने-उतराने लगती। जब बारात चढ़ी तो बड़ा मन हुआ था उसका कि सहेलियों के साथ वह भी छज्जे पर चढ़कर अपने प्रियतम की एक झलक तो देख ले, पर दादी-बुआ के बीच घिरी, वह वहाँ से हिल भी न सकी। उसकी उत्सुक आँखें लौटकर आयी हुई सहेलियों पर टिक गयीं पर वह इतना कुछ न जान पायी, जिसका सहारा लेकर मन के कौतूहल को मिटा पाती। हाँ, इतना उसने अवश्य सुना कि पति उसके काले हैं दादी कह रही थीं, "अरे, मर्दों का क्या रूप देखना? और फिर रंग का क्या– काला या गोरा! रानी खाने-पीने की सार रखेगी तो रंग भी निखर आयेगा। कमावै तो तीन सौ है। भाग जाग गये रानी के– बस रानी बनकर ही रहेगी। फिर परिवार का टण्टा नहीं, सास है तो गाँव में, बस दोनों मौज करेंगे।" और रानी बनकर मौज करने की इस कल्पना पर ही तो रह-रहकर उसका मन थिरक रहा था।

धीरे-धीरे रस्म-रिवाज, देखना-दिखाना, खाना-पीना, निन्दा-आलोचना का दौर समाप्त हुआ और घड़ी ने दस बजा दिये। अपने कमरे में सजी-सँवरी रानी के मन का बिखरा-बिखरा उल्लास प्रतीक्षा में बदल गया। हल्के-से-हल्की आहट पर भी उसका मन गुदगुदा उठता और नेत्र घूँघट के झीने आवरण को चीरकर कुछ खोजने लगते। क़रीब ग्यारह बजे सास आयी, "अरे, अभी तक नहीं आया कैलाश! हद करे है ये भी । आज के दिन तो परेस का काम छोड़ दिया होता। विचित्तर आदमी है, बड़ा ही साधू। अपने सुख-आराम की तो इसे रत्ती भर भी परवाह नहीं। लाओ, मैं ही बुला लाऊँ।" और वे धीरे-धीरे जीना उतरने लगीं। इस विचित्र आदमी के साधुत्व ने रानी के आक्रोश को इस हद तक बढ़ा दिया था कि उसकी इच्छा हो रही थी कि वह रो ले, पर तभी किसी ने कमरे में प्रवेश किया। रानी की पलकें झपक गयीं, इस आशा से कि जल्दी ही कोई हौले से आकर उसका घूँघट हटा देगा और फिर वह अपने

लाज भर चेहरे को छिपाने के लिए बेसुध-सी किसी के सीने का आश्रय ले लेगी। पर तभी एक रूखी कर्कश-सी ध्वनि ने उसकी कल्पना के आवरण को बुरी तरह चीर डाला, "इतनी देर जागने की कोई ज़रूरत नहीं थी, तुम्हें सो जाना चाहिए था। मेरा तो काम ही ऐसा है। आज भी माँ ज़बरदस्ती बुला लायीं, अब सवेरे तक सारा काम ख़त्म न हुआ तो मुसीबत हो जायेगी।" और वह रानी के अस्तित्व को भूलकर सो गया। रानी को लगा, वह अपने पास सोये इस आदमी का मुँह नोच ले, अपने बाल नोच ले, फूट-फूटकर रो पड़े और आँसुओं से सारे घर को और नीचे ही निरन्तर धड़-धड़ करनेवाले इस प्रेस को डुबो दे। पर ऐसा कुछ भी नहीं हुआ और ख़ामोशी से आँसू बहाते और सर्द आहें भरते-भरते रानी सो गयी।

दूसरे दिन ही घर अपनी असली स्थिति में आ गया। बड़ा कमरा— जो उस घर का सबसे शानदार कमरा था— पड़ोसियों को लौटा दिया गया। विवाह के लिए वह माँग लिया गया था। दो नौकर और एक महाराज जो कल दौड़-दौड़कर काम कर रहे थे, अपना-अपना हिसाब लेकर चलते बने। रह गये घर में तीन प्राणी, एक कमरा, एक छोटी-सी कोठरी और एक छोटी-सी रसोई। घर के नीचे प्रेस था, और ऊपर के तल्ले में मकान मालिक रहते थे। बीच के कमरे में तीन किरायेदार रहते थे। सारा वातावरण काफी घुटा-घुटा था और प्रेस की लगातार धड़धड़ की आवाज़ एक अच्छे भले आदमी के सिर में दर्द पैदा करने के लिए पर्याप्त थी। सास खाना बनाने बैठी तो मजबूरन उस धुएँ से घुटी रसोई में रानी को भी जाना पड़ा। एक बार के आग्रह से ही सास चूल्हा छोड़कर दरवाज़े पर बैठकर बहू को घर के रंग-ढंग से परिचित कराने लगीं, सारा कामकाज समझाने लगीं। उस अँधेरे चौके में देखने की सुविधा के विचार से रानी ने घूँघट कम कर दिया था। सास ने सबसे पहले उसी को लेकर आदेश दिया—

"सिर का पल्ला ज़रा नीचे रखा करो बहू-पचास तरह के लोग यहाँ आवै-जावै हैं। फिर कैलाश को बेशर्मी पसन्द भी नहीं।"

"अब तुमसे घर का क्या छिपाना— कैलाश पर बारह हज़ार का कर्ज़ा है। जाने कैसे मनहूस घड़ी में यह कुकर्म हुए उससे। अब तो बेचारा रात-दिन एक करके पैसा कमा रहा है। न खाने की सुध, न पीने की। किसी तरह शादी करने को राजी नहीं होवै था, कौन एक प्राणी का ख़र्च बढ़ाये, पर मैंने ही ज़ोर-ज़बरदस्ती करके शादी करवा दी। आख़िर कोई खाने-पीने का ख़्याल रखनेवाला भी तो हो। मैं तो ..."

"खाना बन गया अम्माँ जी?" अम्माँ की बात का स्रोत टूट गया। एक अपरिचित को सामने देखकर रानी ने घूँघट और खींच लिया।

"हाँ-हाँ बन गया, आओ बेटा, बैठो। अब मैं तो दो-तीन दिन में गाँव चली जाऊँगी, तुम और तुम्हारी ये भाभी मिलकर कैलाश का ख़्याल रखना बेटा! बड़ा

बिचित्तर आदमी है। बहू, एक थाली तो लगा दो। ये सामनेवाले कमरे में रहें और वहीं खावें हैं।"

रानी ने घूँघट में ही झाँककर देखा, एक सुन्दर आकृति उसी की ओर देख रही है। वह अन्दर-ही-अन्दर सकुचा गयी। उसे लगा, सामनेवाले पुरुष की आँखें जैसे उस घूँघट को चीरकर उसके चेहरे को निरख रही हैं। उसने थाली लगाकर सरका दी!

अम्माँ, भाभी से कह दो मुझसे परदा न करें। तुम भी नहीं रहोगी और ये यों लाज की छुई-मुई बनी रहेंगी, तो मुझसे खाते नहीं बनेगा। तुमने बेटा माना तो ये क्या देवर न मानेंगी?'' रानी को लगा, कोई है– जो उसका चेहरा देखने को व्याकुल है, और एक अव्यस्त-सी इच्छा उसकी रग-रग में समा गयी कि वह घूँघट उलटकर अपना चाँद-सा मुखड़ा उसके सामने कर दे। पर वह वैसे ही रोटी बेलती रही।

''वाह ! खाना तो भाभी बहुत बढ़िया बनाती हैं। अरसे से ऐसा स्वादिष्ट खाना नहीं खाया अम्माँ! ''

रानी का प्रशंसा का भूखा मन पुलक उठा, हाथों की गति बढ़ गयी और एक बार उसने संकोच से सामने बैठे व्यक्ति पर उड़ती-सी नज़र डाली। भरा-पूरा स्वस्थ सुन्दर चेहरा और तभी उसके सामने मुँहासों और चेचक के दाग़ से भरा एक काला-सा चेहरा उभर आया। उसके हाथ फिर शिथिल पड़ गये।

खाना खाकर वह चला गया।

अम्माँ बोलीं, "25 रुपया महीना देवै है और दोनों समय खाना खावै है। अकेला जीव है, बड़ा भला। इसे ठीक से खिला दिया करो। कैलाश तो सदा ही काम में रहे है सो यह कभी-कदास काम भी कर दिया करेगा!"

दो दिन बाद अम्माँ चली गयीं। रानी के लिए ज़िन्दगी पहाड़-सी हो गयी। वह अपने कमरे के दरवाज़े पर पड़ी चिक पार से खड़ी होकर देखा करती। ठीक सामने शेखर का कमरा था, ढेर किताबें, सब अस्त-व्यस्त। शेखर को देखकर उसका मन कैसा-कैसा होने लगता। खाना खाने जब वह आता तो बड़ा आग्रह करता घूँघट खोलने का, बड़ी प्रशंसा करता उसके खाने की। धीरे-धीरे कब रानी का घूँघट खुल गया और खाने की प्रशंसा, रूप की प्रशंसा में बदलकर उसके अतृप्त मन को तृप्त करने लगी, वह स्वयं नहीं जान पायी। कैलाश के स्वभाव की रुखाई को वह शेखर की सरसता के सहारे ही बर्दाश्त करने लगी। सवेरे-शाम शेखर बाहर रहता और सारे दिन घर। धीरे-धीरे वह अपने कमरे की अपेक्षा, रानी के कमरे में रहने लगा। वह उसको अपनी कविताएँ सुनाता, कहानियाँ सुनाता। रानी चाहे कुछ समझती या नहीं, पर शेखर की हर बात में बड़ा रस लेती।

उस दिन सवेरे बड़ा शोर मच गया। अचानक नल बन्द हो गये। सब लोग नीचे के नल पर पानी लेने को दौड़ पड़े क्योंकि नीचे पानी दस बजे तक आता था। रानी

भी बाल्टी लेकर पानी भरने पहुँची। भरी बाल्टी लिये वह ऊपर चढ़ आयी, पर जाने कैसे साड़ी पैर में उलझ गयी और वह गिर पड़ी। बाल्टी से उसकी अँगुली कट गयी, ख़ून बहने लगा। कैलाश प्रेस जाने के लिए नीचे उतर रहा था। एक तो उसे यों ही देर हो गयी थी, दूसरे रानी का इस प्रकार सबके बीच गिर पड़ना देखकर उसे क्रोध आ गया। झल्ला पड़ा वह, "देखकर क्यों नहीं चलती हो, अब जाकर कपड़े बदलो, गीले कपड़े पहने यहाँ सबके सामने क्यों बैठी हो?" और वह धड़धड़ाता हुआ उतर गया। उसके जाते ही शेखर आया– हाथ पकड़कर उठाया। ख़ून देखते ही बोला, "अरे, यह क्या? तुमने तो अँगुली काट ली।" और झट जेब से रूमाल निकाल उसने बड़े दुलार से उसके हाथ में बाँध दिया। प्रेम से बाँधी गयी उस गाँठ में अनायास ही रानी का हृदय भी बँध गया।

चौबीसों घण्टे प्रेस की मशीनों के बीच काम करते-करते कैलाश स्वयं एक मशीन बन गया था, भावनाहीन, रसहीन। उसे न रानी में दिलचस्पी थी, न घर में। क़र्ज़ का भूत कोड़े लगा-लगाकर उससे काम करवाता था। शहर में प्रदर्शनी हो रही थी, रानी ने कितनी ही बार कैलाश से कहा, "एक दिन मुझे प्रदर्शनी ही दिखा लाओ, देखो न, पड़ोस की सारी औरतें देख आयीं।" "तुम भी किसी के साथ चली जातीं! मुझे तो समय नहीं है सैर-सपाटों के लिए।"

'वे कोई अकेली जाती हैं, जो चली जाती! सब अपने-अपने मर्दों के साथ जाती हैं।' फिर कुछ रुककर बोली, "तुम कहो तो शेखर के साथ चली जाऊँ?"

"दूसरी औरतों के मर्दों के साथ जाते तो तुम्हें अजीब लगता है और शेखर के साथ अकेले जाते शर्म नहीं लगती?' स्वर में कुछ तीखापन और आँखों में कुछ सन्देह का भाव था, जिसने रानी के हृदय को मथ डाला।

कैलाश के जाते ही वह फूट-फूटकर रोने लगी। विवाह से लेकर आज तक वह अनेक प्रकार से अपने मन को समझाती आयी है, पर आज उसका मन बुद्धि और तर्कों के जाल को तोड़कर पूरी शक्ति के साथ विद्रोह कर उठा। तभी उसने बालों पर किसी ने स्नेहिल स्पर्श का अनुभव किया, "क्या बात हुई भाभी, रो क्यों रही हो?"

पर रानी कुछ बता नहीं सकी, बस फूट-फूटकर रोती रही। अपने अपमान, अपनी उपेक्षा की बात किस मुँह से वह कहती। शेखर ने अपनी जेब से अख़बार में लिपटा हुआ कुछ निकाला और बोला, "कल रात प्रदर्शनी देखने गया था– तुम्हारे लिये वहाँ से ये चूड़ियाँ और बिन्दिया खरीद लाया हूँ।" पर रानी थी कि रोती ही रही, आँसू जैसे थम ही नहीं रहे थे।

गर्मी बढ़ चली थी। चूल्हे के पास बैठने से रानी के दोनों गाल लाल सुर्ख़ हो गये थे। वह कमरे में बैठकर, पंखी लेकर पसीना सुखा रही थी। तभी शेखर आया

तो उसके गालों की सुर्ख़ी देखकर वह एकटक उधर ही देखता रह गया। दिलोजान से इस दृष्टि का स्वागत करते हुए भी रानी ने कहा, "यों क्या घूर रहे हो मुझे?"

शेखर मुस्करा दिया, "जाने क्यों तुम्हारे गालों को देखकर मुझे गुलाब के उन फूलों की याद आ गयी जो रोज़ सवेरे बगीचे में देखता हूँ। जब उन गुलाबों को देखता हूँ तब भी मुझे अक्सर तुम्हारे गालों की याद आ जाया करती है।"

"चलो, बड़े बेहूदे हो तुम। भले आदमी ऐसी बात नहीं करते, समझे? लो, अब खाना खा लो।" और रानी फिर चूल्हे के पास बैठकर रोटी सेंकने लगी।

"भाभी, तुम मेरे लिये रोटी बनाकर रख दिया करो। मेरे खाने का कोई समय ठीक नहीं, नाहक तुम चौका लिये बैठी रहती हो।"

"कौन मेरे पास बड़ा काम है? यों ही तुम तीन रोटी खाते हो, ठण्डी होगी तो शायद एक खाकर ही उठ जाया करोगे।"

दोपहर में जब रानी अपनी पड़ोसिनों के पास बैठती तो उस बिल्डिंग के लोगों की टीका-टिप्पणी ही उनका विषय होता। उस समय शेखर की प्रशंसा के पुल बाँधते-बाँधते रानी अक्सर उस सीमा तक पहुँच जाती थी, जहाँ पहुँचकर वह स्त्रियों के सन्देह का कारण बन जाया करती थी। कैलाश को तो कुछ भी ख़बर नहीं रहती कि ऊपर क्या होता है, पर छोटी-से-छोटी बात में भी किसी बड़े रहस्य का उद्‌घाटन कर डालने को आतुर रहनेवाला स्त्रियों का मन, रानी और शेखर की घनिष्ठता से उदासीन न रह सका। पर बात अभी कानाफूसी तक ही सीमित थी, आम आलोचना का विषय नहीं बन पायी थी। तभी शेखर ने एक दिन आकर बताया, "मेरी जीजी आ रही हैं। जब तक वे रहेंगी तब तक तो मैं तुम्हें खाना बनाने के कष्ट से मुक्ति दे दूँगा।"

"अरे, अपनों को खिलाने में भी कोई कष्ट होता है? जीजी बेचारी थोड़े से दिनों के लिए आ रही होंगी और तुम उनसे रोटी सिंकवाओगे? जीजी भी यहीं खा लेंगी।''

पर शेखर ने बात मानी नहीं, कैलाश इस अतिरिक्त ख़र्चे को बर्दाश्त न करता और जीजी किसी के घर खाना पसन्द नहीं करतीं। जीजी आयीं तो शेखर ने बड़ी तारीफ़ करके, अपनापन दिखाकर रानी का परिचय करवाया। रानी ने बड़े प्रेम और आदर से उनके पैर छुए, स्वागत किया। दोपहर को दोनों बातें करने बैठीं तो जीजी बोलीं, ''इस बार तो मैंने ऐसी लड़की ढूँढ़ी है कि शेखर को हाँ करनी ही होगी। बड़ा परेशान कर डाला हमें तो इस शेखर ने। सत्तर गुण तो एक लड़की में मिलने से रहे, फिर आदमी अपनी औकात भी देखे। पढ़ी-लिखी होगी तो वह तुम्हारे घर क्यों आयेगी भला! वह भी किसी अफसर-ओहदेवाले को ढूँढ़ेगी। और रूप की बात कहो तो ऐसी है कि चाँद भी लजा जाये।''

"तो इन्होंने पसन्द कर ली लड़की?" रानी के स्वर का उत्साह कुछ उतार पर आ गया था।

"अभी देखी ही कहाँ है? वह तो बस एक ही रट लगाये है कि मुझे शादी करनी ही नहीं। पर तुम्हीं बताओ, बिना ब्याह और औरत के भी कोई ज़िन्दगी है मरी?"

"सच पूछो तो जीजी, क्या रखा है ब्याह में भी? एक बन्धन ही तो है, जी का जंजाल। बिना ब्याह के तो कैसी मस्ती रहती है, नहीं तो पचास झंझट।"

"तुम भी कैसी बातें करो बहू! खुला बैल सत्तर जगह मुँह मारे है। आदमी अपने खूँटे से बँध जाये तो चित्त भी ठिकाने रहे।"

और शेखर के लिए मनोनीत पत्नी के रूप की, गुणों की प्रशंसा करते-करते जीजी ने सारी दोपहर ही ढाल दी। इधर दिन का प्रकाश साँझ के धुँधलके में डूबता जा रहा था, उधर एक अव्यक्त-से विषाद से रानी का मन भारी होता जा रहा था।

दूसरे दिन शेखर अपनी जीजी के साथ लड़की देखने चला गया। तीन दिन बाद लौटा तो जीजी ने आनन्द से गद्गद होकर शेखर की स्वीकृति का समाचार सब लोगों को सुना दिया। साथ ही यह भी बताया कि अब तो वे आते महीने में ब्याह करके ही लौटेंगी। शेखर जब रानी के सामने पड़ा तो रानी ने कहा, "अब तो मुँह मीठा कराओ।"

"क्या बतायें भाभी, हम तो बस बुरी तरह घायल हो गये। लगता है, ईश्वर ने बड़ी फ़ुर्सत में गढ़ा है उसे। यों बिलकुल देहातन है, पढ़ी-लिखी भी बिलकुल नहीं, पर बस, उस रूप से ही मार डाला।" उसके स्वर में उल्लास छलका पड़ रहा था।

रानी तरकारी काटने बैठी तो अँगुली पर ही चाकू चल गया। चूल्हा जलाया तो जाने कैसे हाथ जल गया, पर जैसे उसे जलन महसूस ही नहीं हुई। कैलाश आया तो वह खाना परोसने बैठी। शिथिल हाथों से उसने थाली परोसी और चकले पर रोटी बेलने लगी। तवा चढ़ाना ही भूल ही गयी और रोटी बेलकर एकदम चूल्हे में ही डाल दी। कैलाश रानी के इस अनमनेपन को कभी से लक्ष्य कर रहा था, "कहाँ ध्यान है तुम्हारा?" रानी ने अपने-आपको संयत किया। कैलाश खाकर चला गया तो उसने चौका उठा दिया। उस दिन उससे खाना न खाया गया। फिर बिना कारण ही वह पलँग पर गिरकर फूट-फूटकर रोने लगी तो अनजाने ही उसका मन किसी ने स्नेहिल स्पर्श की आशा के लिए छटपटाता रहा, पर कोई न आया और रोते-रोते ही रानी न जाने कब सो गयी।

शेखर ब्याह करके आ गया। जीजी ने सिर-दर्द का बहाना करके अपने कमरे में ही पड़ी रही। यों अपने कमरे में से वह झाँककर जितना देख सकती थी उसने ज़रूर देख लिया था। सारी औरतों में नयी बहू के रूप की चर्चा हो रही थी। रानी अनमनी-सी लेटी थी, तभी जीजी बहू को लिये हुए वहीं पहुँच गयी। "ये तुम्हारी जिठानी हैं, इनके पैर छुओ!" और बहू ने पैर छू लिये।

"अब तुम्हारी तबीयत कैसी है रानी?"

"ठीक है, बैठो।" और रानी ने बहू का घूँघट उठाकर उसका मुँह देख... शगुन भी दिया पर उसके मुँह से प्रशंसा का एक भी शब्द नहीं निकला।

इधर-उधर की बातें करके, अत्यधिक व्यस्तता का बहाना बनाकर जीजी बहू को लेकर चली गयी। उनके जाते ही रानी अनमनी-सी फिर लेट गयी। न जाने क्या था, जो रह-रहकर टीस रहा था, कसक रहा था। थोड़ी देर बाद वह उठी, शीशा उठाकर उसने अपना चेहरा देखा। एक निःश्वास छोड़कर वह फिर लेट गयी।

घर-गृहस्थी की बातें समझाकर जीजी चली गयीं। नयी बहू ने रानी से मित्रता गाठने की बड़ी चेष्टा की, पर रानी का रुख़ देखकर साहस न हुआ। उसने पति से कहा, "तुम तो इतनी तारीफ़ करते थे, बड़े मिज़ाज हैं तुम्हारी इन भाभी के तो, जाओ तो सीधे मुँह बात ही नहीं करती।

"कौन, भाभी? नहीं-नहीं, बड़ा अच्छा स्वाभाव है उनका।"

"क्या जाने भाई! हमसे तो ठीक से नहीं बोलतीं और उनके आदमी को तो मैं कभी ऊपर देखूँ ही नहीं, कैसे हैं?"

शेखर नहाकर आया था, तैयार हो चुका तो सीधा रानी के कमरे में पहुँचा, "भाभी, क्या बात है, तुम्हें बहू पसन्द नहीं आयी? कहती थी, तुम उससे ठीक से बोलती नहीं।"

"नहीं बोलती तो क्या फाँसी पर चढ़ा दोगे? आये चार दिन नहीं हुए और तिरिया चरित्तर शुरू कर दिया!"

"अरे, तुम्हारी क्या शिकायत करेगी, मैंने ही उससे कहा था कि भाभी के पास में आया-जाया करो तो मन लगा रहेगा।"

"मैं कोई किसी का मन बहलाने के लिए लौंडी-बाँदी हूँ?"

"तुम नाहक ही बिगड़ रही हो। सच बोलो, तुम्हें पसन्द नहीं आयी?"

"मुझे क्या करना पसन्द-नापसन्द करके। रूपवती है तो सिर पर बिठाकर रखो, मुझे क्यों सुना रहे हो बार-बार।"

निहायत ही बदतमीज़ी की बातों से इस बार शेखर झल्ला गया। वह रानी के आक्रोश को समझता था, पर किसी तरह उसे उचित नहीं ठहरा पाता था।

रोज़ शाम को शेखर अपनी बीवी को घुमाने ले जाता। उसने घूँघट काढ़ना छोड़ दिया था, और वह बड़े नखरे से सजकर निकला करती थी। रानी खुलेआम उसकी बेशर्मी की आलोचना करती। कभी छत गन्दी करने के अपराध में, तो कभी पानी ज़्यादा बहाने की शिकायत लेकर वह अक्सर बहू से लड़ लिया करती थी। शुरू में तो बहू संकोचवश चुप रह जाया करती थी, पर आख़िर वह भी देहात की थी, लड़ने-झगड़ने में माहिर। रानी कुछ सुनाती तो सवाया उत्तर पाती। ज्यों-ज्यों नयी बहू की शोखियाँ और रूप निखरता जा रहा था, दोनों का झगड़ा और अधिक तूल पकड़ता

जा रहा था। अब तो आये दिन दोनों में झगड़ा होता, आस-पास की औरतों को समझाना पड़ता। उस समय रानी बड़े तैश में कहती, "एक साल से इस घर में रह रही हूँ। क्या मजाल जो किसी से भी कहा-सुनी हुई हो। लड़ना-झगड़ना मेरी तो आदत में ही नहीं है, पर नीचों के बीच रहकर नीच ही बनना पड़ता है।" 'नीच' शब्द के आते ही फिर जो वाक् युद्ध होता तो आँसुओं की अजस्र धाराओं में ही उसकी समाप्ति होती। कितनी ही बार शेखर घर में होता, पर न तो वह एक शब्द ही बोलता, न बाहर आता। ऐसी स्थिति में रानी स्वर को सप्तम पर ले जाकर कहती, "भला करने का ज़माना नहीं रहा। अरे साल भर तक रोटियाँ ठोंक-ठोंककर खिलायीं।" उसकी कौन कहे? चार दिन इसे आये नहीं हुए कि सब किये-कराये पर पानी फिर गया। ऐसे नमकहराम भी नहीं देखे होंगे कहीं?" पर शेखर फिर भी ख़ामोश रहता।

एक दिन कैलाश ने कहा, "यह रोज़-रोज़ क्या महाभारत मचा रहता है घर में? कुछ लाज शरम भी है या नहीं?"

"तो मैं क्या करूँ, कब तक किसी की सहूँ। वह चार दिन की ब्याही, उसे ही शरम नहीं तो मुझे ही क्या पड़ी है? तुम्हें तो सारा दोष मेरा ही दिखता है।"

"दोष किसी का भी हो, तुम्हें मुँह खोलने की ज़रूरत नहीं है।"

पर इस चेतावनी के बाद भी रोज़ के महाभारत में कोई अन्तर न आया। पड़ोस की औरतों का पक्ष अपनी ओर करने के लिए उसके पास एक ही दलील थी कि उसने शेखर को कितने दिन रोटियाँ खिलायीं और जब पक्ष का बहुमत उसकी ओर हो जाता और सब एकमत होकर कह देतीं कि शेखर जैसे स्वार्थी आदमी इस दुनिया में ढूँढ़े से भी शायद ही मिले तो रानी तत्काल ही कह देती, "अरे, शेखर तो ऐसा बुरा आदमी नहीं, यह तो जब से इस चुड़ैल का पैर घर में पड़ा है उसकी भी मति भ्रष्ट हो गयी, नहीं तो साल भर मेरे साथ रहा, क्या मज़ाल कि कभी ज़रा-भी बेअदबी की हो, पर अब देखो, कैसा बदल गया। बाहर बहू गालियाँ बके तो अन्दर बैठा गटर-गटर सुनता रहे, यह नहीं होवै की झोंटा पकड़ के दो धौल जमा दे।" इस प्रकार की चख-चख बहू से रोज़ ही हुआ करती, पर परसों वह शेखर से भी उलझ गयी। उस दिन हवा प्रायः बन्द थी और उमस ऐसी कि दम घुटा जा रहा था। रानी छत पर खटिया डालकर पंखे से हवा करते हुए जैसे-तैसे अपने झुलसते हुए शरीर को शान्त करने का असफल-सा प्रयास कर रही थीं। तभी शेखर अपने पीछे एक कोयलेवाले को लेकर ऊपर आया और छत के एक कोने की ओर इंगित करके कोयला रखने को कहा। यह सुनते ही रानी भभक उठी।

"छत साझे की है, यहाँ किसी का कोयला गोबर-मिट्टी नहीं रहेगा, मैं अभी से कहे देती हूँ।"

शेखर ख़ामोश रहा। उसने कोयलेवाले का हिसाब साफ़ करने के लिए पैसे निकाले और गिनने लगा।

"कान नहीं हैं क्या? मैं कह रही हूँ कि छत पर कोयले नहीं रहेंगे। गर्मी के दिन हैं, सब सोते-बैठते हैं। यह कोई कोयले रखने की जगह है भला।"

"छत साझे की है, हम अपने हिस्से में चाहे जो करें, किसी को इससे मतलब?" और उसने कोयलेवाले का हिसाब साफ़ किया।

रानी का क्रोध जो गर्मी के कारण कब से ही उबल रहा था, इस बात को सुनते ही फट पड़ा।

"मैं कहती हूँ, कोयले यहाँ नहीं रहेंगे।" और उसने जाते हुए कोयलेवाले को आदेश दिया कि बोरी हटा दे। कोयलेवाला बेचारा असमंजस में पड़ गया।

"मेरा मुँह क्या देख रहा है, जाकर बोरी को रसोई में पटक आ। कोयले यहाँ नहीं रहेंगे।"

शेखर इस प्रकार के झगड़ों में शायद कभी भाग नहीं लेता, पर जब रानी ने बोरी में से कोयले निकाल-निकालकर फेंकने आरम्भ किये और अनाप-शनाप बकना शुरू किया तो उसे मजबूरन बोलना पड़ा–

"हट जाओ यहाँ से, अपने हिस्से की छत पर रहो, नहीं तो हाथ पकड़कर निकाल दूँगा।"

अब तो ग़ज़ब हो गया। रानी गले की पूरी ताक़त के साथ चिल्लाने लगी। उसने अपना हाथ शेखर के शरीर से एक प्रकार से सटा-सा दिया, "ले पकड़, पकड़ तो हाथ। ये हाथ पकड़कर हटावेंगे। अब पकड़ता क्यों नहीं, असल मरद का बच्चा है तो पकड़कर ही दिखा दे।" और वह हाथ को उसके शरीर से सटाये चली जा रही थी। शेखर अन्दर चला गया, पर रानी की चीख-पुकारों ने सारा अड़ोस-पड़ोस इकट्ठा कर लिया।

"अब क्या भले आदमी इस घर में रह सकेंगे! अपने घर में एक छिन्नाल बिठा रही है तो सबको छिन्नाल ही समझ रखा है। परायी औरतों का हाथ पकड़ेंगे।" और वह फूट-फूटकर रोने लगी।

"किसने हाथ पकड़ लिया?"

"हाथ पकड़ लिया, किसने हाथ पकड़ लिया?"

बड़े आये हाथ पकड़नेवाले, ज़रा पकड़कर तो देखें। अब औरतों की तरह मुँह छिपाकर अन्दर बैठ गये। ज़रा निकलकर हाथ पकड़ें तो सही।" आँसुओं से भीगा होने पर भी स्वर काफ़ी तेज़ था।

ऊपर खड़ी मालकिन भी यह तमाशा देख रही थीं। उन्होंने रानी को बुलवाया। रानी रोती-चीख़ती ऊपर चली गयी। "क्या शेखर ने तुम्हारा हाथ पकड़ लिया?"

"नहीं, हाथ पकड़ तो कैसे ले... कोई तमाशा है?" और वह फूट-फूटकर रोने लगी।"

"तब फिर क्यों ऐसे रो रही हो? कहा-सुनी तो हो ही जाया करती है।"

पर रानी थी कि रोये चली जा रही थी। उसने हाथ शेखर के शरीर से सटा दिया था, फिर भी उसने नहीं पकड़ा, नामर्द कहीं का।

बात कुछ भी न थी, फिर भी सारे घर में यों फैली कि शेखर ने रानी का हाथ पकड़ लिया। कैलाश ने सुना तो आग-बबूला हो गया। काम छोड़कर ऊपर आया। रानी को कमरे से खींचकर उसने दो-तीन लात जमा दीं। "एक दिन शान्ति से नहीं रहने देगी यह चुड़ैल। सारे दिन चख़चख़... मैं कल ही सब काम छोड़कर नया मकान ढूँढ़ लूँगा। इस घर में रहना हराम कर दिया!"

रानी रोती रही। दोष उसका नहीं, फिर भी पिट रही है। उधर शेखर की बहू चाहे कुछ भी करे, शेखर उसे पान-फूल की तरह ही फेरता रहता है। अपने इस दुर्भाग्य पर उसका हृदय बुरी तरह मथा जा रहा था। तभी उसने सुना, शेखर के कमरे से रोने की आवाज़ आ रही थी। स्वर बहू का था– तो आज पड़ गयी बहू पर। परम सन्तोष से उसका मन भर गया और वह पूरी तरह सतर्क होकर उधर की आहट लेने लगी।

"ख़बरदार जो तुम कभी भी भाभी से लड़ीं। दोष चाहे किसी का भी हो, पर तुम बोलीं तो ठीक नहीं होगा, यह मैं अभी से कहे देता हूँ।"

बहू ने भी कुछ कहा पर स्वर सिसकियों में ही खो गये। रानी कुछ समय के लिए गर्मी की तक़लीफ़ को भी भूल गयी। थोड़ी देर में उसने बहू को कमरे के बाहर देखा। अधिक रोने के कारण आँखें सूज आयी थीं। रानी ने मन में सोचा, दो-एक धौल भी पड़े दिखते हैं। अब अक़्ल ठिकाने आ जायेगी, सारा ग़रूर झड़ जायेगा रानी साहब का। सारे दिन रानी का मन प्रसन्न रहा। आख़िर कुछ भी हो, शेखर का मन वह जानती है पर तभी कैलाश ने आकर बताया कि मकान ठीक हो गया है।

और उसकी विचारधारा ने पलटा खाया। अब उसे यहाँ से जाना ही पड़ेगा। कैसे झक्की आदमी से पाला पड़ा है। ख़ुद तो सारे दिन मशीनों में जुते रहते हैं, मैं यहाँ चार आदमियों में रहती थी सो भी इन्हें नहीं सुहाया। मैं नहीं जाऊँगी, वह मन-ही-मन बुदबुदा रही थी कि कैलाश ने आकर फटकार दिया–

"यह क्या... तुम यों ही पड़ी हो–उठकर सामान क्यों नहीं बाँधती?" रानी से कुछ न कहा गया। मन मारकर उठी और सामान बाँधने लगी। सब कपड़े बक्सों में बन्द किये। शाम को खाना बनाने के दो-चार बर्तनों को छोड़कर बर्तन बन्द किये। और तो घर में सामान ही क्या था! कपड़े जमाते समय एकाएक उसके हाथ में अख़बार में लिपटा एक पुलिन्दा आ गया। उसमें लिपटी चूड़ियाँ और चमचमाती बिन्दियों को देखकर अनायास ही उसकी आँखें भर आयीं। एक गहरी निःश्वास छोड़कर वह फिर काम करने लगी। शाम को ही सारा सामान ठेले पर लदवाकर कैलाश चला गया। सब सामान जमवाकर रात में वह लौटेगा और दूसरे दिन सवेरे

इस घर से वे लोग चले जायेंगे। घर छोड़ने की बात से ही रानी का कलेजा मुँह को आ रहा था। वह रो-रोकर सबसे मिल आयी थी। बस, शेखर के यहाँ नहीं गयी। वहाँ जायेगी भी नहीं, पर मन उसका बड़ा कर रहा था कि चली जाये।

सवेरा हुआ, ताँगा आया। भीगी आँखों से उसने सबसे विदा ली। सामने बहू खड़ी थी। उसकी आँखें शेखर को ढूँढ़ रही थीं। पर वह दिखा नहीं। बहू को देखते ही उसे लगा, यह कमबख़्त ही सब अनर्थों की जड़ है– उसका क्रोध भभक गया। जाते-जाते भी उसको लक्ष्य करके बरस पड़ी, "अब ख़ूब फैल-फैलकर रहना—सारे दिन नहान-घर में घुसी रहना, सारी छत पर कोयले फैलाकर रखना, कोई तुम्हें कुछ कहने नहीं आयेगा। एक दिन चैन से नहीं रहने दिया।" कह वह बहू से रही थी पर बराबर उसकी आँखें कमरे पर पड़ी चिक के पार लगी थीं, जाने वह क्या चाह रही थी। तभी कैलाश का स्वर सुनायी पड़ा, "अरे जल्दी करो, ताँगेवाला चिल्ला रहा है।"

कसकते मन को लेकर रानी उतर पड़ी। आँखें इस समय भी उसकी भरी थीं और उससे भी ज़्यादा भरा था उसका मन। ताँगे में एक कील निकल रही थी। रानी ने देखा नहीं और जाने कैसे पकड़ा कि कील अँगुली में। हाथ खींचते ही ख़ून बह आया। कैलाश ने देखा तो झल्ला उठा, "कोई काम देखकर नहीं करतीं और कुछ नहीं तो हाथ काट लिया।" रानी एकटक अँगुली से बहते ख़ून को देख रही थी और एक अस्पष्ट-सी तस्वीर उसकी आँखों के आगे उभर आयी, "अरे, यह क्या, तुमने तो अगुँली काट ली भाभी!" और चट से एक रूमाल बँध गया।

मन का गुब्बार कहीं भयंकर उच्छ्वास में न फूट पड़े, इसलिए उसने ज़ोर से अपनी ख़ून से सनी अगुँली को दाँतों में दबा लिया।

"अब ज़रा-सी लग ही गयी तो यों रास्ते में रो क्यों रही हो? घर चलकर पट्टी बाँध लेना।"

पर रानी रोती ही रही, रोती ही रही...

●

मीरा नाची

मृदुला गर्ग

धारोंधार बारिश के बाद धूप निकली थी। चटकीली-चमकीली। हवा भी चल रही थी। बरस लेने के बाद की। साफ़। तेज़-तेज़। वैसी नहीं जैसे झड़ी लगने से पहले चली थी। उठती-गिरती साँस की तरह। चलने भर की ख़ातिर। उमस जस-की-तस। दो-चार लम्बी साँस भरो तो भर लो, रह-रहकर, जब-जब दुपट्टे का छोर हिले।

अब हवा रो लेने के बाद की तरह धुली और स्वच्छन्द थी। पेड़ों की फुनगियाँ यूँ नाच रही थीं कि जड़ें ज़मीन में गहरे धँसी न रहतीं तो आसमान में उड़ जातीं।

मैं अपनी छत पर गीले कपड़े फैला रही थी। धूप निकल आने का मेरे लिये यही मतलब था। कपड़े धो लिये, छत पर फैला दो। बारिश में कपड़े भीग गये, अन्दर कर लो। सूरज निकल आया, दोबारा बाहर डाल दो। कपड़े सूख गये, उठा लो। चलो, इस बहाने रोज़ दो बार छत पर जाना तो मिलता था। औचक फुहार पड़ जाये तो एक-दो बार और।

कपड़े डालते-उठाते मैं ठिठककर इधर-उधर देख लिया करती थी। सामनेवाले मकान की बरसाती ठीक नज़र की सीध में थी। उसकी खिड़की से एक मेज़-कुर्सी दिखती थी। वहाँ एक लड़का बैठा हमेशा पढ़ता रहता था। सुबह हो, शाम हो। कभी मैं देर से ऊपर जाती, देर क्या, कभी बादलों की वजह से अँधेरा जल्दी गहरा जाता तो मेज़ पर लैम्प जला रहता। तब वह मुँह पर पड़ रही सीधी चमकीली रोशनी में पढ़ता दिखता। अरे, यह क्या हर वक़्त पढ़ता ही रहता है? कुछ और नहीं है करने को इसके पास?

आज मैं कपड़े डाल लेने पर नीचे नहीं उतरी। छत पर पड़ी खाट पर पसर गयी। माँ मन्दिर गयी हुई थीं न। ढेर-सारे काम बतलाकर। बर्तन रगड़कर माँजना, कड़ाही में कलौंछ छोड़ी तो देखना, दाल पका लेना, चावल चुगकर भिगो देना, सब्ज़ी काटकर रखना, मैं आकर देखूँगी, अभी चढ़ानी है कि शाम को। कपड़े धोकर धूप में डाल देना पहले, पता नहीं कब तक रहे और अचार को धूप दिखा देना, समझी। आज स्कूल

में छुट्टी है। कल सालाना जलसा था, उसकी ख़ुशी में। स्कूल की लड़कियाँ बाहर घूमने जाने की तैयारी में होंगी। मुझे तो माँ ने जलसे में भी नहीं जाने दिया था।

सारा काम वैसे ही पड़ा था, बस कपड़े धुले थे। कर लूँगी, पाँच मिनट आकाश देख लूँ। कैसा खुला नीला आसमान है, उस पर बत्तखों से तैरते हलके-फुलके सफेद बादल। बरसनेवाले नहीं, बरस लेने के बादवाले। दो-चार बूँद बचा पानी भीतर समेटे, हवा के साथ उछल-कूद मचाते बारिश के बाद भागते हुए आते हैं; शैतान बच्चों की तरह, जो हमेशा देरी से स्कूल पहुँचते हैं। भागते-दौड़ते आने पर भी, प्रार्थना की पंक्तियों तक समय रहते नहीं पहुँचते और रोज़ सज़ा पाते हैं। पर जाने किस मिट्टी के बने होते हैं कि मस्त रहते हैं। अगले दिन फिर उसी तरह, रास्ते में पड़े कंकर से खेलते आगे बढ़ते हैं, और स्कूल देरी से पहुँचते हैं। सब कहते हैं कुछ नहीं बनेगा तुम्हारा, बड़े होकर आवारागर्दी करोगे। आवारागर्दी में क्या मौज है, मैं क्या जानूँ? वे जानते होंगे, तभी न करते हैं।

लड़कियों से नहीं कहता कोई। कहते हैं, पढ़-लिख लो वरना कोई ढंग का लड़का नहीं मिलेगा। सारी उम्र हमारी छाती पर मूँग दलोगी। पढ़-पढ़कर थक जाओ और सुस्ताने को ज़रा बिस्तर पर अधलेटे हो जाओ तो कहेंगे, अदहन हो जाओगी तो कौन पूछेगा ससुराल में! आजकल के लड़के पतली-छरहरी लड़की चाहते हैं, मुटा गयी तो ढंग का लड़का...

ढंग का लड़का। जैसे सामनेवाला? हर वक़्त पढ़ता रहता है भोंदू। आवारा बादलों से नज़रें हटाकर मैंने सामने खिड़की पर डालीं। बैठे पढ़ रहे होंगे बेचारे किताबी कीड़े, हमेशा की तरह।

यह क्या! वह तो छत की मुँडेर के पास खड़ा नाच रहा था। बारिश में मोर नाचते हैं, नयी धुली धूप में पागल। हाय बेचारा! पढ़-पढ़कर पगला गया। कहीं कूदकर मेरी तरफ़ न आ जाये! मैं झपटकर उठ बैठी। ख़याल आया, ऐसे उसे दिखायी दे जाऊँगी। फिर चित हो गयी। कहीं कूदकर यहाँ कैसे आयेगा, दोनों छतों के बीच पूरी गली का फ़ासला है। लेटे-लेटे फैला आसमान दिखता तो बाक़ी दूरियाँ दिखनी बन्द हो जाती थीं।

मैं उठकर बैठ गयी। हाय, क्या नाच था उसका। पेड़ों की डालियाँ जैसे एक तरफ़ झुकतीं, वह भी झुकता। फुनगियाँ सिर झटककर सीधी होतीं, वह भी होता। हाथ गोल-गोल घुमाता जैसे बलैया ले रहा हो। फिर आगे फेंक देता, फेंकता ही जाता। पैरों में थिरकन आ जाती।

तत ताताथेई तथेई तथेई। थेई ताताथेई तथेई तथेई।
थेई तातातत ततत ततत। थेई तातातत ततत ततत।
तत ताताथेई तथेई तथेई। थेई ताताथेई तथेई तथेई।

तथेई तथेई थेई तथेई। तथेई थेई तथेई तथेई।

फिर गोल-गोल चक्कर।

तिगधाऽऽऽऽतिग। धाऽऽऽ थेई तिगधा।

ऽऽतिगधा ऽऽऽ... थेई तत तत। धाऽ तिर किट... कत।

मुझे चक्कर-टुकड़ों का क्या पता। मैंने कौन कत्थक सीखा है? स्कूल में क्लास लगती थी, पढ़ाई ख़तम होने पर। मेरे साथ की लड़कियाँ सीखती थीं। मेरा कितना मन करता है नाचने को। पूछने पर माँ ने चोटी खींचकर उखाड़ ही दी थी समझो। नाच सीख कोठे पर बैठेगी करमजली! बाक़ी लड़कियाँ सीखती थीं तो पाँच-दस मिनट रुककर देख लेती थी। सुनकर कुछ बोल रट गये थे। ये सब झट याद हो जाता है मुझे, पढ़ाई के नाम पर गोल। कल के जलसे में प्रोग्राम था उनका, रोज़ घर पर रियाज़ करती थीं। बस एक दिन देखा था मैंने। माँ को मेरा इसके-उसके घर जाना पसन्द नहीं था। कल जलसे में भी...

बादलों में कुलबुलाती छोटी बुंदकियाँ बाहर छिटक ही आयीं। बालों पर गिरीं तो गिरीं, आँखों की कोरों पर भी टिक रहीं। जाने दो।

देखो तो कैसी मस्ती में नाच रहा है सामनेवाला पढ़ाकू। एक बात मैं जानती हूँ, यह जो कर रहा है, कत्थक नहीं है। यह तो अपनी मौज में, जैसे मन आये, नाच रहा है।

मैं भी नाचूँ? यहाँ कौन देखेगा? मैं हौले से छत पर उतरी। नहीं, पैरों की धमक कहीं माँ ने सुन ली; अपनी धुन में उनके लौटने का पता भी नहीं चलेगा, सिर क़लम कर देंगी। छत पर किसे रिझाने को नाच रही थी राँड़!

यह किसे रिझाने को नाच रहा है? मैं ठिठकी खड़ी रह गयी। कहीं इसने मुझे देख तो नहीं लिया? मिश्रा बहन जी कहती थीं, रिमझिम होने पर मोर भी मोरनी को रिझाने को ही नाचता है। माँ के सामने मुँह से निकल गया था तो एक करारा झापड़ रसीद किया था मुँह पर। यही सब पढ़ने जाती हो स्कूल।

गाँव में थे तो ठीक था। शहर से पिता जी पैसे भेज देते थे। मैं गाँव की पाठशाला में पढ़ती थी तो औरों से अव्वल रहती थी, यहाँ की तरह फिसड्डी नहीं। फिर पता नहीं क्या हुआ, पैसे आने बन्द हो गये थे। माँ रोयी-कलपी थीं, इस-उससे पिता जी का हाल पता किया था। और एक दिन पता दिये बिना, मुझे लेकर शहर चली आयी थीं। दोनों के बीच जो महाभारत हुआ, क्या बतलाऊँ। पिता जी ने माँ को घर से बाहर धकेल दिया। साथ मुझे भी। घर में ताला डालकर चले गये। माँ मुझे लेकर बरामदे में डटी रहीं, भूखी-प्यासी। मेरे तो प्राण ही निकल गये थे भूख के मारे। पड़ोस में मिश्रा टीचर रहती थीं, मुझे रोता सुना तो अपने घर ले जाकर खिलाया-पिलाया। माँ ने नहीं खाया। अनशन किये बैठी रहीं। तीन दिन बाद पिता जी आये तो पड़ोसी

थू-थू करते मिले। माँ भूख से अधमरी और मैं डर के मारे। सिर पीट उन्होंने दरवाजा खोल दिया और हमें अन्दर कर लिया। कुछ दिन ऐसे ही चला, रोते-झींकते, गाली-गलौज सहते। फिर ठीक हो गया। या हमें आदत पड़ गयी। मिश्रा टीचर ने मुझे स्कूल में भरती करवा दिया। पिता जी को छोड़ माँ मेरी चौकीदारी में लग गयीं। उनका बस चले तो घर से बाहर क़दम न रखने दें। स्कूल तक न जाने दें। पर तब ढंग का लड़का नहीं मिलेगा न।

ओ राम, मरेगा क्या! यह तो नाचते-नाचते पानी की टंकी पर जा चढ़ा। अब और मुस्तैदी से हाथ चला रहा है। सिर उठाकर आसमान में क्या ताक रहा है? अरे, नीचे देख नीचे! बित्ते भर की टंकी है, बेख़याली में पाँव फ़िसल गया तो सिर के टुकड़े हो जायेंगे। तीन मंज़िल ऊपर है पागल! हाय, कैसे सधे पाँव रख रहा है मरा, मुँडेर तक आता है और पलट लेता है, नाचते-नाचते। मेरा दिल मुँह में आ जाता है। इसे तो घना अभ्यास है रे नाचने का, हर वक़्त तो किताब में सिर घुसेड़े रहता था, रियाज़ कब किया? मैंने तो पहले कभी देखा नहीं इसे नाचते। छह महीने से देख रही हूँ बराबर, बरसाती में घुसा पढ़ता रहता है। उससे पहले उसमें एक अधेड़ पति-पत्नी रहते थे। औरत छत पर बैठी कुछ-न-कुछ चुगती-बीनती रहती थी। पता नहीं कपड़े कब मैं धोकर डाल देती थी, छत पर बँधी डोर पर लटके फरफराया करते थे, हवा भरे गुब्बारों से। माँ मेरा कान पकड़कर दिखला जाती थीं, देख, कमज़ात, ऐसे फैलाये जाते हैं कपड़े, दोनों सिरों पर चुटकी लगाकर। मैं फैलाती तो कभी डोर कम पड़ जाती कभी चुटकियाँ। उसके हवा भरे कपड़े मुझे बड़े प्यारे लगते थे, फूँक मारो तो आसमान में उड़ जायें। तेज़-तेज़।

जैसे इसका नाच तेज़ होता जा रहा है हर पल। कूद-कूदकर हाथों को फिरकी जैसे घुमाये चला जा रहा है। ऐसे तो गाँव में लड़के पतंग उड़ाया करते थे। लो, मैं भी एक बुद्धू हूँ। पतंग ही तो उड़ा रहा है। माँझा-पतंग दिख नहीं रहे इसी से लगा, हवा में नाच रहा है।

है कहाँ पतंग! उधर होगी, पश्चिम में। वह उधर ही ताके जा रहा है? पर कहाँ? किधर? मैंने गर्दन उठाकर ऊपर आसमान में ताका, देर तक, उधर, जिधर वह देख रहा था। कुछ नहीं मिला। मैं आगे बढ़ी। अपनी छत की मुँडेर पर आकर नीचे झुकी, पंजों पर खड़े होकर झाँका। सूरज की चौंध से बचाव करने को हाथ की आड़ लेकर घूरा, कहीं कुछ नहीं दिखा।

कहाँ है पतंग? कैसी है? किन-किन रंगों की? हाय, पतंग उड़ाने में कितना मज़ा है। हरिया के बापू कहते थे, झींसी में पतंग न उड़ायी तो जन्म अकारथ। पर लड़कियों को कहाँ मिलती थी उतनी छूट। खुले मैदान में खड़े होकर, उतने ही खुले आकाश में पतंग के साथ ऊपर उठते जाने की। बहुत हुआ तो छींट-छींट पड़ती बुँदकियों

के नीचे, बँधी-बँधायी पेंग भरकर झूल लो बस। माँ मुझे घसीटकर भीतर कर लेती थीं, पर मैं मौक़ा देख भाग जाती थी। पड़ोस के हरिया के साथ, चुपचाप खेतों के पार जाकर पतंग उड़ाती थी। माँ को पता ही नहीं चलता था। चल भी जाता तो झिड़क भर देती थी। तब ऐसे मारा नहीं करती थीं वहाँ गाँव में, न कोस-कोसकर तानें देती थीं, जैसे यहाँ देती हैं। रण्डी बनेगी तू भी उसकी तरह, गैर मर्दों को रिझायेगी। किसकी तरह, पूछा था सिर्फ़ एक बार। माँ ने वह धुनाई की थी कि पड़ोस की मिश्रा टीचर को आकर बचाना पड़ा था।

क़सम धरा ली थी माँ से कि अपनी खीज मुझ पर नहीं उतारेंगी। वैसी भयानक पिटायी फिर उन्होंने नहीं की। पर कभी-कभी लगता है, ज़बान की मार से हाथ की मार भली। उस पर हर वक्त की चौकीदारी। छत पर अकेले इसलिए जाने देती हैं, क्योंकि उनके पैर गठिया के दर्द से लाचार हैं। पर ज़रा ठहरकर सुस्तायी नहीं कि नीचे से उनकी चीख़-चिल्लाहट आने लगती है, अरे पापिन! कहाँ मर गयी। चुड़ैल खा गयी या जिन्न ले गये।

शुरू-शुरू में लँगड़ाती हुई भी माँ ऊपर पहुँच जाती थीं। जब दूर-दूर तक कोई जवान आदमज़ाद न दिखा तो ढीली पड़ गयीं। इसे नाचता देख लेतीं तो... हे राम! मैं काँप गयी। आ तो नहीं गयीं। बाहर ताला मारकर चाबी साथ ले गयी हैं। आयेंगी तो दरवाज़ा भी नहीं खटखटायेंगी, भुतिनी की तरह बेआवाज़ भीतर पहुँच जायेंगी। देख आऊँ नीचे जाकर...

अरे, रुक-रुक, क्या कर रहा है। टंकी के किनारे क्यों आ लगा। ओह...पलट दिया। वह रही चरखी उसके हाथ में। हाथ आगे फेंक बराबर खोले ही चला जा रहा है। सिर को भी और ऊपर उठा दूर आसमान में ताक रहा है। यानी पतंग और दूर, और ऊपर पहुँच चुकी है। उसे दिख रही है तो मैं क्यों नहीं देख पा रही? एक बार फिर मैंने गर्दन और पंजों की कसरत करके उस छोर देखने की कोशिश की। कुछ नहीं मिला। बीच में पेड़ आ रहा था शायद। नीम का। इतना जट्ट लम्बा घना क्यों होता है भला। आर-पार कुछ दिखायी ही नहीं देता।

नीचे जाकर देखूँ। गली में दिख जाये शायद। मैं भागती हुई नीचे उतर गयी। दुपट्टे को कसकर लपेट, दरवाज़े पर हाथ मारा तो याद आया बाहर ताला लगा है। उसी तरह दौड़ती हुई वापस ऊपर जा पहुँची।

वह वैसे ही नाच रहा था, उसे क्या पता, मैं छत पर थी या नहीं। भोंदू। एक बार नज़र पतंग से हटा भी सकता है आदमी। पर नहीं... यही तो बात थी। मेरे गाँव के लड़कों जैसा नहीं था इसका पतंग उड़ाना। एक ताल थी उसके पैरों की थिरकन में, एक लय पर झूम रहा था उसका बदन, गीत फूट रहा था उसके हाव-भाव से। मेरा मन हो रहा था, मैं भी गाते-गाते नाच उठूँ : पग घुँघरू बाँध मीरा नाची।

जन्माष्टमी की शाम मन्दिर में पुजारी जी नाच उठे थे जैसे गाते-गाते। भजन गाती औरतें भी आत्मविभोर हो ऐसे हिल रही थीं जैसे बैठे-बैठे नाच रही हों। माँ की आँखों से आँसू बह रहे थे। कितना अचरज हुआ था मुझे। बिना कोसने दिये उन्हें रोते कभी नहीं देखा था। अपना, मेरा, किसी का ध्यान नहीं था उन्हें। तभी न मैं दीदे फाड़ सब तरफ़ ताक रही थी और कोई टोका-टोकी नहीं। अनचाहे-अनजाने, मेरे मन में उनके लिए दया और प्यार उमड़ आया था। अपने में डूबीं, आत्मविभोर माँ अच्छी लगी थीं मुझे।

आत्मविभोर। हाँ, असली बात वही थी, लय-ताल नहीं। छत की टंकी और मुंडेर पर उसका नाच, खेत में पतंग उड़ाते मेरे संगी-साथियों जैसा ही होता, अगर उसके मेरे पाँव बराबर-बराबर ज़मीन पर पड़ रहे होते। और बीच-बीच में हम गपशप करते या हो-हल्ला मचा रहे होते।

पर वह तो पतंग ऐसे उड़ा रहा था जैसे पतंग उड़ाने के सिवा कुछ जानता ही न हो। उसकी नज़र सिर्फ़ उसे देख रही थी। मैं कहीं नहीं थी उसकी आँख के दायरे में, न कुछ और। डोर को ढीला छोड़ते या वापस खींचते उसके हाथ चरखी का हिस्सा बने हुए थे। तभी न इतनी देर तक मुझे चरखी दिखी ही नहीं थी। पाँव भी उसके बस उतनी दूर पड़ते थे, जितना हाथों के संचालन के लिए ज़रूरी था।

मेरी साँस अटक ही तो गयी। तब तो उसे मुँडेर भी नहीं दिख रही होगी। ज़रा खटका हुआ, ध्यान तनिक बँटा तो सीधा नीचे आ गिरेगा। मैंने हिलना-डुलना बन्द कर दिया और साँस रोक उसे देखती रही।

मेरी समझ में आ रहा था, वह ठीक वैसे पतंग उड़ा रहा था जैसे रोज़ दत्तचित्त पढ़ाई करता था। मुझे स्कूल में पढ़ी अर्जुन की कहानी याद आ गयी। द्रोणाचार्य ने चिड़िया पर निशाना लगवाने से पहले शिष्यों से पूछा, तो तुम्हें क्या दिखलायी दे रहा है? किसी ने कुछ कहा, किसी ने कुछ। अर्जुन ने कहा उसे केवल चिड़िया की आँख दिख रही थी। अब जाकर कहानी मेरी समझ में आयी। एक मैं हूँ। सारी दुनिया दिखलायी देती है, बस चिड़िया की आँख नहीं दिखती। कितनी नाकारा हूँ। माँ इतनी डाँटती हैं, पढ़ाई में मन नहीं लगा पाती। उनकी छोड़ो, वे कुछ नहीं जानतीं। पर मिश्रा टीचर तो ढंग के लड़के का रोना नहीं रोतीं। वे कहती हैं न, पढ़ाई में ध्यान लगाओ, मन को शान्ति मिलेगी, मस्तिष्क के द्वार खुलेंगे, जो चाहोगी कर सकोगी। पर मेरे पास ध्यान है ही नहीं, एक मन है जो जाने कहाँ-कहाँ भटकता रहता है। माँ पर हरदम गुस्सा आता रहता है। पिता जी... कभी आँख उठाकर नहीं देखते मेरी तरफ़। हम गाँव छोड़कर क्यों आये? वहाँ पाठशाला में पढ़ रही थी न, ऐसे डरकर नहीं रहना पड़ता था। लगता है इस घर से निकलूँगी तभी मुक्ति मिलेगी। फिर सोचती हूँ-

पिता जी जैसा लड़का मिला गया तो? मैं भी माँ की तरह... नहीं, वैसी दुःखी, निर्दयी, झगड़ालू, बदसलीक़ा औरत नहीं बनना चाहती मैं। पर मेरे चाहने से क्या होता है!

अभी मैं पतंग उड़ाना चाहती हूँ, उड़ा सकती हूँ क्या? उसका क्या है, लड़का है, चाहे कुर्सी पर बैठकर पढ़े, चाहे छत पर नाचकर पतंग लहराये। अपनी मर्जी का मालिक है। न डाँट-फटकार, न ताने-कोसने, न अच्छे लड़के की प्रतीक्षा में जेल की क़ैद। उससे कोई नहीं कहता होगा, पैदा होते ही क्यों न मर गयी, डायन। लड़का हुआ, मर गया और यह चुड़ैल जीती रही।

उस जैसा ही रहा होगा मेरा भाई, जो मर गया। ज़िन्दा रहता तो हम मिलकर पतंग उड़ाते। पर...क्या पता, वह उड़ाता और मैं इसी तरह...

हाय, देखो तो कितनी बड़ी पतंग! काली-नीली, सर्र-सर्र बढ़ी आ रही है हवा पर तीर-सी हमारी तरफ़। पर यह तो उल्टी दिशा से आ रही है पूरब से। पढ़ाकू तो ठीक पश्चिम में देखे जा रहा है। मर गये। यह तो किसी और की है। पीछेवाले मकानों से आयी होगी। उसे तो पता तक नहीं। अरे मुड़कर देख भोंदू, काट देगी तेरी पतंग को, क्या आसमान में ठूँठ उठाये बढ़ाये लिये जा रहा है ऊपर।

देख-देख, मैं चिल्लाने को हुई, फिर आवाज़ घोंट जड़ रह गयी। मैं चीखी, उसका ध्यान बँटा तो कटी पतंग-सा आ गिरेगा गली में। हड्डी-पसली बराबर हो जायेगी। मर करमजले, ऐसा भी क्या ध्यान कि दुश्मन तक न दिखे! फर्राये चली आ रही है, काटकर छोड़ेगी हमारी पतंग को। किस रंग की है? कहाँ है? मरी दिखे भी कहीं। देख न, घूमकर देख तो सही। कटने मत दीजियो अपनी पतंग को। देख-देख। मैंने अपना पूरा ध्यान उसकी आँखों में समा दिया।

उसकी गर्दन ज़रा घूमी। चरखी पर हाथ और मुस्तैदी से चलने लगे। माँझे को खींच सीधा किया, तनिक मुड़ा, ढील देने को हाथ ऊपर उठे, माँझा छोड़ा, फिर खींचना शुरू। देख ली। देख ली। काली पतंग पीछे हटी। उसके हाथ छाती पर वापस लौट-लौट आ रहे हैं। अहा हा, काली पतंग और पीछे खिसकी। पर हमारी क्यों नहीं दिखलायी दे रही? मैं मुँडेर से सटकर आगे को लटक आयी। फर्र-फर्र उड़ती आती अपनी पतंग देखूँगी। देखकर रहूँगी।

वो काटा! मैं चीख पड़ी। हमारी पतंग कितनी सुन्दर थी। चटख लाल और हरी। फरफराती हुई आयी और पंजा मार काली पतंग की गर्दन उड़ा दी। फिर लहराती हुई सामने छत की तरफ़ बढ़ने लगी।

दत्तचित्त वह माँझा समेट रहा था। उसके पैरों की ताल में फ़र्क़ नहीं आया था। न गर्दन की लगन में। बस आसमान में टँगी दृष्टि हटकर सामने चिपक गयी थी। पतंग जो वहाँ थी। मेरी नज़र भी तो वहीं जमी थी। हाय, कैसी नयी-नकोर चमकीली पतंग थी। वह माँझा खिंचता गया। अब पतंग उसकी छत के ऊपर थी, अब उसकी

आँख की सीध में, अब उसके हाथ में। अभी वह कटी पतंग लेने दौड़ेगा। गिर रही थी धीरे-धीरे। सीधे नहीं। हवा तेज़ थी न, बहाये ले जा रही थी थपेड़े देकर, इधर-उधर कौन जाने गली में गिरे या अधबीच पेड़ पर अटककर रह जाये। भगवान् करे, नीचे गिरे। वह भागता हुआ जायेगा और पतंग लूट लायेगा।

वह बड़ी एहतियात के साथ टंकी से अपनी छत पर उतर गया। मैं ताली बजा उठी। अभी लेकर आया कटी पतंग।

वह नीचे उतरा ही नहीं। अपनी पतंग-चरखी लिये बरसाती में घुस गया।

भोंदू! पागल! तू नहीं लूटता तो मैं लूट लेती हूँ। जीती पतंग कोई छोड़ता है भला! नीचे ताला पड़ा है, गली में निकलूँगी कैसे? यहीं लूटनी होगी। झटक-मटक थपेड़े खाती काली-नीली पतंग मेरी छत के क़रीब आ पहुँची थी। मैंने चील की तरह झपट्टा मारा पर वह हाथ छूकर निकल गयी। मैं नीचे को लटकी हाथ मारती रही पर उसे लपक नहीं पायी। कुछ देर इतरा-इतराकर यहाँ-वहाँ डोली, फिर नीम की डाली में फँसकर बैठ गयी। वहाँ पहुँच पाना मेरे लिये नामुमकिन था। मुझे रोना आने लगा। मन हुआ, चिल्लाकर कहूँ, ओ बावले, इधर आकर अपनी पतंग को उतार। ऐसा कौन बड़ा लाटसाब है तू कि जीती चीज़ भी छोड़ सकता है।

मैंने देख वह कुर्सी पर बैठा पढ़ रहा था।

मेरा रोना निकल गया। खाट पर बैठ सुबकने लगी।

माँ के आने का तब पता चला जब उनका घूँसा पीठ पर पड़ा।

"यहाँ बैठी तिरिया-चरित्तर कर रही है कमज़ात, नीचे सारा काम औंधा पड़ा है।"

मैं चीखकर रो दी, "हाय, पैर में मोच आ गयी। चल नहीं पाती। हाय-हाय।"

माँ ने एक घूँसा और जमाया, "मर करमजली। देखकर नहीं चला जाता। अब उठ, नीचे तो चल। देखूँ, मल-मला दूँ।" उन्होंने पैर पर हाथ लगाया तो मैं चिल्ला उठी।

अब मुझे क्या पता, मोच आने पर कैसे चला जाता है। कितना लँगड़ाऊँ, कितना नहीं। ज़मीन पर पाँव रखा तो वोह फ़ौरन समझ जायेंगी। कोई मोच-वोच नहीं आयी।

"चुप कर, चिल्ला मत। सारा मोहल्ला जमा करना है क्या?" माँ ने कहा, फिर अनिश्चित-सी खड़ी रह गयीं।

मैंने सामने झाँका। सुन लिया क्या मोहल्ले ने? कहाँ! बेवकूफ़ तो वैसा-का-वैसा बैठा पढ़ रहा था।

"एक बार उठकर तो देख", माँ ने मेरी बाँह खींचकर कहा।

मैं इतनी ज़ोर से चीख़ी कि उनकी पकड़ छूट गयी।

हड्डी तुड़ा बैठी क्या! हे परमात्मा, नासपीटी मरती भी नहीं। अच्छा बैठ, मिश्रा बहन जी को बुलाकर लाती हूँ। मेरे तो गोड़ वैसे बेकार पड़े हैं, अब तुझे ढोऊँ कि अपने को!

मिश्रा बहन जी। उन्हें तो छूते ही पता चल जायेगा। क्या करूँ? अच्छा, आने दो। अकेले में बात करने को मिली तो समझा लूँगी। और जो हो, माँ से चुगली नहीं करेंगी, मुझे पूरा भरोसा था। पर होना अकेला पड़ेगा।

'हाय माँ', आवाज़ में मिसरी घोलकर मैं कराहती-कोसती माँ से बोली, "कैसे करोगी तुम अकेली। उन्हीं को भेज देना ऊपर। तुम कहाँ गठिया में ऊपर-नीचे फिरोगी।"

पहले तो कभी ऐसे नहीं बोली उनसे। माँ ने चकित नज़रों से मुझे देखा। चुप ऐसे हुई जैसे साँप सूँघ गया हो। आँखों में आँसू उमड़ने को हुए। पर बोलीं कुछ नहीं। होंठ भींच असमंजस पी गयीं और पीठ फेर, लँगड़ाती हुई नीचे उतर गयीं।

मिश्रा बहन जी को मैं मना लूँगी। एक ही चीज़ चाहती हैं न मुझसे। क़सम खाकर कहूँगी, अब से ध्यान लगाकर पढ़ूँगी। एकदम अर्जुन की तरह। बस इस बार माँ की मार से बचा लें, बचा लेंगी।

अभी उनके आने में वक़्त था। मैं उठी और छत पर पाँव जमाकर ठीक वैसे नाचने लगी, जैसे वह नाचा था। आत्मविभोर। मुझे लग रहा था, मेरे हाथ में चरखी और माँझा है और दूर आसमान में ऊपर, ऊपर उठती लहराती पतंग।

●

प्रेतयोनि

चित्रा मुद्‌गल

"दीदी, दीदी, उठो, उठो, बाबू जी बुला रहे हैं तुम्हें बालकनी में।" छोटी बहन चिंकी ने अधीर हो उसे बाँह पकड़कर झिंझोड़ने की कोशिश की। बड़ी मुश्किल से चिंकी की झिंझोड़न व उसके घर पहुँचने की पक्की तसल्ली और अपने आत्मसंघर्ष के बूते पर पायी मुक्ति की सुखानुभूति से उपजी गहरी झपकी में सेंध लगाने में सफल हुई। वह अकबकायी-सी बिस्तर पर उठकर बैठ गयी। आँखें नहीं खुल पा रही थीं, आँखों की कोटरों में उलीची पड़ी हुई थी, पोर-पोर टूटी अवमानित देह की कड़वायी किरकिरी। पलक चीर भर भी उठे तो कैसे? ऊपर से देह बेपेंदी की-सी हठ ओढ़े उसके वश में नहीं सध रही। सिरहाने लुढ़कने को ही थी कि अम्माँ के संयमित कर्कश स्वर ने उसकी लुढ़कती देह को तमाचा-सा जड़ चैतन्य कर दिया– "नीतू! तेरे बाबू जी बुला रहे हैं बालकनी में तुझे... फिर सो लेना..."

नींद बड़ी मुश्किल से आयी है। फिर आ पायेगी आसानी-से उसने मन में सोचा। पूछा इतना भर—ही– "अभी ही चलूँ?"

"साइत विचरवाऊँ?" विचित्र प्रतीत हुआ अम्माँ का आचरण। बोल बोलने की उनकी पुरानी आदत है, किन्तु समय-कुसमय का बोध भी विस्मृत कर बैठेंगी वे, यह अनुमान नहीं था। रात यहीं अम्माँ उसे छाती से चिपकाये बछिया से बिछुड़ी गाय-सी कैसे डकरा रही थीं। उसके लौट आने पर विह्वल-सी वे ईश्वर को लाखों करोड़ों धन्यवाद देती नहीं अघा रही थीं। उसे लेकर ना उम्मीदी के अवसाद में आकण्ठ डूबा परिवार अचानक उसे सामने जीवित खड़ा पा अविश्वास और प्रसन्नता के आवेग में संग छोड़ने आये हवलदार और महिला सिपाही को पानी-पत्ता तक पूछना भूल गया था। दादा (बड़ा भाई), बिन्नू (मँझला), चिंकी (छोटी बहन), बाबू जी- सभी तो बावले हो उठे थे। कितना विभोर हुआ था महत्त्व जीकर उसका निजत्व!

"चलो आती हूँ..." चोट खाये हुए घुटने को धीरे से सहलाती हुई वह पलँग से नीचे उतरी। सीधे होने की कोशिश असह्य चिलकन से दहल उठी। विस्मित हुई।

रात बेतहाशा भागते हुए किसी भी घुटने ने अपने आहत होने की उससे चूँ तक नहीं की। अब! कमरे की चौखट पर खड़ी रातवाली चिंकी एकदम बदली हुई थी। दूर खड़ी उसके कष्ट को मूक दर्शक-सी टुकुर-टुकुर देखती हुई। इच्छा हुई, बेसिन पर जाकर नींद पर खुली धार के छींटे दे ले, लेकिन अम्माँ के स्वर की आदेशात्मक कर्कशता गर्दन में पगहा कसे उसे सीधे बालकनी की ओर खींच ले गयी। लम्बी खिड़कियों सें ढक दी गयी बालकनी बाबू जी का शयन-कक्ष है। घर में जब वे होते हैं, वहीं लेटे, बैठे, पढ़ या सो रहे होते हैं।

दीवार के सहारे पीठ टिकाये दीवार पर बैठे हुए बाबू जी सामने अख़बार फैलाये उसे और चिंकी को छोड़ के सभी सदस्यों से घिरे हुए बैठे थे। सुबह अपनी आपाधापी से मुक्त हो सबका इस तरह से इकट्ठा बैठे होना उसे सनका गया। कहीं कुछ अघटित घटा है, जिसका सीधा या घुमा-फिराकर कोई सम्बन्ध परिवार से जुड़ता अवश्य है। अम्माँ और चिंकी को तो वह देख चुकी थी। बाबू जी के चढ़े माथे और दादा की सिकुड़ी हुई भौंहों ने उसकी आशंका की पुष्टि की। उसे देखते ही बाबू जी के चढ़े हुए माथे की गुर्राहट उसकी ओर चील-सी झपटी– "आ गयी भवानी? लो, अख़बार बाँच लो आज का" अपनी आँखों के आगे फैलाया हुआ अख़बार अपेक्षित पृष्ठ की ओर मोड़कर उसकी ओर बढ़ाते हुए पुनः बोले वे– "ऊपर, दाहिनी तरफ़वाला बॉक्स आइटम...।"

शीर्षक पढ़कर सप्रश्न उसने बाबू जी की ओर देखा– "एक बहादुर लड़की की शौर्य गाथा, यही न?" बाबू जी ने उच्छ्वास भरा– "वही!" उसकी तीक्ष्ण हो आयी दृष्टि शीर्षक छोड़ नीचे दी गयी पंक्तियों पर दौड़ने लगी।

"3! अगस्त-मथुरा। कल अपराह्न ग्वालियर के निकट मुम्बई से आ रही पंजाब मेल और मालगाड़ी के मध्य हुई भयानक भिड़न्त के परिणामस्वरूप सैकड़ों मृत और घायल यात्रियों में से, भोपाल से आ रही दिल्ली विश्वविद्यालय की बी.ए. ऑनर्स अन्तिम वर्ष की छात्रा अनिता गुप्ता–जो चिकित्सकों की मामूली मरहम-पट्टी के उपरान्त जाने की अनुमति मिल जाने पर कुछेक अन्य यात्रियों के साथ साझे की टैक्सी से दिल्ली आ रही थी– अन्य यात्रियों के अपने गन्तव्यों पर उतर जाने के पश्चात् मथुरा के निकट शहर से दूर एक निर्जन स्थान पर कामुक टैक्सी-चालक की हवस का शिकार हुई। साहसी अनिता ने बड़ी बहादुरी से वहशी टैक्सी-चालक का सामना किया और किसी प्रकार उस दरिन्दे के चंगुल से निकल भागने में सफल हुई। इतना ही नहीं, अस्त-व्यस्त अनिता ने निकट के पुलिस थाने में पहुँचकर उस टैक्सी-चालक के विरुद्ध रिपोर्ट दर्ज करवायी। पुलिस पूरी मुस्तैदी से उस टैक्सी-चालक को खोज रही है। अनिता को पुलिस सुरक्षा में सकुशल उसके अभिभावकों के पास दिल्ली पहुँचा दिया गया। थाना प्रभारी के. सी. गोयल ने दिल्ली विश्वविद्यालय के

इस बहादुर छात्रा के साहस की भूरि-भूरि प्रशंसा की है और लड़कियों के लिए अनुकरणीय उदाहरण बताया है।''

बॉक्स आइटम ख़त्म होते ही वह संवाददाता की चुस्ती पर दंग रह गयी। हृदय आत्मविश्वास और प्रसन्नता की मिली-जुली हिलोरों से उद्वेलित हो गया। रात थाना प्रभारी गोयल जी ने उसके सामने भी तो कितना कुछ कहा था प्रशंसा में। चलने के समय वे बोले थे– "बहादुर लड़की! तुम अगर उस कामुक राक्षस से अकेले लड़ सकती हो तो क्या हम इतने लोग मिलकर उसे ढूँढ़ नहीं पायेंगे? उसे अपने कुकृत्य की सज़ा भोगनी ही होगी।"

वह बाबू जी को सम्बोधित कर उनसे बोलने ही जा रही थी कि आप लोग इस बॉक्स आइटम को पढ़कर बजाय मुदित होने के तनावग्रस्त क्यों हो रहे हैं, लेकिन उसके मुँह खोलने से पूर्व ही अचानक बैठक में रखे टेलीफ़ोन की घण्टी बज उठी- ''मुक्ता का होगा, भोपाल से... आत्मालाप-सी करती अम्माँ फ़ोन उठाने बैठक की ओर दौड़ी।

अम्माँ के जाते ही सहसा बाबू जी को किसी बात का अन्देशा हुआ। चौकन्ने-से उठकर वे अम्माँ के पीछे लपके। अम्माँ की 'हैलो', 'हैलो', भी अभी पूरी नहीं हो पायी थी कि फ़ोन जबरन उन्होंने हाथ से झपट लिया। अम्माँ बाबू जी के इस अप्रत्याशित व्यवहार से अचम्भित हो उठीं। उनके चेहरे पर एक दबा-दबा नाराज़गी का भाव उभर आया। किन्तु बाबू जी की 'हैलो', के अन्दाज़ से उन पर यह तो स्पष्ट हो गया कि फ़ोन पर न उनकी बड़ी बेटी मुक्ता है, न ही जमाई बाबू रवि।

''कौनऽऽ...? डॉ. साहब! सुनाइये डॉ. साहब... बॉक्स आइटम? हाआँ... हाँ, पढ़कर मैं भी आपकी भाँति चकित हूँ... दरअसल नीतू तो हमारी अभी मुक्ता बिटिया के पास भोपाल ही है, नाती अंशुल का जन्मदिन है चार सितम्बर को, उसका जन्मदिन मनाये बगैर वो लोग उसे आने नहीं दे रहे...न, न, यह अनिता हमारी नहीं है... विश्वविद्यालय में साहब पचासों अनिता गुप्ता होंगे...जी, ज़माना सचमुच बहुत खराब है, लाख पढ़ा-लिखा दो मगर... हाँ, ठीक कह रहे हैं लड़की सचमुच बहुत बहादुर थी...और? सहमत हूँ मैं आपसे, डेढ़ सौ तो सरकारी आँकड़े हैं दुगने ही मरे होंगे नहीं, ग्यारह बजे के क़रीब ही निकलता हूँ घर से... अच्छा डॉ. साहब, शुभचिन्तना के लिए धन्यवाद...।''

फ़ोन यथास्थान रखते हुए बाबू जी का चेहरा और अधिक तनावपूर्ण हो उठा। लग रहा था, वे किसी उधेड़बुन में डूबे हुए किसी कूल-किनारे तक पहुँचने के लिए प्राणपण से हाथ-पाँव मार रहे हैं...।

''सुनो!'' बाबू जी का तात्पर्य अम्माँ से था, लेकिन सभी को अपने निकट खड़े हुए पाकर वे क्षुब्ध स्वर में चेतावनी-सी देते हुए बोले, ''सुन लिया? घर-घर बाँची

जा रही है, हमारी बहादुर बिटिया की शौर्यगाथा...। अभी तो फ़क़त डॉ. कामता बाबू का फ़ोन आया है। देखते रहो... दिन-भर फ़ोन की घण्टी टुनटुनाती रहेगी, लोग बिटिया के क़सीदे हमें सुनाते रहेंगे और अफ़सोस के बहाने घर पर आकर जले पर नमक छिड़केंगे हम नाते-रिश्तेदारों में मुँह दिखाने के क़ाबिल नहीं रहे.....।"

खाने की मेज़ से टिके हुए दादा ने आशंकित दृष्टि से बाबू जी की ओर देखा- "अलीगढ़वालों को भी ख़बर लग सकती है और...।"

दादा की आशंका बाबू जी को निर्मूल नहीं लगी– "और वे चाहें तो अपनी लड़की का सम्बन्ध तुमसे अभी-का-अभी तोड़ सकते हैं... अख़बार अलीगढ़ में नहीं बिकते?"

"कम प्रपंच होते हैं बनियों में..." अम्माँ ने वितृष्णा से सिर झटककर अपनी बिरादरी को कोसा।"

"अब जाति-बिरादरी को कोसना छोड़ो और कान खोलकर सुनो..." बाबू जी ने अत्यन्त सतर्क लहजे में प्रत्येक के चेहरे को ग़ौर से देखते हुए बोलना शुरू किया- "अभी, इसी क्षण से चाहे किसी सगे-सम्बन्धी का फ़ोन आये या हितैषी पड़ोसी का, या वे ख़ुद घर आकर अफ़सोस प्रकट करें... अख़बार में छपी ख़बर के विषय में उनसे साफ़-साफ़ मुकर जाना... यूँ अटकलें लगाते रहें लोग, लगाते रहें?" उसका सिर घूम रहा है। यह कौन-से बाबू जी हैं? इस अपरिचित व्यक्ति को तो उसने कभी देखा ही नहीं। उसके धर्मभीरु, असत्यभीरु बाबू जी की काया के किस कोने में दुबका बैठा रहा यह कायर व्यक्ति, जो निःसंकोच झूठ-पर-झूठ गढ़े जा रहा है, मान-मर्यादा के रूढ़ मानदण्डों की रक्षा के लिए? बाबू जी ही कहते थे न– "बेटियाँ ही मेरे बुढ़ापे की लकुटियाँ बनेंगी।" जब ये लड़कियों के हाथों से स्वयं उनकी ही लकुटियाँ छीन उन्हें अबला बनाने पर तुले हुए हैं, तो वे उनके बुढ़ापे का सहारा बन सकती हैं? यही व्यक्ति है, जो अम्माँ से हमेशा इस बात के लिए लड़ता-भिड़ता रहा कि मैं अपनी लड़कियों को कुछ दहेज में दूँगा तो सिर्फ़ शिक्षा। शिक्षा ही उन्हें आत्मनिर्भर बनायेगी अपना ऊँच-नीच स्वयं निबटेंगी। हम जीवन-भर साथ बैठे रहेंगे ढाल लिये उनकी रक्षा को? अपना ऊँच-नीच निबटा नहीं उसने पूरी जीवटता के साथ? कहाँ से संचित किया था आत्मबल अपने रोम-रोम में? बाबू जी से ही पाया था न? इस तरह से कहीं सच्चाई पर पर्दा पड़ सकता है? क्यों नहीं बाबू जी छद्म खोल से बाहर आ अपने भीतर के छटपटाते मनुष्य को मुखौटे की विवशता से मुक्त कर साहस दिखाते कि अख़बारों की सुर्खियों में क़ैद अनिता गुप्ता कोई अन्य नहीं, उनकी अपनी बेटी नीतू ही है। बाबू जी अर्गला नहीं खोलेंगे तो सदैव-सदैव के लिए उनकी अपनी नीतू के हाथों से ही नहीं, सभी बेटियों के हाथों से अपनी ही लकुटिया सरक जायेगी और...।

"मुन्ना", बाबू जी किसी कुशल अहेरी की भाँति संकल्पबद्ध हो दादा से मुख़ातिब हुए, "भोपाल डिमाण्ड काल से तुरन्त बुक करो... रवि या मुक्ता जो भी

मिले, मामला समझा दो... किसी को कानोंकान ख़बर न लगे कि नीतू उनके पास वहाँ नहीं है।"

दादा ने पहले अपने बॉस के घर फ़ोन किया कि आज उनके पिता का अस्थमा अचानक उखड़ पड़ा है, वे उन्हें डॉक्टर के पास दिखाने के उपरान्त ही कार्यालय पहुँचेंगे। यही क़रीब बारह तक... जी, लंच से पहले हर हालत में पहुँच जाऊँगा सर! चिन्तित हो आये बॉस को दादा ने स्वर में संकटग्रस्त होने का नाटकीय पुट घोलते हुए आश्वस्त किया, फिर तत्परता से भोपाल का डिमाण्ड नम्बर डायल करने लगे।

"उसके चोट खाये घुटने की पीड़ा असह्य हो रही है। पूरे घर का कार्य व्यापार उसे फन काढ़े फुफकारते नाग-सा जड़ किये हुए है। प्रतिवाद आँतों में मरोड़े खा रहा है, कण्ठ से नहीं फूट पा रहा...

दीदी ही मिली फ़ोन पर। बाबू जी संक्षेप में, परिवार की प्रतिष्ठा पर टूटी विपदा का ज़िक्र कर क्या करना है उन्हें, क्या नहीं, हिदायत दे रहे हैं।... किशोरी चिंकी को अम्माँ एक कोने में ले जाकर फुसफुसाते हुए न जाने किस षड्यन्त्र की भूमिका सौंप रही है। किन्तु चिंकी के बचपन-घुले चेहरे पर परिपक्वता का भाव शाखाओं पर फुदक रही गिलहरी सदृश स्थिर नहीं हो पा रहा...

भौचक्के खड़े बिन्नू को दादा ने घुड़का— "मोहल्ले में तुम्हारा क्रिकेट खेलना बन्द आज से... स्कूल, स्कूल से सीधा घर... समझे?"

"स्कूल... दो-चार रोज़ बिन्नू स्कूल नहीं जायेगा तो कौन कलेक्टरी छूट जायेगी हाथ से?" अम्माँ दादा की नादानी पर भभकीं।

उसे लग रहा है, वह कमरे में जाकर सो रहे। सोना उसके लिए निहायत ज़रूरी है। वह अपनी जगह से हिली ही थी कि बाबू जी उसे सम्बोधित कर आदेशात्मक स्वर में बोले— नीतू! तुम मानकर चलो कि तुम इस घर में अभी पहुँची ही नहीं हो... अपने कमरे से बाहर आने की ज़रूरत नहीं, न दरवाज़ा खोलने के लिए, न टेलीफ़ोन उठाने के लिए... वक़्त का सदुपयोग करो, अपने कमरे में बैठकर पढ़ो।"

"और क्या!" अम्माँ ने सुर-में-सुर मिलाया— "हमेशा यही शिकायत रहती है तेरी, इस घर की चौ-चौं, भौं-भौं में पढ़ने की लिए एकान्त नहीं मिलता।"

"...बाबू जी! आज हम स्कूल नहीं गये न, कल मेडिकल लेकर जाना पड़ेगा..."

"मेडिकल हफ़्ते-भर का दिलवा देंगे बेटा... तू घर पर ही बनी रह...कोई आया गया तो घर का दरवाज़ा कौन खोलेगा...सौदे सुल्फ की ख़ातिर तुम्हारी अम्माँ घर से निकलेगी कि नहीं?"

उसका चेहरा वितृष्णा से सिकुड़ आया। जो कुछ चिंकी को नहीं समझना चाहिए वही समझाया जा रहा है उसे... और वह विवश-सी खड़ी देख रही है। वह चिंकी के बदलते मनोभावों को स्पष्ट लक्षित कर रही है। चिंकी की फुदकन अनायास चौकन्ने

भेड़िये की चितवन में परिवर्तित हो रही है। पहली बार उसे सत्ता सुख का अनुभव हो रहा है। भले दीदी की निगरानी के ही बहाने। कहाँ तो दीदी हर वक़्त उस पर धौंस जमाये रहती थीं। वह कब सोये, कब उठे, कब पढ़े, कब खेले, किसके साथ खेले, कैसे खाये, कितना खाये, बात-बात पर उनकी टोका-टाकी खोपड़ी पर सवार रहती थी। अब पासा पलटा हुआ है। चौधराहट दीदी के हाथ से सरक उसके हाथ आ लगी है। वह बौराई-सी अपने कमरे में दाखिल हो टपटपाते माथे को तकिये में गड़ाकर फूट पड़ी...।

रात अपनी छाती में गड़े उसके चेहरे को सहलाते, छूते प्रलाप-सी क़रती अम्माँ बोली थीं– "हम तो उम्मीद छोड़ चुके थे मोरी चिरैया..."

"अम्माँ बोले ही जा रही थीं- "तुझे गाड़ी पर बिठाते ही भोपाल से मुक्ता का फ़ोन आ गया कि नीतू के डिब्बे का नम्बर एस.-नाइन है। सीट बत्तीस। तेरे बेसब्र बाबू जी घण्टे-भर पहले ही स्टेशन पहुँच गये। स्टेशन पहुँचकर पता चला कि गाड़ी घण्टे-भर के क़रीब लेट है। घण्टा बीतते-न-बीतते पुनः घोषणा हुई कि घण्टा-भर और विलम्ब है। स्टेशन पर आत्मीयों को लेने पहुँचे लोग स्पष्ट सूचना के अभाव में परेशान हो उठे। जितने मुँह उतनी बातें। किसी ने गाड़ी में बम विस्फोट होने की आशंका व्यक्त की, किसी ने इंजन फेल होने की। डेढ़ घण्टे बाद जाकर रेलवे अधिकारियों ने खेद-भरे स्वर में सूचना दी कि ग्वालियर के निकट गाड़ी के मालगाड़ी से टकरा जाने के परिणामस्वरूप भीषण दुर्घटना घट गय़ी है। सैकड़ों यात्रियों के हताहत होने और प्राण जाने की आशंका है। स्टेशन पर हड़कम्प मच गया। घबराये बाबू जी को न इस पल चैन, न उस पल। ग्वालियर पहुँचना किसी भी तरह मुमकिन नहीं था कि घटनास्थल पर पहुँचकर तेरी खोज-ख़बर लेते। स्टेशन के बाहर किसी दुकान से इन्होंने घर फ़ोन कर तेरे दादा से परामर्श किया कि आख़िर क्या करें? दादा ने सलाह दी की स्टेशन पर व्यर्थ पड़े रहने से कोई फ़ायदा नहीं। स्टेशन अधीक्षक के पास नीतू का विवरण, घर का पता, टेलीफ़ोन नं. आदि दर्ज करवाकर चले आयें... अनर्थ की आशंका में डूबा पूरा घर न कण्ठ से दो घूँट पानी उतार पाया, न मुँह में कौर। यही सोच-सोचकर कलेजा टूक-टूक होता रहा कि विधाता ने असमय मौत भी दी तो कैसी दर्दनाक! प्रेतयोनि में भटकेगी मेरी फूल-सी बच्ची..."

...सुबकती अम्माँ के ठुड्डी से चूते आँसू उसके धूल-उलझे केशों को नहीं भिंगो रहे थे...उसके क्षुब्ध स्वर को आश्वस्त कर रहे थे....।

...बाबू जी पुलिसवालों को विदा करके ऊपर लौटे, तब तक वे बेटी की संक्षिप्त आपबीती से अवगत हो चुके थे कि अपने ऊपर टूटी आकस्मिक विपदा से किस जीवट और धैर्य के साथ उनकी बेटी जूझी और पुलिस थाने पहुँचकर उस कामुक टैक्सी-चालक के विरुद्ध रिपोर्ट दर्ज करायी... —नो आपकी बेटी दुर्गा है, साक्षात्

दुर्गा। महिला हवलदार के बेटी के प्रति प्रशस्ति उद्‌गारों ने कुछ पलों के पूर्व उद्विग्न बाबू जी को गर्व से भाव-विभोर कर दिया।

"...भूल जा बेटी, जो कुछ तुझ पर बीती, सोच ले दुःस्वप्न था। हमारे लिये यही बहुत है कि तू जीवित है, हमारी आँखों के सामने है। तू एक नहीं, दो-दो यमराजों को पछाड़कर आ रही है।"

वही बाबू जी सुबह अख़बार में उसकी संघर्ष-गाथा की चर्चा पढ़कर एकाएक संवदेना शून्य कैसे हो उठे? क्या था जो सिर्फ़ अख़बार में ख़बर बनते ही तिरोहित हो गया? संघर्ष-शक्ति, जीवट सब हाशिये के शब्द-भर होकर रह गये। लोकापवाद के भय से? लोकापवाद के विरुद्ध तब बाबू जी कैसे तनकर खड़े हो गये थे, जब मुक्ता दीदी के अकेले बम्बई जाकर नौकरी करने के निश्चय की सगे-सम्बन्धियों ने आलोचना की थी?

"...मुक्ता कह रही थी, हफ़्ते-भर घर बैठाने से बात नहीं सधेगी... सीधा प्राइवेट फार्म ही भरवाओ..." बाबू जी अम्माँ से कह रहे थे।

"दूरन्देश है, मुक्ता। जोश में आकर कभी किसी सहेली से सच्चाई खो बैठी तो बिरादरी में कोई इसे अपनी देहरी लेने से रहा।"

उनकी परस्पर बातचीत बीच में ही टूट गयी। बाबू जी किसी से फ़ोन पर उलझे हुए हैं। शायद कोई अख़बार का संवाददाता है और घटना के सम्बन्ध में सीधा उससे बात करने को इच्छुक है। वह तकिये से चेहरा उठा वहीं से चिल्लाकर बाबू जी से कहना चाह रही है कि वह उस संवाददाता से बात करना चाहती है। लेकिन उसे प्रतीत हो रहा है कि उसके भीतर प्रतिवाद-शक्ति एकाएक क्षीण हो गयी है या इर्द-गिर्द निरन्तर सघन हो रहे षड्यन्त्र से विष-बदबू से बेसुध!

बाबू जी उत्तेजित हो कह रहे हैं, "जिस किसी विद्यार्थिनी ने उन्हें उनके घर का टेलीफ़ोन नम्बर दिया है, द्वेष भाव से ग्रस्त होकर दिया है...टैक्सी-चालक की हवस का शिकार हुई लड़की मेरी बेटी अनिता नहीं है... मैं क्या कह सकता हूँ कौन है वह लड़की?... क्यूँ नहीं लग सकता पता, ज़रूर लगाइये पता, आपको तो अपने अख़बार के लिए मिर्च-मसाले की ज़रूरत है... भई, अपनी बेटी से कैसे बात करवा दूँ, वह यहाँ हो भी तो, वह तो अपनी बड़ी बहन के पास भोपाल है... जी नहीं, मेरी बेटी के घर फ़ोन नहीं है... इसमें छिपाने की क्या बात है? जब अख़बारों में घटना का विवरण प्रकाशित हो ही गया है तो शेष क्या ढका रह जाता है? देखिये! प्रगतिशीलता और जागरूकता का पाठ कृपया मुझे न पढ़ायें... मैं पूरी तरह से एक जागरूक बाप हूँ...बस, इससे ज़्यादा मैं आपसे कोई बात नहीं करना चाहता...।

बाबू जी ने फ़ोन रखा नहीं, खीज और क्रोध से लगभग पटक दिया। मानो फ़ोन का चोंगा नहीं, हथौड़ा हो उनके हाथ में और उसे उन्होंने पूरी ताक़त से उस अजनबी

संवाददाता की खोपड़ी पर दे मारा हो। अगले ही पल वे तमतमाये हुए-से चीखे– "चिंकी! फ़ोन का प्लग अलग कर दे तो... सुना नहीं तूने?"

बाबू जी की आक्रामक मुद्रा देख सहमी हुई-सी चिंकी उनके आदेश का पालन करने दौड़ी। किन्तु आगे बढ़कर अम्माँ ने उसे बीच में ही बरज दिया– "रहने दे"... तेरे बाबू जी होश में नहीं हैं... फिर बाबू जी की ओर मुड़कर मृदु स्वर में उन्हें धैर्य बँधाती हुई बोलीं– "सिर पर टूटे पहाड़ को तुम खुरपी से उचकाने चले हो ..."इतने नादान कब से हो गये? कोई अपना ही ज़रूरी फ़ोन आ जाये तब?"

"हुँह, कैसे ज़रूरी फ़ोन आ रहे हैं, देख नहीं रहीं?" अम्माँ की सलाह पर बाबू जी कटाक्ष से गुर्राये– "एफ.आई.आर. दर्ज कराते समय यह पुलिसवालों से स्पष्ट कह देती कि देखिये, लड़की का मामला है, उसकी सुरक्षा और भविष्य का .ख्याल कर वे मामले को गुप्त ही रखें तो आज इस नाककटाई से मुक्त नहीं हो जाते हम?"

"संकट के समय बड़ों-बड़ों का दिमाग़ कुन्द हो जाता है.... नहीं चला होगा दिमाग़ इस ओर...।"

"बाक़ी दिशाओं में दिमाग़ दौड़ रहा था, इस दिशा में दौड़ना चाहिए था झाँसी की रानी का।"

"अब जो नहीं हो पाया उसे बिसूरने से फ़ायदा? और धीरे बोलो तनिक...सोयी नहीं है नीतू, सुन रही होगी अपने कमरे में पड़ी-पड़ी...।"

"उसके डर से मुँह-सी लूँ? बाबू जी बजाय शान्त होने के और उग्र हुए।

"हल्दी-चूना पक गया अम्माँ", चिंकी ने रसोई के दरवाज़े से ही सूचित किया अम्माँ को– "कहाँ रखूँ?"

"तश्तरी में रखकर दीदी के कमरे में मेज़ पर रख दे वहीं आ रही हूँ मैं..."

"हल्दी-चूना किसलिए?" बाबू जी ने कौतूहल से उनकी ओर देखा।

"नीतू के ज़ख़्मी घुटने पर लेप लगाने के लिए, हथेली भर नील पड़ा है...छूने भर से टीसता है। हड्डी की चोट हुई तो किसी विशेषज्ञ डॉ. को दिखलाना होगा..."अम्माँ का स्वर अनायास चिन्तित हो आया।

"दिखा देंगे...।" बाबू जी के स्वर में विरक्ति थी– "हड्डी टूटी होती तो टाँग का हिलना-डुलना ही मुश्किल होता।"

दुश्चिन्ताओं से घिरे होने के बावजूद बाबू जी के स्वर की यह उदासीनता अम्माँ को रुचिकर प्रतीत हुई। वे उत्तर में बिना कुछ बोले मुड़ने को ही थी कि बाबू जी की "सुनो" सुनकर उनकी ओर पलटी।

"मैं कह रहा था कि तुमने चिंकी, बिन्नू, मुन्ना (दादा) और ...नीतू को सारी बातें ठीक से समझा दी हैं न!"

उनके एक ही बात को बार-बार दोहराने से अम्माँ को अचानक चिढ़ छूटी– "समझा तो दिया है तुमने, मेरे समझाने को कुछ शेष है?"

हल्दी-चूने का लेप मेज़ पर रखा निश्चय ही ठण्डा हो गया होगा, सोचकर अम्माँ बाबू जी की अगली 'सुनो' के घेराव से छूट भागने की ख़ातिर तेजी से बैठक से बाहर हो गयी। उनके पास पल-भर भी खड़े रहने का अर्थ होता, श्रोता बने उनकी हाँ-में-हाँ मिलाते खड़े रहो। चिन्ताएँ बार-बार दोहराने से कहीं हल होती हैं।

मेज़ पर रखी कटोरी के लेप को उन्होंने उँगली से हल्के से छूकर उसकी तपाहट भाँपने की कोशिश की। लेप अपेक्षा से काफी ठण्डा हो गया था। ख़ासा गरम लगाने से ही वह रक्त के जमाव को काटने में समर्थ होता है। जितनी आँच सह ले। कटोरी समेत तश्तरी उठाये वे स्वयं रसोई में गयीं और चिंकी को तवे पर कटोरी रखकर लेप को पुनः गर्म करने की हिदायत दे, बिना किसी आहट के उसके सिरहाने आकर बैठ गयी। कुछेक पल स्नेहसिक्त-सी वे उसके धूसरित उलझे बालों में अटकती उँगलियाँ फिराती रहीं, फिर चिंकी के मेज़ पर लेप की कटोरी लाकर रखते ही उसके कानों के पास मुँह ले जाकर फुसफुसायीं, "चित तो हो ले ज़रा नीतू! घुटने की चोट पर तनिक हल्दी-चूना मल दूँ!"

अम्माँ के दुबारा आग्रह करते ही वह पलटकर चित हो आयी। किन्तु दाहिनी टाँग के हिलते ही असहनीय चिलकन देह को ठण्डे पसीने से तर कर गयी। मुँह से चीख निकलते-निकलते बची।

शलवार का पायँचा सँकरा था। सावधानी से खींचने-खाँचने के बावजूद घुटने की चोट के पार नहीं हो पाया। कान के पास मुँह ले जाकर अम्माँ मनुहार भरे स्वर में पुनः फुसफुसायीं– "शलवार उतार दे गुड़िया, पेटीकोट लाये दे रही हूँ, वही पहन ले, क़मीज़ के नीचे... वे उठीं और अलमारी से तुरन्त साफ़ धुला, पेटीकोट निकाल लायीं।"

कमर पर शलवार उसने लुंगी की भाँति गठियायी हुई थी। देखकर अम्माँ का माथा ठनका। उनकी आशंकित चमकीली आँखों में प्रश्नों की तलवारें खिंच आयीं–"नाड़ा"?

"टूट गया।"

'टूट गया...कैसे?"

"भागते-भागते"

"भाऽगते? गठियाया हुआ था...?

"नाऽऽ...?

"फिर?...?

उसके सूखे ओंठ 'चप'-'चप' से काँपकर रह गये...।

"उठ!" उसे पीठ के सहारे टेक देती हुई नहीं, बल्कि धकियाती अम्माँ ने

पेटीकोट गरदन में बच्चे को पहनाये जानेवाले झबले की तरह डाला, फिर चारों ओर से उसे नीचे खींच दिया...।"

घुटने पर लेप मलते हुए हाथ रोककर सहसा उन्होंने पूछा, महीने को कितने दिन शेष हैं?"

"कुछ पलों पूर्व उस पर तारी छुअन के सम्मोहन की सुखानुभूति, अचानक धागा खिंची मोती की लड़-सी छितर गयी...।"

"वह कहना चाहती थी कि अम्माँ, तुम जिस आशंका से पीड़ित हो यह प्रश्न पूछ रही हो, वैसा कुछ उस कामुक राक्षस की पूरी कोशिश के बावजूद सम्भव नहीं हो पाया...मैं प्राणपण से लड़ी हूँ। लेकिन घुटने की पीड़ा ने उसे बोलने की मोहलत नहीं दी, जोड़ों पर अम्माँ की लेप मलती उँगलियाँ एकाएक सख़्त हो आयी थीं...।"

तीसरे दिन भी उसे अपने कमरे से बाहर नहीं निकलने दिया गया। बैठक में आकर बैठ सके, बन्द खिड़कियों के भीतर मुक्ति की खुली हवा में साँस ले सके, इसकी भी अनुमति नहीं थी। तर्क था, आने-जानेवालों के समक्ष उसे नहीं पड़ना है। वैसे बाबू जी का अनुमान सही निकला। प्रत्येक दिन आने-जानेवालों का ताँता लगा रहा। कुछ ने अख़बारों में स्वयं ख़बर पढ़ी। कुछ कानोंकान सुनकर सहानुभूति जताने और हौसला बढ़ाने आ गये। टैक्सी-चालक की हवस का शिकार हुई अनिता अपने सेवकराम गुप्ता की पुत्री अनिता नहीं है—जानकर उनका उत्साह 'झुप्प' से धुल गया। फिर भी बॉक्स आइटम पर उनकी सामान्य चर्चा घण्टे डेढ़ घण्टे का सत्संग भाव ओढ़े जाने का नाम न लेती। सभी उस लड़की के माता-पिता को सलाह देने को उतावले हो रहे थे कि रिश्वत खा-खूकर पुलिस अगर मामला डकार जाना चाहे तो उन्हें चुप्पी मारकर नहीं बैठ जाना चाहिए। सुप्रीम कोर्ट तक लड़ना चाहिए और उस कुत्ते टैक्सी-चालक को फाँसी पर लटकवाकर ही दम लेना चाहिए...।

अम्माँ और बाबू जी के अभिनय-कौशल पर वह चकित थी। कितने सहज भाव से दोनों हँस-हँसकर लोगों को बैठाते-उठाते। उन्हें पुनः कभी घर आने के लिए आमन्त्रित करते। एकाध बार वह अम्माँ की फुर्ती देख दंग रह गयी। पाटिल आण्टी और पेनकर आण्टी के घर में दाखिल होते ही अम्माँ उनके लिए पानी लाने के बहाने उसके कमरे में झाँककर उसे आगाह कर गयी कि वह धीरे से कमरे की चिटकनी भीतर से चढ़ा ले। नम्बरी चालू हैं दोनों। किसी बहाने कमरे का जायज़ा लेने पहुँच सकती हैं। वैसे कोई सवाल किया भी उन्होंने तो उससे निपटना आता है उन्हें। कह देंगी, आगरा से बड़ी भतीजी आयी हुई है, नौकरी का साक्षात्कार देने। तैयारी कर रही है कमरा बन्द कर...।

शायद सुशीला आण्टी आयी हुई हैं। उन्हीं की आवाज़ लग रही है। आण्टी किसी अख़बार में उसी के सन्दर्भ में प्रकाशित किसी समाचार की चर्चा कर रही हैं। वह

दरवाज़े की चिटकनी उतार, फुट भर दरवाज़ा खोलकर अपने कान बैठक की ओर लगा देती हैं। आण्टी बता रही हैं– "आज दोपहर के 'सान्ध्य टाइम्स' में बॉक्स आइटम समाचार छपा है कि दिल्ली विश्वविद्यालय की छात्रा कुमारी अनिता गुप्ता के साथ, 30 अगस्त की रात कथित दुर्व्यवहार करनेवाले बलात्कारी टैक्सी-चालक को अब तक न पकड़ पाने की पुलिस अकर्मण्यता के प्रतिवाद में दिल्ली विश्वविद्यालय के समस्त छात्र-छात्राओं ने कल दस बजे सुबह आई.टी.ओ. स्थित पुलिस मुख्यालय के समक्ष विरोध प्रदर्शन करने का आह्वान किया है...।"

"ठीक ही तो है, ठीक ही कर रहे हैं वे... आबरू की रक्षा के लिए अकेली लड़की के दुर्गा बनने से रक्षा नहीं हो सकेगी... पूरे समाज को उसके साथ खड़ा रहना होगा...।" अम्माँ की प्रतिक्रिया थी। उसके कानों को विश्वास नहीं हो रहा। छद्म का इतना अधम रूप।

उसने महसूस किया, 'सान्ध्य टाइम्स' में छपी ख़बर सुनकर सारे घर को साँप सूँघ गया। बाबू जी बौखलाये हुए-से बैठक से बालकनी, बालकनी से बैठक के बीच चक्कर मारने लगे। बाबू जी की उद्विग्नता भाँप अम्माँ उनके रक्तचाप के विषय में चिन्तित हो उठीं– "जाओ, जाकर मण्डी से साग-सब्ज़ी ही ले आओ।" फिर बाबू जी के निकट पहुँचकर आग्रह करती-सी बोलीं, "बाहर निकलोगे तो तनिक जी बहलेगा...।" फिर बिन्नू को पुकारकर रसोई के दरवाज़े के पीछे टँगे खाली थैलों में से खाकी रंगवाला थैला उठाकर ले आने के लिए कहा।

बाबू जी ने ठिठककर अनिच्छा से उनकी ओर देखा।

"और हाँ, देखना, पटरी पर किसी के पास 'सान्ध्य टाइम्स' की प्रति मिल जाये तो ख़रीद लाना..." यह बात अम्माँ ने लगभग फुसफुसाकर कही बाबू जी से।

"बिन्नू को दौड़ा के सुशीला के घर से भी मँगा सकती हूँ पर... कहीं वह यह न सोचे कि मैं इस ख़बर में इतनी दिलचस्पी क्यों ले रही हूँ... फिर बच्चे को फुसलाते देर लगती है!"

वह भी चाह रही है कि बाबू जी सब्ज़ी मण्डी तक घूम-फिर आयें और रास्ते से 'सान्ध्य टाइम्स' ख़रीदकर ले आयें। अम्माँ आग्रह न करतीं तो निश्चय ही संकोच त्यागकर वह बाबू जी से कहने ही जा रही थी। विरोध प्रदर्शन की ख़बर वह अपनी आँखों से पढ़ना चाहती है। शब्द-शब्द जानना चाहती है कि ये कौन लोग हैं, जो उसके स्त्रीत्व के अपमान और तिरस्कार से स्वयं अपमानित और आहत हुए हैं। बेचैन हुए हैं। क्यों नहीं वे प्रतिक्रिया में ख़ामोश बैठ गये, उनके परिवारवालों की भाँति? जो घटा, मात्र उसके मूक दर्शक-से।

बिन्नू के हाथ से खाली थैला लेकर बाबू जी ने थैला खाने की मेज़ की कुर्सी पर पीठ पर लटका दिया। उसे लगा, बाबू जी घर से निकलकर नहीं जाना चाह रहे।

उनके भीतर द्वन्द्व के कई-कई मोर्चे खुल गये हैं। उसे महसूस हो रहा है कि हर मोर्चे पर बाबू जी की सिर्फ़ पीठ है।

अम्माँ रसोई में शायद चूल्हे पर दूध गर्म करने के लिए चढ़ा रही हैं। आगे बढ़कर वही आग्रह करें? पहले की तरह। पहले की ही तरह उन्हें हाथ में जबरन थैला पकड़ाकर पीठ से ठेलते हुए दरवाज़े से बाहर कर आये। हो सकता है, पहले ही की तरह पलटकर बाबू जी उसके दोनों हाथों को अपनी मुट्ठियों में जकड़ लें और 'कैसी रही' वाली नटखट मुस्कान मुस्कराते हुए कहें, "अरे चुड़ैल! धक्का मारकर क्यों घर से बाहर कर रही है... जा रहा हूँ, जा रहा हूँ और अब तो तुझे भी संग घसीट लिये चलूँगा..." चल, पकड़ थैला।"

वह अपने कमरे से निकलकर बैठक में टहल रहे बाबू जी की ओर दबे पाँव बढ़ी। आहट सुनकर विचारमग्न बाबू जी उसकी ओर पलटे। उसे देखते ही आगबबूला हो एकदम से चीखे– "बाहर क्यों आयी अपने कमरे से निकलकर... कमरे में जाओ?"

वह बाबू जी के अप्रत्याशित रौद्र रूप के लिए प्रस्तुत नहीं थी। अवाक् हो जड़ हो आयी।

"सुना नहीं तुमने...?"

उसने पहली बार प्रतिवाद में मुँह खोला– "मुझे आज का 'सान्ध्य टाइम्स' चाहिए बाबू जी! प्लीज...।"

"तो धुआँ ऐसे ही नहीं उठ रहा है..." "लगता है तुमने अपने साथियों को कहीं से इशारा कर दिया है कि अब वे तुम्हारे आत्मसम्मान की रक्षा का नाटक खेलें और हमारी इज़्ज़त सरेआम सड़क पर नीलाम करें...तुम?" तमतमाये हुए बाबू जी आपा खो बैठे और उसकी चोट खायी टाँग की परवाह किये बिना उसे बाँह से दबोचे कमरे की ओर घसीट ले गये– "सारे किये-कराये पर पानी फेरकर धर दोगी तुम... पंक में स्वयं ही नहीं डूबी, हमें भी लिसेड़कर धर दिया...।"

चूल्हा धीमा कर अम्माँ घबरायी हुई-सी उसके कमरे की ओर दौड़ी आयीं और बजाय बाबू जी के असन्तुलित व्यवहार के प्रति आपत्ति प्रकट करने के उल्टा उसे ही कोसती हुई बोलीं– "यह क्या नौटंकी है नीतू! मोहल्ले को घर में इकट्ठा करके ही मानेगी?"

तीन दिन के प्रशिक्षण में ही पक आयी चिंकी अम्माँ की सतर्क आँखों का संकेत पाते ही घर की एकाध खुली खिड़कियों के पट फुर्ती से बन्द करने लगी, ताकि चीख-पुकार का कोई स्वर घर की देहरी न लाँघ सके। मालूम है कि खिड़कियाँ बन्द करने के पश्चात् चिंकी दौड़कर दादा का ट्रांजिस्टर उठा लायेगी और कहीं भी सुई फिट कर उसे पूरे वाल्यूम पर चला देगी...।

फूटती रुलाई को कण्ठ में ही घोंट देने के लिए उसने औंधे हो पूरी शक्ति बटोरकर तकिये से मुँह गड़ा लिया। नाक दबने से साँस अवरुद्ध हो रही है। होती रहें। क्रूर संकल्प से दृढ़ हो आयी। चेहरा नहीं उठायेगी तकिये से। अच्छा है दम घुट जायें। इनके हाथ रिस-रिसकर मरने से अच्छा है आत्मघात!

...उसने तकिये के दोनों सिरों को मुट्ठियों में भींच लिया।

आवाज़ों के मिले-जुले शोर ने बेहोशी की चिकोटी भरी तो उसने पाया कि कमरे की दीवारों से कोहरे घुला-सा अँधेरा चिपका हुआ है। पर्दे के पीछे से सहन की ट्यूब बत्ती की उजास पींग भरने को व्याकुल झूले के लम्बे पटे-सी, पर्दे हिलते ही फ़र्श पर हिलकोरे लेने लगती है...।

दूरदर्शन पर शायद कोई धारावाहिक चल रहा है। कोई हास्य धारावाहिक। बीच-बीच में चिंकी और बिन्नू की उन्मुक्त खिलखिलाहट की खनक धारावाहिक की रिकार्डेड समवेत हँसी की ध्वनि के साथ घुल-मिल रही है। उसे लग रहा है, घर के सारे सदस्य दूरदर्शन से जुड़े बैठे हुए हैं। रसोई की बत्ती बन्द है। आस-पास किसी के होने की चुटकी-भर आहट सुनायी नहीं दे रही। दस-पन्द्रह मिनट और सुनायी नहीं देगी। सहन की दीवार से सटे रखे मेज़नुमा शो-केस के ऊपर बाबू जी का कॉर्डलेस टेलीफ़ोन रखा रहता है। पिछले जाड़ों में जीजा जी ने उन्हें सिंगापुर यात्रा से लौटकर विशेष प्रयोजन के साथ भेंट किया था कि वे घण्टे-भर पाख़ाने में बैठे रहते हैं। अख़बार वहीं पढ़ते हैं। एक फ़ोन सुनने की ही असुविधा होती है उन्हें। यह यन्त्र उन्हें इस असुविधा से मुक्ति दिलायेगा। उसे अपनी कॉलेज की साथिन सहेली नम्रता से बात करनी है। उसके लिए नम्रता का कई बार फ़ोन आ चुका है, हर बार वही झूठ उस पर भी टिका दिया जाता है। लेकिन नम्रता जानती है कि वह तीस अगस्त को भोपाल से चलनेवाली थी। खत लिखा था उसे उसने। वह नम्रता को अपनी घुटन के विषय में बताना चाह रही है। वह उसे बताना चाह रही है कि अपनों द्वारा ही अपने घर में नज़रबन्द है... और कामुक टैक्सी-चालक की हवस का शिकार अनिता गुप्ता कोई अन्य नहीं... तुम्हारी एकमात्र अपनी सहेली नीतू है, नीतू।

नम्रता से सम्पर्क करने के लिए पाख़ाने के भीतर काग़ज़-पेन्सिल, लिफ़ाफ़ा ले जाकर उसने कुछ पंक्तियाँ घसीटकर संकेत से बिन्नू को कमरे में बुला चिट्ठी उसकी नेकर की जेब के हवाले कर चिरौरी की थी कि वह सावधानीपूर्वक नीचे जाकर चिट्ठी लेटर बॉक्स में डाल आये, मगर चिट्ठी लेटर बॉक्स में डालने के बजाय बिन्नू ने बाबू जी के हाथ में थमा दी थी... वही बिन्नू जो राक्षस और राजकुमार की कहानी सुनने के बाद राक्षस से भयभीत हो उसकी टाँग-पर-टाँग चढ़ाये बिना न सोता...।

वह बिल्ली की तरह दबे पाँव शो-केस के निकट पहुँचकर कॉर्डलेस फ़ोन उठा

लेती है और फुर्ती से उसका तार निकालकर स्विच ऑन कर नम्रता के घर का नम्बर घुमाने लगती है। नम्बर लग गया है। आण्टी ने उठाया है। वे हैलो, हैलो, कर रही हैं। वह उनसे नम्रता को बुला देने के लिए कहने जा रही थी कि बलात् किसी ने उसके हाथ से फ़ोन झटक लिया। उसकी अचम्भित भयाक्रान्त दृष्टि के समक्ष दादा खड़े हुए अगिया-बैताल से उसे घूर रहे थे– "फ़ोन किसे कर रही थी..."

"मैं किसी को फ़ोन नहीं कर सकती?" उसने अपने भीतर प्रतिवाद किया– "हिलने-डुलने, साँस लेने के लिए मुझे तुम्हारी अनुमति चाहिए।" मूक आक्रोश से उसकी पूरी देह थर्रा उठी, किन्तु होंठों पर सिवाय दयनीय फड़कन के कुछ नहीं फूट पाया। क्या हो गया है उसे? क्या हो रहा है? वह कुछ बोलती क्यों नहीं?

दादा ने बिन्नू को फ़ोन उठाकर अपने कमरे में रख आने का आदेश दिया, फिर निकट आ खड़े हुए बाबू जी को फ़ोन शो-केस पर रख छोड़ देने की असावधानी पर डाँटा।

"आ चल, हम सबके साथ बैठक में चलकर अंग्रेज़ी समाचार सुन... तब तक चिंकी ने इस पर खाना लगायेगी..." अम्माँ मनौल भाव प्रदर्शित करती उसे बैठक में ले चलने के लिए उद्यत हुईं। अपनी ओर सप्रश्न देखते हुए बाबू जी का अभिप्राय ताड़कर वे उन्हें आश्वस्त करती हुई-सी बोलीं– "अब कोई आने से रहा, आया भी तो तुरन्त कमरे में भेज दूँगी..."

उसने घड़ियाली सहानुभूति से चटचटा रहे अम्माँ के हाथ को अपने कन्धे पर से झटका और बिना किसी की ओर देखे अपने अँधेरे कमरे की ओर मुड़ ली।

खिसियाया हुआ आक्रोश पिघलकर आँखों से बह रहा है। धारोधार...

अम्माँ उसके पीछे उसके बिस्तर तक चली आयीं और हमेशा की भाँति बालों में उँगलियाँ फँसाकर चक्करघिन्नी हो रहे सिर को खुजलाती-सी सहलाने लगी– "धैर्य से काम ले बेटा... कठिन समय में धैर्य से ही पार लगता है... जो कुछ हो रहा है, तेरे भले के लिए ही न!"

सहन में खड़े हुए दादा उसकी मानसिक दशा पर बाबू जी से अंग्रेज़ी में टिप्पणी कर रहे हैं– "विक्षिप्त हो रही है एकदम!"

उसकी इच्छा हो रही है कि अपने बालों में फँसी अम्माँ की उँगुलियों को बालों से खींचकर पेन्सिल की तराशी पैनी नोक की भाँति मोड़कर तोड़ दें, उनकी छुअन अब कपड़े उतार चुकी है! उनकी छुअन और उसकी देह के बीच अनकहे संवाद के समस्त सेतु चुक गये हैं। कभी ऐसा हो सकता था कि अम्माँ उसे छू रही हों और वह निरी काठ-की-काठ बनी पड़ी उनकी गोद में अपना मुँह न छिपा सके।

"खाना लग गया अम्माँ... दादा और बाबू जी मेज़ पर बैठे हैं..." चिंकी ने कमरे में झाँककर सूचना दी।

"उन लोगों से कहो, खाना शुरू कर दें... और सुनो!" अम्माँ का स्वर अचानक रहस्यमय हो आया—"चूल्हे की बग़ल में छोटे स्टील के पतीले में काढ़ा बना रखा है, गिलास में डालकर दीदी के लिए ले आ फ़ौरन... खाने से पहले देना है।"

"लायी" कहकर चिंकी रसोई की ओर लपकी। गिलास लिये कमरे में आने से पूर्व वह बाबू जी, दादा और बिन्नू को खाना शुरू कर देने को भी कह आयी।

"ले... उठ नीतू! खाने से पहले तनिक काढ़ा तो पी ले..." अम्माँ ने उसे उठाने के लिए उसकी गर्दन के नीचे हाथ फँसाया।

"काढ़ा? कैसा काढ़ा" भूख कुलबुला रही है आँतों में।"

"चिंकी तू जा..." अम्माँ ने गिलास चिंकी के हाथ से अपने हाथ में लेते हुए उसे कमरे से बाहर भेज दिया और अस्फुट स्वर में बोलीं—"काढ़ा पी लेने से महीना किसी हालत में नहीं रुकेगा पी ले चुपचाप।"

उसने विस्फारित नेत्रों से अम्माँ की ओर देखा। कमरे में फैली पीली रोशनी उसके सूखे चेहरे पर जर्दी-सी गहरा आयी।

"सोच क्या रही है... जहर नहीं पिला रही तुझे!" अम्माँ के धैर्य का मुखौटा उसके चेहरे पर से सरकने लगा।

"ज़हर ही पिला दो सीधा, छुट्टी...!"

"नीतूऽऽ"

"तुमने पूछा मुझसे..."

"हाथ आयी को मर्द छोड़ता है कहीं?"

"हाथ आती तब न ! तुझसे झूठ बोला है कभी?"

"बोला हो, न बोला हो, काढ़ा पी लेने में हर्ज़? उबली जड़ी-बूटियाँ भर ही तो हैं।"

"हर्ज़ है, इसका मतलब है... तुम मुझ पर विश्वास नहीं कर रहीं।"

"ठीक है, नहीं कर रही... तू काढ़ा पी चुपचाप।"

"नहींऽऽऽ" वह हठी हो आयी।

"पीना पड़ेगा..." तैश में आयी अम्माँ ने उसके सिर के बालों को निर्ममता से मुट्ठी में दबोच लिया और दूसरे हाथ से जबरन गिलास उसके मुँह से लगाना चाहा।

उसने प्रतिकार में पूरी ताक़त से अम्माँ को परे ढकेल दिया। काढ़े का गिलास अम्माँ के हाथ से छिटककर पायताने रखी किताबों-भरी अलमारी से जा टकराया। हरेरा के रंग-सा काढ़ा किताबों की जिल्दों से बहता हुआ फ़र्श पर चूने लगा।

क्रुद्ध शेरनी-सी अम्माँ आपा खो बैठीं। वे उसकी अनपेक्षित उद्दण्डता के लिए क़तई प्रस्तुत नहीं थीं। लपककर झपाटे से उन्होंने पुनः उसके बालों को मुट्ठी में कस लिया और उसके छूटने को कसमसाते चेहरे पर तड़ा-तड़-तड़ चाँटे जड़ने शुरू कर दिये। उसने हिंस्र हो आयी अम्माँ के चाँटे जड़ते हाथ को अपने दोनों हाथों से

पकड़ने की कोशिश की, लेकिन अम्माँ के सिर पर तो जैसे कोई भूत सवार हो गया था। उनका हाथ पकड़ने की अनधिकार चेष्टा ने आग में घी का काम किया। अम्माँ ने उसे बालों समेत पलँग पर से फ़र्श पर खींच लिया और शक्ति-भर उस पर लातें बरसाने लगीं। वे शायद उसे लात-घूँसों से अचेत होने की सीमा तक रौंदती, अगर दादा और बिन्नू ने उसे पीछे से पकड़कर अलग न कर दिया होता।

"अच्छा होता तू उन्हीं डेढ़ सौ परलोक सिधार गयी सवारियों में से एक होती कुलच्छिन!" जाते-जाते अम्माँ सराप रही थीं उसे।

"प्रेम, वात्सल्य, शुभेच्छा-झूठे शब्द हैं। अपनी-अपनी कुण्ठाओं का पर्याय। वे जो जीवन के नाम पर जीना उसे सौंपना चाहते हैं, वह पग-पग पर उनकी शर्तों के लिए तैयारशुदा फन्दों में स्वयं को कसना नहीं होगा। यह नज़रबन्दी मात्र हफ्ते-भर के लिए नहीं है। एक लम्बा गिरवी जीवन ऐसे ही नज़रबन्दी की चीथती सँकरी सुरंग में बन्दी होकर बिताना होगा उसे। बिता सकेगी वह...?

कितनी कुशलता से अम्माँ, बाबू जी ने अपने भीतर के अविवेकी शोषक को रोप दिया बिन्नू और चिंकी के कच्चे मन-मस्तिष्क में, की उन्हें अपनी दीदी से अलग होते समय नहीं लगा। उनकी दृष्टि जब भी उसकी ओर उठती है, संशय, हिकारत से भरी किसी अपराधी की ओर तनी उँगली हो उठती है।

"बुआ के गाँव बिरहुन के चमरा टौल में देखा वह दृश्य अट्टहास भरने लगा। उसकी चेतना पर, जिसमें छह-सात लोग बल्लम-भाला ताने अपने ही हाथों सेये गये सूअर का वध करने को उसे घेर रहे थे और सूअर दारुण चीत्कार करता हुआ अपने प्राणों की रक्षा के लिए शक्ति-भर भाग रहा था... भाग रहा था...?"

नहीं, इनके सामने आत्मसमर्पण से अच्छा है आत्मघात!

पूरा घर बेसुध नींद में चिराया पड़ा हुआ है। सावधानीपूर्वक उठकर उसने अपने कमरे की चिटकनी ऊपर से चढ़ा ली और पेटी के ऊपर तहाये रखे कपड़ों में से अम्माँ की एक नायलॉन की साड़ी खींचकर उसे बटकर मजबूत फन्दा तैयार किया। साड़ी का एक सिरा बिस्तर पर मोढ़ा रखकर छत के पंखे से बाँधकर उसे खींच-खाँचकर परखा। मुक्ति का यही रास्ता शेष है। कारण वह कोई लिखकर नहीं मरेगी। दादा का हस्तलेख हू-ब-हू उससे मिलता है। जो भी कारण वे लोग अपनी प्रतिष्ठा और पसन्द के अनुसार चुनना चाहें, उसके आत्मघात के सन्दर्भ में चुनने के लिए स्वतन्त्र हैं।

वह मोढ़े पर चढ़कर खड़ी हो गयी। फन्दा पकड़कर अपने गले में डालने जा रही थी कि अचानक उसकी आँखों के सामने 'सान्ध्य टाइम्स' की वह अनदेखी प्रति घूम गयी, जिसमें बॉक्स आइटम में यह ख़बर प्रकाशित हुई थी कि दिल्ली विश्वविद्यालय के छात्र-छात्राएँ कल सुबह दस बजे पुलिस मुख्यालय के समक्ष छात्रा

अनिता गुप्ता के कथित बलात्कारी टैक्सी-चालक को पकड़ने में हो रहे विलम्ब के ख़िलाफ़ शान्तिपूर्वक विरोध प्रदर्शन करेंगे...।

कल... वही छात्र और छात्राएँ जब बॉक्स आइटम में उसके आत्मघात की सूचना पढ़ेंगे तो वे स्वयं को अपमानित और ठगा हुआ नहीं महसूस करेंगे कि वे एक निहायत कमज़ोर और कायर लड़की के बहाने अपनी लड़ाई लड़ रहे थे, जो उन्हें लड़ने से पहले ही हार मानने को अभिशप्त कर गयी।

वह वहीं मोढ़े पर खड़ी 'सान्ध्य टाइम्स' की अनदेखी प्रति में प्रकाशित उस सूचना को बार-बार पढ़ती है... एक निश्चय अनिश्चय के गर्भ में अँकुआता अपना क़द ग्रहण करने लगा। वह एक से लड़ सकती है— पाँच से क्यों नहीं लड़ सकती। अब वह अकेली भी तो नहीं...।

गले से फन्दा निकालकर वह उचक-उचककर खेल खेलती-सी पंखे से अम्माँ की साड़ी की गाँठ खोलने लगी। जो सामान जहाँ जैसा था, उसने यथावत् रख दिया। जाकर बोझमुक्त हो निश्चिन्त-सी पलँग पर लेट गयी। नींद एक अजीब-सी खुमारी लिये उस पर तारी हो रही है। कल सुबह वह भी होगी। आई.टी.ओ. स्थित पुलिस मुख्यालय के सामने विरोध प्रदर्शन के लिए एकजुट होती अपनी पीढ़ी के साथ...।

●

फ़ैसला

मैत्रेयी पुष्पा

आदरणीय मास्साब,

सादर प्रणाम!

शायद आपने सुन लिया हो। न सुना होगा तो सुन लेंगे। मेरा पत्र तो आज से तीन दिन बाद मिल पायेगा आपको!

चुनाव परिणाम घोषित हो गया।

न जाने कैसे घटित हो गया ऐसा?

आज भी ठीक उसी दिन की तरह चकित रह गयी मैं, जैसे जब रह गयी थी— अपनी जीत के दिन। कभी सोचा न था कि मैं प्रधान-पद के लिए चुनी जा सकती हूँ।

कैसे मिल गयें इतने वोट?

गाँव में पार्टीबन्दी थी। विरोध था। फिर...?

बाद में कारण समझ में आ गया था जब मैंने सारी औरतों को एक ही भाव से आह्लादित देखा। उमंगों-तरंगों का भीतरी आलोड़न चेहरों पर झलक रहा था।

ब्लाक प्रमुख की पत्नी होने के नाते घर-घर जाकर अपनी बहनों का धन्यवाद करना जब सम्भव नहीं हो सकता तो मैं 'पथनवारे' में जा पहुँची।

आप जानते तो हैं कि हर गाँव में पथनवारा एक तरह से महिला बैठकी का सुरक्षित स्थान होता है। गोबर-मिट्टी से सने हाथों, कण्डा थापते समय, औरतें अकसर आप-बीती भी एक-दूसरे को सुना लेती हैं।

हमारे सुख-दुःखों की सर्वसाक्षी है यह जगह।

वैसे मेरा पथनवारे में जाना अब शोभनीय नहीं माना जाता।

रनवीर ने पहले ही कह दिया था कि गाँव की अन्य औरतों की तरह अब तुम सिर पर डलिया-तसला धरे नहीं सोहतीं। आखिर प्रधान की पत्नी हो।

वे प्रमुख बने तों बन्दिशों में कुछ और कसावट आ गयी। और जब मैं स्वयं प्रधान बन गयी तो उनकी प्रतिष्ठा कई-कई गुना ऊँचे चढ़ गयी।

वे उदार और आधुनिक व्यक्तित्व के स्वामी माने जाने लगे। अन्य गाँवों की निगाहों में हमारा गाँव अधिक ऊँचा हो गया और मैं गाँव की औरतों से दूरी बनाये रखने की हिदायत तले दबने लगी।

पर मेरा मन नहीं मानता था, किसी-न-किसी बहाने पहुँच ही जाती उन लोगों के बीच।

रनवीर कहते थे, अभी तुम्हारी राजनीतिक उम्र कम है, बसुमती! परिपक्वता आयेगी तो स्वयं चल निकलोगी मान-सम्मान बचाकर।

ईसुरिया बकरियों का रेबड़ हाँकती हुई उधर ही आ निकली थी, आप जानते होंगे, मैंने ज़िक्र तो किया था उसका कि वह कितनी निश्चल, कितनी मुखर है। यह भी बताया था कि मैं और वह इस गाँव में एक दिन ही ब्याहकर आये थे।

आप हँस पड़े थे मास्साब, यह कहते हुए कि नेह भी लगाया तो गड़ेरिया की बहू से! वाह बसुमती!

बड़ी चौचीती नज़र है उसकी। जब तक मैंने घूँघट उलटकर गाँव के रूखे-पेड़ों, घर-मकानों, गली-मोहल्लों को निहारा ही था, तब तक उसने हर द्वार-देहरी की पहचान कर ली। हर आदमी को नाप-जोख लिया। शरमाना-सकुचाना नहीं है न उसके स्वभाव में।

गाँव के बड़े बुजुर्गों के नाम इस तरह लेती है, जैसे वह उनकी पुरखिन हो। ऊँच-नीच, रिश्ते-नाते, जात-कुजात के आडम्बरों से सर्वथा मुक्त है।

वह खड़ी-खड़ी आवाज़ मारने लगी– "ओ बसुमतियाऽऽ"...! रन्ना की! रनवीर की दुलहन! ओ पिरमुखिनी!"

सब हँस पड़ीं।

बोली– "बसुमती, लो आ गयी सबकी अम्माँ दादी! टेर रही हैं तुम्हें। हुंकारा दो प्रधान जी!"

वह हाथ में पकड़ी पतली सण्टी फटकारती, बकरियों को पिछियाती हुई हमारे पास ही आ गयी।

झमककर बोली– "पिरधान हो गयी अब तौ! चलो सुख हो गया।" किसी ने खास ध्यान नहीं दिया।

सण्टी उठाकर ज़ोर से बोलने लगी– "एऽऽ, सब जनी सुनो, सुन लो कान खोल कें! बरोबरी का ज़माना आ गया। अब ठठरी बँधे मरव माराकूटी करें, गारी गरौज दें, मायके न भेजें, पीहर से रुपइया-पइसा मँगवावें, क्या कहते हैं कि दायजे के पीछें सतावें, तो बैन सूधी चली जाना बसुमती के ढिंग।

"लिखवा देना कागद।"

"करवा देना नठुओं के जेहल।"

"ओ बसुमतिया! तू रनवीरा की तरह अन्याय तो नहीं करेगी? कागद दाब तो नहीं लेंगी?"

सलिगा ने हमारे हाथ-पाँव तोरे, तो हमने लीलो के लड़का से तुरन्त कागद लिखवाया था कि सिरकार दरवार हमारी गुहार सुनें।

रनवीर को हमने ख़ुद पकड़वाया था जाकर।

उन दिनों सलिगा हल-हल काँपने लगा था। हाथ तो क्या, उल्टी-सूधी जुबान तक नहीं बोल पाया कई दिनों तक। हमारे जानें रन्ना ने कागद दाब लिया, सलिगा सेर बनके चढ़ा आया छाती पर।

"बोला– हमारी? जेहल करा रही थी? हत्यारी, हमने भी सोच लई है कि चाहे दो बकरियाँ बेचनी पड़ें, पर तेरे कागद की ऐसी-तैसी।"

सण्टी फेंककर ईसुरिया ने अपनी बाँहें फैला दीं। सलूका उगाड़ दिया, गहरी खरोंचों और घावों को देखकर सखियों के होंठ उदास हो गये। खिलते चेहरों पर पाला पड़ गया, मास्साब! हँसी-दिल्लगी ठिठुरकर ठूँठ हो गयी।

गोपी ने हँसने का उपक्रम किया।

मुस्कराने का अभिनय करती हुई बोली– "क्या बक रही है तू? सुन लेगा तो कह न देगा पिरमुख जी से?"

वह तुरन्त दयनीयता से उबर आयी।

"सुन ले! सुनाने के लिए ही कह रहे हैं हम। रनवीर एक दिन चाखी पीसेगा, रोटी थापेगा। और हमारी बसुमती, कागद लिखेगी, हुकुम चलायेगी, राज करेगी।

"है न बसुमती?"

"साँची कहना, तू ग्यारह किलास पढ़ी है न? और रनवीर नौ फेल? बताओ कौन हुसियार हुआ?

"अब दिन गये कि जनी गूँगी-बहरी छिरिया, बकरिया की नाई हँकती रहे।

बरोबरी का ज़माना ठहरा। पिरधान बन गयी न बसुमती? इन्द्रा गाँधी का राज है। बोलो इन्द्रा गाँधी की जै।"

गोपी डपटने लगी– "सिर्रिन, इन्द्रा गाँधी तो कब की मर चुकीं। राजीव गाँधी का राज है।"

"मर गयी।"

"चलो, तो भी क्या हुआ। मतारी-बेटा में कोई भेद होता है, सो? एक ही बात ठहरी।

"क्यों जी, झल्लूस कब निकलेगा?" उसे सहसा याद हो पड़ा।

"रन्ना पिरधान बना था तब कैसी रौनक लगी थी। माला पहरायी थी। झण्डा ले-लेकर चले थे लोग। रन्ना ने तो कन्धा-कन्धा चढ़के परिकम्मा की थी गाँव की।"

सरुपी ने उसे फिर समझाया—"ओ बौड़म रन्ना रन्ना करे जा रही है। पिरमुख जी सबसे पहले तेरे जेहल करायेंगे।"

उसने लापरवाही से सिर झटका— "लो, सुन लो सरुपिया की बातें। रन्ना क्या तेरा ससुर गज़राज भी नहीं कर सकता हमारी जेहल। तेरा जेठ पन्ना भी नहीं कर सकता है न बसुमती!"

झुण्ड में से कोई बोल पड़ी — "काहे को मुँह लगती हो इस सरग-पाताल के। ओ ईसुरिया, तेरी छिरियाँ, वे निकल गयी खेत में।"

"ओ मोरी दइया...!" वह सण्टी फटकारती दौड़ने लगी।

सवेरे की घाम रसोई के ओटले पर रही होगी। चूल्हा जलाकर मैंने तवा रखा ही था। हाथ आटे में सने थे।

कोई छाया-सी द्वार पर दिखी।

सही अनुमान लगाती, तब तक तो आवाज़ आने लगी— "ओ बसुमती...! बसुमति याऽऽ!"

ईसुरिया थी।

"पंचायते चौतरे पर दुरगा बैठा है! पन्ना देख रहा है! तेरी सौं बसुमती, सारे पंच तेरी परतिच्छा में!" वह ख़ुशी से खिल रही थी।

मैंने तुरन्त कुसुमा को बुलाया। वह बोली— "तुम जाओ भाभी, हम बना देंगे रोटी।"

सभा में जाने लगी तो औरतें किवाड़ों की झिरी से झाँकने लगीं। शायद यह देखने के लिए कि मैं घूँघट डालकर जा रही या पर्दा त्यागकर।

माथे तक साड़ी का किनारा। न घूँघट था, न खुला चेहरा।

रास्ते में गोपी मिल गयी । ईसुरिया को छेड़ने लगी— "बसुमती भाभी तो सभा में जा रही हैं, तू कहाँ जा रही है ईसुरिया?"

वह तमग गयी— "चल! गोपिया की बच्ची! हम बसुमती के सेकटरी ठहरे। सभा में जा रहे हैं पंचों को टोकते नहीं हैं।

"छिरियाँ कहाँ गयीं आज?"

"छिरियाँ चराने सलिगा चला गया। जान गया अब, कि मरद और औरत बरोबर हो गये, बेटा, अब चलो छिरियाँ चुगाने।"

हम चबूतरे के समीप पहुँचने ही वाले थे कि रनवीर आते दिखायी देते। वे लपकते क़दमों से हमारे पास आकर रुके। मुख पर आश्चर्य की रेखाएँ थीं और नाक तथा होंठ कठोर मुद्रा में अकड़े हुए।

बोल, "कहाँ?"

उत्तर ईसुरिया ने दिया— "पिरमुख जी, हम पंचायत में जा रहे हैं। अगाई छोड़ो। रास्ता दो।

उसके कहे वाक्यों को सुनकर वे मुझसे मुख़ातिब हुए— "घर चलो तुम।"

ईसुरिया मुँह बाये खड़ी रह गयी। कुछ ही क्षणों में सँभलकर बोली— "टोका-टाकी न करो पिरमुख जी! चलने दो हमें।"

"रनवीर की त्योरियाँ झुलस आयीं।"

"सुन नहीं रहीं बसुमती तुम?"

उनकी आग्नेय दृष्टि मेरे पाँवों को जलाने लगी। उमंग गतिहीन हो गयी। ईसुरिया अड़ी खड़ी थी। उसकी ओर मैंने समझदार संकेत किया कि लौट चलने में ही मंगल है।

उसने मुझे विचित्र भाव से घूरा और विवश भाव से मेरे पीछे-पीछे खिचड़ आयी। लौटकर मैं बर्तन समेटने लगी। कुसुमा के अनकहे प्रश्नों का उत्तर मेरे पास नहीं था। घुटन ज्यों-की-त्यों ठहरी हुई थी सीने में! ईसुरिया आँगन में बैठी बड़बड़ा रही थी— "लो, हद हो गयी कि नहीं? हौदा पर तो बसुमती और राज करे रनवीर! अरे, अपनी पिरमुखी सँभारें। पिरधानी से अब इन्हें क्या मतलब?"

कुसुमा से नहीं रहा गया, "मतलब कैसे नहीं है? रामकिसुन कुम्हार से रुपइया वसूल करने हैं। बनीसिंह को वचन दे रखा होगा। भाभी जाती, तो क्या मालूम उलटा हो जाता फ़ैसला।"

बेचारे रामकिसुन ने छान-छप्पर के कारण अपना बैल बेच डाला था, कि बिन छत के कैसे रहे चौड़े में। बनीसिंह राच्छत, पहले तो बैल खरीद ले गया और खलिहान उठाते ही आ गया लौटाने। कहता है यह मरघिल्ला बैल उसे नहीं चाहिए। लौटा ओ रुपइया।

अब कहाँ से आवें रुपइया? छान बेच दे क्या? छान बिकती है क्या? कौन करे न्याय?

रनवीर तो गरीब को ही मारेंगे। तुम चली जातीं तो बच जाता कुम्हार का।

ईसुरिया भारी कदमों से लौट गयी अपने घर।

मास्साब, मेरी आत्मा में किरचें चुभती रह गयीं।

लौटकर रनवीर ने खूब समझाया था— "पंचायती चबूतरे पर बैठती तुम शोभा देती हो? लाज-लिहाज़ मत उतारो। कुल-परम्परा का ख़्याल भी नहीं रखा तुम्हें? औरत की गरिमा आढ़-मर्यादा से ही है। फिर तुम क्या जानो गाँव में कैसे-कैसे धूर्त हैं?"

उस दिन के बाद पंचायती चबूतरे से प्रधान की टेर निरन्तर उठती रही। लोग जानते थे कि रनवीर इस बात को पसन्द नहीं करते, फिर भी बुलाने चले आते।

मैं ही पस्त-हिम्मत थी या कि पति की प्रतिच्छाया मेरे भीतर निवास करती थी, देहरी उलाँघते ही कोई बरजने लगता– "हम हैं तो सही। अब तक भी तो करते रहे हैं। तुम्हें क्या ज़रूरत है बाहर आने की।"

उत्तर में मन उफनता। आक्रोश के सवाल की सीमा तक होंठ खुलते, मगर पत्नी होने के नाते सब-कुछ सिराने लगता। दूध के झाग-सा बैठ जाता विरोध।

मास्साब, मैंने कितने दिनों तक सोचा था कि दस्तख़त नहीं करूँगी। करने दो मनमानी।

रनवीर रजिस्टर लिये चारपाई पर बैठे थे। मैं कामों में उलझी थी। सवेरे का समय वैसे भी खाने-पीने से लेकर दूध-घी की सार-सँभाल में निकल जाता है, ऊपर से मईदारों का कलेऊ-पानी।

वे आवाज़ दे चुके थे, शायद कई बार।

मै फिर भी खाली नहीं हुई।"

"सुनो, मैं लिखत-पढ़त कब का निबटा चुका, तुम्हें दस्तखत करने का समय नहीं?"

मैं नहीं पहुँची।

वे झल्ला उठे– "कब तक बैठा रहूँ? ब्लाक पहुँचना है मुझे। एक हफ़्ते से घुमा रही हो।"

धोती के पल्ले से हाथ पोंछती पहुँच गयी मैं। उनके निकट जा खड़ी हुई।

"लो, करो दस्तख़त", उन्होंने खुला पेन पकड़ा दिया।

"तुम सोच क्या रही हो? अभी तक तो बीस बार कर चुकी होती।"

मैंने खुला पेन बन्द कर दिया।

आँखों में सवाल का जंगल उग आया। भटकती रही मैं। क्या रनवीर उबार नहीं सकते मुझे। आस-पास से नुकीले काँटे यों ही छेदते रहेंगे?

रनवीर इसी तरह चले होंगे अपने प्रधान काल में, या किसी दूसरी तरह। पूछना तो चाहिए न, शायद कोई मार्ग...

रनवीर? वे मुख खोल देखते रहे।

मजूर आये थे मेरे पास, कहते थे कि अभी तक गारा-पत्थरों की ढुलाई की मजदूरी...?

गाँव की औरतें ताना देती हैं, कि भली हुई तुम प्रधान, अपने द्वारे पर ही पक्का खरंजा करा लिया। अपनी गली ही पत्थरों से जड़ ली। हमसे क्या बैर था बहन कि कीचड़ में ही छोड़ दिये।

बच्चों को स्कूल भेजते डर लगता है, छत आज गिरी कि कल। आपके अलावा कौन सुधरवा सकता है उसे।

कौन कहेगा कि यह पिरमुख का गाँव है? गड्ढों में पानी, पानी में मच्छर, कूड़ा-कचरा। घर-घर जूड़ीताप। कुछ दवा-दारू होती। गड्ढों की पुराई, जैसे लालपुर में।

"कुछ भी तो नहीं हुआ जवाहर रोज़गार के पैसे से?"

रनवीर की आँखें फैलती चली गयीं।

दृष्टि धीरे-धीरे खौलने लगी।

उनके चक्षुओं से ऐसे अग्निबाण बरसने लगे कि मैं खड़ी-खड़ी भस्म होने लगी। मास्साब, मेरे बोल तपते तवे पर पड़े छींटों की तरह जलने लगे।

"गाँव की औरतें कह रही थीं या तुम?"

"ये गाँव की औरतें कब से बोलने लगीं?"

"प्रधान के कर्त्तव्य अधिकारवाली पुस्तक रटी है क्या?"

"तुम प्रधान हो कि एम. एल. ए.?"

उनके चेहरों को विद्रूप हँसी ने ढाँप लिया।

"चू चू चू हमसे तो कभी किसी ने कुछ नहीं पूछा और तुमसे इतने ढेर सवाल?" रनवीर की भाषा बड़ी तीक्ष्ण थी।

काँपते हाथों से चुपचाप लिख दिया, बसुमती देवी।

दस्तखत!

इस रुपये को जिस दिन हस्ताक्षर करके लायी थी, उन दिनों स्वर्ग के सपनों में बिचरा करती थी। चमचमाते स्कूल और पक्की गलियों की चाह थी मन में। वर्षा की रौ में ढहे झोंपड़ी को सँवार देने की आकांक्षा की थी। हाथ-पर-हाथ धरे बैठे बेरोज़गारों के घर दुर्दिनों में चूल्हा जलाने की बात सोची थी। बीमारों के दर्द को हरने के लिए कुछ दवा-गोली की साध थी।

"बसुमती देवी" – इन छह अक्षरों ने सपनों के घरौंदे का कण-कण आहत कर डाला।"

एक वृद्धा ने आ किवाड़ खटखटाया।

"ओ बेटा, बसुमती!"

पानी का घड़ा घड़ोचीं पर रखती, तब तक रनवीर का छोटा भाई देववीर जा पहुँचा द्वार पर।

"क्या है दादी?"

"बेटा, तनक अपनी भौजाई को भेज।"

"पंचायत के लिए बुलाने आयी हो क्या?"

"और काहे को लिवा जायेंगे भइया!"

"दादी, जाओ यहाँ से। भइया घर पर नहीं हैं। भाभी नहीं जा सकेंगी।"

"काहे नहीं जा सकेगी? पिरधान नहीं है क्या वह? पंचायत में तो जाना ही पड़ेगा भाइया?"

"तुम लड़ाई करवाओगी हमारे घर में?"

"लड़ाई की क्या बात ठहरी बेटा? जे तो पहले ही सोचनी थी तुम्हें?"

मैं पौर में आ चुकी थी। बूढ़ी अम्माँ ने देख लिया। वे पाँवों में गिर पड़ीं—"बेटी बसुमती! लाचारी तो समझ हमारी। फिर हमारे जमाई को छुट्टी नहीं मिलेगी। लाभ की नौकरी ठहरी। हमारी बेटी का न्याय-फ़ैसला करवा बहू!"

मैं खड़ी-खड़ी उनकी सुनती रही।

"बेटी, लड़की का दर्द देखा नहीं जाता अब। बाप राच्छत है। चैन से जीना नहीं बदा हमारे भाग में।" कहते-कहते वृद्धा के कोये भीगने लगे। धार बह उठी झुर्रियोंभरे मुख पर।

क्या करती, कोई चारा न था। सान्त्वना थी मेरे पास, सो देती रही। "न्याय मिलेगा अम्माँ। भरोसा रखो। पंच अन्याय थोड़े ई करेंगे?

उस समय न जाने कैसे निर्णय ले डाला कि ठिठक कदम अम्माँ के संग चल पड़े। देववीर रोकता रह गया।

फ़ैसला करवाकर आयी तो अपूर्व तोष में भीगी हुई थी। अनाम आर्द्रता और प्रेमिल निष्ठा के साथ लिया निर्णय। पवित्र मन्दिर-सा लगा था पंचायतवाला चबूतरा, जिस पर बैठकर रुके हुए सड़े जल को जैसे काटकर बहा दिया हो मैंने। सम्पूर्ण गन्दगी रिता दी हो अपने हाथों से। अब मानो नयी वाटिका का बीजारोपण होगा वहाँ।

रनवीर ने उस रात धीमे से घर में प्रवेश किया। उनका गम्भीर चेहरा दहला देने की हद तक विध्वंसात्मक हो उठा।

मेरे कलेजे को जैसे कोई खुरों से खूँदने लगा।

सनसनाती निस्तब्ध रात में उनका स्वर धीमे से ही बहा, लेकिन भीतर घुला ज़हर मुझे आपादमस्तक नहलाता चला गया।

"कचहरी करने का इतना शौक था तो बाप से कहकर वकालत पढ़ ली होती! बार-बार मना करने पर भी।"

मुझसे जवाब नहीं बना, उनके कहे वाक्य का।

"यह रोज़-रोज़ की नौटंकी! रात-दिन की नाटकबाज़ी! बताओ कब बन्द करोगी?" रनवीर ने घर के शून्य में विस्फोट किया।

डर के कारण घिग्घी बँधने लगी। लगा कि पूरे देह में कम्पन की लहरें उठ रही हैं।

अनायास ही बोल पड़ी— "मैं अपने आप नहीं गयी थी, अम्माँ और उनकी बेटी बुलाने आयी थीं। हरदेई का दुःख कौन नहीं जानता?"

"सबसे ज्यादा तो तुम जानती हो।"

"हरदेई गिड़गिड़ा रही थी, कहती थी कि रनवीर भइया नहीं समझेंगे मेरी पीर। तुम औरत हो भाभी, मेरा दुःख समझो, न्याय करो। पति की लाम की नौकरी है, छुट्टी दो साल बाद ही मिल पायेगी, पूरे सात साल निकल गये इसी तरह।"

"हमारे दादा तो सोचते हैं कि मुझे भेज दिया तो दामाद एक पैसे का मनीआर्डर नहीं करेगा।"

"ताले में बन्द कर देते हैं मुझे। इनसे नहीं मिलने देते। अम्माँ किसी तरह खोल दे तो पता चलते ही घर में हडकम्प? गन्दी-गन्दी गालियाँ।"

तीन बार शहर जाकर ख़तम कराया है पेट का बच्चा।

"तुमने देखे हैं भाभी, ऐसे पिता?"

अबकी बेर बच्चा लो। इनके संग भिजवा दो, तुम्हारा जस नहीं भूलूँगी भाभी, जनम-भर। हरदेई रो उठी थी।"

"मैंने उसकी गुहार फिर भी नहीं सुनी।

"यही सोचती रही काश! तुमने फ़ैसला कर दिया होता।"

"वे आँखें गाड़कर बोले, "कैसा फैसला? जैसा तुम करके आयी हो? जंगल में रह रही है हरदेई। बेटी आप घर कि बाप घर।"

"वह मलटेरिया कहाँ रखेगा उसे?"

"कहीं भी। दोनों में प्रेम है तो क्या घर और क्या वन।"

वे झटके से उठ पड़े, "तो मैं रोक रहा हूँ उसे?"

सारी थरथराहट के बावजूद न जाने कैसे शब्द होंठों से झड़ पड़े, "मैंने तो सुना है कि उसे हाकिमों के पास उनकी हवस पूरी करने को..."

"अच्छा?" उनकी जीभ लपेटा खाने लगी।

"तुमने यह नहीं सुना कि उसके नालायक भाई की नौकरी कैसे लगी? तुम्हें यह नहीं बताया कि उसका बाप सीमेण्ट की दलाली निधड़क किसकी कृपा से कर रहा है, कि पक्का मकान कैसे उठा है? किस हितू की हिमायत पर हो रहे हैं सारे काम?"

"मेरा तो उसमें कोई लाभ नहीं।"

"तुम तो सारी कथा ज़ानते हो। फिर क्यों नही छुड़ाते उसे, उसके बाप के फन्दे से।"

"तुमने छुड़ा तो दी। मेरे ख़िलाफ़ फ़ैसला इस तरह छीछालेदर।"

"मेरा ऐसा इरादा क़तई नहीं था।"

"फिर उस दिन कैसा इरादा था, जब रामसिंह को पुलिस पकड़ के ले जा रही थी? क्यों भागी थीं पुलिस वैन की पीछे पागलों की तरह। होश खोकर।"

"क्या कहते होंगे दारोगा जी? क्या सोचते होंगे लोग? यही कि प्रमुख की पत्नी का ऐसा कंजर तरीक़ा!"

"शर्म से गड़ गया न मैं।"

"आगे ये नाटक रचे तो समझ लेना कि..."

"सुनो रामसिंह दोषी नहीं था। निरदोष को सजा?"

वे क्रोध से काँपने लगे।

"सुन ले! और समझ ले अपनी औक़ात।" "मजबूरी में खड़ी करनी पड़ी तू। मैं दो-दो पदवी नहीं रख सकता था एक साथ। सोचा था, पत्नी से अधिक भरोसेमन्द कौन...।"

उनके चेहरे पर भरोसेमन्द शब्द कहते हुए ज़हरीली हँसी उतर आयी जो मेरे कलेजे में धार करती चली गयी।

वह पूस की ठण्डी रात थी। शिला की तरह जमा देनेवाली शीत। मैं बाहर ही बैठी रही। ठिठुरन से मुख घुटनों में गाड़ लिया। हाथ-पाँव सुन्न होने लगे थे।

मन बड़ा अस्थिर था। लगा कि इसी समय यह घर, यह गाँव, यह धरती आसमान त्याग जाऊँ, कहीं चली जाऊँ।

आधी रात निकल गयी होगी।

उसी धुन्ध में लगा कि परछाईं निकट को सरकती चली आ रही है। पैछर पर चेहरा उठाकर देखा, तो रनवीर थे।

वे समीप आ बैठे। सिर पर हाथ फेरते हुए मनुहार करने लगे– "चलो भीतर। सोओ चलकर। ठण्ड बहुत है। कहा मानो।"

धोती झाड़ती हुई मैं बुत की तरह बैठी, अकड़ी हुई-सी।

न विरोध करने की इच्छा हुई, न उलाहना देने की आत्मीयता जागी। अरागात्मक भावना के चलते अपने-आपको ढकेलती रही कमरे के भीतर।

वे समझाते रहे, पति-पत्नी में कोई अन्तर नहीं होता? पगली, एक-दूसरे के लिए ही जीते-मरते हैं। गाँववालों को लेकर विरथा अपने मन में क्लेश पाल बैठी।

हमसे जलते हैं सब। देखा नहीं जाता कि पति प्रमुख और पत्नी प्रधान। चाहते हैं कि तुम द्वार-द्वार डोलो। लौंडे-लपाड़े हँसी-ठट्ठा करें। लोगों को कहने का मौक़ा मिले कि रनवीर की घरवाली पराये मर्दों के बीच...

आपको याद होगा मास्साब, जिस दिन मैं प्रधान बनी थी, उस दिन आपने एक छोटी-सी चिट्ठी लिखी थी मेरे नाम। उसमें मेरे सुखद भविष्य की, मेरे पति-परायण होने की कामना की थी आपने। साथ ही नया सूरज ढूँढ़ने की आस जगायी थी। सम्बन्धों को जीतने की चुनौती भेजी थी। लिखा था, बसुमती, अपने आँगन में सत्य के खम्भे गाड़कर ईमानदारी की छान डालो कि दीन, दलित, त्रस्त, अभिशप्त छाँह पा सकें।

यह कहाँ तक सम्भव हो पाता है, आप भी जानते होंगे।

लेकिन आपकी उस लिखावट ने मुझे विचलित अवश्य कर दिया। मैं भूल गयी मास्साब, कि पदवी प्राप्त आदमी छल-बल और आतंक से जिस प्रजा का दमन करता है, उससे मैं अलग नहीं हूँ।

काश! मैं ईसुरिया होती। आढ़-मर्यादा की दीवारों के बाहर मुक्त आकाश तले। कुलीन कही जानेवाली थोथी परम्पराओं के भरम से परे।

काश! रनवीर के पास आभिजात्य की तुरप चाल न होती तो परों को बींधता हुआ यह पिंजड़ा मैं साथ ही उड़ा ले जाती।

भोर होने लगी थी शायद। पंछियों की चिचियाहट सुनकर मैं उठ बैठी। यद्यपि देह में निद्रा और सुस्ती के लक्षण न थे, फिर मन मार निरस्तता के चलते रोम-रोम अनमना था।

चौका-चूल्हा लीप-पोत दिया। कण्डे सुलगा दिये।

रनवीर को कुल्ला, दातून से पहले चाय पीने की आदत बन गयी है।

चाय डालकर क़प-प्लेट भीतर ले जा रही थी कि दरवाज़े की ओर से आती चीख-चिंघाड़ आँगन में मँडराने लगी।

"ओ रन्ना की दुल्हन! ओ बसुमतियाऽऽ"

"अरी बाहर तो आऽऽ"

"विरथा है तेरी विद्या! ख़ाक है तेरी पढ़ाई! और राख हो गयी तेरी पिरधानी।"

यह कातर करुण स्वर!

यह रोदन की लय में छटपटाती ईसुरिया!

विलापात्मक करुणा सनी प्रकम्पित आवाज़! हाथ में थमा प्याला थरथराने लगा। न जाने क्या हो पड़ा।

"अरी जल्दी आ जा! बड़े पीपरा तरें कुआँ में कूद के हरदेई ने पिरान तज दिये।" मैं काठ हो गयी।

उलटी तरफ़ भागने लगी– रनवीर के कमरे की ओर। टाँगें काँप रही थीं। साँसों में अवरोध टकरा रहा था।

विश्वास नहीं हो रहा था, पर भीतर-ही-भीतर कोई अदृश्य, अस्पष्ट बसूला आत्मा को छीलने में लगा था।

रनवीर बिस्तर पर नहीं थे।

देह शिला से भी भारी होने लगी। पाँव गतिहीन। निढाल हुई आँगन में ही बैठ गयी।

किसने उलट दिया निर्णय? रात-ही-रात में सब-कुछ विपरीत कैसे हो गया? पंचों का फ़ैसला रद्द किसने किया? किसने रोका उसे पति के संग जाने से?

ईसुरिया ने मुझे कन्धों से झकझोर डाला– ''अब बैठी ही रहेगी! आख़िरी समय मुख तो हेर ले! हरदेई तुझे वोट देने गयी थी। झल्लूस में झण्डा उठाके चली थी तेरे नाम का।''

हाँ, उसकी अनोखी आनबानवाली छवि... आँखों में तिर आयी– "बसुमती देवी ज़िन्दाबाद। बसुमती भाभी अमर रहें!"

ईसुरिया का शोकगीत थमा न था– "अच्छा होता बसुमती, हम अपना बोट काठ की लठिया को दे आते, निरजीव लकड़ी को। उठाये उठती तो। बैरी पर वार तो करती। अतीचालों के विरोध में पड़ती। पर रनवीर की दुलहन! तुम तो बड़े घर की बहू ही रहीं। पिरमुख जी की पत्नी। घूँघट में लिपटी पुतरिया-सी चलती रहीं, आँखें मूँद के।

पीपल तले पहुँची।

वहाँ भी क्या हुआ? क्या होना था?

दारोगा, सिपाही और रनवीर, गाँव के मुँह देखा लोग, विराजमान थे वहाँ।

हरदेई के पिता के रोदनमय बयानों पर पुलिसिया क़लम चल रही थी। "दहेज के लोभी पति से मारपीट हुई थी, रात के समय। उसकी बिगड़ी हुई आदतों के चलते हम अपनी बेटी को नहीं भेजते थे उसके साथ। पर होनी को नहीं टाल पाये, दारोगा जी! पिरान खो दिये मेरी हरदेई ने। माँ बेहोस पड़ी है घर में।''

''ईसुरिया विक्षिप्तों की तरह आगे को भागी, दहाड़ मारकर कहने लगी– "ओ दारोगा जीऽऽ... असल बात तो..."

रनवीर ने बात बीच में ही रोक ली– "अरे कहाँ भागे जा रही है तू? न्याय मिलेगा। उस हत्यारे को फाँसी न करवायी तो नाम रनवीर नहीं। जा घर। बसुमती को लिवा जा।"

पंचनामा कराके दारोगा जी के जीप में रनवीर सादर बैठे चले गये।

पीछे गर्द-गुबार, धुन्ध में लिपटे लोग त्राहि-त्राहि करते अपने-अपने घरों में लौट लिये।

लौटकर अपने आँगन में, मैं सन्तप्त औरतों के बीच बैठी रही। लग रहा था जैसे इसी घर से अरथी उठी हो।

अनेक अनबूझ प्रश्न अटके थे, आसपास थकी-पथरायी आँखों में। पति-पत्नी के पुण्य-पावन सम्बन्ध के नीचे विचलित खगी और शक्तिमान अहेरी का संगमन...

क्या औरतें पहचानती थीं अहंकारात्मक आत्मीयता को? नहीं तो वे मूक-बधिर-सी उठकर क्यों चली गयीं?

प्रश्न, न कोई प्रतिप्रश्न!

समय बीतता गया। प्रमुख का चुनाव आ गया।

रनवीर फिर प्रत्याशी थे। उन्हें दम लेने की फ़ुरसत नहीं थी इन दिनों। मेरे पास भी घर-भीतर का काम बहुत अधिक था। सुबह से जला चूल्हा रात तक ही बुझ पाता। फिर भोजन के अतिरिक्त खाट-बिस्तरों का प्रबन्ध।

आवाजाही के चलते ब्याह-सा मचा था घर में।

रनवीर कहते हैं, गाँव का आदमी इतना भोला नहीं, जितना समझा जाता है। फिर वह, जो राजनीति के चक्रव्यूह भेद चुका हो, वह पारंगत तो शहरी नेताओं को पटखनी खिला दे।

एक-एक प्रधान का नखरा साधना था रनवीर को।

मेरे ख़याल से तहसील-भर के प्रधानों ने हमारे घर आकर जुहार किया रनवीर को। चर्चा तो यहाँ तक हुई कि अबकी बार रनवीर, प्रमुख के बाद एम.एल.ए. के लिए खड़े होंगे।

ठीक बात थी। रनवीर बड़े चतुर हैं। बोतल-बीड़ी के निखालिस आधार पर नहीं टिकते। दुआ-सलाम में तो क़तई भरोसा नहीं है उनका।

आफत-विपद में काम आनेवाले आदमी ठहरे।

दरियापुरवाले इसीलिए उनसे बाहिरे नहीं हो सके। हालाँकि विपक्ष में खड़ा प्रत्याशी उनका रिश्तेदार ठहरा। कारण था, उनका ग्राह के फन्दे से भगवान की तरह छुड़ा लाये थे रनवीर। नहीं तो बहू न तो स्पष्ट बयान दिये थे कि बीस हज़ार नकद दहेज़ के कारण जलाया है मुझे।

बाप-बेटा फाँसी के फन्दे पर लटक गये होते, या फिर आजन्म कारावास। रनवीर की कृपा से ही तुर्रेदार साफ़े का ग़रूर बरक़रार है।

हवा इस तरह की चली कि तीन प्रत्याशी चुनाव के पहले ही घुटने टेक गये। मैदान में केवल एक बचा, वह भी लुहार का लड़का।

नादान था शायद।

रनवीर सुबह ही चले गये।

मेरे लिये शाम को जीप भिजवा दी।

घर का काम था कि सिमटने में ही न आता था। बस किसी तरह पहुँच गयी। वैसे न भी जाती तो भी क्या अन्तर पड़ता! मैंने तो यही कहा था रनवीर से। वे ही नहीं माने। कहने लगे, लोग हँसेगे कि प्रमुख जी की पत्नी प्रधान हैं और वोट देने नहीं आयीं।

वोट डालकर लौट आयीं।

रनवीर रात के समय लौटे थे।

जीप की सर्चलाइट देखते ही गाँव के लोग दरवाज़े की ओर मुड़ आये। रनवीर

सीधे बैठक में आ गये। वे बहुत थके हुए थे, माथे पर पसीने की बूँदें चुहा-चुहा रही थीं।

पानी लेकर पास जा पहुँची । ये चुप थे। लोग उन्हें अस्वस्थ देखकर इधर-से-उधर हो गये।

एकान्त में माथे पर हाथ फेरा तो वे अधिक गम्भीर हो उठे। चेहरा दयनीय हो आया।

थोड़ी देर में ही वे रेत पर पड़ी मछली-से तड़पने लगे। समझने को कुछ शेष नहीं था मास्साब, मैं पराजय पर सान्त्वना देने लगी—"धीरज रखो। कोशिश करना तुम्हारा काम था, हार-जीत तो लगी रहती है।"

दिलासा दे रही थी, लेकिन मेरा मन भी रुँदा-ख़ुद गया। कभी उनके हाथ सहलाती, कभी पाँव दबाती। भीतर से कुण्डी बन्द कर ली। यह लिखने की बात नहीं है पति को धीरज देने का हर सम्भव प्रयत्न किया था मैंने। मन-से-मन और देह-से-देह मिलाकर, ताप हरना चाह रही थी उनका।

वे एकालाप में डूबे थे, "वे कौल, वे करार, वह गंगाजली उठाकर सौगन्ध खाना सब भ्रम था बसुमती?"

"कि धोखा?"

उन्हीं अन्तरंग क्षणों में बाहर बतियाता देववीर का स्वर मेरे कानों पर हावी हो गया—"अगर एक बोट और होता तो भैया हारते नहीं। उस लुहरटा के बराबर आ जाते।"

एक बोट!

विश्वास नहीं कर सकी मैं।

सहसा मेरे भीतर सब डाँवाँडोल होने लगा।

ओ मेरे अग्निदेवता! ओ सप्तपदी दिलानेवाले महापण्डित! ओ मेरे जननी-जनक! और मास्साब आप, मेरे गुरुवर... आपने मुझे सुख-दुःख की सहभागिनी, अर्द्धाङ्गिनी, सहचरी बनाकर रनवीर की पत्नी के रूप में विदा किया था।

लेकिन मैं क्या करती?

अपने भीतर की ईसुरिया को नहीं मार सकी।

क्षमा करना।

आपकी बसुमती

●

लड़कियाँ

ममता कालिया

दुनिया-जहान की बातें। एक-दूसरे से अलग मन न लेक्चर में लगता न लाइब्रेरी में। पढ़ाई का वक़्त तब शुरू होता जब घर में सब सो चुके होते। बाक़ायदा चाय बनाकर थर्मस में रख ली जाती और एक-एक कर पुस्तकों का प्रतिद्वन्द्वियों की तरह सफ़ाया किया जाता। सोने से पहले सुधा झाँककर देखती। अगर आशा के कमरे की बत्ती बन्द होती तो वह भी बत्ती गुल कर सो जाती वरना तब तक पढ़ती जब तक साथवाले मकान में आशा के कमरे की बत्ती बन्द न होती। एक बार इसी चक्कर में सुधा सारी रात पढ़ती रही। सुबह उनींदी आँखों से कॉलेज आयी और आशा पर बरस पड़ी, "तेरी वजह से मुझे सारी रात पढ़ना पड़ा, तूने बत्ती बन्द क्यों नहीं की?"

"अरे, पढ़ते-पढ़ते मेरी आँख लग गयी थी। मैं तो सवेरे उठी हूँ, बत्ती बन्द करने का होश किसे था।"

शाम को दोनों घूमने निकलतीं। टहलती-टहलती ख़ूब दूर निकल जातीं। आपस की दोस्ती इतनी घनी कि किसी तीसरे का साथ बरदाश्त न होता, अपने भाई-बहनों का भी नहीं था। साथ-साथ गप्प करते, साहित्य पढ़ते, कविता लिखते, ड्रामें में भाग लेते, डिबेट में बोलते वे अभिन्न होती गयी थीं। कॉलेज के प्रोफ़ेसरों की सराहना व छात्र-छात्राओं की ईर्ष्या ने उन्हें एक दल का-सा संगठन दे डाला। जब प्रोफ़ेसर कहते 'इन दो के आगे, लड़के भी भागे।' तो आशा-सुधा गर्व से फूल जातीं। परोक्ष रूप से आत्मनिर्भरता सीखने का, लड़कियों का यह पहला पाठ था। इतने वर्ष पढ़ाई में लगातार प्रथम श्रेणी लाते-लाते उन्हें यह अच्छी तरह समझ में आ गया था कि लड़कियों को यों ही दुर्बल, नाजुक और सामान्य कहा जाता है। जब वे लड़कों को इम्तहान में पछाड़ सकती हैं, डिबेट में पछाड़ सकती हैं, ड्रामें में पछाड़ सकती हैं तो क्या ज़िन्दगी के मंच पर नहीं पछाड़ सकतीं? स्पर्द्धा एक नशे की तरह उन दोनों पर हावी थी।

जब वे दोनों साथ होतीं कॉलेज के लड़कों की प्रायः हिम्मत न होती कि उन पर आवाज़ कसें या ठिठोली करें। नहीं तो यह आम बात थी कि छुट्टी की घण्टी पर जब लड़कियाँ घर जाने को फाटक से बाहर निकलतीं तो आशिक लड़कों का एक बड़ा झुण्ड दूर तक उनका पीछा करता। लड़कियाँ पसीना-पसीना होतीं, बचती-बचाती किसी तरह घर तक पहुँचतीं। यह आग का दरिया रोज़ पार करना पड़ता। पार करते-करते कई लड़कियों को आग अच्छी लगने लगती और वे आँख लड़ाकर बदनाम हो जातीं, विजयी लड़कों का परिश्रम सार्थक हो जाता। कलेजा दूना।

फ़िलहाल आशा-सुधा ने तय किया था कि एम.ए. के बाद न तो इन्हें शादी करनी है न घर बैठना है। वे आई.ए.एस. की तैयारी करेंगी और साथ-ही-साथ रिसर्च। उनकी महत्त्वाकांक्षाएँ सपनों का रूप लिये जा रही थीं। उनके बेहतरीन क्षण वही होते जब वे इन सपनों में मशगूल होतीं। इन सपनों का अन्वेषण स्वयं उन्होंने किया था, अपनी शिक्षा के बूते, अतः इन पर उन्हें बहुत नाज़ था। इन सपनों में घर-परिवार का कोई योगदान नहीं था। घर-परिवार, घर-परिवार की तरह नागवार था, वहाँ सुरक्षा के सिवा और कोई सुकून नहीं था। आशा के माता-पिता जब उसकी सरगर्मियाँ देखते तो यही सोचकर तसल्ली कर लेते– अच्छा है, जवान लड़की पढ़ाई-लिखाई में लगी है, नहीं तो खाली बैठी लड़की शैतान की खाला। जब आशा कहती कि उसे पढ़-लिखकर यह करना है और वह करना है, पिता बड़े धैर्य से सुन लेते और उसकी माँ से कहते, "सभी लड़कियाँ शादी के पहले बड़ी ऊँची हाँकती हैं, सुधा भी तो ऐसे ही बेपर की उड़ाती है। शादी होते ही सब ठिकाने बैठ जाती हैं।"

हर बार की तरह इस बार भी कॉलेज में सत्र समाप्त था, लेकिन परीक्षा की कोई सूरत नज़र नहीं आ रही थी। इसका मतलब था, गर्मी भर पढ़ो और शहर में सड़ो। इम्तहान किसी भी वक़्त हो सकते थे। आशा-सुधा ने अपनी छुट्टियों का टाइमटेबिल कुछ ऐसा बनाया कि वे दोपहर में दो घण्टे तब पढ़े जब घर के सभी लोग ऊँघते पड़े हों और तीन घण्टे रात को। रात की पढ़ाई के नियम पर कड़ाई से पालन होना आजकल मुश्किल था, क्योंकि अक्सर जैसे ही वे पढ़ने बैठतीं बिजली गोल। कई-कई घण्टे बिजली आने का नाम न लेती। इसलिए दोपहर को पढ़ाई करना निहायत ज़रूरी था। इसी पढ़ाई के कारण शाम को घूमने जाने की मोहलत मिल जाती।

उस दिन बातें करते-करते वे न जाने कितनी दूर निकल गयीं। मम्फोर्डगंज से चलते-चलते कैण्टोनमेण्ट क्षेत्र आ जाता था। वहाँ सड़कें इतनी साफ़ थीं कि चलने का मजा ही कुछ और था। न धोती की पटली उठाने का झंझट, न दुपट्टा घिसटकर गन्दा हो जाने का डर। आशा-सुधा को भय तो वैसे भी कभी न था, फिर जब साथ हों तो बिलकुल ही नहीं। जाते हुए एक रिक्शे को देखकर आशा ने कहा, "यह देख सुधी, यह मूर्खा कितनी भारी साड़ी पहने, तीखा मेकअप किये चली जा रही है।"

"सच, मोटी औरतें इसलिए और भी ज़्यादा मोटी लगती हैं, क्योंकि उनमें विवेक नहीं होता। अब इसे इतने मोटे प्रिण्ट की ऑरगेंजा पहनने की क्या सूझी और गहने भी कितने।"

"लगता है यह अख़बार नहीं पढ़तीं। ऐसी औरतों को देखकर तो मेरी भी इच्छा चेन-स्नैचिंग की होती है।"

"सब नक़ली होगा।"

"नहीं यार, सब असली है। असली की चमक ही कुछ और होती है।"

"आज यह सकुशल घर नहीं पहुँच सकतीं।"

"इसके पति को चाहिए इसके साथ-साथ दुनाली बन्दूक और कारतूस से लैस सिपाही भी भेजे।"

सुधा हँस पड़ी, "अब से शादी में लड़केवाले ने सिर्फ़ स्कूटर और टी.वी., वरन् बन्दूक़ और दरबान की भी माँग करेंगे।"

"और मिट्टी का तेल?"

"वह क्यों?"

"बहू को जलाने के लिए।"

"तुम्हारी तरफ़ तो सुनते हैं रोज़ दुष्काण्ड होता है, सँभलकर रहना । शादी के बाद सबसे पहले घर से स्टोव और मिट्टी का तेल निकाल बाहर करना।"

"तुम तो ऐसे कह रही हो जैसे तुम्हारी तरफ़ यह सब नहीं होता।"

"होता क्यों नहीं पर इस प्रकार नहीं जैसे तुम्हारी तरफ़। तुम्हारे पंजाब में तो बहुओं को एक ही बार, जलाकर ख़ाक कर डालते हैं। हमारे उत्तर प्रदेश की बनिया बिरादरी में तो बहुओं को बाकायदा धीर-धीरे तिल-तिल कर जलाया जाता है। सारी उम्र सुलगो, न बुझो, न भभको।"

कैण्टोनमेण्ट क्षेत्र भी पीछे छूट गया। आगे इंजीनियरिंग कॉलेज था, उसके आगे शिवकुटी। आशा बोली, "लो, इतनी दूर निकल आये, अब वापस भी लौटना है कि नहीं।"

"अब तो शंकरघाट पर दो घड़ी बैठकर मुड़ेंगे।"

झुटपुटा होने लगा था। सड़क पर बत्ती का अभाव था। पास ही गंगा का पुल धड़धड़ा रहा था। सात पैंतीस की गाड़ी गुज़र रही थी। कहीं पीपल, कहीं बरगद के पेड़ पर पंछियों की इस कदर चहचहाहट थी जैसे उनकी क्लास टीचर आज न आयी हों और शोर मचाने की पूरी आज़ादी हो। नारायण आश्रम में आरती का घण्टा टनटनाया और पेड़ों पर से झुण्ड-के-झुण्ड पंछी उड़े, उनकी घर की छुट्टी हो गयी थी।

शंकरघाट को जानेवाली कच्ची सड़क सुनसान थी। आशा आगे नहीं जाना चाहती थी। एक तो उसे थकान आ रही थी, दूसरे माँ की चिन्ता के बारे चिन्ता हो

रही थी। चिन्ता होते ही माँ रोने लगती थी और फिर रात-रात रोती रहतीं। तब सारा काम आशा को करना पड़ता, साथ ही माँ को बच्चों की तरह समझाना पड़ता। लेकिन सुधा ने ठान लिया था कि घाट तक ज़रूर जायेंगे। दरअसल कई बार गंगा का पानी अविस्मरणीय दृश्य-बिम्ब छोड़ जाता था। घाट पर पीपल का एक पुराना पेड़ था, जिसकी जड़ें पानी में डूबी थीं, और टहनियाँ घाट पर शामियाना-सा छा देती थीं। कई बार जब पानी घाट की पक्की मुँडेर से टकराता तो पानी के छींटे न केवल पत्तों को, वरन् आस-पास खड़े लोगों को भी भिगो देते। जगह-जगह लताओं के झुरमुट थे—अनाम लताएँ जो पेड़ों से लिपट-लिपट अपने अबला होने का प्रमाण प्रतिदिन देतीं। कई लताएँ और वृक्ष मिल-जुलकर एक हरी गुफा का रूप लिये हुए थे। दो-चार उपेक्षित-से मन्दिर थे जिन्हें बनानेवाले भी उनके अस्तित्व से निरपेक्ष हो चुके थे। एक ओर पुल सुधार का काम करनेवाले कर्मचारियों के तम्बू लगे हुए थे और उनका लोहे का भारी सामान पड़ा था।

अल्प वस्त्रों में लिपटी एक स्त्री कलसा भरकर अभी-अभी गयी थी। उस स्थल पर कुछ पल पानी पगलाया था, अब शान्त था। साँझ की अन्तिम आभा में दूर का पानी का विस्तार ऐसे चमक रहा था मानो उस पर किसी ने पन्नी चिपका दी हो। पास का जल अँधियारा था। रहस्य से भरा।

"यहाँ बैठ तुझे कविता लिखनी है तो लिख, मैं तो चली।" आशा ने सुधा को झकझोरा।

"रुक तो। देर तो हो ही गयी है। माँ पाँच नहीं तो दस मिनट डाँट लेंगी, यही न। पर यह नज़ारा फिर नहीं मिलेगा। कहाँ घर में हर घड़ी की चख-चख और कहाँ यह तापसबाला गंगा।"

आशा ने मुँह बनाया, "मुझे तो यह इस वक़्त पृथुला, प्रौढ़ा नायिका-सी लग रही है, दुष्टता, दुराव और दुराग्रह से भरी।"

"तेरा मूड बिगड़ा हुआ है, तू जा।"

"यहाँ तक घसीट लायी, अब कह रही है जा। और तू यहाँ क्या धूनी रमायेगी?"

सन्नाटा और अँधेरा एक साजिश लग रहे थे। पत्तों का हरापन क्या ढका, उनका खड़खड़ाना भी रुक गया। मानो प्रकृति का यह जीरो आवर हो। आशा, सुधा वहाँ से चलनेवाली थीं कि दूर, बहुत दूर कुछ सुलगा। पहले लपट-सी दिखी, फिर लाल और नारंगी अग्निपुंज। जगह बहुत दूर नहीं लग रही थी।

सुधा चल पड़ी, "बस उस आग के कगार से वापस घर। वहीं से घर की ओर जानेवाली पक्की सड़क पकड़ लेंगे।"

"वहाँ तो श्मशान पड़ता है। कोई चिता सुलग रही होगी, मैं नहीं जाती।"

"चिता नहीं है, श्मशान तो बीच अँधेरे तक ख़त्म हो जाता है। यह तो अँगीठी लग रही है।" आशा बेमन से पीछे-पीछे चल दी।

पेड़-पौधे उलाँकते, मेंढकों से बचते-टकराते वे काफ़ी दूर निकल आयीं। जैसे-जैसे वे आगे बढ़तीं, अंगारे कुछ और खिसक जाते। अब आशा को भी जिज्ञासा होने लगी थी। उसे यह भी तसल्ली थी कि बढ़ वे घर की दिशा में रहे हैं। साहित्यकार संसद् की उपेक्षित इमारत को पार कर वे रसूलाबाद घाट तक आ गयीं, लेकिन आग का मुकाम नहीं मिला। रेत में पण्डों के तख़्त निष्प्रयोजन से पड़े थे। सुबह के वक़्त की सक्रियता का उन पर कोई चिह्न बाक़ी न था। मल्लाहों के लड़के जाल घसीटकर घर की ओर जा रहे थे।

चलते-चलते वे एक बार फिर झाड़-झंखाड़ में पहुँच गयीं। अन्ततः वह जगह आयी, जिसे झाड़ियों की बाड़ से घेरा हुआ था। झाड़ियाँ काफ़ी घनी थीं और काँटेदार। लड़कियों ने बाड़े की दूसरी दिशा ढूँढ़नी चाही, पर सफल नहीं हुईं। बाड़ पीछे तक जाते-जाते एक मकान के पक्के अहाते से जुड़ गयी थी। पानी के किनारे की तरफ़ एक जगह बाड़ कुछ कम घनी थी, उसी में से वे दोनों अन्दर झाँकने लगीं। अँधेरे में चिनगारी की दमक के सिवा कुछ नज़र न आया। दुपट्टा बचाती हुई पहले सुधा अन्दर दाख़िल हुई, फिर आशा। अहाते को देखकर बस्ती का अहसास हुआ, लेकिन सन्नाटे को देखकर हट गया। चलते-चलते वे कई बार लड़खड़ायीं। पगडण्डी तक पहुँचना काफ़ी कष्टकर रहा। घुमावदार पगडण्डी पर चलते हुए उस लम्बे-चौड़े बाड़े का समूचा चक्कर ही लग गया। एक जगह जंग लगा, लोहे का टूटा त्रिशूल रास्ते के बीचोबीच गड़ा था, जिसे कुछ इस तरह से मोड़ दिया गया था कि अनजाने में उधर से गुजरनेवाले के सीधे सिर पर वार करे। जहाँ पगडण्डी खत्म हुई, एक बड़ा-सा फाटक आया। फाटक लोहे के तारों से जकड़ा हुआ था। अब कौतूहल की जगह आतंक ने ले ली थी। आशा, सुधा लौटना चाहती थीं, पर अँधेरे में कुछ सूझ नहीं रहा था। किसी तरह हिम्मत करके वे फाटक फलाँद गयीं। तभी अंगारों की चमक चलने-फिरने लगी। उनकी भयभीत दृष्टि में केवल इतना समाया—जमीन पर दहकते अंगारों का एक ढेर उसके क़रीब रखा नरमुण्ड, कुछ लकड़ियाँ और मिट्टी का एक पात्र। तभी भयानक मुखाकृतिवाला एक साधु न जाने कहाँ से प्रगट हुआ। उसके एक हाथ में चिलम, दूसरे में तमंचा था। नितान्त निर्वस्त्र, तान्त्रिक-सा लगनेवाला एक साधु चरम चिड़चिड़ाहट से उन्हें घूर रहा था, मानों दृष्टि-ही-दृष्टि में उन्हें भस्म कर डालेगा। क्रुद्ध, कड़कती हुई आवाज़ में वह गरजा, "कौन हो तुम, यहाँ क्यों आयीं?"

आतंक से लड़कियों की ज़ुबान जड़ हो गयीं। क्रोध से काँपता हुआ साधु उनकी ओर बढ़ा। लड़कियों ने उसकी लाल-लाल आँखें देखीं और देखीं उसकी निर्वस्त्रता।

उसके बंदन पर लँगोट तक नहीं था। आतंक से चीख़कर वे भागीं। लम्बा-तड़ंगा, दाढ़ीवाला साधु दाँत किटकिटाते हुए उनके पीछे भागा, 'ठहर जाओ दुष्टाओ, मैं अभी तुम्हें दण्डित करता हूँ। गोपाल-स्वामी, ये कन्याएँ अन्दर कैसे आयीं?"

फिर पीछे भागना छोड़ वह ज़ोरों से चिल्लाया, "प्राणों की चिन्ता है तो भाग जाओ दुष्टाओ, ख़बरदार कभी इस क्षेत्र में फिर प्रवेश किया।"

गिरती-पड़ती आशा-सुधा भागीं, भागती गयीं। उन्हें पूरा होश भी नहीं उन्होंने कैसे बन्द फाटक फलाँदा, काँटोवाली झाड़ियाँ पार कीं, हड्डियों की ढेरियों से टकराती, लड़खड़ाती कैसे मुख्य सड़क तक पहुँचीं। दोनों को एक-दूसरे के कलेजे की धड़धड़ाहट तक साफ़ सुनायी दे रही थी। पसीने से शराबोर चेहरा, बाँहें खरोचों से भरी थीं। आशा का दुपट्टा काँटों में उलझकर तार-तार हो गया था। सुधा के गले में दुपट्टा ही न था, बदहवासी में कहीं खिसक गया। कूदने-फाँदने में शलवारों की सीवन भी जगह-बेजगह से उधड़ गयी। झाड़-झंखाड़ की तरह ही बिखरे बाल, कुचले हाल, लगभग भागते-भागते उन्होंने घर की राह पकड़ी। कटरा बाज़ार इस वक़्त भी रौशन था। लोगों ने कौतुक से उनके परेशान चेहरे देखे लेकिन लड़कियों को दायें-बायें का इल्म न था। वे एक साँस में घर की गली तक पहुँच गयीं। कुण्डी खटखटाने से पहले उन्होंने हाँफते हुए संयत होने की नाकामयाब कोशिश की। दरवाज़ा तुरन्त खुल गया।

सात बजे शाम तक तो आशा-सुधा के घरवालों ने लड़कियों की ख़ास चिन्ता नहीं की। छह बजे तक पढ़ाई करने के बाद तो वे निकली थीं। रोज़ ही घण्टे भर में लौट आती थीं। लेकिन आठ बजने को हुए तो आशा के छोटे भाई को सुधा के घर भेजा गया। पता चला दोनों ही नहीं लौटी हैं। कुछ देर और इन्तज़ार किया गया, जिसके अन्तर्गत दोनों घरों की माताओं ने लड़कियों की निर्द्वन्द्विता पर खिन्न होकर एक-दूसरे पर दोषारोपण किया। आकाशवाणी से समाचार ख़त्म होते-होते चिन्ता खीझ में बदल गयी। माना कि बड़ी हैं, पढ़ी-लिखी हैं, पर हैं तो लड़कियाँ। ऐसा भी क्या घूमना, दिन देखती हैं न रात, बस मुँह उठाया और चल दीं।

आशा के माता-पिता वैसे भी चाहते थे कि आशा अब सँभलकर बाहर निकला करे। उसके रिश्ते के लिए बात चल रही थी। दो-एक बार दोनों परिवारों में प्रारम्भिक मुलाक़ात हो चुकी थी। प्रस्तावित लड़का दिल्ली में अच्छे ओहदे पर काम करता था और उसकी फोटो देखकर आशा ने वैसे मुँह नहीं बिचकाया था जैसे कि वह प्रायः लड़कों के ज़िक्र पर बिचकाया करती थी। आजकल लेन-देन तय हो रहा था। इस पृष्ठभूमि में आशा के माता-पिता का दृष्टिकोण सुधा के माता-पिता के प्रति आलोचनात्मक था कि वे सुधा को एकदम आज़ाद किये हुए हैं। न शादी की चिन्ता, न सगाई की फ़िक्र। उनके हाय-तौबा मचाने पर सुधा का भाई साइकिल पर विश्वविद्यालय लाइब्रेरी की ओर चला गया कि शायद वे वहाँ मिलें।

फटेहाल, बिखरे बाल और पसीने से नहाये चेहरे लिये जब लड़कियाँ आशा के घर में दाखिल हुईं तो उन्हें देखकर सबसे पहले आशा की माँ ने चीख मारी, "हाय-हाय, यह तुझे क्या हो गया?" माँ की चीख़ के साथ-साथ सारा परिवार इकट्ठा हो गया। ऊपरी मंज़िल के किरायेदार भी छज्जे से झाँकने के बाद इधर-उधर दुबककर दिलचस्पी लेने लगे।

सुधा ने हाँफते हुए कहा, "कुछ नहीं" चाची जी हम ज़रा ज़्यादा दूर निकल गयी थीं बातों-बातों में। अपने घर-परिवार की गन्ध पाकर घबरायी हुई आशा की रुलाई फूट पड़ी।

"यह क्या हालत बनायी है? दुपट्टे की दशा देखो, इतनी बड़ी हो गयी, कपड़े सँभालने तक का शऊर नहीं।"

'अम्माँ, उस आदमी को देखते ही हम इस कदर डरकर भागीं कि अपनी सुध-बुध ही भूल गयीं।"

"कौन आदमी? इस बार आशा के पिता गरजे, "बता कौन आदमी? बता कहाँ से आ रही है?" फिर स्वयं ही लज्जित होकर पिता परे हो गये। लेकिन जल्दी ही वे दूने क्रोध में वापस आये और प्रचण्ड स्वर में चीख़े, मानो दूसरे कमरे में अभी-अभी उन्होंने अपने गले में बैटरी का नया सेल डाला हो, "बता, कहाँ गयी थी? तुझे कितनी बार मना किया है जान-अनजान जगहों में न जाया कर। उन लोगों को पता चलेगा तो क्या सोचेंगे। रख दी न इज़्ज़त धूल में मिलाकर।"

सुधा डर, आतंक और आक्रोश से काँपने लगी, "चाचा जी, आपकी इज़्ज़त कोई धूल में नहीं मिली है, हमारे साथ ऐसा कुछ भी नहीं हुआ है।"

"तुम चुप रहो, तुम्हीं ने इसे चौपट किया है।" आशा की माँ गरजी, "हम किसी को मुँह दिखाने के काबिल नहीं रहे।"

"पर अम्माँ कुछ हुआ भी तो हो, तुम क्यों हाय-तौबा मचा रही हो?" आशा ने रूआँसी होकर कहा।

"अब और क्या होने को बाक़ी बचा है। हमारा मुँह काला करा दिया, अपना मुँह काला करा लिया, जन्मी भी औलाद।"

यहाँ की लानत-मलामत से बौखलाकर सुधा अपने घर चल दी। उसके घर पर सभी मुँह बनाये बैठे थे। इसी सुधा की खातिर उन्हें आज आशा की माँ से बहुत-कुछ सुनना पड़ा था। सुधा की माँ एकदम बिफरी हुई थीं, "आ गयी बाप की लाड़ली। बहुत जानो तो घर आने की सुध आयी।"

''अम्माँ, तुम किसी की परेशानी समझने की कोशिश किया करो।''

"क्या परेशानी, ज़रा मैं भी तो सुनूँ, भैया चीखा, "कहाँ गयी थीं तुम लोग? मैं लाइब्रेरी तक होकर आया। सारा बाज़ार छान मारा। यह घर से बाहर रहने का टाइम है।"

''सारे कपड़ों का सत्यानाश कर डाला। दुपट्टा कहाँ फेंक आयी? तुझे हुआ क्या है?''

''कुछ नहीं अम्माँ, हम ज़रा काँटों में गिर पड़ी थीं।''

''गिरने से तो कपड़े ऐसे नहीं फटते।'' माँ ने मुँह बनाया।

सुधा की सहनशक्ति समाप्त हो गयी, वह किचकिचा पड़ी, "तो कैसे फटते हैं, मैं भी तो सुनूँ, बताओ, कैसे फटते हैं?"

''निर्लज्ज कहीं की, बेहया।'' माँ सिर पर हाथ मार-मारकर रोने लगीं, "यह लड़की मेरी जान लेकर जायेगी। इससे तो पैदा होते ही मर जाती, आज यह थुक्का-फ़ज़ीहत तो न होती।''

बाप पीले मुँह से कभी अपनी बेटी को देख रहा था, कभी बीवी को। उसकी संज्ञा पूरी तरह उसके वश में न थी। बहुत नाज़ था उसे अपनी इस बिटिया पर। हमेशा बेटा माना था। आज उन्हें लग रहा था वे लुट गये हैं।

सुधा ने सारी घटना बताने की कोशिश की, लेकिन उसे महसूस हुआ उसके सामने तीन बहरे बैठे हैं। वे ठूँठ बने उसे घूर रहे थे।

रात भर आशा और सुधा अपमान से छटपटाती रहीं। दोनों को सख़्त ताक़ीद कर दी गयी कि एक-दूसरे से बात की तो अच्छा न होगा।

सुधा के बाप ने हारे हुए सिपाही की तरह कन्धे झुकाकर सुधा से अस्फुट स्वर में कहा– ''जो हो गया हो गया।'' अब तुम एम.ए. छोड़कर एल. टी. कर लो। कहीं टीचर ही बन जाओगी।"

"मेरे साथ कुछ भी नहीं हुआ है बाबू जी, आप समझते क्यों नहीं। न मैं एम.ए. छोड़ूँगी न एल. टी. करूँगी।"

"इसे किसी ने चुड़ैल चढ़ा दी है", भैया ने कहा और अपने बिस्तर पर चले गये।

उस रात घर में किसी ने खाना नहीं खाया। माँ घुटनों में सिर दिये सारी रात रोती अपनी कोख को कोसती रही। सुबह पिता ने ऐलान कर दिया कि आज से सुधा का कॉलेज जाना बन्द। हिमाकत से भरी सुधा ज़बरदस्ती तैयार होकर कॉलेज के लिए निकली।

क्लास में उसने देखा आशा पहले से पहुँची हुई है और पिछली बेंच पर बैठी है। उसकी आँखें बेहद सूजी हुई हैं। बिना कुछ कहे, सुधा उसके पास बैठ गयी। सुधा ने लेक्चर में मन लगाने का प्रयत्न किया, पर उसने पाया क्लास में कोई शरारत चल रही है। उसने आस-पास देखा। बगल में बैठे एक लड़के ने उसे बड़ी दिलेरी से आँख मारी। अचकचाकर सुधा ने नज़र हटा ली। दोनों लड़कियों ने पाया कई लड़के उनकी ओर भद्दे इशारे कर रहे थे।

आशा ने सहायता के लिए प्रोफ़ेसर की ओर देखा। उसे लगा सहायता करने

के बजाय प्रोफ़ेसर उन दोनों को बड़े रसिक अन्दाज़ से देख रहा है। आँधी में किवाड़ भड़भड़ाते हैं कुछ ऐसे सुधा का मन भड़भड़ाया। वह लपककर उठी और पास में बैठे एक सक्रिय लड़के को उसने तड़ातड़ तमाचे जमा दिये।

गुलगपाड़ा मच गया, लड़के लड़कों की मदद को भागे और लड़कियाँ बाहर। सुधा की मदद करते हुए आशा ने यह देखा कि प्रोफ़ेसर अपना रजिस्टर सँभाल बिल्ले की तरह दबे पाँव क्लास से जा रहा था।

लड़कियों की अतिरिक्त उत्तेजना, आक्रोश और आक्रामकता देख लड़के सकपका गये। वे खिसक लिये। लड़कियों के चेहरे तमतमा रहे थे, वे अभी भी हाँफ रही थीं।

नयी हुकूमत

नासिरा शर्मा

हाजरा अधेड़ उम्र की दहलीज़ पारकर लुटी-पिटी तन व तन्हा शौहर के घर से जब माँ की चौखट पर पहुँची तो जवानी की दौलत लुटा चुकी थी। खिचड़ी होते बाल, रूखा चेहरा, वीरान आँखें और साथ में थे चन्द रंग-उड़े टीन के बक्से जो रिक्शेवाले ने दरवाज़े के अन्दर ढकेल दिये थे।

आँगन के कबूतरों को दाना डालती हाजरा की माँ ने फीकी आँखों से बेटी को ताका फिर जज़्बात से बिलबिला घुटनों पर हाथ रख बड़ी मुश्किलों से उठी और बेटी की बलाएँ ले, उसे छाती से लिपटा सुबक पड़ी। माँ-बेटी जब गले मिल चुकीं तो एकाएक हाजरा की माँ ने टूटे दरवाज़े की तरफ़ नज़रें घुमाकर पूछा—"नौशाद दूल्हा कहाँ रहे गये?"

''मैं अकेली आयी हूँ अम्माँ।'' हाजरा ने दरवाज़े की चौखट पर रखे बक्स दालान की तरफ़ घसीटे।''

'अकेले?' बूढ़ी माँ ने उलझे जटा बालों पर दुपट्टा जमाया।

"अकेले और दुकेले क्या?" कहती हुई हाजरा ने घर पर उचटती नज़र डाली। शहतूत और अंजीर की सूखी पत्तियाँ पूरे घर-आँगन में मचल रही थीं।

"ठहरो! मैं चाय बनाती हूँ। सफ़र में थकन हो गयी होगी।"

"तुम बैठो अम्माँ" मैं बनाती हूँ, कहती हुई हाजरा बावर्चीख़ाने की तरफ़ बढ़ी। ठण्डे चूल्हे पर धुएँ से काली पतीली चढ़ी थी। खोला तो देखा अन्दर जली खिचड़ी पड़ी थी।

"परसों खिचड़ी बनायी थी। थोड़ा-थोड़ा खाती हूँ। अब खाना कहाँ हज़्म होता है।"

हाजरा ने माँ का थका चेहरा देखा और कोने में खड़ी झाड़ू उठा दालान, आँगन बटोरने लगी। कूड़ा समेट उसने टोकरी में डाला और चूल्हे की राख निकाल पतीली को खँगाल चाय का पानी रखा। ताक पर न दियासलाई थी न डिब्बे में चाय की पत्ती

थी। हाजरा ने सारे डिब्बे खोल डाले। माँ की ज़िन्दगी की तरह सब खाली थे। एक पुड़िया में मूँग की दाल अलबत्ता पड़ी थी और कुछ नमक के ढेले... तभी उसने देखा माँ कूड़े की टोकरी से सूखी पत्तियाँ निकाल रही है।

"यह क्या अम्माँ?"

"चूल्हा नहीं जलाओगी क्या?"

रात का खाना खाकर दोनों माँ-बेटी सोने लेटीं। सारे दिन की थकान ने हाजरा को बिस्तर पर लेटते ही थपकियाँ देनी शुरू कर दीं। हाजरा नींद में डूब ही रही थी कि उसे महसूस हुआ कि कोई दरवाज़ा खोलकर अन्दर दाखिल हुआ है। हड़बड़ाकर उठी तो सामने महजबीन को सामने खड़ा पाया। अँधेरे में जेवर उसके बदन पर दीवाली के दीयों की तरह झिलमिला रहे थे। उसके चेहरे पर हल्की मुस्कान की छाया-सी थी। हाजरा झुँझला पड़ी।

"अब यहाँ तो मेरा पीछा छोड़ दो।"

"यहाँ और वहाँ क्या?" मैं तो बरछी बन तुम्हारे जिगर में गहरी उतर गयी हूँ। तुम्हें छोड़कर अब जाना मुश्किल है।" महजबीन ने लचके-गोटे लगे दुपट्टे को उँगली में लपेटते हुए बड़ी अदा से कहा।

"या अल्लाह यह कैसा ज़ुल्म है?"...

हाजरा बेहाल-सी बिस्तर पर लेट गयी। बार-बार करवटें बदलने के बाद ज़रा-सी झपकी लगी तो उसके नथुनों में उबटन की तेज़ महक आयी और चेहरे पर ठण्डा गीला-सा स्पर्श महसूस हुआ। ढोलक और सुहाग गीत उसके कानों में मचलने लगे। हाजरा हड़बड़ाकर उठ बैठी। उसे याद आया, सत्ताईस साल पहले इस घर में वह लाल जोड़ा पहनकर अलताफ़ के साथ विदा हुई थी। आँचल में गुड़-चावल डालते हुए दादी ने कुरान के साये से निकालते हुए उससे कहा था कि बेटी, लड़की का असली घर शौहर का होता है जहाँ से उसका जनाज़ा ही उठता है। हाजरा को लगा वह एक ज़िन्दा लाश है। जो शौहर के घर से क़ब्र की तलाश में लौटायी गयी है। वह बेकरार-सी उठी और आँगन में आकर खड़ी हो गयी। आसमान पर दूज का चाँद बड़ी मक्क़ारी से मुस्करा रहा था। उसे एकाएक अलताफ़ का चेहरा याद आ गया।'

'तलाक़ तो मुझे अल्ताफ़ को देनी चाहिए थी। मगर गुजार दी सारी जवानी उस आदमी के साथ, जिसका चेहरा मुझे कभी न भाया और आज उसने किस तरह दूध की मक्खी की तरह मुझे निकाल फेंका?'

"क्या बात है हाजरा?"

"कुछ नहीं अम्माँ!"

"जब से आयी है बिन पानी की मछली की तरह बेक़रार है। मिया बीवी में तो मनमुटाव होता रहता है। देखना नौशाद दूल्हा तो दो दिन बाद तुम्हें लेने पहुँचेंगे।'

"अब वह कभी नहीं आयेंगे मुझे लेने?"

"आखिर क्यों भला?" हँस पड़ी बूढ़ी माँ।

हाजरा ने माँ के क्यों का कोई जवाब नहीं दिया, क्योंकि उसको ख़ुद अलताफ़ की इस चाल का पता नहीं था। वजह ढूँढ़ती है तो कुछ समझ में नहीं आता है। तीन बच्चे उसने पाल-पोसकर बड़े किये। ख़र्च की तंगी में उसने सिलाई कर बच्चों को हर तरह का सुख दिया। अब दोनों लड़कियाँ ससुराल में ख़ुश हैं और बेटा दुबई कमाने गया है। अब ज़रा सुख की साँस ली थी। दिल पहनने-ओढ़ने, घूमने-फिरने को चाहा था। जब सब तरफ़ से इतमीनान हुआ तो, महजबीन ने बिजली की तरह गिरकर आशियाना जला डाला।

"यह तुम्हारी छोटी बहन की तरह है।" अलताफ़ ने एकाएक नयी-नवेली दुल्हन के साथ कमरे में दाख़िल होकर कहा और अकबकायी-सी उन दोनों को देखती रह गयी। जब उसे होश आया तो जाने कैसे मुँह से निकल गया बहन? बहनें सौत नहीं बनतीं।

"मगर सौत को बहन तो समझा जा सकता है।" अलताफ़ का लहज़ा बेहद नरम था।

"तुम क्यों नहीं निभाते यह रिश्ता?" हाजरा का ख़ून खौल उठा।

"यह तुम्हारी बाँदी बनकर रहेगी। मैं भी तुम्हारे सुख में कोई ख़लल नहीं डालूँगा? सब-कुछ वैसे ही चलेगा जैसे पिछले सत्ताईस सालों से चलता आया है।"

"सच?"

"मेरा यक़ीन करो हाजरा।" अलताफ़ मुसीबत में हमेशा हथियार डालने का आदी था।

"तो फिर हमेशा की तरह हर रात तुम मेरे पहलू में गुज़ारोगे और सुबह उठकर मैं गरम-गरम नाश्ता तुम्हें पलँग पर खिलाऊँगी?"

"यह कैसे मुमकिन है? आख़िर नयी दुल्हन के अरमान...मेरा फ़र्ज़..."

"फ़र्ज? पुरानी दुल्हन के लिए तुम्हारे फ़र्ज़ और मेरे अरमान?"

"देखो हाजरा, अब तुम ज़्यादती कर रही हो। तुम इस घर की मालकिन हो, कुंजी तुम्हारे हाथ होगी..."

"यह घर जिसकी आधी गृहस्थी मेरी मेहनत से बनी है, उसकी मालिक तो मैं हूँ, उसमें नयी बात क्या है? मगर... इतना बड़ा क़दम तुमने उठाया और मुझे भनक भी नहीं लगने दी? जवान बच्चों के रहते तुमने यह क्या कर डाला?"

हाजरा ने अपने दोनों हाथ सिर पर मारे।

"जो करना था कर डाला। निकाह करके लाया हूँ, भगाकर नहीं।" अलताफ़ के तेवर बदल गये। लहज़ा नरम से गरम हो उठा और वह तेज़-तेज़ क़दमों से बाहर

निकला। उसके पीछे दुल्हन भी पाज़ेब बजाती उसको तलवार से काटती निकल गयी। दर्द की ताब न रही तो चीख़ पड़ी।

"इसके साथ मेरा गुज़र नहीं होगा।" यह मेरा घर है मेरा... इसका बँटवारा नहीं होने दूँगी।... ईंट-से-ईंट बजाकर रख दूँगी। कल ही तार देती हूँ अनवर को... आओ देखो बाप की करतूत, बूढ़े मुँह मुँहासे... मुँह पर कालिख़ पुतेगी तब पता चलेगा आटे-दाल का भाव... हाजरा बड़बड़ाती रही। रोती-चीखती, चीज़ें पटकती रही मगर, अलताफ़ मियाँ के कान पर जूँ न रेंगी। जो पिछवाड़े नया कमरा बनवाया था उसमें वह नयी बीवी के साथ दाख़िल हो गये। उनकी रात शब-बरात थी। उनको इससे क्या कि कोई कुढ़ रहा है या जल रहा है।

सूखे पेड़ के नीचे बैठे-बैठे हाजरा ने बची रात गुजार दी। पौ फटते ही चिड़ियों की चहकार गूँज उठी। उसने घुटनों से सिर उठाया और बेदिली से उठ चूल्हे के पास जा लकड़ियों को जोड़ मिट्टी का तेल डाला। आग जला वह मुँह धोने गयी। इस वक़्त उसे अपना घर याद आ रहा था, जहाँ आराम की सारी चीज़ें थीं। गैस पर खाना पकाते हुए रेडियो सुनती। मेज़ पर खाना खाते हुए टीवी देखती और कूलर की ठण्डी हवा में सोती। सिंक पर खड़ी ब्रश करती। मगर यहाँ तो सब उलट गया था। आराम का आदी बदन बुरी तरह टूट चुका था। माँ की गरीबी, बीमारी दूर रहकर सह ली जाती थी मगर यहाँ आँखों के सामने सब घट रहा था। उससे आँखें कैसे बन्द कर लेती। एक दो गहने बदन पर पड़े थे। पर्स के रुपये थे ही कितने वह भी राशन-पानी में खत्म हो गये। उसे अपनी ज़िन्दगी बोझ-सी लगने लगी। दिल में घर छोड़ने का मलाल टीस बनकर उभरा।

"आज हफ्ता गुज़र गया तुम्हें आये। मगर नौशाद दूल्हा नहीं आये?"

"मैं तुम पर बोझ हूँ क्या अम्माँ?" हाजरा चिडचिड़ा उठी।

"कैसी बातें करती हो बेटी, तुम्हारे आने से पेट भर रहा है... मगर तेरे घर की फ़िक्र भी तो है। बेटियाँ अपने घर पर अच्छी लगती हैं।

हाजरा चुप रही। कैसे कहती कि वह रात अंगारे के बिस्तर पर गुज़र गयी थी। सुबह आँगन, दालान, ग़ुसलख़ाने में गूँजती पाज़ेब की छुन-छुन उसके दिमाग़ में सुई चुभो रही थी। वह चुपचाप लेटी थी। धूप छत से गुजरती आँगन में उतर आयी। उसे अपना वजूद उस घर में बेकार लगा। सारी चीज़ें परायी लगीं। जब मर्द ही पराया बन गया तो इस घर-गृहस्थी को लेकर वह क्या करती? उसने कबाड़ी को देने के लिए अपने जहेज़ के बक्स निकाले थे। चमड़े, प्लास्टिक के ख़ूबसूरत सूटकेसों के आगे टीन के छापेदार बक्स रखकर वह क्या करती, मगर आज वही बक्स उसे अपने लगे। उठकर उसने उन्हें खोला। फिर काग़ज़ बिछाकर अपने कुछ कपड़े जो उसे अब छोटे पड़ते थे, निकाल-निकालकर रखने लगी। अपनी दहेज़ की चीज़ों को याद करती उन्हें ढूँढ़ती बौरायी-सी कमरे में यादों के गोले को बेतहाशा खोले जा रही थी। जब

वह अपने में पूरी तरह उलझी हुई थी, उस व़क्त अलताफ़ आया और बेहद सपाट लहज़े में बोला, “महज़बीन कह रही थी तुमने नाश्ता नहीं किया?”

“वह कौन होती है कहनेवाली कि मैंने नाश्ता किया है या नहीं, मैं उसकी पैर की जूती नहीं हूँ। अपनी मर्ज़ी की मालिक हूँ।”

“मानता हूँ, देखो आज चौथी है। महज़बीन के भाई आनेवाले हैं। हालात को समझो।”

“मुझे तलाक़ दे दो, फिर ख़ातिर करना अपने नये ससुरालवालों की। मुझसे उम्मीद मत रखो कि उनके आगे ख़ासा लगाऊँगी।” हाजरा की जुबान इतनी कड़वी भी हो सकती है। इसका अन्दाज़ा ख़ुद उसे भी नहीं था। अलताफ़ के अन्दर बैठा जानवर अब हूमकने लगा था। आख़िर जिस बात की उन्हें इजाज़त मिली है, उसी पर वार करना बेकार था। वह हाजरा से छीन क्या रहा था, बस अपने लिये कुछ ख़ुशियाँ ही तो लाया था। सारे फ़र्ज़ निभा दिये। अब जो ज़िन्दगी बच गयी है उसे अपनी तरह जीने का भी कोई अधिकार नहीं है फिर तो मौत ही भली। थोड़ी देर टकटकी बाँधे हाजरा को घूरता रहा फिर नहले पर दहला जड़ दिया, “तलाक़ चाहती हो तो ले लो। तलाक़ ... तलाक़, तलाक़, तलाक़... इतना कहकर गुस्से में अलताफ़ नये कमरे की तरफ़ लौट गया।”

हाजरा पर दूसरा दिमाग़ी सदमा बम के गोले की तरह फूटा। बौखलायी-सी वह नयी स्थिति को समझ पाती। इसके पहले उसके अन्दर से एक तूफान उसके सारे वजूद को झिंझोड़ता बाहर निकला। गुस्से और गम ने समझ की सारी दीवारें गिरा दीं। घर में समझाने और रोकनेवाला कौन बैठा था जो तूफ़ान पर रोक लगाता। यहाँ तो उलटे पाज़ेब की छुन-छुन आग पर तेल का काम कर रही थी।

“वह मुझे तलाक़ देगा... मैं ख़ुद उसे छोड़कर जा रही हूँ। मैं ख़ुद उसे तीन बार नहीं छह बार तलाक़ देती हूँ, तलाक़, तलाक़, तलाक़, तलाक़, तलाक़, तलाक़...।” बच्चों की गिनती की तरह बोल गयी हाजरा। उसका दिल चाहा कि नये कमरे मे जाकर अलताफ़ के बदसूरत चेहरे को नाखूनों से नोच डाले जिससे वह ज़िन्दगी-भर नफ़रत करती आयी थी। आज समझौते का पुराना बाँध टूट चुका था। अन्दर का दबा ज्वालामुखी आँख और मुँह के रास्ते फूटकर बाहर निकलने लगा था।

“मैं तलाक़ से डरकर ऐरों-गैरों की जूतियाँ सीधी करनेवाली नहीं हूँ। लो सँभालो अपना घर...” इतना कहते-कहते बौरायी हाजरा की आवाज़ भर्रा गयी। फूटकर रो पड़ती अगर सामने से महज़बीन शरबत का जग उठाये गुज़र न जाती। अन्दर की गरमी फिर धधकते लावे की तरह उबल पड़ी।

“इस घर का सारा तामझाम उठा ले जाऊँ तो मियाँ को पता चलेगा कि इनकी कमाई में कितना दम था।” कहती हुई हाजरा ने तीनों छोटे-बड़े टीन बक्स घसीटे और दालान तक लाकर छोड़ दिये। तभी नये कमरे के खिड़की-दरवाज़ा बन्द होने

की आवाज़ उसके कानों से टकरायी जैसे अलताफ़ कह रहा हो, "जाओ मेरी बला से और जो जा रही हो तो फिर लौटना नहीं।

स्टेशन तक पहुँचने और रेलगाड़ी में बैठने तक उसका जोश बदस्तूर कायम था मगर जैसे ही गाड़ी हिली, उसके अन्दर कुछ काँपा था। दो घण्टे के छोटे-से सफ़र में गुस्सा काफ़ूर बन उड़ता गया और उसकी जगह गम का चेहरा निखरता गया। भागते पेड़ों, खेतों, पुल और बस्तियों को देखकर भी उसकी नज़रें अपनी ज़िन्दगी की राह में उलझी हुई थीं। कच्चे मकान की लिपाई से लेकर पक्की दीवारों तक का सफ़र याद आ रहा था। उस घर को घर बनाने में अपना दाँत से पकड़कर पैसा ख़र्च करना याद आ रहा था। गाड़ी जब स्टेशन पर रुकी तो आँखों से गरम सोते उबल पड़े। भीड़ में कुली के पीछे चलती हुई वह अपने को बीमार महसूस कर रही थी, जैसे गिरते आँसू उसके बदन की सारी ताक़त निचोड़ रहे हों। रिक्शे पर बैठ उसने अपने को सँभाला। ठण्डी हवा ने गीली आँखों पर पंखा झला। जब घर की ड्योढ़ी पर पहुँची तो उसे सिर्फ़ अपना अपमान याद रहा। दिल व दिमाग़ में नफ़रत-ही-नफ़रत थी। महज़बीन के लिए कम और अलताफ़ के लिए ज़्यादा।

पन्द्रह दिन के साथ लाये रुपये चिड़ियों की तरह फुर्र हो गये तो हाजरा नींद से जागी। अनवर ने दो माह पहले पाँच हज़ार उसे भेजे थे जो पर्स में पड़े थे, जिससे उसने टूटा दरवाज़ा और दालान की टपकती छत ठीक क़रवायी थी। बावर्ची खाने के ख़ाली डिब्बे भरे थे। अब किसके भरोसे आगे के दिन गुजारेगी। अनवर का पता वह जल्दीबाजी में वहीं छोड़ आयी थी। उसका मनीऑर्डर आयेगा वह अलताफ़ रख लेगा। वह बेटे को अपने साथ घटे हादसे की इत्तला भी नहीं दे सकती है। लड़कियों को उसने खत डाल दिया था मगर उसे यक़ीन नहीं था कि बेटे का पता उनके पास होगा। उनको जो कुछ लिखवाना मँगवाना होता था वह माँ को लिख देती थीं और हाजरा बहनों की फ़रमाइश उनके भाई को लिख भेजती थी। अब तो एक ही रास्ता था कि बदन पर पड़े जेवर को उतारकर बेचे और सिलाई की मशीन खरीदकर अपनी रोज़ी-रोटी ख़ुद कमाये। आँखों में पहले जैसी रोशनी न सही तो भी चश्मे से काम चलाना पड़ेगा।

"हाजरा, तुम्हारा इरादा क्या अपने घर लौटने का नहीं है जो यह सारा खडराग पाल रही है?" मशीन जिस दिन आयी माँ का माथा ठनका?

"वहाँ जाकर क्या करूँगी?"

"मतलब...?"

"अलताफ़ ने दूसरी शादी कर ली है।"

"यानी कि..." माँ को साँप सूँघ गया।

"मुझे तलाक़ देना पड़ा पूर छह बार।"

''बौरा गयी है क्या जो औलफौल बक रही है तू?''

''उन तिलों में अब तेल नहीं निकलनेवाला है,'' कहती हुई हाजरा ने कटे कपड़ों को उठाया।

''ज़माने को आग लग गयी है। जब से आयी थी तभी से मेरा दिल धड़क रहा था कि कुछ अनहोनी होनेवाली है।" माँ बड़बड़ा रही थी।

हाजरा की सिलाई मशीन ख़ट-ख़ट करती, कटे कपड़ों को जोड़ती, तूफ़ानी रफ़्तार से बढ़ रही थी। हाजरा ने जहाँ से जिन्दगी शुरू की थी वहीं पहुँच गयी। माँ-बेटी ने बड़ी तक़लीफ़ें उठायी थीं। ज़िन्दगी कभी ख़ुशियों से भरी थी। हाजरा का बचपन भी बड़ा सुखी गुज़रा था, मगर बाप की अचानक मौत ने सब-कुछ बदल डाला था। फाके तक करने पड़े थे। जब फण्ड का रुपया मिला तो दादी ने हाजरा के हाथ पीले कर दिये थे। घर में कुँवारी लड़की बैठी हो तो नींद यूँ ही उड़ी रहती है, फिर वह भी यतीम और बेसहारा। हाईस्कूल-पास हाजरा अलताफ़ के साथ ब्याह दी गयी थी, जो शीशे काट्ने का काम करता था। आज वे दोनों माँ-बेटी उसी तरह बेसहारा हो गयी थीं। उनकी समझ और दूर-अन्देशी काम न आयी और समय के घूमते पहिये ने बता दिया कि दुनिया गोल है, जो जहाँ से चला है वहीं लौट आता है।

रात को खा-पीकर जब माँ-बेटी बिस्तर पर लेटीं तो उस फैले अँधेरे में उनकी खुली आँखों के जुगनूँ काफ़ी देर तक चमकते रहे। सारे दिन घर में आना-जाना लगा रहने से माँ हाजरा से कुछ पूछ नहीं पाती थी। अब जो मौक़ा मिला है तो एक साथ ढेरों सवाल दिमाग़ में कुलबुला रहे हैं। कौन-सा पूछे? किस सवाल से बात शुरू करे? हाजरा ने जो करवट बदली तो एकाएक माँ कह उठी– "ख़ाक पड़े इन मर्दों की अक्ल पर..." देखना नाकों चने चबवायेगी। बूढ़े और जवान का कभी जोड़ा बैठा है कहीं?"

''पता नहीं कौन किसको चने चबवायेगा।''

''तलाक़ के साथ कुछ दिया भी या नहीं? माँ ने दिल पर पत्थर रखकर पूछ लिया।''

''नहीं।''

''तलाक़ दी थी मर्द की तरह तो 'मताह' भी देता। आख़िर औरत खाती-पीती भी है, वह भी इन्सान है, उसे भी सर्दी-गर्मी लगती है।"

''सच है आज ज़माना बदला तो मर्द भी बदल गये, अब पहलीवाली बातें कहाँ उनमें?''

''अलताफ़-जैसे मर्द हर दौर में थे।" नफ़रत से हाजरा बोली।

'माना कि मर्द तोताचश्म होते हैं। उनके प्यार-मोहब्बत की मियाद बहुत छोटी होती है। मगर इन्सानियत भी एक चीज़ होती है, शादियाँ करो, मगर इस तरह तलाक़

देकर पहली को बेसहारा तो मत बनाओ। सच कहती हूँ, पहले तलाक़ देकर खाली हाथ औरत को वापस भेजना उनकी मर्दाना ग़ैरत के ख़िलाफ था मगर अब..."

"छोड़ो अम्माँ कुछ लाती भी तो कितने दिन चलता?"

"बात चलने की नहीं है बल्कि क़ायदे की है। तुमने अपने हक़ क्यों न लिये? जब तलाक़ ली थी तो छाती पर चढ़कर गुज़ारा भी तो लेती।"

"नहीं अम्माँ, जिस घर में इतनी बेइज़्ज़ती हुई है उस घर से कुछ लेना मुझे मंजूर न था।"

"खुला मैदान छोड़ आयी? तुम लड़कियाँ भी अजीब हो! जहाँ हक़ बनता है वह लेती नहीं हो, जहाँ लड़ना होता है वहाँ ख़ामोश रह जाती हो, और जहाँ कुछ भी नहीं करना होता है वहाँ तूफ़ान उठा देती हो...? कभी-कभी तो लगता है कि जैसे तुमने ही मर्दों को बिगाड़कर रख दिया है। अपनी हेकड़ी में..."

"अब इन सब बातों से क्या फ़ायदा! जो गुज़र गया सो गुज़र गया। अब सो जाओ अम्माँ।"

"हाजरा ने रूखा-सा जवाब देकर माँ को चुप करा दिया। मगर वह ख़ुद जानती है कि उसने बहुत जल्दबाजी से काम लिया है। कुछ दिन सब्र से बैठती, तेल देखती, तेल की धार देखती, फिर तिरिया चरित्र दिखा, नयी नवेली को एक किनारे बिठा उसका पत्ता काट देती। मियाँ का दिल ऐसा फेरती कि महज़बीन की जवानी उसके बुढ़ापे के आगे गिड़गिड़ाती नज़र आती। उसे खर्चे-पानी की कमी क्या थी, बेटा कमाकर भेज रहा था। ठाठ से रहती, पहनती-ओढ़ती, दोनों को जलाकर ख़ाक कर देती। आख़िर उसकी तीन-तीन औलादें थीं। जिनकी वह माँ थीं। उसने तो लड़कियों से उनका मायका ही छीन लिया है। अब वह पहले की तरह किसके भरोसे आयेंगी? बेटा भी दोराहे पर खड़ा हो गया है कि लौटे तो किसके पास, जहाँ पैदा हुआ उस घर में बाप के पास या वहाँ जहाँ माँ रूठकर बैठी है?"

"सब्बो और शम्मो का कोई खत आया?"

"नहीं।"

"नानी को देखने के बहाने ही चली आती। दोनों को ब्याह के बाद देखा कहाँ है? आँखें तरस गयी हैं। अब तो मेरे चल-चलाव के दिन पास हैं, जाने कब आँखें बन्द हो जायें?"

"अम्माँ, तुम बेकार परेशान मत हो, सब ठीक हो जायेगा।"

"अल्लाह पर भरोसा है।"

"अँधेरे में चमक़ते जुगनूँ बन्द हो गये। रात आधे से ज़्यादा ढल चुकी थी। अँधेरे में देखी जानेवाली यह फ़िल्म भी कुछ देर बाद दिल व दिमाग़ को थका देती है। सोच का परिन्दा अन्त में बेदम-सा आँखों के बन्द घोंसले में समा जाता है।"

"उस रात माँ सचमुच गहरी नींद सो गयीं। सुबह चाय के वक़्त माँ का साकित बदन देख हाजरा धक से रह गयी। दोपहर तक कफ़न-दफ़न हो गया। पुरसा देनेवाली औरतें भी हाजरा को दिलासा देकर चली गयीं। शाम धीरे-धीरे करके रात की तरफ़ बढ़ रही थी। माँ की लहद पर चिराग़ जला हाजरा चुपचाप दालान में बिछी दरी पर जाकर बैठ गयी।"

घर का सन्नाटा उसे काटने को दौड़ रहा था। ख़ौफ़ का अनकहा हाल उसको चारों तरफ़ से घेर रहा था। उसने उठकर दरवाज़ा बन्द किया और बिन खाये-पिये बिस्तर पर जाकर लेट गयी। पास का पलँग खाली देखकर उसकी आँखें भर आयीं।

ज़िन्दगी एक-दो दिन बाद पहले की तरह गुज़रने लगी। वही औरतों की भीड़, मशीनों की खट-खट और कपड़ों के रंगों के तागे, बटन खरीदती हाजरा— सब-कुछ भुला देनेवाली हाजरा, पहले की तरह कुछ भी न भुला पायी। अब तो हरदम उसे एक ही बात परेशान करती रहती थी, कि कहीं वह माँ की तरह लम्बी उम्र पा गयी तो कब तक इस अकेले घर में भटकेगी। उसकी भरी-पूरी ज़िन्दगी ने उसे क्यों तन्हा छोड़ दिया, आख़िर उससे कहाँ खता हुई? वह तो अलताफ़ से नाराज़ थी... फिर उसको घर से निकालने की जगह वह ख़ुद क्यों निकल आयी? ग़लती उसने नहीं अलताफ़ ने की थी, फिर सजा उसने पूरे ख़ानदान को दे डाली। मर्द रिश्ता बनाता है मगर औरत उसे निभाती है, क्योंकि सृष्टि के इस खेल की सूत्रधार तो औरत है वह रचती है, बनाती है, ज़िन्दगी का क्रम पूरा करती है।

"नहीं-नहीं, मेरी ग़ैरत कभी वहाँ मुझे नहीं रहने देती। यह कमज़ोरी-भरी सोच शायद मेरे अकेलेपन की देन है। मैं भला कैसे उस आदमी के साथ रह सकती हूँ, जिसने शीशे की तरह दिल पर भी एक महीन लकीर खींच हल्की-सी ठेस से उसे तोड़ दिया।" दिन में मशीन चलाती हुई हाजरा बदल जाती। सूरज की तेज़ी और चमक उसे जोश से भर देती है।

कई माह गुज़र गये। हाजरा ने ऊपरी तौर पर हालात से समझौता कर लिया। चन्द उठने-बैठनेवालियाँ मिल गयीं, जिनके साथ सिनेमा देख आती, हँसी-मज़ाक खाना-पीना कर अपने को ख़ुश रखने लगी थी। यह घर भी धीरे-धीरे सजने लगा था। ज़रूरत का सामान आने लगा था। पेड़ की जड़ों में पानी जाने से उसमें पत्तियाँ आयी थीं और उसी की एक शाख पर उसने तीतर का पिंजड़ा यह सोचकर टाँग दिया था कि एक से भले दो। ख़ुद खाना खाती तो तीतर को भी दाना डाल देती थी। उससे इस तरह बातें करती जैसे वह सब-कुछ समझ रहा हो।

साल भर बाद एक सुबह जब वह आँगन में झाड़ू दे रंगीन कपड़ों की कतरनें बटोर रही थी, उस वक़्त दरवाज़े की कुण्डी खड़क उठी। झाड़ू छोड़ दरवाज़ा खोला तो धक् से रह गयी, सामने अनवर खड़ा था। बेटे को छाती से लगाने की जगह वह ख़ुद

उसकी छाती से लग बिलख उठी। माँ के सिर पर हाथ फेरता अनवर कुछ पल वहीं खड़ा रहा, फिर माँ को कन्धे से पकड़ अन्दर आया और पलँग पर बिठाकर ख़ुद गिलास में पानी उँड़ेलने लगा। पानी पीकर हाजरा सँभल गयी। हमदर्दी पाकर उसकी जबान अलताफ़ के ख़िलाफ़ बोलने के लिए कुलबुलाने लगी, मगर बेटे के चेहरे पर छायी संजीदगी को देखकर वह दम साध गयी। दोनों कुछ देर ख़ामोश बैठे रहे। अनवर ने उचटती नज़र से घर को देखा।

"अम्माँ को मरे छह माह गुज़र गये।"

"अनवर कुछ बोला नहीं। चुपचाप उठा और साथ लाया बैग खोलने लगा। हाजरा ने उठकर चाय का पानी चढ़ा आटा गूँधना शुरू कर दिया। उसके दिल में पंखे लगे थे। वह सब-कुछ बताना चाहती थी कि क्या कुछ घटा, परायी औरत की ख़ातिर वह बेघर-बार हुई। इस बुढ़ापे में रोटी कमाने के लिए कपड़े सिलने बैठी। अनवर जब मुँह-हाथ धोकर आया तो नाश्ता तिपाई पर लग चुका था।

"अम्माँ, जल्दी से सामान समेटो। गाड़ी ठीक बारह बजे छूट जायेगी।" कहता हुआ अनवर अपनी पसन्द का नाश्ता रौगनी टिकियाँ और अण्डा खाने लगा। बरसों बाद जैसे उसकी भूख शान्त हुई हो, ऐसा हाजरा को लगा हो या नहीं, मगर अनवर को ज़रूर महसूस हुआ। पूरे पाँच साल का काण्ट्रैक्ट ख़त्म कर वह लौटा है। रेगिस्तान से अपने साथ कमाया धन ही नहीं बल्कि कुछ सपने भी साथ लाया है। उस सपने में माँ भी है। बचपन का वह घर भी है जहाँ नये समीकरण की कोई गुंजाइश नहीं है। यह सारी बातें वह बाप से कहकर आया है। घर माँ को नहीं, बाप को अपनी नयी दुल्हन के संग छोड़ना होगा, क्योंकि वह कटे हैं परिवार की इकाई से। यह सब वह माँ को नहीं बताना चाहता है, न यह कहना चाहता है कि उसने माँ की ख़ातिर बाप से लड़ाई कर ली है।

बेटे के हुक्म को हाजरा ने बिना किसी हील-हुज्जत के मान लिया और सामान बाँधा। आख़िर उसका दूसरा वारिस आया था उसे लेने, जिसको उसने ख़ुद पैदा किया था। इस नयी हुकूमत की बागडोर अब वह छोड़ना नहीं चाहती थी।

●

गणित

नमिता सिंह

रामलाल ने एक भैंस पाल रखी थी। सवेरे-शाम उसका दूध निकालने का काम होता। कुछ बँधे हुए गाहक थे। दूध काढ़कर वह बाँट आता।

रामलाल काम-से-काम रखता। फालतू इधर-उधर की बातचीत उसे पसन्द नहीं। बोलता भी कम था। सिर्फ़ ज़रूरत भर। अपने लिये जो ठीक समझता, जो फ़ायदेमन्द और काम का होता, वही करता। सोचने महसूसनेवाला विभाग उसके यहाँ नहीं था।

रामलाल ज़्यादातर चुप रहता था। ग्राहकों के यहाँ घण्टी बजाता, बस! कोई निकलकर आता। वह दूध नापता और चल देता! कभी कोई दूध पतला होने की शिकायत करता तो वह सिर हिला देता। प्रतिवाद न करता।

जो कहा जाता, सुन लेता। जब कभी उसे दूध में पानी न मिलाने की हिदायत मिलती तो भी सहमति में सिर हिला देता। कभी-कभी कोई उल्टा-सीधा कहता, डाँट लगाता तो गुस्से के मारे उसका जबड़ा भिंच जाता। मुँह नीचे किये गुस्सा जब्त किये रहता और फिर चला आता।

ऐसे मौक़ों पर जब रामलाल घर वापस लौटता तो उस समय भैंस छप्पर के नीचे खड़ी मिलती। कभी लड़ावनी के पास खड़ी जुगाली करती तो कभी इत्मीनान से बैठी आँखें झपकाती झपकी ले रही होती। गुस्से में आव देखता न ताव, रामलाल डण्डा उठाता और भैंस की पीठ पर दन्न-दन्न जमाना शुरू करता। अचकचाती भैंस बाँ-बाँ कर उठती। गुस्सा गुबार निकालने के बाद रामलाल घर के अन्दर घुसता और फिर तैयार होकर काम पर चला जाता।

भैंस की पीठ पर इसी तरह तब भी डण्डे पड़ते जब किसी दिन भैंस दूध न देती। मार-मारकर उसे अधमरा कर देता। रामलाल ने उस दूध देनेवाली भैंस पर शायद ही कभी स्नेह से हाथ फेरा हो। सर या गरदन सहलायी हो। कृतज्ञता ज्ञापित की हो उसके प्रति! यह सब चोंचलेबाज़ी उसे पसन्द नहीं थी। उसने भैंस पर पैसे ख़र्च किये

थे। भैंस का काम दूध देना था और उसका काम दूध काढ़ना। फिर उस दूध को बेचना और पैसे कमाना। भैंस और उसके बीच कोई सम्बन्ध नहीं। भैंस मूर्ख थी। रामलाल की ओर आँखें फाड़-फाड़कर निरीह दृष्टि से देखती। कुछ समझने की, कुछ आँखों के जरिये समझाने की कोशिश करती। रामलाल को किसी की आँखें या चेहरे की लाइनें देखने की फ़ुरसत नहीं थी।

एक दिन भैंस का पाँड़ा मर गया। भैंस मानो दुःख से पागल हो गयी हो। हर वक्त बाँ-बाँ का शोर मचाती और उछलती। कभी खूँटे से रस्सी तुड़ाती। सानी की ओर झाँककर न देखा। दूध भी नहीं दिया उसने।

रामलाल गुस्से से पागल हो गया। मोटे डण्डे से दनादन ख़ूब पीटा उसे। भैंस ख़ूब उछली। ख़ूब पैर पटके। तब रामलाल ने भरपूर ताक़त लगाकर और पीटा। पिल पड़ा उस पर। भैंस पिट-पिटकर अधमरी हो गयी लेकिन दूध नहीं दिया उसने। आख़िर एक दिन पैंठ जाकर वह भैंस बेच आया।

रामलाल शहर से उठकर पास के एक कस्बे में चला आया। बीच रास्ते में एक बगीची के सहारे उसने एक छोटा-सा ढाबा खोल लिया। शुरू में सारे काम वह ख़ुद करता। अँगीठी सुलगाता। खाना पकाता। आटा गूँधता। रोटियाँ सेंकता और साथ ही ग्राहकों क़ो खाना भी परोसता। कुछ ही दिनों बाद अकेले काम करना उसके लिए नामुमकिन हो गया। उसने काम खींचने की बहुत कोशिश की लेकिन अक्सर ग्राहक देर होने की वजह से बिना कुछ खाये-पिये लौटने लगे।

उसने पास के गाँव से एक आदमी काम पर लगा लिया। अब खाना पकाने का ज़्यादातर काम वह आदमी करता। रामलाल उसकी मदद करता। खाना वह ख़ुद परोसता और पैसे सँभालता। उसका सहायक सवेरे आता। पूरा दिन रहता और रात होते-होते वापस चला जाता। जाते हुए वह प्रतिदिन अपनी रोज़ की तनख़्वाह लेना न भूलता। रामलाल जैसे गुम्मे आदमी का क्या भरोसा जिसकी थाह ही न मिलती हो।

कोई खास हुकुम या निर्देश देना होता, वह रामलाल उसे बता देता। ज़्यादातर बातों के जवाब हाँ या ना में होते। दोनों अपने-अपने काम में लगे रहते। कुछ दिन बाद हर काम और काम का तरीका तय हो गये। कुछ अनकहे नियम बन गये। शाम होते-होते सहायक रात का खाना तैयार करता। रात-बिरात आनेवाले मुसाफिर ग्राहकों के लिए आटा तैयार करके रखता फिर वह अपने लिये रोटी पकाता। खा-पीकर हाथ धोकर एक ज़ोर की डकार लेता और रामलाल के आगे खड़ा हो जाता। रामलाल गल्ले में से उस दिन की तनख्वाह उसके हाथ में रख देता जिसे वह अण्टी के हवाले करता और फिर अपनी साइकिल उठाकर चल देता। देर रात के ग्राहकों के लिए अकेला रामलाल काफ़ी होता। ऐसे ग्राहकों की संख्या ज़्यादा न होती, इसलिए वहीं ढाबे के अन्दर चारपाई डालकर रामलाल सो रहता।

एक दिन रामलाल सोता पड़ा रहा और चोर-उचक्के उसके कुछ बर्तन-भाँड़े उठा ले गये। कैश बॉक्स कुठरिया में बन्द था लेकिन बाक़ी सामान तो पूरे ढाबे में यूँ ही खुला पड़ा था। बर्तनों के चोरी जाने का उसे बड़ा अफ़सोस हुआ।

एक दिन वह शौच के लिए दिशा मैदान गया हुआ था। वहाँ से लौटते समय उसके साथ एक पिल्ला था। उसकी समस्या का यही सबसे अच्छा हल था। चौकीदार की बात भी चली थी लेकिन वह मामला खर्चीला था। यहाँ हर्र लगे न फिटकरी-रंग चोखा। कोई तनख़्वाह, खाना-पीना कुछ नहीं देना। रोज़ की चख-चख, नागा, गैरहाजिरी का झंझट नहीं। यह तो ग्राहकों के टुकड़ों पर ही पल जायेगा। हर एक ने एक-एक टुकड़ा भी दिया तो इसका पेट भर जायेगा और चौबीसों घण्टे मुस्तैदी से चौकीदारी करेगा। कुछ ही महीनों में पिल्ला एक अच्छा बड़ा कद्दावर कुत्ता निकल आया। जैसी अपेक्षा थी वैसा ही उसका काम था। दिन भर इधर-उधर डोलता। बेंचों के नीचे पड़ा रहता। इतने दिनों के रख-रखाव और रामलाल की डाँट-डपट से इतना तो उसे अन्दाज़ा हो गया था कि कौन ग्राहक खाना खायेगा, कौन चाय पियेगा। उनके ऊपर भौंकना अपना नुक़सान कराना है और रामलाल की डाँट खाना। शाम होते-होते वह चुस्त-दुरुस्त हो जाता। सहायक के जाने के बाद उसकी चुस्ती-फुर्ती के क्या कहने। रेड अलर्ट। ग्राहकों में जो उसे सन्दिग्ध लगता उस पर झपटने के लिए तैयार। जब मालिक की आँख लग जाती तब सर्वेसर्वा होता। चीते की माफिक टहलता इधर-से-उधर। कोई सवारी गुजरती, कहीं कोई आहट होती तो आसमान सर पर उठा लेता। रात-बिरात आनेवाला परिचित ग्राहक गाड़ी में बैठे-बैठे पहले रामलाल को आवाज़ लगाता। रामलाल उठता। एक डाँट लगाकर कुत्ते को चुप कराता और तब वह ग्राहक उतरकर अन्दर आता। ऐसे वक़्त कुत्ता कान गिराकर अपराधी भाव से दुम हिलाता हुआ रामलाल के पास जाता, कदाचित् क्षमा याचना के लिए, मानो कहता हो कि माफ़ करना, मुझे मालूम न था कि इनके ऊपर नहीं भौंकना है। रामलाल ऐसे में अपने पैरों से धक्का देकर उसे एक ओर कर देता और काम में लग जाता।

एक साल से ज्यादा होने को आ गया था, कुत्ते को लाये हुए लेकिन रामलाल ने कभी कुत्ते को हाथ नहीं लगाया। वह पैरों से काम लेता। शायद यह घिनाता था कुत्ते की जात से। कभी कुत्ता बहुत लाड़-दुलार में होता तो रामलाल के आगे पूर्ण समर्पण की मुद्रा में लेट जाता कि शायद उसका मालिक एक बार उस पर हाथ फेरेगा, उसे सहलायेगा। पीठ के बल दोनों हाथ-पैर ऊपर करके चित कुत्ते को देख रामलाल को बहुत गुस्सा आता। ऐसे समर्पित भाव से लोट-लोटकर करेगा यह चौकीदारी? वितृष्णा से भर एक ज़ोर की लात जमाता उसके पेट पर। अच्छा बड़ा कद्दावर कुत्ता कूँ... कूँ करता कुकियाता दूर जाकर बैठ जाता और चोट खाये पेट को चाटने लगता।

रामलाल जानता था कि कुत्ता सिर्फ़ एक जानवर है और उसका काम चौकीदारी है। इसलिए एक बार उसके किसी ग्राहक ने कुत्ते का नाम पूछा तो वह अचकचा गया। कुत्ते का भला क्या नाम हो सकता है?

—"अरे भाई, इसे किसी नाम से तो पुकारते होगे?"

—"पुकारना क्या? यह तो यहीं पड़ा डोलता है। यह कहाँ जा रहा है जो इसे पुकारना पड़े। यूँ ही जब तब चला आता है कभी पैर चाटता है। कभी मुँह की ओर लपकता है। इसे तो दूर और खदेड़ना पड़ता है।" सोचा रामलाल ने।

—"अरे रामलाल! कोई नाम रख ले कुत्ते का, बड़ा प्यारा जानवर है। आदमी से ज़्यादा वफ़ादार...।"

रामलाल सोचता रहा-सोचता रहा और फिर उसे एक नाम समझ आया कुत्ते के लिए।

—"बहादुर।" उसके गाँव में एक चौकीदार था। उसका नाम बहादुर था। उसे लगा कि कुत्ते के लिए उपयुक्त हो सकता है। चौकीदार चाहे आदमी हो या कुत्ता एक ही काम करता है, तो नाम भी एक ही जैसा होना चाहिए। बहादुर यानी चौकीदार।

बहादुर की बहादुरी में कोई कमी नहीं थी। एक दिन रामलाल अन्दर कोठरी में था। सहायक ही था बाहर। एक मोटर साइकिल सवार ग्राहक के अलावा कोई अन्य नहीं था ढाबे में। मोटर साइकिलवाला नौज़वान सहायक से बातें करने लगा। सहायक ने उसे चाय बनाकर दे दी थी और फिर सब्ज़ी काटने लगा। उस नौज़वान के इरादे ठीक नहीं थे। वह शायद कैश का डिब्बा उठाकर भागने के चक्कर में था।

उसके इरादे को भाँपकर सहायक सतर्क हो गया। नौज़वान ने डिब्बे को हाथ लगाया। जब तक सहायक उस तक आता बहादुर कोने पर पड़ी बेंच के नीचे से निकलकर चीते की तरह झपटा और उसका पैर पकड़ लिया।

नौज़वान जोर से चीखा। बहादुर के दाँत उसके पैर में गहरे धँस गये थे। उसने वहीं कैश का डिब्बा छोड़ा और चीखता-कराहता हुआ भागा...। लम्बी दूरी तक बहादुर उसका पीछा करता रहा, दौड़ाता रहा उसे। जान छुड़ाकर भागा वह मोटर साइकिल सवार।

कुछ समय बाद हाँफता-दौड़ता बहादुर लौटा। विजय भाव के साथ। बहुत प्यारा था वह सो तुरन्त नल के नीचे बने गड्ढे में जमा हुआ पानी पीने के लिए लपका। तभी उसकी नज़र रामलाल पर पड़ी जो यह अफरा-तफरी सुनकर बाहर निकल आया था, और कैश बॉक्स सहेज रहा था... पैसे गिन रहा था।

अपने कारनामें पर बहुत ख़ुश और गर्वित था बहादुर। वह मालिक से शाबाशी चाहता था। दुम हिलाता कमर इधर-उधर डुलाता, इतराता वह तेज़ी से मालिक की

ओर लपका। उसे मालूम था कि मालिक उसे ज़रूर सहलायेगा दुलरायेगा।

रामलाल पैसे गिन रहा था। बहादुर उसकी ओर चढ़ा चला आ रहा था। मुँह उठाये उसने अपनी थूथन से रामलाल की बाँह को ठोहका मारा। उसके मुँह की ओर ऊपर तक लपककर वह अपनी मोहब्बत का इजहार करना चाहता था।

रामलाल बहुत झल्लाया। उसे अपने ऊपर उछलते देख उसने उसे पहले तो हाथ से अलग करने की कोशिश की। वह न माना तो फिर एक ज़ोर की भरपूर लात जमायी।

अप्रत्याशित व्यवहार से बहादुर परेशान हुआ या नहीं लेकिन लात खाकर जो वह उछला तो सामने की एक मेज़ से जा टकराया और मेज़ का कोना उसकी आँख से जा लगा। आँख चुटैल हो गयी और ख़ून रिसने लगा। वह रिरियाकर चीखने लगा। न जाने वह कितनी देर तक रिरियाता रहा, चीखता रहा, रिरियाता रहा। थोड़ी देर बाद उसकी आवाज़ क्रमशः धीमी होती गयी। वह थक गया था। लड़खड़ाता डगमगाता वह पानी के गड्ढे में मुँह देकर वहीं पड़ गया।

अपने सहायक को हाथ रोककर उस ओर ताक़ते देख रामलाल ने उसे घुड़ककर अपना काम करते रहने को कहा और ख़ुद भी काम से लग गया। फालतू चीज़ों में वक़्त ख़राब करना रामलाल को बिलकुल पसन्द नहीं था।

रामलाला का ढाबा अच्छा चल रहा था। उसका पूरा इन्तज़ाम फिट था। रोज़ाना के कई ग्राहक उसके बँधे थे। वे अपनी गाड़ी की सवारियाँ भी साथ ले आते। कभी अचानक अच्छी-भली भीड़ हो जाती और उसे सँभालना मुश्किल हो जाता। काम बढ़ रहा था।

उसे एक और आदमी की ज़रूरत महसूस होने लगी लेकिन उसकी लम्बी-चौड़ी तनख़ाह... उसके सोच को चुप कर देती। यह पहला सहायक ही क्या कम था। अच्छी मोटी रकम डकार रहा था। लेकिन रामलाल की मजबूरी थी। वह खाना बहुत लज़ीज़ पकाता था। उसके नियमित ग्राहक सहायक के बनाये हुए खाने के मुरीद थे और उसकी वजह से उस ढाबे में आते थे।

क्या ही अच्छा होता कोई मुफ़्त में काम करनेवाला मिल जाता। रामलाल सोचा करता। दूसरे आदमी पर होनेवाला ख़र्च उसके हिसाब में कहीं फिट नहीं हो रहा था। लेकिन ग्राहकों की भीड़। कभी-कभी पूरी बस की सवारियाँ उतर जातीं। बाक़ी काम तो वह और सहायक सँभाल लेते हैं लेकिन जूठे गिलास, प्लेटों का ढेर उसके सिर पर सवार हो जाता। अब वह गिलास-प्याले धोये या सामान तैयार कराये या ग्राहकों तक दौड़-दौड़कर पहुँचाये। कोई छोकरा होता तो कप-प्लेट ही धोता रहता।

रामलाल एक दिन अपने गाँव गया और शाम को लौटा। उसके साथ एक नौ-दस साल का छोकरा था। दूसरे दिन से ही छोकरा काम पर लग गया। सवेरे से

शाम तक बर्तन धोता रहता। जूठी प्लेटें उठाता। एक महीने बाद एक बुड्ढा आया और उस छोकरे की तनख़ाह ले गया। वह बात दूसरी थी कि जितनी तनख़ाह तय हुई थी, रामलाल ने लगभग आधी ही दी। बाक़ी तनख़ाह कुछ गिलास, प्याले और प्लेटों के एवज में कट गयी जो धोने के दौरान उस छोकरे से टूटे थे। फिर रामलाल को यह शिकायत भी थी कि छोकरा खाना बहुत खाता है। बुड्ढा बहुत बकते-झकते पैसे ले गया। उसने रामलाल को बहुत लानत दी कि पूरे दिन काम करवाने के बाद छोकरे को ठीक से खाना नहीं देता। वह धमकी भी दे गया कि वह लड़के को वहाँ से हटाकर कहीं और लगवा देगा। इनसे कहीं ज़्यादा तो गाँव में मजदूरी करके कमा रहा था।

रामलाल चुप रहा लेकिन इतना समझ गया कि यह लड़का ज़्यादा चलेगा नहीं। यह बुड्ढा हर महीने यमदूत की तरह हाजिर होगा और पैसों की चिखचिख करेगा। धमकी अलग देगा। ऐसे में यह लड़का भी अकड़ा-अकड़ा फिरेगा। काम क़रने से ज्यादा ठसक़ दिखायेगा।

अगले महीने जब बुड्ढा आया तो उसने आधी तनख़ाह देकर लड़के को चलता किया। लेकिन समस्या तो थी!

रामलाल ने ट्रक और बस के कुछ ड्राइवरों से जो उसके बँधे हुए ग्राहक हुआ करते थे, उनसे सलाह-मशविरा किया। उन सभी ने उसे दिलासा दिया कि वे कुछ इन्तजाम करेंगे। कोई काम करनेवाला छोकरा तलाशेंगे उसके लिए।

रामलाल का सहायक एक बार चार दिन की छुट्टी लेकर गया। उसका ब्याह होनेवाला था।

ब्याह! रामलाल के कानों में शब्द गूँजा। ब्याह तो उसका भी हो सकता है। उसका ब्याह कराने की किसी ने सुध ही नहीं ली।

उसने अपने बस और ट्रकवाले ग्राहकों से पूछा। सलाह ली। सबने उसकी पीठ थपथपायी और कहा कि ब्याह तो जुआ है लाला। खेल जाओ आँख मूँदकर। मदद हम कर देंगे।

रामलाल इसके बाद अपने गल्ले की जाँच-पड़ताल करता रहा।

जोड़-घटाने का गणित लगाता रहा। अपनी कोठरी की ऊँचाई और चारपाई की लम्बाई नापता रहा। अलग-अलग पैमानों से भीतर-बाहर उकेरता-टटोलता रहा।

रामलाल ने अपने दोस्त-ग्राहकों को दिक्क़त समझायी। उन्होंने उसे समझाया।

अन्त में जो उसकी समझ में आया वह यह कि लुगाई का आना कोई घाटे का सौदा न होगा। आनेवाली पूरा काम सँभाल लेगी। खाना पकाने से लेकर बर्तन सफ़ाई तक। न तनख़ाह की चिकचिक और न काम की झिकझिक। सिर्फ़ खाना और कपड़ा

तक मामला रहेगा। औरत से जो बाकी आराम होते हैं सो अलग। उसकी वजह से ग्राहकी भी बढ़ेगी।

यह गणित रामलाल की समझ में आ गया। उसकी आँखें चमकने लगीं। एक दिन जेब में नोटों की एक गड्डी डालकर रामलाल एक ट्रक में उसके ड्राइवर के साथ बैठकर चल दिया।

कुछ दिन पीछे उसी ट्रक में बैठकर रामलाल लौटा तो उसके साथ में एक औरत थी। नाक तक खिंचे उसके घूँघट में ज़्यादातर चेहरा छिपा था। साँवले मोटे हाथों की उँगलियों में मैले नाखूनों पर लाल पर्त चढ़ी हुई थी। गुलाबी रंग की आलता लगे पैर धूल से सने हुए थे। प्लास्टिक की चप्पल चलने में चट्-चट् बोल रही थी।

ट्रक से नीचे उतरने पर रामलाल तेज़ क़दमों के साथ ढाबे के अन्दर घुस गया। ओढ़ी हुई गरम चादर उतारकर रख दी और पिछवाड़े लगे नल पर हाथ-पैर धोने लगा। गरम चादर के नीचे उसने नया कोट पहन रखा था। इसलिए एहतियात बरत रहा था कि कहीं पानी की छींटे कोट पर न पड़े।

वह औरत ट्रक से उतरकर ठिठक गयी। ट्रक फुर्र से आगे जा चुका था। बाहर खुले में उसे ठण्ड का अहसास ज़्यादा हुआ। उसने अपनी रंगीन सूती धोती को अच्छी तरह से पीठ और कन्धे पर लपेट लिया। फिर दो उँगलियों से घूँघट हटाकर अपने आस-पास देखा।

अँगीठी की गर्माहट सेता हुआ पास लेटा बहादुर उठकर खड़ा हो गया था। अँगीठी के पास तख़त पर बैठा सहायक बड़े भगोने में दाल छौंकने की तैयारी कर रहा था। उस नयी-नवेली का सहायक ने स्वागत किया।

"आओ भौजी आओ। पा लागी।"

उस औरत की होंठों की रेखा में कुछ हरकत-सी हुई थी। वह शायद मुस्करायी थी। सहायक से बतियाते देख रामलाल ने औरत को आवाज़ देकर बुला लिया—"आजा। इधर ही आजा। ये है कोठरी।"

औरत धमकती हुई धीरे-धीरे बेंचों और मेज़ों को पार करती पीछे चली गयी। सहायक हँसा... औरत तो ले आया लेकिन लाला ने कोई गरम कपड़ा न दिलाया इसे।

रामलाल नल के नीचे पैर रगड़ रहा था। उसका दिमाग़ कहीं उलझा हुआ था। उसने जेब से बचे हुए नोट निकाले। गिने और वापस जेब में रख लिये।

औरत कोठरी के अन्दर थी। सटर-पटर की आवाज़ आ रही थी। शायद सामान इधर-से-उधर करके जगह बना रही थी।

फिर वह बाहर निकल आयी। नाक से खिसककर उसका घूँघट अब माथे पर आ गया था।

रामलाल गल्ले पर था। उसे कोठरी से बाहर आता देख सहायक ने अपने हाथ में पकड़ा हुआ चाय का गिलास औरत की ओर बढ़ा दिया। औरत फ़िलहाल खड़ी रह गयी। उसके हाथ में डण्डा था। वही डण्डा जिसे रामलाल भैंस को पीटने के काम में लाता था। उसने रामलाल से पूछा कि क्या करना है इस डण्डे का... कहाँ रखे इसे वह?

कोठरी में डण्डे की जगह कहाँ है... यह बात वह औरत जानना चाहती थी। रामलाल के मुँह के अन्दर-ही-अन्दर गुर्राने की आवाज़ पैदा हुई। कुछ क्षण बाद उसने इतना ही कहा– "वहीं धर दे, जहाँ था।"

वह औरत समझ गयी और अन्दर चली गयी।

रामलाल चिन्तित था। उसे तय करना था कि इस औरत के हिस्से में क्या-क्या काम आयेगा। सारे जोड़ और घटत में उसे फ़र्क़ बहुत कम नज़र आ रहा था। उसने सोचा और पूरी ताक़त लगाकर सोचा कि उसका हिसाब दुरुस्त हो जाये। फिर ढाबे के कोने में पान सिगरेट की एक दुकान और खोल ली।

अब सवेरे सबसे पहले वह औरत उठा करती। सफ़ाई करती। अँगीठी सुलगाती। सब्ज़ी काटकर रखती। सहायक की सहायक हो गयी थी वह। सहायक लगातार पैसे बढ़ाने की जो बात करता था वह अब औरत की वजह से रुक गयी।

रामलाल गल्ला सँभालता। पान की दुकान देखता। ग्राहकों को खाना खिलाता। काम के लगातार बढ़ने और अपनी औरत द्वारा काम सँभाल लिये जाने से रामलाल सन्तुष्ट था।

लेकिन कभी-कभी वह चिन्तित हो उठता। अब सहायक सिर्फ़ अपनी रोटी पकाता। रामलाल की और अपनी रोटी ख़ुद वह औरत पकाती और खाने की थाली तैयार करती। एक जैसी दो थालियाँ लेकर वह रामलाल के पास ही बेंच पर बैठ जाती। रामलाल को यह अच्छा नहीं लगता। एक बार उसने सहायक से कहा भी। सहायक ने पलटकर जवाब दिया– "लाला! अपनी औरत को भी क्या टुकड़ों पर रखोगे?"

एक दिन तो हद हो गयी। रामलाल सवेरे की दिनचर्या से निवृत्त होकर जल्दी लौट आया। क्या देखा कि औरत ने एक बड़ा चाय का गिलास हाथ में थाम रखा है। चाय क्या थी निरा दूध-ही-दूध था– सारा रात का बचा हुआ था। एक पाव रोटी उसमें डुबो-डुबोकर खा रही थी। तख़्त के पास ही मुँह उठाये बहादुर बैठा था। ताज़ी पाव रोटी के टुकड़े उसे भी फेंके जा रहे थे। वह मुस्तैदी से टुकड़े लपक रहा था और उसकी दूसरी आँख तृप्ति से चमक रही थी। और मिलने के लालच में बहादुर तख़्त के पास खिसकता जा रहा था और वह औरत... जैसे मुफ़्त का माल हो, भकर-भकर खाये चली जा रही थी। दूर खड़ा रामलाल... वह तो जैसे कहीं था ही नहीं। कोई

उसका अस्तित्व ही नहीं। उसकी किसी को याद ही नहीं। कोई नामोनिशान नहीं उसका।

—"हरामजादी...हराम का माल उड़ाये रही है..."

औरत ने घूमकर देखा। किचकिचाता हुआ रामलाल मोटा डण्डा लिये खड़ा था दन्न से उसकी पीठ पर जमाने के लिए।

वह औरत भरपूर नफ़रत से उसकी ओर देखती रही। वापस मुड़कर उसने चाय का आख़िरी लम्बा घूँट लेकर गिलास खाली किया। रामलाल के हाथ में डण्डा देखकर कान झुकाये, दुम हिलाता हुआ बहादुर खड़ा हो गया।

रामलाल सचमुच गुस्से में था।

औरत ने मजबूत हाथों से उसके हाथ से डण्डा झपट लिया। उसकी आँखों में देखती, एक-एक शब्द हथौड़ी से कील की तरह ठोंकती हुई सर्द आवाज़ में बोली—'जबान सँभाल कर रे! हराम का कुछ भी नहीं। दिन-भर हाड़ तोड़ती हूँ,... यह सब...' औरत तख़्त से नीचे कूदी। डण्डा उसने सुलगती हुई अँगीठी में झोंक दिया।

रामलाल खड़ा-खड़ा मुँह ताक़ता रह गया। ऐसा तो आज तक कभी नहीं हुआ। उसने कभी सोचा भी नहीं था। उसका गणित फिर कहीं गड़बड़ाने लगा था।

●

क़यामत का दिन उर्फ क़ब्र से बाहर

जया जादवानी

वह बड़ा अद्भुत दिन रहा होगा जब मैंने तय किया और उल्लसित हो उठी। दौड़ती हुई सीढ़ियाँ उतरी। वे सब बाहर बरामद में बैठे चाय पी रहे थे और ज़िन्दगी की गहन समस्याओं को सुलझाने में मशगूल थे। हालाँकि समस्याएँ उनकी अपनी ख़ुद की तैयार की हुई थीं जिन्हें सुलझा सकने की कोशिशों में वे अपनी श्रेष्ठता का प्रदर्शन कर रहे थे।

मेरे नंगे सिर और रातवाले कपड़ों में वे मुझे देखकर इस तरह खड़े हो गये जैसे उन पर गाज गिरी हो। पर उनकी तरफ़ से बेपरवाह मैं सीटी बजाती हुई पोर्च की ओर बढ़ी, जहाँ कार खड़ी थी।

बहुत साल पहले जब मेरा बचपन मरा नहीं था, मेरे दोनों भाई इसी तरह सीटियाँ बजाते हुए फुटबाल खेलने अपनी-अपनी साइकिलों पर घर से निकला करते थे। उनके पीछे उसी तरह भागने को लालायित मैं जब उसी तरह घर से सीटी बजाते हुए निकलती वे बड़ी क्रूरता से पीछे लौटते, दोनों तरफ़ से मेरी बाँहें पकड़कर घसीटते अन्दर कमरे में ले जाते और बाहर से दरवाजा बन्द कर देते। मेरी माँ अपनी क्रूर चुप्पी में उनके साथ शामिल रहतीं और शाम को मैं बड़ी हसरत से अपने कुत्ते को देखती, जिसे पिता जी चेन से बाँधकर बहुत दूर तक घुमाने ले जाते।

कार बन्द थी। यह कार मेरे पति ने मुझे अपने उन दो सेवाओं के लिए दान में दी थी जिन्हें हर चौबीस घण्टे मैं बड़ी फरमाँबरदारी से निभाया करती थी पर इसकी चाभी वे हमेशा अपने पास रखते थे। मैंने सीटी बजाते हुए इशारे से उन्हें बुलाया, न भी बुलाती तो वे लपकते हुए मेरे पास आ ही रहे थे। ये किस तरह मुमकिन था कि उनके अगूँठे के नीचे से फिसलकर एकाएक मेरा पूरा क़द निकल आये और वे चुप बैठे रहें, "यह क्या हो रहा है?" उनके चेहरे पर गुस्सा, व्याकुलता और भय था– इस गृहस्थी के लोगों के सामने यह जो 'मर्द' बना फिरता है, मैं इसकी कलई न उतार दूँ। मैंने हिकारत से उसकी ओर देखा– रात में जो आदमी मेरे पैरों में गिरता है, मेरा थूक चाटता है, वह दिन की रोशनी में किस तरह केचुल बदल डालता है

...कितनी तत्परता से। मुझे उस वक़्त लगा– मेरे भीतर एक खोखल है जिसमें इसके लिए जाने कितनी नफ़रत है और जितना भी मैं बाहर उलीचने की कोशिश करती हूँ, उतना ही भीतर वह भरती जाती है।

इससे पहले मैं कुछ कहूँ, उसने मेरा हाथ पकड़कर मुझे अन्दर धकेल दिया। मैं लड़खड़ायी और सीधी होकर उसकी ओर देखा। मारे गुस्से के उसके मुँह से बोल नहीं फूट रहा था। क्या-क्या दबाकर रखा है, आज निकाल दूँ? मैंने आगे बढ़कर एक करारा थप्पड़ उसे रसीद किया। यह इतना अप्रत्याशित था कि वह कई क़दम पीछे हट गया। मैंने एक ज़ोरदार लात कार को जमायी और गेट खोलकर बाहर आ गयी। "चौकीदार, पकड़ो इसे?"

पीछे से कोई बेकाबू होकर चिल्लाया और मैं और तेज़ भागी। किसी की पकड़ में आकर मैं एक दिन नष्ट नहीं करना चाहती थी। पता नहीं किन गलियों व घुमावदार रास्तों से होती हुई मैं किसी चौक पर पहुँच गयी थी। सुबह की आवाजाही बढ़ रही थी। बच्चे स्कूल जा रहे थे और आदमी दफ़्तर... और औरतें पड़ी होंगी घर के किसी कोने में बास छोड़ती हुई, बर्तन माँजती, झाड़ू लगाती, बच्चों की टट्टी साफ़ करती, तमाम नफ़रत के बावजूद मुस्कराती हुई पति के साथ हमबिस्तर होती और सुबह घृणा से अपने अंग धोती... मैंने नफ़रत से धरती पर थूक दिया। फिर ध्यान से अपने चारों ओर देखा। एक गुमटी में एक चायवाला सबको चाय बनाकर दे रहा था। मुझे अचानक चाय की तलब लगी और मैं उसके पास चली गयी।

"एक चाय और एक पाव देना।" मैंने उससे कहा और गुनगुनाती हुई चारों ओर देखने लगी। मेरे गुनगुनाते ही गुमटी के चारों तरफ़ खड़े लोग जैसे सतर्क हो गये और मुझे देखने लगे। धीरे-धीरे उनका घेरा तंग होता गया और मैं बीच में आ गयी। तभी चायवाले ने चाय का गिलास और पाव मेरी तरफ़ बढ़ाया जो कई हाथों से होता हुआ मुझ तक पहुँचा। मैंने एक हाथ से सबको परे धकेला और स्टूल पर बैठ गयी, बड़े आराम से पाव खाया, चाय पी और चायवाले के मग्गे से हाथ-मुँह धो डाले। तब तक सारा वक़्त जैसे थमा-थमा मुझे देख रहा था।

"ए, कहाँ से आ रही है?" एक ने लापरवाही से पूछा।

"यार के बिस्तर से।" दूसरे ने चटखारा लिया।

"हाँ सच, तुम्हें कैसे पता चला?" मैं आश्चर्य से हँस दी।

"हम भी यारों के यार हैं, साथ चलेगी?" तीसरे ने मेरी बाँह पकड़ी और मेरा हाथ चूम लिया।

"नहीं, आज नहीं फिर कभी।" मैंने पैसों के लिए कुर्ते की जेब में हाथ डाले। यह देखकर एक ने कहा, "एक पप्पी दे दे, पैसा मैं देता हूँ।"

"नहीं, तुम बहुत बदसूरत हो।" मैंने जेब से पैसे निकाले और चायवाले को

दे दिये। वह अकबकाया-सा मुझे देख रहा था। मैंने दोनों हाथों से सबको परे धकेला और वहाँ से भाग ली। मैं चलती हुई पता नहीं शहर के किस हिस्से में आ गयी थी और अब तक थक रही थी। कितना वक़्त हो गया, मैं सड़कों पर इस तरह पैदल नहीं चली। जब भी निकली, कार के काले शीशों के अन्दर बैठकर।

लोग कहते हैं दुनिया बहुत बदल गयी है– क्या सचमुच?

मैं सड़क के किनारे बैठे हुए मोची के पास जाकर बैठ गयी। उसने सन्दिग्ध भाव से मुझे ऊपर से नीचे तक घूरा, "ए क्या चाहिए?"

"कुछ नहीं। सुस्ता रही हूँ?"

"सुस्ताने के लिए तुझे कोई और जगह नहीं मिली...चल चल मेरा धन्धा खोटा मत कर...पुलिसवाले ने देख लिया तो।"

उसने मुझे अपने एरिया से बाहर धकेल दिया। मैं उठकर चलने लगी तो उसने पीछे से आवाज़ दी, "ए सुन।"

मैं मुड़ी।

"सुस्ताना है तो रात को आना।"

मैं हँस दी, मोची भी।

और मैं फिर चल पड़ी। थोड़ी दूर आगे एक स्टेज सजा था। एक मन्त्री जी भाषण दे रहे थे। लोग बड़े अनमने भाव से सुन रहे थे। गर्मी व पसीने से तर-बतर। मुझे अचानक उस आदमी पर गुस्सा आ गया और मैं दौड़ती हुई मंच पर चढ़ गयी। पहले तो किसी की समझ में नहीं आया कि क्या हो गया। जब तक समझ में आया, मैं उस आदमी को परे धकेल चुकी थी और माइक पर कह रही थी, "भाइयो और बहनो, अगर तुम्हें सुनना है तो सिर्फ़ अपनी सुनना... यह व्यवस्था... यह लोग तुम्हें कभी अपने जैसा नहीं होने देंगे।" तब तक वे मुझे घसीटकर मंच पर से उतारने लगे थे। मैं कहती गयी "क्योंकि तब ये खत्म हो जायेंगे।"

पब्लिक शोर मचाती हुई उठ खड़ी हुई। उन्होंने मुझे उठाकर स्टेज के बाहर फेंक दिया। "पुलिस के हवाले कर दो, पता नहीं कौन पगली है,...जाहिल, हिम्मत तो देखो..."

एक ने ज़ोर से कहा। मंच पर सजी कुर्सियों में से एक आदमी उठकर मेरे पास आया और सबको रोकते हुए मुझे उठाकर अपने सामने खड़ा कर दिया– "कौन है तू?"

"तेरी माँ..." मैंने गुस्से से उसकी बाँह पर काट खाया। वह पीड़ा से बिलबिलाया और मैं वहाँ से भाग खड़ी हुई।

मेरे कुर्ते की बाँह फट गयी थी और मेरे घुटनों और कुहनियों पर चोटें लगी थीं।

जिनसे ख़ून रिस रहा था। मेरे पास मेरा दुपट्टा भी नहीं था। जिसकी मदद ली जा सकती।

मैं चलते-चलते एक हॉस्पिटल के पास से गुज़री और एकदम से अन्दर घुस गयी। देखा, एक लम्बी-सी लाइन है और लोग पर्चियाँ बनवा रहे हैं। मैं अपनी बारी आने की प्रतीक्षा करने लगी। जब मेरी बारी आयी, अन्दर केबिन में बैठे आदमी ने मुझे सिर से पैरों तक घूरा और मशीनी अन्दाज़ से पूछा, "क्या तक़लीफ़ है?"

"चोट लगी है?"

"कैसे?"

"तुम्हीं लोगों ने मारा है।" उसने हैरत से मुझे देखा। आस-पास खड़े लोग हँस पड़े।

"नाम क्या है।"

"औरत।"

"उम्र?" उसने मुँह बिचकाया।

"पाँच घण्टे, बत्तीस मिनट, सत्ताईस सैकेण्ड्स" मैंने उसके सिर के ऊपर लगी घड़ी देखी।

"अकेली हो, साथ कोई नहीं है?"

उसने सन्दिग्ध भाव से मुझे घूरा और इससे पहले कि मैं कुछ कहूँ, उसने एक वार्ड-ब्वाय को इशारा किया। वह आया और उस आदमी से पर्ची लेकर मेरा हाथ पकड़कर कहीं ले जाने लगा। मैंने उसके हाथों में थमी पर्ची पर पढ़ा–किसी सायकेट्रिस्ट का नाम था। मैं बड़े आराम से उसके साथ चलती रही। वह एक केबिन के सामने रुका और मुझे बाहर बेंच पर बैठने का इशारा करते हुए अन्दर चला गया। मैंने बेंच पर बैठते हुए देखा आदमी व औरतों की लम्बी कतार बैठी थी। मैं बड़े मस्त अन्दाज़ में अपने घुटनों का तबला बजाती हुई गुनगुनाने लगी।

"इश..." बग़लवाली औरत ने मुझे कोहनी मारी – "सब देख रहे हैं।"

"तो?" मैंने तुनककर कहा।

"तो क्या? तुम्हें डर नहीं लगता लोग क्या कहेंगे?"

"डर" मैं हँस दी– "तुम्हें लगता है?"

"हाँ," उसने हिचकिचाते हुए सिर हिलाया।

"तभी तो तुम मुर्दा हो।" मेरे कुछ कहने से पहले ही वह वार्ड-ब्वाय आया और मेरी बाँह पकड़कर अन्दर ले गया। अन्दर सामने एक बड़ी-सी चेयर पर एक आदमी बैठा था– "डॉक्टरनुमा। मैंने उसकी तरफ़ हाथ बढ़ाया।

"हाय..."

उसने सिर से पैर तक मुझे घूरा और मुझे बैठने का इशारा करते हुए उसे बाहर जाने को कहा।

"कहाँ से आयी हो?" अब वह मुझसे मुख़ातिब था।

"पिंजड़े से।"

"भागकर।"

"हाँ, और क्या, आज़ाद कौन करेगा?"

मैंने पेपर वेट हाथ में उठा लिया और उसके सिर का निशाना लिया।

"इसे टेबिल पर रख दो और ऐक्टिंग मत करो।" उसने रोबीले स्वर में कहा।

"आज ही तो तय किया है मैंने कि ऐक्टिंग नहीं करूँगी।"

"तो क्या करोगी?" वह मुस्कराया।

मैंने उसे ध्यान से देखा— मोटा जिस्म, बाँहों-भौंहों व सिर पर तक़रीबन एक जैसे काले सफ़ेद बाल। मैंने उसकी आँखों में देखा। शिकार को देखकर अँधेरे में चमकती खूँखार आँखें। हममें ही कोई जानवर जीता-पलता और बढ़ता है हम मात्र पिंजड़े का काम करते हैं।

"जो मन में आयेगा।" मैं हँसने लगी, एक ऐसी हँसी, जिसके न होने का मतलब था, न न होने का। जो कहीं भी हो सकती है... नहीं भी हो सकती।

अचानक मैं उठ खड़ी हुई।

"चलती हूँ, मुझे देर हो रही है।"

यह बाद में पता चला कि हम ग़लत जगह आ गये।

तब तक बहुत बार इस गलत बात को सुधारने के सारे रास्ते ख़त्म हो चुके हैं।

"तुमने अपनी तक़लीफ़ तो बतायी ही नहीं।"

उसने मुझे उठती हुई का हाथ पकड़ लिया।

"मुझे कोई तक़लीफ़ नहीं हैं"... मैं टेबिल से घूमती हुई उसकी कुर्सी के निकट आ गयी, "तक़लीफ़ हमेशा उनको होती है जिनके हाथ में हण्टर होते हैं। जो इशारों पर नाचने के आदी हों— उनके लिए कैसी तक़लीफ़?"

फिर अपना हाथ छुड़ाया और उसके गाल पर थपकी दी, "ज़िन्दगी में इतनी बीमारी नहीं होनी चाहिए कि इतने सारे डॉक्टर्स की ज़रूरत हो।"

वह भौचक-सा मुझे देख रहा था और मैं उसे उसी हालत में छोड़कर बाहर आ गयी।

सड़क पर बहुत भीड़ न थी— बहुत लोग, बहुत गर्मी। मैंने एक जगह खड़े होकर चारों ओर देखा। हर तरफ़ लोग, दुकानें, चीज़ें, आवाज़ें, चालाकियाँ, होशियारियाँ, लोग जल्दी-जल्दी जीने की कोशिशों में कितनी तीव्रता से मरने लगते हैं।

अब? मैं वहाँ से हट गयी। सड़क के किनारे लगे प्याऊवाले से पानी माँगकर पिया और शहर के उस हिस्से की तरफ़ चल पड़ी जहाँ अपेक्षाकृत कम शोर हो सकता था।

मेरे सामने एक थियेटर था, जिस पर कोई हिन्दी फ़िल्म लगी हुई थी, मैंने नाम पढ़ा 'साजन बिना सुहागन'। कितनी औरतों के लिए भीड़। मैंने ज़मीन से एक बड़ा-सा पत्थर उठाया और बोर्ड का निशाना बना जोर से फेंका। बोर्ड को कुछ नहीं हुआ और पत्थर दूर जा पड़ा। वहाँ खड़े एक चौकीदार ने मुझे देखा और मेरी ओर दौड़ा। वहाँ से मैं भाग ली। वहाँ से भागते हुए देखा, हमारे पड़ोसी मि. दत्त ख़ूबसूरत औरत के साथ फ़िल्म देखने अन्दर जा रहे हैं। मैं ठिठककर खड़ी हो गयी। मुझे देखते ही वह चौंके और नज़रें बचाकर गुज़रने लगे। मैं उनके रास्ते में आ गयी।

"कैसे हो मि. दत्त।" मैं हँसी।

"ठीक।" उन्होंने माथे पर आया पसीना पोंछा और साथवाली औरत की बाँह कसकर पकड़ ली।

"मोटी बीवी से जी नहीं भरता न।"

"उन्होंने मुझे गुस्से से धकेलकर परे किया और आगे बढ़ गये।"

वह औरत घबरायी, व्याकुल आँखों से मुझे देख रही थी। उसके चेहरे पर शर्म उतर आयी थी। मैंने अजीब-सी तरस से भरकर उसकी ओर देखा। यह सब अपनी-अपनी क़ब्रों में सोयी हुई औरतें हैं– सदियों से अपने से बेख़बर, अनगढ़ पत्थर, किसी ने पूजना चाहा, पूज लिया, किसी ने हरना चाहा, हर लिया, किसी ने बेचना चाहा, बेच लिया, किसी ने 'पटाना' चाहा, 'पटा' लिया। जो भी 'मेकर' होना चाहता है, हो सकता है। 'मल्टीपरपज़' जिस्म लिये वह हर हाल में .ख़ुश हैं। तक़लीफ़ सिर्फ़ तभी होती है, जब वह अपनी क़ब्र से जाग जाती हैं।

मेरे सामने स्कूल है। कुछ बच्चे सामने मैदान में पी.टी. कर रहे हैं। कुछ दूरी पर एक टीचर बच्चों के एक ग्रूप को गाना सिखा रही है– "सारे जहाँ से अच्छा हिन्दोस्ताँ हमारा।" कौन-सा हिन्दोस्ताँ, वह जो आज है, या वह जो कल होगा, हो सकता है– अगर हो।

मैं स्कूल की गेट के बाहर कुछ दूरी पर खड़ी उन्हें देख रही हूँ।

स्कूल की घण्टी बजी और सारे बच्चे पिंजड़े से छूटे निरीह मेमनों की भाँति बाहर की ओर भागे। ये स्कूल निरीहता व क्रूरता का अद्‌भुत संगम।

मैंने आगे जाने के लिए क़दम बढ़ाया ही था कि एक युवक मेरे सामने आकर खड़ा हो गया। मैंने उसकी ओर देखा–भूरे बालों व भूरे आँखों का अजब-सा मिश्रण। उसके बाल उसके माथे पर गिर रहे थे और उसके पलकों की छाँह उसके चेहरे। उसके चेहरे पर ठहरी मुस्कान धूप में चमक रही थी। वह मुझे देखता रहा–अपनी उसी ठहरी नज़र से–"क्या चाहिए?" मैंने कठिन स्वर में कहा।

"मैं आपको बहुत देर से देख रहा हूँ। आपका चेहरा, आपकी आँखें– इन सब हालतों से मैच नहीं करते, जिनमें आप खड़ी हैं। आप जो नहीं हैं, वही दिखने का प्रयत्न कर रही हैं और इस तरह अपनी तक़लीफ़ बढ़ा रही हैं। मैं आपको नहीं जानता, पर इतना ज़रूर कहूँगा– आप घर लौट जाइये, यह दुनिया इतनी भली नहीं है कि ...।"

मैं हँस दी और उस वक़्त मुझे लगा मेरी हँसी एक परिन्दे की तरह उसके सिर के ऊपर भटक रही है– घायल परिन्दे की तरह। आहिस्ता आहिस्ता फड़फड़ाती...।

मैंने उसकी छाती पर हाथ रखकर उसे परे करना चाहा और वह परे हो गया। लगा, अगर इस वक़्त यह मेरे कँपकँपाते हाथों को थाम ले, जिसका उससे दूर का भी वास्ता न था तो मैं इन्हें मुर्दा होने से बचा सकती हूँ।

मैंने उसकी तरफ़ से आँखें फेर लीं और आगे बढ़ गयी।

आस-पास का परिदृश्य अचानक तब्दील हो गया मालूम देने लगा। लोगों की चुभती निगाहें, मुझे अपनी पीठ पर मालूम होने लगी। इससे पहले कि लोग मुझे घेरना शुरू कर दें, मुझे भाग जाना चाहिए।

पब्लिक पार्क की बेंच–यहाँ इस वक्त इक्का-दुक्का लोग हैं– दूर कबड्डी खेल रहे बच्चे। दिसम्बर की धूप। मेरी बेंच के ऊपर किसी पेड़ का साया नहीं था और नंगी धूप, थकी देह पर चुभ रही थी। धूप, जो मेरे न होने पर भी होगी। तो क्या मैं किसी ऐसे चीज़ की तलाश में हूँ जो मेरे न होने पर भी मेरी हो। हाँ, पर वह धूप नहीं है।

मैं थककर बेंच पर लेट गयी। मेरी ज़िन्दगी में मैंने अपने लिये कुछ नहीं चुना– न साथी, न शादी, न बच्चा, न रिश्ते–यहाँ तक कि अपने लिये अपना अकेलापन नहीं। हमारे लिये चुनने का मतलब ही होता है – छिन जाना। यह सोचकर कितना अजीब लगता है कि हमारी बन्द मुट्ठी में, जिसमें हम समझते हैं–सारा संसार बँधा है, हमेशा खाली रहती है। पर इस खालीपन को हम किसी से नहीं कह सकते, अपने-आप से भी नहीं।

बच्चे छू-छूकर खेल खेल रहे थे। एक छह-सात साल की बच्ची भागते हुए आयी और मेरे पैरों से उलझ गयी। मैंने उसे उठाकर प्यार कर लिया। वह सकुचाते हुए उठ खड़ी हुई और जाने लगी– थोड़ा आगे जाने के बाद वह फिर पीछे मुड़ी और मेरे निकट आ गयी।

"आप कहाँ से आये हो?"

"जहाँ से तुम आये हो बेटे।" मैंने उसके सिर पर हाथ फेरा।

"मैं तो घर से आयी हूँ, पर मुझे वहाँ पर अच्छा नहीं लगता।"

"मुझे भी नहीं लगता।"

"पर आप तो बड़े हो।"

वह कुछ पल मुझे देखती रही और मैं उसे। जब मैंने उसकी बात का कोई जवाब नहीं दिया तो वह भाग गयी। तभी जाने कहाँ से चौकीदार डण्डा खटकता हुआ आ पहुँचा।

"ए, यहाँ क्या कर रही है?" जानती नहीं, यह 'पब्लिक प्लेस' है।

"मैं भी पब्लिक हूँ भाई।"

"चल-चल तेरा कोई घर नहीं है क्या?"

"नहीं।" मैंने जिद्द करके कहा।

"उठती है, या पुलिस को बुलाऊँ।"

मैंने कुर्ते की जेब में हाथ डाला और एक सौ का नोट दिखाया उसे।

"बहुत माल पीटा है।" वह सौ का नोट देखकर मुस्कराया। उसे लिया और खीसे में डालकर चल दिया।

मुझे बहुत तेज भूख लग रही थी। बाहर आकर देखा– चने व मूँगफली के ठेले खड़े थे। चाट व गुब्बारेवाले। मैंने बहुत-सारे चने, मूँगफली व गुब्बारे लिये। जैसे ही मैंने रुपये निकालने के लिए जेब में हाथ डाला– एक कार मेरे क़रीब से गुज़री और फिर बैक होते हुए मेरे नज़दीक आकर रुक गयी, "अरे मिसेज नागपाल! आप यहाँ।" अन्दर से कोई आश्चर्य से चिल्लाया। मैंने पहचानने की कोशिश नहीं की। बस हँस दी।

"इस हालत में।" अन्दर से दूसरा अस्फुट स्वर उभरा।"

"आइये न आपको घर छोड़ दें। आपकी गाड़ी क्या हुई। कोई एक्सीडेण्ट वगैरह ...।" पहली आवाज़ में अतिरिक्त सहानुभूति से कहा।

"नहीं, मैं बिल्कुल ठीक हूँ। आप जायें।" मैंने उपेक्षा से कहा।

"नहीं, मुझे लगता है, आप ठीक नहीं हैं। मि. नागपाल को ख़बर कर दें।" उसने मेरे फटे कपड़ों को गौर से देखना शुरू किया।

"आप यहाँ से जाने का क्या लेंगे?" मैंने दाँत किटकिटाते हुए कहा।

"ऊह... भाड़ में पड़ो" कार आगे चली गयी। अचानक मेरा ध्यान अपने से बाहर गया। मैंने देखा, आस-पास के लोग मुझे बड़ी हैरत से देख रहे हैं। कुछ दूरी पर खड़े आवारा क़िस्म के लड़के भी मुझे देखते हुए बातें कर रहे थे।

मैंने चने, मूँगफली व गुब्बारेवाले को एक रुपये दिये और अन्दर पार्क में आ गयी। वहाँ खेल रहे बच्चों को बुलाया और हम सब घास पर बैठकर मूँगफलियाँ खाने लगे।

बन्दिशों के परे होना और रहना सचमुच कितना अद्भुत है, पर कब तक?

मूँगफलियाँ खत्म हो गयीं और मैं पार्क से बाहर आ गयी। शाम हो रही थी।

सड़कों पर आवाजाही बढ़ रही थी। सामने से एक जुलूस जा रहा था। ढेरों लोग समुद्र की लहरों की तरह उमड़ रहे थे। लोग जो पता नहीं कहाँ से आते हैं पता नहीं कहाँ जाना चाहते हैं। एक अजब-सा असन्तुलन। दरअसल हम सब घर और बाहर के बीच एक अदृश्य तनी रस्सी पर चल रहे होते हैं। कभी इधर, कभी उधर। न कहीं आते हुए, न कहीं पहुँचते हुए। उस हालत में मैं सड़क पार नहीं कर सकती थी। मैं फुटपाथ पर बैठ गयी।

पता नहीं कब एक काला मोटा-सा आदमी मेरी बग़ल में आकर बैठ गया। उसने अपना हाथ मेरे हाथ पर रख दिया।

"पचास रुपये में चलेगी?"

मैं तुझे सिर्फ़ पचास के लायक लगती हूँ। मैंने कौतूहल से उसे देखा।

"सौ ?" उसने पहले मेरे जिस्म पर हाथ फेरा फिर अपनी जेब पर।

"बस।" मैं हँसी।

"तो क्या साली, तू इससे ज़्यादा की है?" मैं अचानक उठी और उसके साथ गुँथ गयी। वह भी घबरा गया और मुझसे गुत्थम-गुत्था हो गया। हम एक-दूसरे से ख़ुद को छुड़ाते और लड़ते जुलूस के बीचोबीच आ गये। अगले ही मिनट सड़क पर भीड़ और ट्रैफिक जाम।

"साली, रास्ते पर धन्धा करती है, पटाती है, फिर टण्टा करती है।"

वह चिल्ला रहा था और हम दोनों लड़ रहे थे। मेरे बाल बिखर गये थे, चप्पल टूट गयी थी और कपड़े फट गये थे।

एक भीड़ का रेला आया और हम पर से गुज़र गया। लोग एक-दूसरे पर गिरने और एक-दूसरे पर झपटने लगे यह जाने बग़ैर कि उनके अन्दर का जानवर भी दूसरे से कुछ कम ख़ूँखार नहीं।

मुझे नहीं मालूम, फिर क्या हुआ? जब होश आया तो मैं पुलिस स्टेशन में थी। कुछ देर हवालात में रखने के बाद उन्होंने मुझे बुलाया और मैं बाहर जाकर कुर्सी पर बैठ गयी। मेरे सामने एक नर्म चेहरेवाला आदमी बैठा था, "तुम कौन हो और इस झंझट में कैसे पड़ीं?"

मैं कुछ देर उस बुज़ुर्ग के चेहरे को देखती रही, फिर सामने लगी घड़ी पर नज़र डाली और कहा, "मेरा नाम सुमिता नागपाल है। नागपाल परिवार की बहू हूँ। मैं एक दिन अपने तरीक़े से, बिना किसी डर, संकोच या दबाव के, बिना किसी ज़िम्मेदारी के जीने के लिए घर से निकलती थी पर पाया कि इस दुनिया को हमने अपने हाथों से इतना तबाह कर दिया है कि अब यह दुनिया इस क़ाबिल नहीं रही कि कोई यहाँ मनुष्य बनकर एक दिन जी सके।"

"आप फिलॉसफर तो नहीं हैं?" वह मुस्कराया।

"नहीं, मैं एक औरत हूँ, इन्सान बनने की कोशिशों में, "मैं रुक गयी, फिर कहा, "आप मेरे घर पर फ़ोन कर दें। उन्होंने लोक-लाज के भय से मेरी रिपोर्ट नहीं करवायी होगी। वर्ना अब तक तो सारे शहर की पुलिस मुझे ढूँढ़ रही होती।"

मैं थककर कुर्सी की पीठ से टिक गयी और आँखें बन्द कर ली। मेरे जिस्म पर बहुत चोटें लगी थीं और मेरा अन्दर-बाहर दोनों दुःख रहे थे।

"कोई घण्टे भर बाद वह आया और आकर मेरे सामने खड़ा हो गया। उसके चेहरे पर घृणा और गुस्से की जमी सर्द चुप्पी थी, जिसमें कितनी उपेक्षाओं की पीड़ा और कितने नरकों का पानी जमा था। मुझे उस वक़्त बहुत शिद्दत से अहसास हुआ—हम एक-दूसरे के लिए कभी नहीं हो सकते।

मैंने उसे देखकर आँखें बन्द कर लीं और अपने जिस्म को ढीला छोड़ दिया। मेरे अन्दर इतनी ही घनी तक़लीफ़ थी, जितना घना अँधेरा। अब तुम मुझे घसीटकर अपने पिंजड़े में ले जा सकते हो।

●

कथा के ग़ैरज़रूरी प्रदेश में

अल्पना मिश्रा

"वहाँ क्या कर रही हो?"

यही वह आवाज़ है, जो उनके भीतर के सारे स्वरों को तोड़ देती है। कितनी मुश्किल से एक सुर पकड़कर साज़ पर बैठाती है और पलक झपकते सब बेसुरा। तो जहाँ से फैल गये थे, वहीं से अपने को सिकोड़ते हुए उनके हाथ वापस आ गये हैं।

यह क्या कर रही थीं वे, अपना मनचीता?

यहाँ मध्य प्रदेश का अपना उत्सव चल रहा है– पंचमढ़ी महोत्सव। गाँवों, शहरों से न जाने कितनी दूरी तय करके बूढ़े, जवान कलाकार हाथ, जाने कितनी तरह की चीज़ें लाये हैं। राक पेण्टिंग्स, खिलौने, हैण्डलूम, चन्देरी, साड़ियाँ, जूट के सामान आदि की कितनी ही दुकानें सजी हैं। एक बारह-तेरह साल का लड़का जिस दुकान में बैठा चित्र बना रहा था, वे उसी के आगे ठहर गयीं। उनका हाथ अपने-आप चित्रों की तरफ़ फैल गया।

"तुमने बताया नहीं?"

वही पहलेवाली आवाज़ उनके ऊपर गिरती है और वे सचमुच दंग हैं कि यह क्या करने जा रही थीं।

"क्या?"

"आते समय मम्मी ने कितना दिया था?"

"वही एक सौ एक।"

"हूँ... आज एक सौ एक का कोई मूल्य है?"

"मेरे लिये तो तब भी नहीं था।"

उनकी आँखें भरसक सूनी हैं; मानो वे एक ख़ामोश ज्वालामुखी पर बैठी हों! क्या अरुन्धती, तुम्हें भी मूल्य समझाने के लिए यही जगह मिली—पंचमढ़ी उत्सव! क्या ऋषिकाओं ने ऐसे ही किसी भरे उत्सव में अपनी बात समझायी थी? एकान्त की बहसों का प्रमाण क्या और सिद्धि क्या?

इस जीवन को चाहे तुम जिस नाम से पुकारो। कुछ भी; जो है, जो रहेगा, उसे स्वार्थ कहो, परवशता या जीवन सत्य। वह सत्य, जिसके पीछे जगत् गुरु निकल पड़े हैं। जिसे तृण-भर जानने को तुम विकल हो। वह विराट् सत्य! कभी हाथ न आनेवाला सत्य! इतनी आसानी से उसके मूल को हथियाने की सोचती हो? तो सुनो मूर्खा! अभी जाने कितनी अभावित, अघटित बचा पड़ा है।

गुरु जगत एक पाँव घुटने से मोड़कर ज़मीन पर रखे हुए हैं और दूसरा घुटने से थोड़ा उठाकर। हिरनों का एक जोड़ा हाथों में उठाये उसे मुग्ध-भाव से निहार रहे हैं। हिरन सुन्दर हैं जगत् चाहते हैं कि कच्चे लोहे के ये हिरन उनकी बैठक में सजें।

''ये जल्दी टूट जायेंगे।''

''इतनी जल्दी भी नहीं।''

''लाओ।'

''?''

लाचारी से जगत ने बस्तर के उस बूढ़े कलाकार को देखा।

''रहने दो बाबा!'' और हिरनों को वहीं छोड़ दिया। पैण्ट की धूल झाड़ते वे उठ खड़े हुए– ''अब लाओ।''

उन्होंने विवश होकर पर्स से वही सौ का नोट निकाला, जो माँ ने मायके से लौटते समय खोंइछा में डाला था। अब कैसे न देतीं, जगत ने अपना मन मारा था। हिरन युगल का ख़्याल छोड़ दिया था।

''देखिये इधर-उधर मत खर्च करियेगा।''

''रहने दो अपना लेक्चर। मैं भी रोज़ स्कूल में सद्वचन बाँचता हूँ।'' चिढ़कर उन्होंने सौ का नोट झपट लिया।

''साला चौधरी का बाप, पैसा बाँधकर परलोक जायेगा।''

अनजाने, बेहद स्वाभाविक तौर पर आदतन गुरु जगत ने अपने स्कूल के मैनेजर को गाली दी और आगे बढ़ गये। पीछे-पीछे तेज़ कदमों से लगभग दौड़ती हुई अरुन्धती।

यही स्कूल का मैनेजर चौधरी है, जो आठ से अट्ठाईस सौ का वेतन हर महीने गुरु को घिस-घिसकर पकड़ाता है और ऊपर से दहाड़ता है– ''लफंगई छोड़ दो गुरु, विद्यालय का वातावरण स्वच्छ हो जायेगा।''

अब क्या तो स्वच्छ होगा विद्यालय का वातावरण और कौन कर पायेगा इसे स्वच्छ? इसी आठ से अट्ठाईस सौ रुपये में से तमाम निराशाएँ, कुण्ठाएँ भरभराकर जन्म लेती हैं और उठती-गिरती इसी स्कूल के मैदान में डोलती हैं। अब कहाँ बाँधकर रख आयें इन विरूप खरोचों को। ये खरोचें ही तो गुरुओं की भाषा का संस्कार करती

हैं और महलों में रहनेवाले राम रूपों को भरमाये रखने का तन्त्र-मन्त्र सिखाती हैं और मौक़ा लगे तो पाँव दबवाने से भी नहीं चूकतीं।

आख़िर इसमें गुरु की क्या ग़लती? यही कि चोरी-चकारी नहीं सीख पाये, नेताओं की चरण-पादुका लेकर पीछे-पीछे नहीं चल पाये। अपने सामर्थ्य भर ही पढ़ सकते थे, पढ़े भी। सोर्स-फोर्स था नहीं। कम्पिटीशन में निकलना तो दूर की बात। अपनी समझ में से वे कम्पिटीशन में से निकल जानेवालों को कुछ अलग ही किस्म के लोग मानते थे। कभी-कभी गुस्से में वे यह भी सोचते थे कि सरकार क्यों नहीं इन कुकुरमुत्ते जैसे स्कूलों पर बैन लगा देती। न रहेंगे स्कूल, न उन्हें जीना पड़ेगा ऐसा अपमानजनक जीवन। पर उसी क्षण वे हड़बड़ाकर चैतन्य हो जाते कि इसी आठ से अट्ठाईस सौ वाली नौकरी से जैसे-तैसे गाड़ी चल रही है। कुछ घर के राशन-पानी, पैसों का सहारा है, कुछ ट्यूशन का और कुछ चौधरी का। स्कूल बन्द हो जायेंगे तो क्या होगा उनका, उन जैसों का। अरे कौन-सा भविष्य बनाकर रख देंगे यहाँ के बच्चे और कौन-सा भविष्य बनाकर रख दिये हमारे गुरु जगत?

कॉन्वेण्ट स्कूल में पढ़कर क्या हुआ? सारे-के-सारे वहाँ से निकलते अमेरिका चले गये क्या? माँ-बाप का पैसा अलग गारत हुआ। जो नहीं गये, तो यहीं की मिट्टी में से बीनेंगे, खायेंगे, जुगाड़ेंगे। कौन जाने उन छोटे-छोटे कॉन्वेण्ट स्कूल मास्टरों की कौन कुगति है? जब उनके बच्चे अंग्रेज़ी रटकर रह जाते हैं सरकारी स्कूलों के बच्चे धूल खाकर रह जाते हैं, तो भला चौधरी टाइप मैनेजरों के व्यक्तिगत स्कूलों के बच्चे कौन-सा कुबेर का खजाना जीतकर रख देंगे? या क्या पता...? नेतागिरी, तस्करी के रास्ते इस देश में क्या नहीं सम्भव है। जब सब सम्भव ही है तो जगत गुरुओं के ट्री पेट पर नज़र क्यों ?

वे रोज़ अपना ही स्कूल खोलने का सपना देखते हैं। शिक्षा से बड़ा व्यवसाय भला कौन-सा है, आम-के-आम गुठलियों के दाम।

विचारमग्न गुरु अचानक रुके।

"देखो उधर, चोरकटवा लग रहा है।"

उन्होंने अचरज से उधर आते हुए लगभग सबको देखा। लगभग सब चेहरे पर चोरकटवा का चेहरा फिट करने की कोशिश की। मगर बेकार। सब एक जैसे लगे।

"तुम कैसे जानोगी। हमारे बचपन का यार था, चोरी-चकारी में उस्ताद।" वे पुलक से नहा उठे।

"वीरेन्दर...वीरेन्दर सिंह।" गुरु धीरे-धीरे चीखे।

तभी भीड़ से निकलकर उत्साह से लड़खड़ाते, काले भुजंग पहलवान समान परम पुरुष ने जोर से गुरु को गले लगाया।

"सुने रहे कि यहाँ हो, मगर ठीक पता नहीं था।"

"मुटकली में हूँ, मेला देखने..."

दरअसल, 'मुटकली' कहते ही वे सकुचा गये थे। परम पुरुष मुम्बई में और वे मुटकली... कहाँ का न्याय है ईश्वर?

"कल निकल रहे हैं, मुटकली स्टेशन पर मिल लेना। समय कम है, नहीं तो आते।" यह कहते हुए एक उपेक्षा भरी दृष्टि अरुन्धती पर डालकर बोले, "भाभी हैं नमस्ते!"

परम पुरुष के घर न आ पाने की बात सुनते ही गुरु जगत अपने संकोच से उबरने लगे। अन्यथा एक क्षण पहले ही घर दुआर से लेकर औकात तक उनकी आँखों के सामने नाच उठी थी।

तीजन बाई बड़ी तेज़-तेज़ पण्डवानी गा रही हैं। उनकी गर्जन-तर्जन से भरी स्वर-लहरियाँ भीड़ को भेदती गूँज रही हैं। लगभग तेरह-चौदह बरस की लड़कियों का एक झुण्ड आइसक्रीम ठेले के सामने खड़ा हँसता-खिलखिलाता और बीच-बीच में पण्डवानी की आवाज़ पर चौंकता आइसक्रीम खा रहा है। जगत बार-बार चोरी से उधर देख रहे हैं लड़कियाँ चेहरे और काठी से अच्छी लग रही हैं। उनमें से एक कुछ ज़्यादा ही अच्छी है। जितनी बार जगत की चोर निगाहें उधर जाती हैं, उतनी ही बार अरुन्धती भी चोर निगाहों से उधर देखती हैं। उधर लड़कियों के झुण्ड में से भी एक चोर निगाह उधर उठती है। यह देखने के लिए कि गुरु जो अपनी पत्नी के साथ खड़े हैं वहाँ, क्या कर रहे हैं और क्या अब भी देख रहे हैं? उसकी बात सही निकलती हैं। अचानक झुण्ड में हँसी का फव्वारा छूटता है और सीधा आकर उनके ऊपर गिरता है। मन होता है अरुन्धती का कि यहाँ से भाग जायें कहीं दूर इन छूटते फव्वारों से दूर, जहाँ जगत गुरु उन्हें बुला न सकें और बुलायें भी तो वे आ न सकें। कुछ समझ में नहीं आ रहा है।

वे अजीब भ्रमित-सी इधर-उधर देख रही हैं।

"आइसक्रीम खाओगी?"

"नहीं।"

"क्यों, चलो खाकर देखते हैं, ठीक-ठाक है या नहीं?"

"लेकिन?"

"क्या हर समय पैसा-पैसा करती रहती हो, ज़िन्दगी एक दिन ऐसे ही ख़त्म हो जायेगी।"

गुरु का कोप-भाजन होना है क्या?

वे बिना प्रतिक्रिया की प्रतीक्षा किये आइसक्रीम के ठेले की तरफ़ बढ़ गये। वे कोई फ़िल्मी गीत गुनगुना रहे हैं। आश्वस्त हैं कि अरुन्धती जायेगी कहाँ? पीछे-पीछे आना ही उसकी नियति है, उसका सामर्थ्य।

आइसक्रीम ठेले के पास पहुँचकर उन्होंने दो आइसक्रीम का ऑर्डर दिया और लड़कियों को सगर्व देखा। सभी लड़कियाँ मुस्करा रही थीं कि अचानक उनमें से एक

लड़की ने आइसक्रीम का खाली कप ज़ोर से फेंका। अरुन्धती को गुस्सा आया। पलभर को लगा कितनी अशिष्ट है यह लड़की। परन्तु नहीं, महान् गुरु तुच्छ बातों का प्रभाव नहीं रखते। वे तो मुस्करा रहे हैं।

"इधर सुनो, ये रूमा जलाल हैं। अब आठवीं में हैं, है न। बी.एड. के वक़्त मैं इनकी क्लास को पढ़ाता था।"

लड़की ने नमस्ते नहीं किया और चौंककर चारों तरफ़ देखा, फिर अपने पास खड़ी लड़की का हाथ पकड़कर दूर तक कुछ खोजने का अभिनय करते हुए बोली, "लगता है पापा-मम्मी आगे निकल गये हैं चलो, चलें।" और बिना किसी की प्रतीक्षा किये वह पीछे मुड़ गयी। जगत के गोल हुए होंठों से निकला। "डायना... बेबी डा-य-ना..."

लड़की मुड़ी नहीं, बल्कि पूरे झुण्ड की चाल तेज़ हो गयी और धीरे-धीरे झुण्ड भीड़ में विलीन हो गया। उनके होंठ अब भी खुले थे, जिसमें कोई शब्द अटका था ...सेक्सी...क्रेजी। एक अजीब घृणा की लहर से नहीं गयी हो।

बड़े बेमन से अरुन्धती जगत के साथ आइसक्रीम खा रही थीं कि अचानक उनके हाथों से आइसक्रीम का खाली कप उतनी ही ज़ोर से नीचे गिर पड़ा, जितनी जोर से डायना ने जान-बूझकर फेंका था। वे चौंककर रुखाई से बोले, "क्या हुआ? कोई देखेगा तो... कुछ सीखो।"

अरुन्धती को समझ नहीं आया कि उनके चेहरे पर खिंच आये "गँवार द ग्रेट" को कैसे पोंछे? अकसर ही वे गँवारापन दिखा देती हैं और तब अनायास जगत के चेहरे पर उनके लिए 'गँवार द ग्रेट' पढ़ा जा सकता है। कभी कोई बुलाता है तो चौंककर उसकी तरफ़ देखती है, जैसे सपने से जगाया गया हो। कभी-कभी अपना ही नाम पराया लगने लगता है और वे कुछ बोलती ही नहीं। वे यानी कि गुरु जगत कहते हैं कि कोई इतना भी क्या सोच सकता है? यहाँ तक कि बातों के बीच में कुछ और सोचना, शब्दों का खाली-खाली बीत जाना और नाम बुलाये जाने पर चौंकना, ये सब और कुछ नहीं "गँवार द ग्रेट" के लक्षण हैं।

उनमें दुःख है, अफ़सोस है, चिढ़ और घृणा है और इससे मिले-जुले वे सारे भाव, जिनके लिए कोई शब्द पर्याप्त नहीं, उनके भीतर उमड़-घुमड़ रहे हैं। न तो यही नियति है और न इतनी ही सामर्थ्य। न केवल इतना-सा दुःख कि एक सौ एक रुपये अभी ख़र्च हुए जाते हैं। न इतनी-सी तड़प कि किसी छोटी लड़की के पीछे गुरु जगत। बल्कि एक पूरा-का-पूरा समय है, जिसे अतीत, भविष्य, वर्तमान कहीं भी फिट करके देखा जा सकता है, जो घिसटता हुआ उनके पैरों से बँधा चला आ रहा है—हर जगह, हर समय—यह असीम-सा सत्य।

एक दृश्य धीरे-धीरे आकार लेता है। इस दृश्य में हल्की-सी शिवली के फूलों

की ख़ुशबू है। एक छोटी-सी कक्षा तीन में पढ़नेवाली लड़की अपने स्कूल के बच्चों और मास्टरों के साथ टूर पर जा रही है। कुछ दूसरे स्कूल के बच्चे और मास्टर भी साथ हैं। उस शहर का यह पहला वक़्त है, जब कुछ स्कूलों ने मिलकर एक साथ टूर पर जाने का यह प्रयोग किया। लड़की चलती बस में खिड़की से झाँककर सड़क पर गुज़रते हुए दृश्य और चलते हुए पेड़ देखना चाहती है, पर नहीं, खिड़की की सीट पर पहले से तीन बच्चे एक साथ क़ब्ज़ा जमाये हैं। लड़की उनके बीच से उझककर बार-बार झाँकने की कोशिश कर रही है। अन्ततः थककर उदास हो जाती है और आँखें बन्द कर बस के चलने की आवाज़ को, गति को पकड़ने की कोशिश करने लगती है। लड़की कब की नींद में चली गयी है और अब सीट के किनारे से लुढ़कने ही वाली है। तभी एक नौज़वान लड़के ने उसे सँभाल लिया और गोद में उठाकर, अपनी सीट पर लाकर लिटा देता है। लड़की चौंककर उठ जाती है। सामने अपरिचित चेहरा है। अपरिचित अपने हाथों से उसे थपकी देता है—"सो जाओ।" और उसके पैरों के पास की जगह में धीरे से बैठ जाता है। हैरान लड़की नहीं सोती। अपरिचित उसे बताता है कि वह किस स्कूल का मास्टर है। लड़की उठकर बैठ जाती है। अपरिचित एक आत्मीय मित्र में बदल जाता है। काग़ज़ पर लिखकर अपना नाम-पता लड़की की स्कर्ट की जेब में डाल देता है।

"पत्र लिखना।"

लड़की उदास हो जाती है। भला बढ़िया-सा पत्र वह कहाँ लिख पायेगी?

"जैसा तुम्हें आयेगा।"

इस वाक्य से लड़की ख़ुश और आश्वस्त होती है।

टूर में सब जगह लड़की के साथ वही मित्र है।

लड़की उस काग़ज़ को हालाँकि भरसक सँभालती रही, जिस पर उस आत्मीय मित्र मास्टर का पता था। पर वह खोजे नहीं मिलता, न क़ागज़, न मित्र।

यह दृश्य देर तक नहीं ठहर पाता, छिटककर दूर हो जाता है। बल्कि कह लीजिये कि इसे छिटककर दूर होना पड़ता है। कुछ दूसरे दृश्य इतने साफ़-साफ़ और इतने बड़े हैं कि वे पूरी जगह ले लेते हैं। ये दूसरे दृश्य पिछले दृश्यों पर कहीं भारी हैं।

पाँचवीं कक्षा में पढ़नेवाली लड़की, उस आदमी की बाँहों की कसमसाहट से छूटकर भागी थी। स्कूल में वह आदमी गणित पढ़ाता था और यद्यपि लड़की उसकी उम्र का सही अन्दाज़ नहीं लगा सकती थी, फिर भी इतना कह सकती थी कि वह उसके पापा जितना बड़ा लगता था। रहा भी हो शायद। लड़की ने पहली बार उसी के मुँह से सुना था 'मिस इण्डिया' का सम्बोधन, और तब वह बिल्कुल नहीं जानती थी कि यह एक ख़िताब है, और यह भी नहीं कि सचमुच सौन्दर्य प्रतियोगिता जैसा कोई खेल इस दुनिया में होता है।

वह अपनी कक्षा से निकलते ही लड़की को बुलाता और बात करते-करते भूल जाता कि उसे दूसरी कक्षा में जाना है। लड़की को अक्सर वह झक्की और कभी-कभी पागल तक लगता। कभी लड़की जब अचानक उसके सामने पड़ जाती तो वह ज़ोर-ज़ोर से डाँटने लगता। वह डर जाती। उसके सहपाठी डरकर भाग जाते। वह भी भागती, पर जल्दी से वह लड़की को कन्धे से पकड़ लेता और अपनी पैण्ट के पास उसका मुँह ज़बरदस्ती ज़ोर से चिपका लेता। फिर उसके डरे हुए चेहरे को देखकर कोमल भावों से भर जाता और गालों को चूमकर कहता—शर्मीली। लड़की को यह और भी बुरा लगता। उसे अध्यापक के पैण्ट से पेशाब की हल्की-सी बदबू आती। वह रोने लगती। रोते हुए, दौड़ते हुए अपने साथियों को खोजने लगती।

कब तक रोती लड़की?

लड़की झुँझलाने लगी। वह हरदम गुस्सायी रहती। स्कूल में उस अध्यापक को देखते ही कहीं भागकर छिप जाती। गणित पढ़ना लड़की ने लगभग छोड़ दिया और स्कूल जाने से कतराने लगी। स्कूल न जाने के जितने बहाने लड़की बना सकती थी, बनाती। कभी पेट दर्द का बहाना बनाती, कभी स्कूल के रिक्शे से गिर जाती और चोट लगने का बहाना करते हुए घर पर ही रुक जाती। लड़की ने अपने भरसक बहुत बहाने बनाये। स्कूल से नाम कटवाने की ज़िद भी की। यह भी कहा कि गणितवाले मास्टर से डर लगता है। इस ज़िद से समस्या की गहराई में गये बिना पिता जी ने गणित के अध्यापक को घर पर बुलाया और उन्हें लड़की के डरने की वजह से स्कूल न जाने की ज़िद़वाली बात बतायी।

"मास्टर जी, आप तो बच्चों को डराकर रखते हैं।"

"नहीं जी, मैं तो बच्चों को बहुत प्यार करता हूँ।"

पिता जी ने लड़की को बुलाया—"प्रणाम करो मास्टर साहब को। गुरु देवता के समान होता है।"

लड़की ने मजबूरी में अध्यापक को प्रणाम किया। अगर कोई इस छोटी-सी लड़की के मन से पूछे तो यह कहेगी कि चूल्हे से चैला निकालकर इस अध्यापक को पीटते-पीटते खदेड़ने की इच्छा है उसकी। पर उसकी यह इच्छा उसके ही घर में कोई मायने नहीं रखती थी। पिता जी के भय का अधिक मायने था।

"गोलू, चिण्टू डरते हैं हमसे? बोलो।"

"हाँ" लड़की ने दृढ़ता से कहा।

अध्यापक को इसकी उम्मीद नहीं थी।

"डरा मत करो।" फिर भी अध्यापक ने कहा और पिता जी की ओर मुड़े-"बहुत शर्मीली है।"

अध्यापक के जाने के बाद पिता जी ने लड़की की अच्छी ख़बर ली। दो-चार थप्पड़ मारकर दहाड़े—"फालतू में बहाना मारती है। इतना बढ़िया टीचर है। अब जो कुछ बोली तो..."

हालाँकि लड़की थप्पड़ और दहाड़ से दहल गयी थी, पर फिर भी ज़िद में ऐंठी दीवार के सहारे खड़ी रही। माँ ने उसे गोद में खींचने की कोशिश की, पर वह इनकार में तनी रही। थोड़ी ही देर में हल्की-हल्की सिसकियाँ लेते हुए बोली, "अम्माँ, मास्टर जी के पैण्ट से पेशाब की बदबू आती है।" और ज़ोर से रो पड़ी।

माँ कुछ बोल न सकी। दहाड़ते हुए पिता जी सन्न रह गये।

एक शहर था, कस्बेनुमा। मेला लगा था वहाँ। उस मोहल्ले के लोग भी एक दिन मेला देखने चलने की तैयारी करने लगे। सारे बच्चे ख़ूब तैयार हुए। एक दीदी थी, मीनाक्षी शर्मा। उनके पास बारह रंग की बिन्दियोंवाला डिब्बा था। उसी डिब्बे में से बड़े मनोयोग से दीदी ने लड़कियों की फ्रॉक में मैच कर-करके उन्हें बिन्दी लगायी। दीदी के बाल बहुत लम्बे थे। लोग कहते थे कि उनकी शादी नहीं हो पा रही है। लड़की को बुढ़ा रहे हैं माँ-बाप। आशीर्वाद में लोग उन्हें 'योग्य वर मिले' कहते, पर आशीर्वाद में कोई दम हो, तब न मिलेगा वर। ख़ैर, बच्चों ने उस वक़्त क़तई नहीं चाहा कि उनकी शादी हो। उन्हें मालूम था कि शादी के बाद लड़कियाँ चली जाती हैं और वे नहीं चाहते थे कि दीदी उनके बीच से जाये।

कक्षा पाँच पास करके जो लड़की अब छठी में पहुँच गयी थी, उसने पीले रंग की लम्बी फ्रॉक पहनी थी, जो घर पर सिली गयी थी और जिस पर हल्के हरे रंगवाले अंगूर के नकली गुच्छे टाँके गये थे। उसने मचलकर दीदी से पीले रंग की बिन्दी लगाने को कहा, पर दीदी ने उसे हरे रंग की बिन्दी लगायी, जो पीले फ्रॉक पर लगे नकली अंगूरों के मैच की थी।

दीदी के घर यानी शर्मा जी के घर पर हर समय मुर्दनी-सी छायी रहती। बच्चे तक उनके यहाँ जाने से कतराते थे। दीदी जब-तब दूसरों के यहाँ बैठी मिलतीं। शायद वह उस मुर्दनी से भागती रही हों। एक दिन वह पीली फ्रॉकवाली लड़की के यहाँ आयीं और घण्टों माँ को पकड़कर रोती रहीं और माँ खुसुर-फुसुर कुछ कहती रहीं। बच्चों में से कोई दिखता तो वे पीले फ्रॉकवाली उस लड़की को आवाज़ पर ज़ोर देकर डाँटती- "अरुन्धती, बच्चों को लेकर बाहर जाओ।"

बाहर जाकर भी बच्चों के कान पर्दे के अन्दर की आवाज़ को सुनने के लिए बेचैन रहते। माँ वैसे भी बहुत धीरे बोलतीं। डाँटने के लिए उन्हें आवाज़ पर बहुत ज़ोर लगाना पड़ता। ऐसा लगता था कि कभी उनकी आवाज़ घोंट दी गयी थी और अब आवाज़ तेज़ बनाने के सारे प्रयत्न व्यर्थ हो जाते थे। माँ को लोग नूतन कहते थे। शक्ल कुछ-कुछ वैसी ही लगती। एक बार इसी बात को लेकर बड़ा हंगामा खड़ा हो गया था। हुआ यह था कि माँ और पिता जी रिक्शे से कहीं जा रहे थे। तभी रास्ते में कुछ लड़कों ने माँ को देखकर कहा, "यार, वो देख, रिक्शे पर नूतन...।"

और फिर इसी बात को लेकर माँ-पिता जी में कई दिनों तक लड़ाई होती रही। पिता जी कई दिनों तक नाराज़ बने रहे। और माँ का घर से बाहर जाना कम

होते-होते नहीं पर अटक गया। हालाँकि पिता जी भी देखने में अच्छे तन्दुरुस्त थे और जब कभी लोग उनकी क़द-काठी की तारीफ़ करते, तो वे घर आकर सगर्व बताते और माँ से दाद माँगते। ख़ासतौर पर तब जब घर, खानदान और मुहल्ले की औरतें उनकी तारीफ़ करतीं, तो वे फूले-फूले घूमते। सारे दिन लोगों को बताते और मौक़ा मिलते ही माँ को जताने लगते कि वे क्या चीज़ हैं। यदि माँ चुप रह जाती तो वे तरह-तरह से यह बताते कि कैसे शादी करके उन्होंने माँ का उद्धार किया है। उदाहरणार्थ वे बार-बार यह कहते कि उन्होंने यदि दया करके माँ सें शादी न की होती, तो आज माँ किसी 'काने' के पीछे-पीछे घूँघट काढ़े चल रही होतीं। यहाँ तक कि लालटेन लेकर नित्यक्रिया के लिए खेत में जातीं या फिर दिनभर चीथड़े सीकर कथरी बनाती रहतीं।...

ग़नीमत था कि वे माँ को गू-मूत साफ़ करनेवाली नहीं बनाते। माँ उनकी व्यंग्योक्तियों से ऊबकर अन्ततः धीरे से यह मान लेतीं कि वही विशिष्ट हैं, गुणवान् हैं, परम पुरुष हैं, जिन्होंने उनका उद्धार किया है। हालाँकि इसके भीतर के सत्य से वे इसी समय मुरझाने लगतीं।

बच्चे कभी पिता से यह पूछने का साहस नहीं जुटा पाये कि आख़िर वे यदि माँ से शादी न करते तो जो दूसरा माँ से शादी करता, वह 'काना' ही क्यों होता? या माँ को लालटेन लेकर खेत जाने की ज़रूरत क्यों पड़ती? या फिर वे सारे-सारे दिन कथरी ही क्यों सीती रहतीं? इसका बिल्कुल उल्टा भी हो सकता था।

तो माँ के अतिशय धीरे बोलने की वजह से बच्चों को दीदी के रोने का कारण समझ में नहीं आया। पर उसी के बाद दीदी कभी नहीं दिखीं। उसी के बाद शर्मा जी सपरिवार कहीं चले गये थे। या दीदी पहले कहीं चली गयी थीं, शर्मा जी कुछ दिन बाद गये, कुछ स्पष्ट नहीं हो सका। अब मोहल्ले में कुछ नये लोग आ गये हैं। अगर कभी शर्मा जी का ज़िक्र निकल आये तो पुराने लोग अपनी याददाश्त पर जोर डालने लगते हैं और बहुत देर बाद खोये-खोये-से कहते हैं– "हाँ, थे ...थे इसी मोहल्ले में... एक बेटी थी उनकी...शादी नहीं कर पाये थे उसकी..."

दीदी की चर्चा होते ही लोग झट से शर्मा जी की तस्वीर उतार लेते थे। जिन्होंने उन्हें नहीं देखा था, वे भी एक बूढ़े, अशक्त दाढ़ी और मूँछोंवाले बाप की तस्वीर बनाने लगते थे। मेले में दीदी बराबर बच्चों के साथ रहीं। प्याज काटनेवाला चाकू उन्होंने माँ को खरीदवाया था और सभी बच्चों को अपनी जेब-ख़र्च से मलाई-बर्फ़ खिलाया था। ख़ुद वे बर्फ़ नहीं खाती थीं, अतः बच्चों को बर्फ पकड़ाकर वे बड़ों की पल्टन में गुम हो गयीं। पीले फ्रॉक पर टँगे हुए हरे अंगूरोंवाली ने बर्फ़ खाते हुए देखा कि मेले में कुछ दूर खड़ा गणित का वहीं अध्यापक उसे घूर रहा था। उसके साथ एक सभ्य-सी देखनेवाली महिला भी खड़ी थी। तभी एक दूसरी लड़की, जिसने नीले छींटवाला शलवार-कुर्ता पहना था और गले में नीले रंग का सादा दुपट्टा डाले थी,

जो अपनी उम्र से अधिक लम्बी थी और असल उम्र में पीले फ्रॉकवाली लड़की से कुछ छोटी थी। वह लेस लगे रूमाल से अपना मुँह पोंछते हुए आयी और पीले फ्रॉकवाली से सटकर बोली, "अरी अरुन्धती, वह देख आज टीचर की टीचरी आयी है। चल यहाँ से भाग लेते हैं, नहीं तो लटक लेगा पीछे-पीछे।" नीले दुपट्टेवाली लड़की अपनी ही बात पर हँसी, फिर सब बच्चे उसकी बात पर हँसे। केवल पीले फ्रॉकवाली लड़की चुप रही। फिर उसने सोचते हुए कहा, "नहीं रे, आने दे उसे।"

लड़की अब उस स्कूल से मुक्त थी और अपने को भरसक आराम की दशा में बनाये हुए मलाई बर्फ़ खा रही थी।

गणित का मास्टर अचानक, तेज़ी से 'अरे मिस इण्डिया' कहते हुए बच्चों के झुण्ड की तरफ़ बढ़ा। पीछे-पीछे वही महिला, जो शायद उसकी पत्नी थी। बच्चों ने चौंकने का अभिनय करते हुए उधर देखा और अपनी-अपनी मलाई बर्फ़ की डण्डी उसी तरफ़ फेंकी। लड़की ने कनखियों से अपने जाँबाज साथियों को देखा। नज़र मिलते ही वे ज़ोर से हँस पड़े और पीछे पलटकर हँसते और शोर मचाते भाग गये।

यह रविवार का दिन था। कमरे की खिड़की से सुबह की ठण्डी हवा आ रही थी। यह खिड़की सड़क की तरफ़ खुलती थी और कई बार हवा के साथ-साथ सड़क के किनारे खड़े पेड़ों के पत्ते भी उड़कर अन्दर आ जाते थे।

जगत पंचमढ़ी से लौटते ही सुन्दर सपनों में खो गये थे। उन्होंने इस बात पर भी बिल्कुल ध्यान नहीं दिया कि मेले में अरुन्धती भी थीं और उन्हें भी मेले के बारे में कुछ बात करनी हो सकती है या उनमें भी प्रेम की इच्छा जैसा कोई जीवित शब्द फड़क सकता है। वे मुँह उधर करके सपनों में डूब गये थे। वैसे ही इस कीड़े-मकोड़े जैसी जिन्दगी में ये थोड़ी देर के सपने ही जीने की ताक़त देते हैं। (हवाले से गुरु जगत)

कल देर रात पंचमढ़ी उत्सव देखकर, वहाँ से लौट जाने के बाद आज अरुन्धती देर तक सोना चाहती थीं। रात-भर वैसे भी उन्हें अपने यथार्थ से टकराते हुए नींद नहीं आयी थी। मन-ही-मन उन्होंने दर्जनों स्कूलों को आवेदन-पत्र लिखे थे, जिसमें अपनी परिस्थिति और मनःस्थिति का भी ज़िक्र किया था। आज सुबह उन्हें हर हाल में ये आवेदन-पत्र काग़ज़ पर उतारने थे और कल मुटकली तथा आस-पास के स्कूलों में भटकना था। रात-भर उन्हें अपने टाइप न सीख पाने का अफ़सोस होता रहा था। दुनिया भर की हज़ारों नौकरियों के लिए मन-ही-मन उन्होंने अपने को अयोग्य पाया था। क्या करें, क्या न करें, की मनःस्थिति में रात-भर तो करवट बदलती रहती थी कि इस जीवन को कहाँ-कहाँ से काँटें कि कुरूपता कट जाये और कहाँ-कहाँ से जोड़ें कि कुछ जी सकने के लायक़ जी सकें। सिलाई-बुनाई का काम पता था, मुटकली में उसकी किसी को कितनी ज़रूरत? घर-घर में लड़कियों ने यही, इतना ही तो सीखा था। सो इससे खाना-कमाना छोटी जगहों पर सम्भव नहीं था। ले-देकर बच जाती

थी स्कूल की अध्यापकी। उसके लिए भी कम लम्बी लाइन थी क्या! छोटी जगह में ट्यूशन पढ़ा ले जाने की अधिक सम्भावनाएँ कहाँ? जो हैं भी, वे जगत के हिस्से में हैं। एक विचार जरूर सिर उठा रहा था कि क्यों न बुनाई मशीन पर स्वेटर बुनकर, स्कूल यूनीफार्म के स्वेटर तैयार करके स्कूलों को बेचें। यह विचार था तो सुकूनदेह, पर मशीन के लिए कब से अपेक्षित पैसा जुटा रही हैं वे...

बस अभी घण्टा-भर पहले, सबेरे हवा के ठण्डे झोंके के साथ उनकी आँख लगी थी कि जगत ने बाँह से हिलाकर उन्हें जगा दिया।

"क्या हुआ?" अरुन्धती ने आँख मसलते हुए पूछा।

"आज स्वप्नदोष हो गया।"

"अच्छा"

अरुन्धती को लगा शायद कोई बुरा सपना आया होगा। वैसे भी जगत के पास बुरे सपनों की भरमार है।

"भूलकर सो जाइये।"

भूलकर क्या? देती नहीं हो तो यही होगा।"

जगत की इस झुँझलाहट से अधनींद में भी अरुन्धती चौंकी– यह क्या?

जगत मौक़ा मिलते ही अरुन्धती को दोष दे देते हैं कि वही हैं, जो कोऑपरेट नहीं करतीं, वर्ना वे क्यों इधर-उधर देखेंगे। परन्तु क्या यही है असलियत पहले अरुन्धती इसी को सच मान-मानकर कोशिश करती रहती थीं, पर उनका मन जानता है कि वे लाख कोशिश करें, जगत अपने सपनों से बाहर नहीं आते। कभी जब मन करता है उनका, तो वे दिन-रात नहीं देखते, बस, बिना किसी भूमिका या संकेत के अचानक अरुन्धती की तरफ़ मुड़ते हैं और अपनी मनमर्ज़ी करके शान्त हो जाते हैं। कभी महीनों अपने को आजमाते रहते हैं। कभी अपने ही जाने किन-किन हिसाबों के मारे बड़े तनावग्रस्त रहते हैं, तो कभी दूसरे स्त्री-चित्र से इतने उत्तेजित कि समय का आनन्द ही नहीं उठा पाते। क्षण-भर में सब ख़त्म हो जाता है और जगत् निराश हो जाते हैं। इस निराशा में वे कई दिनों तक झूलते रहते हैं और मन-ही-मन कुढ़ती रहती है अरुधन्ती।

कैसे करें कोऑपरेट?

अगर किसी रात जगत बैठक में बैठे कुछ कापियाँ जाँच रहे हों या अपने किसी काम में व्यस्त हों और वे उधर अपनी बी.एड. की परीक्षा की तैयारी में पढ़ते-पढ़ते मुँह पर किताब रखे नींद के झोंके में चली जायें और इसी वक़्त जगत का मन आ जाये तो वे उन्हें झकझोरकर उठा लेते हैं। "शादी किसलिए की है"– कहते हुए बिना उनकी प्रतिक्रिया का इन्तज़ार किये अपनी इच्छापूर्ति करके सो जाते हैं और फिर जगती रह जाती है अरुन्धती।

मानो कभी जगत ने उन्हें छूआ ही न हो।

कुँवारी रह गयी हैं वे अब तक।

कैसे करे कोऑपरेट?

जगत न तो कभी उन्हें अपने सपनों के संसार में आने देते हैं न कभी तनावों के संसार में, न ही निराशा के द्वन्द्व में।

प्रतीक्षा में किनारे में बैठी रह गयी हैं वे।

प्रतीक्षा भी किसकी?

जो खोजे नहीं मिलता। न जगत के सपनों में सेंध का रास्ता, न अपने सपनों में उनके आने के द्वार। न पता लिखा वैसा वह काग़ज़, न मास्टर, न मित्र।

निराशा के द्वन्द्व में टकराते दो अलग-अलग किनारे।

मानो दो समानान्तर रेखाएँ हों, जो पास आने की कोशिश में बग़ल से गुज़र जाती हैं, जिससे जुड़कर भी देह जुड़ नहीं पाती।

इसे ही संसार एक सूत्र में बाँधना कहता है?

जगत के छूते ही उसके मन के सारे तार टूट जाते हैं सारी इच्छाएँ मर जाती हैं।

बस, यह आदमी नहीं। और अगर यह आदमी नहीं तो और कौन? पुरुष के सुन्दर मन के बारे में जब-जब सोचती हैं, कुछ स्पष्ट-सा बन ही नहीं पाता। जब भी कल्पना में कोई धुँधला चित्र बनने लगता है तो मास्टर साहब के पैण्ट में पेशाब की बदबू और जगत की तरह का एक लिजलिजा एहसास एक साथ उभर आता है। देह की सारी इच्छा ध्वस्त।

जगत बिस्तर से उतरकर बाथरूम में चले गये और जल्दी ही बाथरूम से लौटकर बोले, "ए, वहीं रख दिये हैं पैजामा, धो देना।"

अधनींद में भी अरुन्धती चौंक गयी। स्वप्नदोष से भला पैजामे का क्या सम्बन्ध? नींद उनकी जा चुकी है। वे उठकर बैठ गयीं, फिर असमंजस में बाथरूम में गयी। पैजामा उठाकर देखने लगी। पैजामे पर कुछ छोटे-बड़े गीले धब्बे पड़े थे। ओह, तो इसे कहते हैं स्वप्नदोष! सुना ज़रूर था उन्होंने कि युवा लड़कों को, किशोरों को अक्सर स्वप्नदोष की बीमारी हो जाती है, पर आज तक नहीं जान पायी थी कि यह बीमारी होती क्या है? अब पता चला है। अरुन्धती ने पैजामा एक तरफ़ फेंका और मुँह धोने लगी।

यह देह की भयानक इच्छा क्यों जगती है उनमें भी। इच्छा होती है कोई प्यार से उन्हें देखे। आँखें आँखों से मिलकर ठहर जायें। कोई, जो धीरे से छुए, धीरे-से उनकी नाक पर अपने होंठ रख दे, उनकी गर्दन, उनके कन्धे, उनकी पीठ, उनकी देह के एक-एक रोम-छिद्र पर...किसी की गर्म साँस सिहोरा जाये। कोई जो देर तक, बहुत देर तक उनके साथ हो... जाने कैसी है देह के भीतर उगी प्रेम की यह पागल इच्छा।

किसी भी भाँति इस इच्छा की एक हल्की-सी रेखा भर भी नहीं दिखने दे सकती हैं वे। लोग, जो इनके इर्द-गिर्द हैं, लोग जो उनके परिचय के दायरे में हैं, कभी सहन नहीं कर पायेंगे कि एक औरत देह की ऐसी इच्छा की बात कर रही है। भला कैसी है वह स्त्री? चरित्रहीन? वेश्या? कैसे समझा सकती हैं वे, अपने इर्द-गिर्द के लोगों को, अपने परिचय के दायरे के लोगों को। यह इच्छा स्त्री को कैसे मथती है? कैसे जागती रह जाती हैं औरतें रात-रात भर। कोई शब्द, कोई भाव भूलकर भी व्यक्त नहीं कर सकतीं। बेचारी सभ्य घरेलू औरतें। और वे सभ्य आजीवन कुँवारी रह गयीं लड़कियाँ। हे प्रभु! उनका क्या होता होगा? प्रेम के सपने कैसे और कितना तड़पाते होंगे उन्हें जीने की यह इतनी सामान्य ज़रूरत स्त्री के लिए नहीं है! अगर इस ज़रूरत को झपट लेने की बलवती आकांक्षा पैर फैलाने लगे, तो सबसे पहले उसी के नज़र में गिर जायेंगी, जिसके प्रति देह का आर्कषण और प्यार की हिलोरें उठ रही हैं। सारी शिक्षा-दीक्षा संस्कार सब व्यर्थ चले जायेंगे मिलेगा दुत्कार और जगत बिना सोचे-समझे काटकर गाड़ देंगे। मृत्यु के साथ खत्म हो जायेगा इच्छा का यह अध्याय। भय या मृत्यु में कोई एक। मृत्यु से डर लगता है। तो भय में जीयो। भय से घबड़ाती हो तो मृत्यु के पास जाओ...

किससे कहें? कैसे कहें? हे प्रभु! कहाँ जायेगी यह स्त्री?

बाहर है, सब-कुछ है। दहशत में, भय में, छल-कपट में लिपटा हुआ-परत-दर-परत।

बचपन से लेकर अब तक, जो वे देख रही हैं, जो वे जान रही हैं। इस इच्छा को नियन्त्रित करने की, मारने की कितनी असफल कोशिशें... वे तमाम दिन, वे तमाम रातें, जब अपने-आप से चिढ़ती-खिझती रही हैं वे... ओफ!

अरुन्धती ने मुँह धोकर बाथरूप में टँगे शीशे में अपने को देखा। एक मधुर मादक एहसास उठ रहा है उनमें। संगीत की छोटी-छोटी ध्वनि-लहरियाँ उनके आस-पास गूँज रही हैं। कितने ही बनते-बिगड़ते दृश्य रोमांचित कर देनेवाले एहसास से भिगो रहे हैं। उनके होंठ मानो किसी के होंठ खोज रहे हैं। उनकी देह किसी को अपने में भींच लेने को अकुला रही है। रोम-रोम से न जाने कैसे तरंगें आलोड़ित हो रही हैं। अजीब अवश-सी होकर उन्होंने अपनी अँगुलियों से अपने होंठ सहलायें। कई बार...बार बार...।

जाने कौन-सा एहसास उतर आया उनके हाथों में ...ब्लाउज़ के ऊपर से ही अपने स्तनों पर हाथ फेरते दंग हो गयीं वे— कितना सुन्दर है उनका पेट! भला ऐसी भी क्या उम्र हो गयी है उनकी? यह देह इतनी सुन्दर, प्यारी और पवित्र भला पहले क्यों नहीं लगी?

यह देह, यही आधार है, मन की अतृप्ति इसी में उठा-पटक करती इसे ही अशक्त और बीमार बना देती है। मन की इन उछल-उछलकर उठती तरंगों को समेटकर कहाँ रख दें? कैसे नकार दें भला अपनी ही देह?

जाने कब उन्होंने अपना ब्लाउज उतारा, जाने कब अपने को प्यार करते अपने में डूब गयी– गला, कन्धा, पेट, जाँघें... जाने किस आवेग में अपने हाथों अपने को जोर से भींच लिया।...

सोलो सेक्स!

खिड़की पर लगा साड़ी का परदा एक तरफ़ है। हवा जालियों से टकरा-टकराकर अन्दर आ रही है। अरुन्धती अपना बैग कन्धे पर टाँग चुकी हैं। वे आज उस महिला के यहाँ कढ़ाई-सिलाई का कुछ काम लेने जा रही हैं, जो जबलपुर, भोपाल जैसे बड़े शहरों से आये थोक काम को हल्का करने के लिए कुछ औरतों को और अधिक सस्ते दामों पर देती हैं। इससे ज़्यादा क्या स्कोप यहाँ नहीं है। हाँ, बुनाई सेण्टर चलानेवाली स्कीम उनके दिमाग़ में अब अधिक प्रखर होने लगी है। जब निकली ही है तो लगे हाथ इस बारे में भी बात चलाकर लौटेगी।

जगत सिर झुकाये कमरे से बरामदे तक टहल रहे हैं। लगता है सुबह के स्वप्नदोष का मलाल अब तक उनके साथ है। ठीक इसी समय खिड़की के सामने से खड़-खड़ करती एक साइकिल गुजरी, जिस पर कोई लड़की बैठी है। दुपट्टा उसके गले से क्रास बनाता हुआ कमर पर बँधा है। जगत अचानक मुड़े और झटके से दरवाज़े के बाहर जाकर भर आँख साइकिलवाली लड़की को निहारने लगे। लड़की शायद साइकिल सीख रही है। फिर उसी सड़क से आ रही है, फिर जा रही है। उसके चेहरे पर ख़ुशी है, आत्मविश्वास है। हवा के वेग से उसका पतला कुर्ता उसके बदन से चिपका हुआ है, जिसके कारण भीतर पहने ब्रेसियर की पूरी कटिंग उभर आयी है। पीछे से साफ़-साफ़ जाना जा सकता है कि उसका हुक कहाँ है। लड़की के बाल चोटी के शक्ल में बँधे हैं, जो पीठ पर हिलते हुए उस हुक को कभी छिपा लेते हैं? कभी दिखा देते हैं। जगत मुस्करा रहे हैं। मन्त्र मुग्ध हैं। अब पूरा रविवार उनका अच्छा बीतेगा। ईश्वर को धन्यवाद!

अरुन्धती कन्धे पर बैग टाँगे दरवाज़े से बाहर आकर ठिठक गयी हैं। वे कभी जगत को देखती हैं तो कभी उस सड़क को जिस पर से अभी-अभी लड़की गुज़र चुकी थी। जगत कभी अपने बालों में हाथ फेर रहे हैं, तो कभी छाती सहला रहे हैं। वे धीरे-धीरे सड़क पर आगे बढ़ रहे हैं लड़की को साइकिल सिखाने की इच्छा उनमें एक क़दम आगे चल रही है। वे बेहद मुलायम स्वर में मुस्कराकर आवाज़ देते हैं "शालू! उतनी तेज़ चलाओगी तो गिर जाओगी। रुको, मैं आता हूँ।"

●

रंगमहल में नाची राधा

नीलाक्षी सिंह

तो वह एक सुखी परिवार था। हर लिहाज़ से सुखी। सुदामा प्रसाद, एम.ए., बी.एल.। अपने जमाने के मुँहफट वकील। इस ज़माने तक ज़बान सही-सलामत आबाद थी। हालाँकि धार कुन्द हो चली थी... वक़्त की मार। बहरहाल वे बासठ की उम्र में हट्टे-कट्टे थे। पंजा लड़ाने में आज की तारीख़ में, वे एक तरफ़... और दोनों बेटे और तीन पोते एक तरफ़ हों, तब भी उनका पंजा ही ऊपर रहे, ऐसा हौसला। वैसे यह कोई ख़ास हैरतअंगेज बात न हुई। आजकल के बेटों-पोतों में ताक़त होती ही कितनी है। नये चलन में ताक़त का केन्द्र शरीर की जगह दिमाग़ हुआ करता है। दिमाग़ मजबूत और शरीर पिलपिला। सुदामा प्रसाद अपने ओरिजिनल दाँतों से ईख की मोटी लग्गी सटाक से छीलते और पोतों को छोटी-छोटी गुल्लियाँ बनाकर देते, ताकि रस चूसने में सहूलियत हो। उनकी इस जवाँमर्दी से पोते किलकते और बेटों के मसूढ़ों में टीस उठती। ठहाके वगैरह लगाने में वे परहेज नहीं करते और जितनी हसरत से क्रिकेट मैच देखा करते, दूरदर्शन धारावाहिकों के साथ भी वही सलूक होता। शहर में जब केबल के कनेक्शन का फैशन आरम्भावस्था में था, तभी उन्होंने एक पतला सफेद तार अपने घर में खिंचवा लिया था, और 'स्टारप्लस' उनका पसन्दीदा चैनल था। सारतः वे स्वस्थ थे, मस्त थे और जीवन को चुस्कियों में पीते हुए भरपूर मजे से जी रहे थे।

दीवानबाई क़िस्से की तरह चंचल थी। छलिया सुपारी की शौक़ीन। उसके होंठ के पोर ताजे पान की लाली से सिले मिलते और आँखों के नीचे-ऊपर काजल होता था। एड़ियों में आलते की लाली और पल्लू के आख़िरी छोर में चाभियों का काल्पनिक गुच्छा। दीवानबाई के हाथों में आज भी घर की दीवानी मौजूद थी।

दीवानबाई कहानी की तरह गम्भीर थी। उसकी भौंहों के बीचोबीच चवन्नी बराबर लाल सिन्दूर की बिन्दी रहती थी जो दिन ढलते-ढलते थोड़ा ऊपर की तरफ़ तिरछी लिप जाया करती थी। अपनी भौंहों के उठान-गिरान की तरह ही वह घर के

पैबन्द और मखमलवाले-दोनों दिनों की साक्षी थी। सुदामा प्रसाद के साथ जब उसकी भाँवरें ़पड़ीं, तब दीवानबाई बमुश्किल सतरह-अठारह की रही होगी। हालाँकि उस ज़माने में वर या वधू की रज़ा या नामर्ज़ी जैसे सवालों का कोई रिवाज नहीं हुआ करता था। फिर भी देखें तो दीवानबाई की नामर्ज़ी की घोर उपेक्षा करके उनका कन्यादान किया गया था। और इधर सुदामा प्रसाद के घर की लचर हालत चरमावस्था पर थी। सुदामा प्रसाद क़ानून की दाँवपेंच से भरी खर्चीली पढ़ाई पढ़ रहे थे और उनके स्वर्गीय पिता की धरी-छोड़ी पूँजी से उनकी पढ़ाई का ़खर्च चल रहा था— लोग ऐसा जानते थे। लेकिन वास्तविकता कुछ और ही थी। सुदामा प्रसाद अपने माँ-बाप के बुढ़ापे की इकलौती सन्तान थे। उनके पिता मरे थे जरूर, पर बिना कुछ छोड़े। उस ज़माने में शरीफ़ ज़ाति की औरतें दिन-दहाड़े बाहरी काम नहीं किया करती थीं। तो उनकी उम्रदराज कुलीन माँ रात के अँधेरे में मुँह ढाँपकर रेलगाड़ियों में मूँगफली, भूँजा आदि-आदि बेचा करती थीं और दिन के उजाले में बचे-खुचे गहने और धराऊँ बरतन। इन दुबले-पतले पैसों से उनकी गाड़ी खिंचती थी। निम्न मध्यमवर्ग की हक़ीक़तें कभी-कभी बड़ी चौंकाऊ हुआ करती हैं। दीवानबाई ब्याह के बाद जब इस हक़ीक़त से रूबरू हुई तो उसकी चेतना सुन्न रह गयी। पर जल्दी ही वह इस सदमे से उबर गयी क्योंकि इससे बड़ा सदमा सामने था। एक रात, इसी तरह गाड़ियों से चढ़ने-उतरनेवाले खेल में ट्रेन से उतरते वक़्त सुदामा प्रसाद की माँ के कुलीन अभ्यस्त पैर साड़ियों में उलझ गये और गाड़ी एक सिसकी लेती हुई खच...खच... खचाक से रुकी और दो मिनट बाद फिर चल पड़ी। बिनबिकी मूँगफली, जो प्लेटफ़ॉर्म और पटरियों पर छितर गयी थीं, उनसे उस रात कुत्तों का अच्छा भोज हुआ, पर तेरह दिन बाद सगे-सम्बन्धियों और ब्राह्मणों को जिमाने के लिए एक छोटे भोज का प्रबन्ध अच्छा न हो सका। माँ की दुआ, वक़्त का फेर, दीवानबाई की क़िस्मत... जो कहें, घटना के तुरन्त बाद सुदामा प्रसाद को एक राशन-पानी की दुकान पर छोटी-मोटी नौकरी मिल गयी। दीवानबाई ने ख़ुशहाल बचपन और सुस्त जवानी के कौमार्यावस्थावाले दिनों के अपने सीखे हुनरों को चमकाया और कुछ सादे कपड़े उसके घर आने लगे और उस घर से जाते वक़्त उन कपड़ों पर किस्म-किस्म के फूल पत्ते-डालियाँ कढ़े होते। कशीदे के पैसों से दाल-नमक का जुगाड़ हुआ और बनियागिरी के पैसों से पढ़ाई पूरी हुई। फिर शुरू हुई वकालत और दिन पलट गये।

अब तक की कहानी से एक सवाल बनता है। ब्याह में दीवानबाई की नामर्ज़ी थी, ऐसा क्यों? इसके बारे में थोड़ा ठहरकर। अभी सुदामा प्रसाद और दीवानबाई के कुल में उत्पन्न दोनों बेटों की बात। मूँगफलीवाली बुढ़िया की तर्ज़ पर ही दीवानबाई को भी अपेक्षाकृत अधिक उम्र में मातृत्व सुख मिला। हालाँकि इन दो औरतों के इस संयोग की पृष्ठभूमि निहायत अलग थी। पहली जहाँ इच्छा, आवश्यकता और प्रयास

तीनों की उपस्थिति में भी उम्र ढलने पर माँ बन पायी थी, वहीं दीवानबाई के मामले में इच्छा तत्त्व का घोर अभाव था। फिर भी वह सास जितनी विलम्ब का शिकार होने से बच गयी और ब्याह के दस साल बाद उसकी गोद में पहला बेटा आया। फिर दूसरा। दोनों बेटे ज़माने के लिहाज़ से अपेक्षाकृत सपूत निकले। बहुओं के स्वभाव में चंचलता, स्वतन्त्रता और उग्रता का हलका पुट था ज़रूर, पर घर इस तरह सुदामा प्रसाद और दीवानबाई के शिकंजे में जकड़ा था कि उन्होंने अपनी इन भावनाओं को फ़िलहाल सुप्तावस्था में रहने देना ही श्रेयस्कर मान लिया था। बड़े बेटे के एक लड़का था और छोटे के दो। सुदामा प्रसाद इस बेदाग़ पुत्रों की नस्ल से गद्गद थे और सन्तुष्टि थी कि अपने .ख़ानदान को कन्या के ग्रहण से अभी तक साबुत बचा लाये थे वे। बेटे पढ़ने-लिखने में कोई ख़ास करिश्मा करते नहीं नज़र आये थे तो उन्होंने अपने आरम्भिक पेशे की ओर रुख़ किया। अब बड़े बेटे का एक कामचलाऊ जनरल स्टोर था और छोटे का एस.टी.डी. बूथ कम फैक्स-जीरॉक्स सेण्टर। पोते अभी दूध-चावल के दाँत के बीच की उम्र में थे।

समय अपनी सम गति से चल रहा था, जब अचानक यह घटना घटी। इस घटना के प्रभाव के सूत्र को समझने के लिए बीच में छूट गये उस प्रश्न का उत्तर आवश्यक है। सन् उन्नीस सौ तिरसठ-बासठ। वह ज़माना, जब दीवानबाई उलटी पल्ला साड़ी पहने और रिबन से कसकर बाँधी गयी दो मुड़ी-मुड़ी चोटियों को कानों पर लटकाते, शहर के इकलौते वीमेन्स कॉलेज में पढ़ने जाया करती थीं। तीन मकान छोड़कर चौथे मकान के लगभग हमउम्र पर सम्पन्न विजातीय लड़के से उनका प्रेम हुआ। तत्कालीन अर्थोंवाला प्रेम। और प्रेम होने की स्थिति में और उसे करने का तरीका भी वही, जो उस ज़माने में .ख़ूब चला हुआ था। पहले छत से देखा-देखी, फिर गली में कभी आते-कभी जाते नज़रों का टकराना, या फिर मेले में, या फिर कॉलेज के बाहर...आदि आदि। संवाद अदायगी के नाम पर एक रोज़ कॉलेज के बाहर बस नाम वगैरह का आदान-प्रदान हुआ था। बाक़ी समय बस मूक सन्देशों का ही सहारा था। लेकिन ऐन वक़्त पर दीवानबाई के पिता .ख़लनायक के गेट-अप में मंच पर नमूदार हुए। वे पेशे से वकील थे, लिहाज़ा लॉ-कॉलेज में भी पढ़ाते थे। और वहीं से उन्होंने एक जहीन पर आर्थिक मोर्चे पर पस्तहाल जँवाई ढूँढ़ा अपने लिये। फ़ायदा दोहरा। वर के सुयोग्य निकलने की गारण्टी थी और कमज़ोर हैसियत के पितृहीन वर को अपनी हैसियत की धाक दिखाकर मुफ़्त में कन्यादान निबटाये जा सकने का मौक़ा भी था। दीवानबाई से न मर्ज़ी पूछी गयी, न उसने बतायी। बस ज़िबह होने के लिए अपनी गरदन आगे बढ़ा दी। दूल्हा प्रसन्न। प्रेमी अवाक्।

दीवानबाई अग्नि के फेरे लेने के बाद सरद गयी। ठण्डी सिल पर गृहस्थी की शुरुआत हुई। आरम्भ के दिन तो ताज़े-ताज़े बहूपने को सँभालने में गुज़र गये और

ट्रेनवाले हादसे में सुदामा प्रसाद की माँ के गुज़रते ही दीवानबाई एकदम से सख़्तजान बन गयी। वह दिन-भर खटने लगी और अपने-आपको काम में लसेड़े रही। पर किसके लिए? किसी और के लिए नहीं। शायद अपने लिये ताकि यादों से और उन अँधेरों के सपनों से पीछा छुड़ाया जा सके। लेकिन अगर ऐसा सम्भव हुआ होता तो दुनिया की शायद हर प्रेम कहानी अधूरी रह जाती। क़सीदा काढ़ते-काढ़ते उसकी उँगलियों में सूई चुभ जाती कभी, तो आह उस तीन घर छोड़कर चौथे घरवाले के नाम की ही निकलती थी। जब कपड़े देनेवाले, वापस उन्हें ले जाने लगते और दीवानबाई की मुट्ठी सिक्के और ख़ुदरा रुपयों से भरी होती, तब अनायास उसका दिल चहकता— इन पैसों से उस मंगल मूरत, साँवली सूरत के लिए क्या ख़रीदा जाये पर उसी तेज़ी से उसका दिल बैठ भी जाता और उसके होंठ सूख जाते वर्तमान के ताप से। लोगों ने कहा दीवानबाई की मेहनत रंग लायी... उसका पति वकील बन गया। दीवानबाई ने सुना, उसका प्रेमी दिन-रात मेहनत कर रहा है ... बाप के बाद उसका कारोबार बखूबी सँभाल लिया है उसने। तो दोनों अपने प्रेम की धार छिपाने के लिए और क़िस्मत की मार को भुलाने के लिए ताबड़तोड़ मेहनत किये जा रहे थे। दीवानबाई जब पन्द्रह-बीस मिनट रिक्शे की सवारी कर अपने मायके पहुँचती तो शाम के लुकझुके में उसकी आँखें तीन घर पारवाली छत से चिपक जातीं। कहीं ...कुछ...दिखे। शक्ल न...आकृति सही। एक बार दीवानबाई का बहुत टूट-फूटकर अम्माँ-पापा-मामा बोलनेवाला डेढ़ साल का बेटा जब उस घर से दिनदहाड़े कुछ फूल चुरा लाया था, तब दीवानबाई ने जमकर उसे पीटा था। फूल चुराने के लिए नहीं ... बल्कि इसलिए कि दीवानबाई के लाख माँगने पर भी बच्चा उसे वे फूल देने को तैयार न था। बच्चे ने मार खा ली, पर मुट्ठी नहीं खोली। उसके सो चुकने पर दीवानबाई ने ढीली पड़ चुकी मुट्ठी की उँगलियाँ सीधी की और पसीने से नहायी बेली की तीन कलियाँ वहाँ से निकालीं। उन तीन मुरझायीं कलियों को अपनी हथेली पर खिलाया, आँसुओं से धो-धोकर। दीवानबाई जब उन कलियों को भरपूर प्यार कर चुकने के बाद अपने आँचल में बाँध, सहेज लेने चली, तब बेली की एक नन्हीं पंखुड़ी उसके निचले होंठ के पोर से चिपकी रह गयी। दीवानबाई की जवान आँखों के सामने उसके प्रेमी का घर बसा। उसकी बाल-बच्चेदार, लदी-फँदी के सामने उसके प्रेमी के घर किलकारियाँ गूँजीं। उसके चलनी के उस पार से चाँद और सुदामा प्रसाद को बारी-बारी से देखती आँखों के सामने उसका प्रेमी विधुर हुआ। उसके दूर की चीज़ें धुँधली दिखायी पड़नेवाली आँखों के सामने उसके प्रेमी के बाल सफेद हुए और अब ... थोड़ा भी ज़ोर देकर या लगातार कुछ देखने पर पनिया जानेवाली आँखों के सामने उसके प्रेमी के दोनों बच्चे अपने परिवार समेत, कार-दुर्घटना में मारे गये।

छोटा शहर था। क़स्बा कहें। बात सींझते गोश्त की ख़ुशबू की तरह फैलती थी। शहर का एक इज़्ज़तदार भला आदमी और ऐसी विपदा! श्याम! श्याम! स्त्रियों की

आँखें भर आयी थीं और पुरुषों ने लम्बी आहें लीं। सुदामा प्रसाद शाम की तफरी से घर को लौटे और उनके बदहवास होंठों पर यह ख़बर थी। घर में टी.वी. पर अन्त्याक्षरी देखने को तैयारी थी। सब अपना-अपना आसन ग्रहण कर चुके थे। बस उनकी ही प्रतीक्षा थी। दीवानबाई चश्मा चढ़ाकर जल्दी-जल्दी सुबह की पाली के चावल बीन रही थी। यही दृश्य था। जब मंच पर सुदामा प्रसाद ने आहें भरते हुए वह नाटकीय संवाद प्रेषित किया। सभी लोग थोड़ा-थोड़ा होंठ खोलकर हक्के-बक्के रह गये। पर सबसे गहरा भाव दीवानबाई के चेहरों पर उभरा। बारीक़ नज़रों से जायज़ा लें तो उसके चेहरे पर रेशमी डोरे जैसी महीन कई छोटी-छोटी रेखाएँ उभरी थीं। दीवानबाई के आगे के सारे कंकड़ और चावल एक रंग के हो गये। यह तो भेद के मिटने की शुरूआत थी। इसके आगे अपना-पराया, जायज़-नाजायज़, उचित-अनुचित सही या ग़लत... सबके भेद एक-एक कर मिटने लगे उसके आगे से। वह चुपचाप उठकर अपने बिस्तर तक गयी। छप्पन साल की उम्र में दो जवान बेटों की माँ दीवानबाई चित लेटी थी। उसकी पलकें पथरायी-सी अँधेरे में टँगी थीं। उन पर एक नवजात माँ के तुतले दूध की बूँदें फैल रही थीं। ये वे बूँदें थीं, जिन्हें उसकी युवावस्था ने सँभालकर रखा था अपने पहले प्रेमी से उत्पन्न सन्तानों के स्वागत के लिए और जिन्हें वह वृद्धावस्था की दहलीज़ पर लुटा रही थी उन सन्तानों को आख़िरी विदाई देने के लिए। उसके गले से एक बेसुध चीत्कार निकली और हिचकी और आँसू गड्ड-मड्ड पड़ गये। परिवार उसका, इस ख़बर के बाद धीमी आवाज़ में टी.वी. देख रहा था। लिहाज़ा दीवानबाई का विलाप उन्हें अपने कमरे तक खींच लाया। बड़े बेटे ने दीवानबाई को कसकर थामा... दीवानबाई तो भेद मिटाने की मुहिम पर थी ... उचित-अनुचित, सही-ग़लत। ऐसी रुलाई, ऐसी चीख़... कौन कहेगा कि जो बच्चे मरे, वे बिन माँ के थे। दीवानबाई के माथे पर बहुओं ने ठण्डा तेल चपोड़ा। तलुवों की मालिश की। पानी पिलाया और उसे अच्छी तरह ढँक-दाबकर सुलाया... दीवानबाई अर्द्धचेतना में रात-भर चौंकती रही।

सूरज चैतन्य कर गया। आगे रात की आधी-अधूरी कड़ियोंवाली कहानी थी। गड्ड-मड्ड-सी स्मृतियाँ थीं। उसने चिहुँककर अपनी साड़ी का अगला हिस्सा टटोला ...कलेजे परवाला। भीतर के कपड़ों का सूखापन परखा। वहाँ बूँदों की सिम-सिम स्मृति पसरी थी। मतलब? रात-भर!

घर गम्भीर था। लोग विचलित-से थे और तीनों बच्चे आतंकित थे... दीवानबाई से। उसने दरवाज़े की ओट से अपने कमरे में झाँकते सबसे छोटे पोते को इशारे से अपने पास बुलाया और आँचल में दुबका लिया। बच्चे ने अपनी नन्हीं उँगली उसकी नाभि में फँसा दी और दीवानबाई ने आँखें बन्द कर लीं। उसकी आँखों से फिर हाहाकार करते आँसू टपकते थे। उसने बच्चे को कसकर चिपकाया अपने से और

आँसू पोंछकर अपने-आपको मजबूत बनाया और वापस अपनी दिनचर्या में डूबने की कोशिश की।

रात हुई। सब सो चुके थे। दीवानबाई आँखें खोले लेटी थी। सुदामा प्रसाद ने उसकी ओर करवट फेरी तो नाइट बल्ब की शान्त नीली रोशनी में उसे ऐसे जागता हुआ देखकर हड़बड़ा गये। वे धड़फड़ी में उठे और दीवानबाई के ठण्डे माथे पर तलहथी रखी अपनी। दीवानबाई ने पुतलियाँ उनकी ओर फेरीं। उसने नीले धुँधलके में उस इन्सान को देखने की कोशिश की जो उसका सब-कुछ था... जो उसका कुछ नहीं था। कहाँ कमी रह गयी इस रिश्ते में दीवानबाई के भीतर तेज़ी से यह सवाल उठा...कहाँ तीव्र आकर्षण था उस रिश्ते में?...उसी जगह से पहले सवाल के जवाब में दूसरा सवाल उठा। सुदामा प्रसाद ने उसे खींचकर अपनी बाँहों में समेट लिया। दीवानबाई के ऊपर एक ठण्डी परत चढ़ गयी और ठीक उसी वक़्त उसने महसूस किया कि उसके भीतर नादानीवाली उमर की वही तपिश अभी तक बाक़ी थी, जिसे मायके की दहलीज़ पर चुनवा आयी थी वह बरसों पहले...कभी।

पर दीवानबाई और सुदामा प्रसाद की गृहस्थी की नींव ऐसी कच्ची थोड़े न थी! माना कि आधार उनके सम्बन्धों का सीली हुई ज़मीन पर रखा गया था। पर ज़मीन सीली हुई थी, दरकी हुई तो नहीं! दीवानबाई फिर घर-संसार के छोटे-छोटे कामों में उलझ-पुलझ गयी थी। सुदामा प्रसाद और बेटों को चाँक से नीम का उबला पानी पिलवाना, पोतों की उँगलियाँ पकड़कर सड़क पार करवाना, बहुओं के लिए फेरीवाले से मोल-तोलकर चूड़ियाँ ख़रीदना, सूखे धनिया के स्वस्थ मोटे-गोटे को सिल पर दररना, चावल और कंकड़ को एक-दूसरे से अलग करना...दीवानबाई वक़्त की रफ़्तार से क़दम साधकर चलना चाहती थी, पर अपने साथ छल करने के जुनून में कभी वक़्त से आगे निकल जाती। कभी वक़्त उसे पीछे छोड़ देता। और एक रोज़ वक़्त उसके साथ छल कर गया...घटना के लगभग महीने भर बाद दीवानबाई छोटे पोते को साथ लिये मायके गयी। मायके में सुख-दुःख, हारी-बीमारी, हर तरह के क़िस्सों की गाँठें खुल गयीं। गप्प की बुनावट जब महीन और तराशी हुई सधने लगी, तभी किसी का ध्यान उचटा। और उस 'किसी' को यह ध्यान आया कि नन्हा मेहमान नदारद है। पल में गप्प-गोष्ठी बिखर गयी और खोज मच गयी। अब इसे क्या कहें कि दीवानबाई के आँचल में बेली के कलियों की तीन आत्माएँ सुगबुगायीं और उसके नथुने ताज़ी सुगन्ध से भर गये। सुध-बुध खोयी पोते की तलाश में वह सीधी जाकर वहीं खड़ी हो गयी, जहाँ पोता मौजूद था। इस बार पौधे बेली के नहीं थे...हरसिंगार की छतनार छाँह थी। अलस्सुबह के चू गये हरसिंगार के फूल थे ज़मीन पर, जिन्हें नन्हा देवदूत मस्ती से बैठा चुने जा रहा था। और उसे देखती दो मुग्ध आँखें थीं...जहाँ-तहाँ बेदर्दी से सफ़ेद हो चुके केश थे, एक दुबली काया थी, लहराती

उज्ज्वल धोती की फहक थी, बेदाग़ सफ़ेद कुर्ता था...और नफ़ासत भरी कोल्हापुर की चप्पल थी। दीवानबाई को धड़कनों का होश न था। उसका जूड़ा ढलक चुका और आँचल छितरा पड़ा था। सीना साँसों को लिये-लिये ऊपर जाता और फिर पछाड़ खाकर ख़ुद को समेट लेता था। उसके खुले पाषाण चक्षुओं ने महसूसा किसी के अपनी और तल्लीनता से देखकर बढ़ते आते क़दमों की आहट को। इतनी नज़दीकी थी कि अगर सामनेवाले की आँखों से कोई आँसू चूता तो दीवानबाई झटके से चेहरा आगे बढ़ाकर उन आँसुओं को अपनी ज़िहन पर ले सकती थी। उसकी आँखों में कोई कुछ खोज रहा था। किसी ने तो नहीं किया आज तक ऐसा! बाहर-बाहर जिसे जितना मिला...उसके आस-पास के लोग उतने से ही तो मतलब रखते आये थे आज तक। ऐसे भीतर जाकर कुछ खोज निकालना। उसकी इच्छा हुई कि सामनेवाले की आँखों को जिस चीज़ की तलाश थी उसमें, वह उससे और भीतर छुपा ले अपने में, ताकि उस चीज़ की खोज में वे आँखें उसके भीतर तक उतर सकें। आँखों से भी भीतर और भीतर...लेकिन तभी...बीच में ही सामनेवाला चेहरा पीछे मुड़ गया और धीरे-धीरे उससे दूर होता गया। वह मन्त्रबिद्ध-सी सूत के मोह में फँसी-फँसी उसके पीछे बढ़ने लगी। घर के चबूतरे तक जाकर आगेवाले पैर थम गये और उसने पीछे मुड़कर दीवानबाई को बैठने का इशारा दिया। दीवानबाई बैठ चुकी। उसके बग़ल की जगह भी भर गयी। उनके ठीक सामने हरसिंगार की वह छाँह थी, जिसके नीचे दो नन्हीं हथेलियाँ लगातार फूल चुने जा रही थीं। बच्चा दीवानबाई की मौजूदगी से बेख़बर था। दीवानबाई अपने-आपकी मौजूदगी से बेख़बर थी। सुख से पगे कुछ पल। बरामदे पर बैठे दो लोगों के घुटने के बीच बित्ते भर से भी कम का फ़ासला था। दोनों की नज़रें उस फ़ासले पर ही टिकी थीं। तभी बच्चा उठा। उसे सामने दीवानबाई दिख गयी। उसकी फूलों से भरी दोनों मुट्ठियाँ खुल गयीं और हरसिंगार झोड़कर वापस नीचे बिखर गये। दीवानबाई की बग़ल से कोई तेज़ी से उठा और पलक झपकते में वह लम्बी-सी परछाईं बच्चे के पास थी। बच्चा तलहथी छितराये हतप्रथ-सा खड़ा था। परछाईं झुककर वापस उन फूलों को चुनने लगी। जो काम बच्चा इतने परिश्रम और इतमीनान से लम्बे-लम्बे मिनटों में कर पाया था, वही काम यहाँ क्षणों में सम्पादित कर दिया गया था। बच्चे की हथेलियाँ वापस फूलों से भर गयीं। बच्चा प्रसन्न कम, विस्मित अधिक था। बच्चे के पास जो परछाईं आयी थी, वह उलटे पाँव लौट गयी। इस बार धीमे क़दम। और अब वही परछाईं दीवानबाई पर पड़ती थी। दीवानबाई ने गरदन उठाकर आँखें मिलायीं और वह उठने का प्रयास करने लगी। पर घुटने अकड़े पड़े थे। वह उठ नहीं पायी। उसने पास की दीवार पकड़नी चाही कि तभी एक खुली हथेली उसके सामने बढ़ी, जिस पर हरसिंगार का एक सूखा फूल चिपका था। दीवानबाई के हाथ बग़ैर सोचे-समझे स्वाभाविक रूप से आगे बढ़ गये, उस हथेली

में अपना भार सौंप देने को। दीवानबाई उठ खड़ी हुई। उसने अपनी और सामनेवाले की हथेलियों के बीच हरसिंगार की उपस्थिति महसूस की और तीसरे किसी की मौजूदगी से उसे लज्जा हुई। उसने अपनी हथेली वापस खींच ली। एक हथेली सामने बढ़ी ही रह गयी जिस पर हरसिंगार...दीवानबाई का कलेजा धौंकने लगा। वह हड़बड़ाकर बच्चे के पास आयी और उसे कन्धे से पकड़कर खींचती हुई, बाहर ले जाने लगी। बच्चा मुड़कर पीछे देखता रहा अपने शुभचिन्तक को, पर वह जो थी दीवानबाई—मुड़ी नहीं वापस।

दीवानबाई ने आईने में सबसे छिप-छिपाकर अपने-आपको देखा। हैरत, गुस्सा। ठीक माँग के पास से सफ़ेद हो आये केश, आँखों के नीचे...बीच गाल पर काली झाइयाँ, पसीना, चिपचिपाहट, चेहरे पर सूजन। इतने दिनों बाद दिखी भी तो ऐसा रूप लेकर! इस ख़्याल पर घिन-सी आ गयी उसे अपने ऊपर। ऐसे वक़्त में जब वह शख्स अपने बच्चों की मौत का दर्द झेल रहा था, क्या उसका ध्यान दीवानबाई की शक्ल, रंग-ढंग पर गया होगा! पता नहीं उसने उसमें दीवानबाई को देखा भी होगा या उसके मन की दशा ऐसी होगी कि उसे उसमें एक साधारण औरत नज़र आयी होगी। कोई भी हो सकनेवाली औरत। परिचित-अपरिचित। कैसी भी। नन्हें हरसिंगार चुनते शिशु को निहारती उसकी वात्सल्य भरी दृष्टि किसे ढूँढ़ रही होगी? यह सोचते दीवानबाई का सीना भर आया। उसके मन में अपने प्रेमी के लिए पहली बार वात्सल्य जागा...

दीवानबाई मायके से अपने पुराने दिन के सपने वापस लायी थी। अब उसका चैतन्य उसे ज़बरदस्ती आईने के सामने से अलग करता। हल्का रंग अब अपनी उम्र के मुताबिक़ नहीं लग रहा था... चटक रंगों की जीवन में वापसी थी। चेहरा सौन्दर्य के तमाम घरेलू नुस्ख़ों की पृष्ठभूमि बना पड़ा था और मन! मन तो मक्खन-सा छताकर पानी के ऊपर-ऊपर तैर रहा था। एड़ियों को झाँवाँ पत्थर से रगड़ते-रगड़ते दीवानबाई सोचती...अब तक, अपने को साफ़-सुथरा रखने का...सँवारने का ख़्याल किये बग़ैर ज़िन्दगी कैसी गुज़र गयी! और अभी भी जब उसमें सामनेवाले को एक साधारण औरत ही दिखायी दी थी, तब ये सब फिर किसके लिए! नहीं...वह दीवानबाई को देखकर ठिठकना, उसकी ओर बढ़ता चला आना, वो हाथों का सहारा और वह मौन की भाषा...वह सब सिर्फ़ और सिर्फ़ उसी के लिए था। दीवानबाई के लिए।

अपने पोतों के पीछे थाली लेकर...कौर बनाकर घूमते हुए...उनसे खा लेने की मनुहार करते हुए, उनका मुँह अपने आँचल में पोंछते हुए...अक्सर वह भटकने लगी। आगे-आगे दौड़कर उसे छकाता बच्चा कब कनपटियों पर सफ़ेद बालवाला रूप धर लेता, कुछ होश ही न रह पा रहा था। कौन रखता होगा उसके खान-पान का ध्यान!

रात को सोये में अचानक खाँसी का दौरा आ जाता होगा तो कौन एक गिलास पानी तक लाकर देता होगा! कुर्ते मैले पड़ रहे हैं या चप्पल घिस रही हैं या वजन कम हो रहा है... कौन दिलाता होगा इसका ध्यान! दीवानबाई सोयी रातों को उँगलियों से टटोल-टटोलकर बिस्तर पर कुछ ढूँढ़ती। उसका प्रेमी एक नवजात शिशु में सिमट आता... पूरी तरह से बस उस पर आश्रित। उसका खाना, सोना, पीना, नहाना सब दीवानबाई पर निर्भर। वह भूखा होता तो उसके होंठ दीवानबाई को तलाशते...उसे नींद आ रही होती तो उसकी आँखें दीवानबाई को ढूँढ़तीं...दीवानबाई ने अपने सीने को दोनों बाँहों की गिरफ़्त में कसकर जकड़ लिया...ये कैसा प्रेम था जो मातृत्व में, वात्सल्य में घुल-मिल जाता था...क्या औरत एक उम्र के बाद सिर्फ़ माँ रह जाती है? क्या औरत हर उम्र में सिर्फ़ और सिर्फ़ माँ होती है? नहीं!

रंगमहल से सफ़ेद जड़ी के कसीदेवाला हल्का नीला परदा, उठा। रंगमहल की दीवारें धुले शंख की बनी थीं। छोटे-बड़े, सफ़ेद, नीले, चितकबरे शंख। कक्ष की बायीं तरफ़ हाथी दाँत का बना एक नक़्क़ाशीदार खम्भा था। उससे लिपटा सोनजूही के लतरों का एक जोड़ा अपने में डूबा हुआ-सा साँसें ले रहा था। दूसरी तरफ़ चन्दन की महीन लकड़ियों से बना एक पिंजर था, जिसमें चटख उन्नावी पंखोंवाले पक्षियों का एक जोड़ा कोलाहल-भरे उत्सव में लीन था। रंगमहल शमादानों की लौ से रोशन था। हवा के महीन झोंके से कक्ष के श्वेत ज़हीन परदे इस कोने से उस कोने तक लहराते थे। रंगमहल के रंगोली सजे फ़र्श पर राधा के एक जोड़ी तलुवों की छाया पड़ी और कक्ष के शमादानों की शमा फक से बुझ गयी। अब वहाँ शेष रह गयी... कक्ष के बीचोबीच छत से लटकते फानूस की मद्धिम रोशनी। राधा के दायें तलवे से फ़र्श पर एक थाप पड़ी और रँगोली के गुलाबी अबीर का धुआँ कक्ष में तैर उठा पक्षियों का कलरव थम गया और मृदंग की थाप कक्ष में गूँज उठी। मृदंग की थाप और पंजे-एड़ी की लय रंगमहल अबीरमय हो उठा। और एक-एक करके दीवारों के सारे शंख गुलाबी होने लगे। राधा का महीन पारदर्शी कपड़े के चुन्नटों से पटा लहँगा पूरे निखार पर आ गया और कमर की उठान तक उठते-गिरते लहरों से गुलाबी लहँगे के स्पर्श से एक-एक कर शमादान की लौ प्रज्वलित होने लगी। कक्ष की दीवारों के परदे राधा के नृत्यरत शरीर में लिपटने लगे और रंगमहल में कुछ भी न बचा...सिवा प्रेम और आनन्द के एक गुलाबी आवरण के...

दीवानबाई की आँखें झटके से खुलीं, सुदामा प्रसाद उसे कन्धे से पकड़कर बुरी तरह हिला रहे थे– "अविनाश की माँ..."

दीवानबाई ने विस्फारित नेत्रों से उन्हें देखा। उसकी साँसें तेज़-तेज़ चल रही थीं। जूड़ा बिखर चुका था और आँचल अपनी जगह से हट गया था। अविनाश की माँ– इस आवाज़ ने मृदंग की थाप पर विजय पा ली थी। "सपना देख रही हो?"–

सुदामा प्रसाद ने पूछा। दीवानबाई कोई उत्तर न दे सकी। वह बस देखती रही अपने पति की आँखों में। फिर उसने अचानक सुदामा प्रसाद को अपने-आपमें समेट लिया। बाँहें कसकर उसके गिर्द बाँध दीं। उम्र के इस मोड़ पर यह कैसा भटकाव था। जब उम्र थी, इच्छाएँ थीं, भूख थी, तब जो सब नहीं कर पायी, उन चीज़ों की ओर अब...इतने सालों बाद! यह तो जीवन का अन्त क़रीब आ रहा था। अब फिर से एक नया जीवन जीने की चाह! वह भी इतने दायित्वों में बँधी होने पर...समाज, घर, परिवार, रिश्तेदार...एक औरत होने के बावजूद! नहीं। उसे अपनी पुरानी दुनिया में ही रहना होगा। उसी में रमा देना होगा अपने मन को। उसने सुदामा प्रसाद की पीठ को सहलाया अपनी तर्जनी से। उसे मालूम था कि उसके स्पर्शमात्र से सुदामा प्रसाद के मन में हसरतें जाग उठेंगी और फिर...वह हमेशा के लिए अपने को अपनी गृहस्थी में डुबो देगी। लेकिन ये क्या? कोई हरकत नहीं हुई, सुदामा प्रसाद में। उसने अपनी बाँहों का बन्धन धीरे-धीरे श्लथ किया। उसके कानों में सुदामा प्रसाद के खर्राटे की महीन आवाज़ आयी। उसने सावधानी से पूरी तरह अपने-आपको सुदामा प्रसाद से अलग कर लिया। दीवानबाई ने नीले बल्ब की रोशनी में गौर से अपने पति का चेहरा पढ़ा। उस पर साफ़-साफ़ लिखा था कि सुदामा प्रसाद यह बाजी हमेशा के लिए हार चुके थे। दीवानबाई ने करवट फेर ली और तकिये में अपना मुँह छुपा लिया। हर औरत के मन के एक कोने में कोई रंगमहल होता है और हर औरत के मन में एक राधा होती है। दीवानबाई ने आँखें कसकर मूँद लीं।

दीवानबाई ने अपने-आपको सजाया और अपने प्रेमी के दरवाज़े की घण्टी बजा दी। दरवाज़ा खुला। उसका दुबला और थका हुआ मेज़बान चौंक गया। दीवानबाई ने उनके कुछ कहने की प्रतीक्षा की और भीतर घुसकर अन्दर तक चलती हुई सोफ़े पर बैठ गयी। अतिथि के पीछे उनका मेज़बान। दीवानबाई ने उनके चेहरे पर नज़रें जमायीं। वह सिर नीचे किये बैठा था। क्षणभर पहले का विस्मय धुल चुका था और अब विषाद की छाया वहाँ निखरकर पसरी थी।

"आप अपना ख़्याल नहीं रखते ना" दीवानबाई ने प्रश्न करना चाहा था। लेकिन वाक्य के पूरा होते-होते उसमें से प्रश्नसूचक पुट मिट चुका था और वह एक साधारण, सर्वमान्य उक्ति की तरह सामने था। दीवानबाई ने बिना लाग-लपेट के फिर कहा, "अगर मैं आपका ध्यान रखूँ तो?" सामनेवाले ने जैसे कुछ सुना ही नहीं। वह चुपचाप वैसे ही बैठा रहा। कुछ पल गुज़र गये।

"चलती हूँ" दीवानबाई उठ खड़ी हुई।

घर में एक बार फिर से, पुराने तरीक़े से शाम ढली थी। बच्चे स्कूल से आने के बाद भाग-दौड़, पकड़ा-पकड़ी में मशगूल थे। बहुएँ जल्दी-जल्दी नाश्ता तैयार कर रही थीं। बेटे अपनी-अपनी दूकान पर थे। सुदामा प्रसाद शाम की सैर की तैयारी कर

रहे थे। दीवानबाई ने सन्ध्या जलायी और प्रसाद देने के लिए पोतों को आवाज़ दी। बच्चे उसे घेरकर खड़े हो गये तो उसने मँझले पोते के सिर पर हाथ रखकर पूछा—"दादी न रहे तो प्रसाद कौन देगा?"

छह साल के बच्चे ने अचरज से उसे देखा। उसका छोटा भाई चिल्लाया— "दादी नहीं रहेगी तो हम पूजा करेंगे और प्रसाद किसी और को नहीं देंगे।" दीवानबाई ने मुस्कराकर उसके सिर को हलके छुआ, प्यार से। बच्चा किलककर भाग गया। दीवानबाई देहरी पर बैठ गयी। कितना छोटा और सधा हुआ जवाब था। उसके सारे अन्तर्द्वन्द्व, ऊहापोह, भीतरी उठा-पटक का जबाव इस नन्हें-से बच्चे ने कैसे पलक झपकते दे दिया। कितना सही। कितना नपा-तुला। वह नहीं रहेगी, तब भी दुनिया उसी रफ़्तार से चलेगी। कोई और ले लेगा उसका स्थान। उसने अपने-आपको लोप कर मंच का जायज़ा लिया। अगर उसकी अचानक मौत हो जाये, असमय तो...? शाम ऐसे ही ढलेगी। बहुएँ चूल्हे में व्यस्त रहेंगी, बच्चे धमा-चौकड़ी मचाते रहेंगे। बेटे अपनी-अपनी दूकान पर और सुदामा प्रसाद टहलने जाने की तैयारी में। सुदामा प्रसाद के पास आकर भी दीवानबाई की सुई अटकी नहीं। सुदामा प्रसाद की दिनचर्या में उसकी क्या जगह थी? सुबह पाँच बजे जागना, सुबह की सैर, अख़बार, दाढ़ी बनाना, स्नान, नाश्ता, फिर घर के बग़ल में बने अपने छोटे-से दफ़्तर में क़ानूनी दाँव-पेंच, दोपहर का भोजन, शाम की बागवानी, टहलना, फिर टी.वी. चैनल घुमा-घुमाकर कोई भावनात्मक फ़िल्म तलाशना। उसे देखना। न मिले तो गाने जिन चैनलों पर आते हों हमेशा, उन्हें चाव से देखना। नयें ज़माने के कपड़े उघाड़ गाने भी वे उसी आनन्द से देखते जैसे सुरैया और सहगल के ज़माने के गाने। दीवानबाई को न तो टी.वी. के चैनलों की जानकारी हो सकी आज तक, न कार्यक्रमों की। और सुदामा प्रसाद! बेटे और बहुएँ तक उनकी जानकारी के मोहताज हैं। टी.वी. देखते-देखते भोजन और फिर पक्की नींद। दीवानबाई कहाँ थी? कहीं नहीं। न वह, न उसकी परछाईं। छोटी बहू ने भीतर से उसे आवाज़ लगायी। दीवानबाई ने उठने की कोशिश की। पर घुटने जबाव दे गये। उनका दाहिना हाथ सामने बढ़ गया। पर उसे थामने के लिए हरसिंगार की कली चिपकी कोई हथली वहाँ नहीं थी...

रात ढल चुकी थी। सुदामा प्रसाद सोने की तैयारी में थे। दीवानबाई की साँसें तेज़ी से उठ-गिर रही थीं। उसका सिर खिड़की से टिका था और हवा के झोंके में आगे के बाल जूड़े से निकलकर चेहरे पर फहरा रहे थे।

"बत्ती बुझा देना। आज बारिश होगी। क्या सोच रही हो भई?" सुदामा प्रसाद ने उसे टोका।

दीवानबाई वे वैसे ही खिड़की से लगे-लगे, थोड़ा रुककर कहा, "सोचती हूँ अगर मैं न रहूँ तो क्या होगा?"

हँस पड़े सुदामा प्रसाद, "अरे भई, तुम बड़ी भाग्यशाली कहलाओगी। अपने पीछे इतना सुखी घर छोड़ जाओगी। मैं तुम्हें मुक्ति दूँगा। और क्या चाहिए? इसमें इतना सोचने का क्या है?" दीवानबाई चुप रही वैसे ही, तो सुदामा प्रसाद आगे बढ़े।

"मंज़ाक कर रहा था भई। तुम भला अभी जाओगी कहाँ? यह सब क्या सोच रही हो आज अचानक?" उन्होंने दीवानबाई का कन्धा पकड़कर उसे अपनी ओर मोड़ दिया।

"अचानक नहीं"...दीवानबाई की आँखों में कुछ था, जिसे देखकर सुदामा प्रसाद ठगे रह गये। वह बोलती गयी, "अचानक नहीं...अगर मैं कहूँ कि मैं संन्यास लेना चाहती हूँ तो?"

"संन्यास..." इस बार हँस नहीं पाये सुदामा प्रसाद, हालाँकि बात हँसने की थी सरासर। पर दीवानबाई की आँखों ने उन्हें हँसने नहीं दिया।

"आप हमें जाने देंगे?"

"क्या हो गया है तुम्हें?" कुछ ठिठककर सुदामा प्रसाद बोले, "मैं सोता हूँ।"

"नहीं। जो बात मुझे आपको पहली रात बतानी चाहिए थी, उसे आख़िरी रात तो बता लेने दीजिये।"

सुदामा प्रसाद ने आँखें छोटी कर उसे देखा और उसके माथे पर अपनी तलहथी रखी।

"ताप नहीं है मुझे। मैं ठीक हूँ। शादी से पहले किसी और के साथ मेरे सम्बन्ध थे और मैं उसके पास जाना चाहती हूँ।" दीवानबाई ने मुट्ठी में आँचल को दबाया और पैर का अँगूठा ज़मीन में धँसाया।

"कैसे सम्बन्ध?" यह हथौड़े की गहरी आवाज़ थी।

"मन के सम्बन्ध।"

सुदामा प्रसाद ने दोनों हाथों से उसका चेहरा पकड़ा। उसके बालों को भरपूर खींचा और उत्तेजित होकर उसे धकेल दिया बिछावन पर। वे काँप रहे थे बेतरह।

"मैं उसके पास लौटना चाहती हूँ। इस घर के सारे कर्त्तव्य पूरे कर दिये मैंने। अभी आपने कहा कि अपने पीछे मैं एक सुखी घर छोड़ जाऊँगी। आपने कहा था। आप मुक्ति देंगे मुझे। मुझे मुक्ति चाहिए।" दीवानबाई बिस्तर पर हाँफ रही थी। सुदामा प्रसाद झपटकर उस तक पहुँचे।

"मुक्ति तुम्हें मैं देता हूँ।" उन्होंने दीवानबाई का गला पकड़ लिया और पूरी ताक़त से उसे दबाने लगे। दीवानबाई जूझ रही थी। माथे से, नाखून से। उसे मुक्ति चाहिए थी। लेकिन मरकर नहीं। उसे जीना था। उसने अपने दाँत गड़ा दिये अपना गला दबाते हाथ में, कलाई से थोड़ा ऊपर। बन्धन श्लथ हुआ और वह झपटकर अलग हुई। दोनों योद्धा की साँसें फूल रही थीं। सुदामा प्रसाद जल्दी सँभले। उन्होंने

ताबड़-तोड़ मारना शुरू किया दीवानबाई को। उन्होंने दीवानबाई को मार-मारकर चूड़ डाला। आख़िर वे पति थे उसके! इतना तो हक़ बनता था। दीवानबाई ने उठना चाहा, पर वह भुरभुराकर बिस्तर पर बिखर गयी।

दुनिया जानती थी कि सुदामा प्रसाद की पढ़ाई का ख़र्च उनके पिता की रख छोड़ी सम्पत्ति से चल रहा है जबकि दिन-भर इज़्ज़त से कुलवधू बनकर गुज़ार देनेवाली उनकी गरीब माँ अँधेरा होते झोला, तराजू, बटखरा, काग़ज़ का ठोंगा... लेकर चल पड़ती थी। इन्हीं दो ज़िन्दगियों के बीच तालमेल बिठाने के फेर में उसके पैर रेलगाड़ी ओर प्लेटफ़ॉर्म के बीच लय न साध पाये। क्या दो समानान्तर ज़िन्दगियों के बीच सम साधनेवाली औरत की हमेशा ऐसी ही नियति होती है...! दीवानबाई में हरकत हुई। उस रूह ने, जिसके पैर रात के अँधेरे में ठीक-ठीक प्लेटफ़ॉर्म की थाह नहीं ले पाये थे, दीवानबाई के जिस्म पर हाथ फेरा...सर से पैर तक। दीवानबाई उठ खड़ी हुई। उसने घर के मुख्य दरवाज़े की साँकल हटायी। बाहर घुप्प अँधेरा। बारिश। तेज़ हवा। वह नीम बेहोशी में चल रही थी। पता सीधा-सादा मायके के तीन घर बाद। दीवानबाई ने अपनी नयी मंज़िल के दर पर सर झुका दिया। वह एक बन्द दरवाज़े के आगे निढाल हो गयी। रूह का सफ़र पूरा हो गया। उसने एक बार फिर दीवानबाई के जिस्म पर हाथ फेरा और वह वहाँ से चली गयी। चुपचाप : जहाँ उसकी मंज़िल थी, उधर।

आसमान में और भी बहुत बारिश के आसार थे। रातभर बारिश होगी, तय था। सुबह क्या होगा? बारिश शायद थम जाये। पर बन्द दरवाज़े पर रखे इस सवाल का क्या होगा! हो सकता है कल का सवेरा किसी इन्द्रधनुष का साक्षी बने और अगर नयी मंज़िल ने इस सवाल से मुँह फेर लिया तो! फ़ैसला चाहे जो भी हो, जिसके भी हक़ में हो, इतना क्या कम है कि सुदामा प्रसाद की माँ की आत्मा को मुक्ति मिल चुकी थी।

●

फाँस

मनीषा कुलश्रेष्ठ

गोखड़ेनुमा खिड़की में खड़ी वह रेत पर उतरते अँधेरे को देख रही थी, मानो कोई राक्षस रेत निगलता हुआ बढ़ता आ रहा हो। गर्मी की इस शाम में हवा की गति में बढ़ती तीव्रता कुछ देर तो भली लगी लेकिन जब आँखें किरचिराने लगीं तो वह समझ गयी कि आँधी के आसार हैं।

उसे पता था, हवा ज़रा तेज़ हुई कि नहीं...बिजली को जाते देर नहीं लगेगी। सो उसने लालटेन और दियासलाई क़रीब रख लिये। ऐसे में मोमबत्ती ज़रा भी कारगर नहीं। तमाम दरवाज़े बन्द कर लो। खिड़कियाँ मूँद दो, उनमें अख़बार फँसा दो, रेत और हवा अपने आने के लिए सन्ध खोज ही लेती हैं।

उसका ख़्याल ठीक निकला, बिजली चली ही गयी। हवा सचमुच बहुत तेज़ हो चली थी। दियासलाई जलाना कठिन हो रहा था। बड़ी मुश्किल से लालटेन जली। खिड़कियों के बन्द पटों से रेत टकरा रही थी। सूखी, मोटे कणोंवाली रेत, एकदम बरसात की तरह। ऐसी आँधी और इससे जुड़ी आवाज़ें किसी अनिष्ट की आशंका क्यों जगाती हैं? खिड़कियों में बने घोंसलों में बैठी चिड़ियाँ पंख फड़फड़ाने लगीं, खिड़कियों के पल्ले खुल चुके थे और...खिड़कियों के सींखचों के बीच बामुश्किल अटके घोंसले, तेज़ हवा से 'अब गिरे कि तब गिरे' की हालत में थे। सब घोंसलों में चिड़ियों के अण्डे-बच्चे थे। उसे हैरानी हुई प्रकृति पर। वह सोच में पड़ गयी चिड़ियों के घोंसले बनाने का मौसम और तूफ़ानों का मौसम एक ही क्यों होता है? डार्विन के सिद्धान्त पर चिड़ियाँ अपने-आपको परखती हैं क्या?

हवा खाली कमरों में घुस आयी थी, खिड़की, दरवाज़े खड़खड़ा रहे थे। आँधी के जोर से जीर्ण हवेली की पुरानी दीवारें काँपती-सी महसूस हो रही थीं। वातावरण विचित्र ध्वनियों से गूँज उठा था। उसने आँख मूँद ली, मगर ये विकट ध्वनियाँ सुनकर उसका अवचेतन अपने-आप ही अजीबोग़रीब कल्पनाओं से उन ध्वनियों को जोड़ने लगा। उसे ऐसा क्यों लगने लगा था कि इस हवेली में कोई है, जो युगों से यहाँ

अकेला छूटा हुआ है और मर्मभेदी उच्छ्वास ले रहा है। अचानक टूटा-उखड़ा फ़र्श काँप-सा जाता तो उसे लगता है कि वही रेत लीलता हुआ अँधेरे का विशाल राक्षस भारी क़दमों से दूसरी मंज़िल के ख़ाली कमरों में चल रहा है। कभी लगता कि कोई बराबर नीचे के बड़े फाटक की मोटी लोहे की साँकल खटखटाये जा रहा था और अब धैर्य छोड़ वह पूरी हवेली के चक्कर लगा रहा है। इन विचित्र आवाज़ों के शोर से वह घबराकर उठ बैठी। अचानक उसे लगा कि उसके ऊपर से युग फरफराते हुए गुज़रे चले जा रहे हैं और वह उस पुरानी हवेली में ऊपर से शान्त और भीतर से डरी हुई बैठी है। न जाने कितने युगों के बीत जाने देने की प्रतीक्षा में है। कुछ तो था जो उसके अवचेतन की घुमड़न के लिए काफ़ी था।

ऐसी तूफ़ानी रातों के बाद कहीं हर सुबह वह कालिमा की कोख से बाहर आती थी, अग्निशिखा-सी तपती-तमतमाती। मगर ख़ुद के वजूद से बेख़बर, फटी-फटी आँखों से शून्य में घूरते हुए उस आत्म-विस्मृत बूढ़े को देखती तो चुपचाप बुझ जाती। उस दिन सुबह भी अपनी चाय बनाते हुए उसे अपने इस जनक का ख़याल आ गया। रात उन्होंने कुछ नहीं खाया था... भूखे होंगे, चाय के साथ डबल-रोटी दे देगी। रात की आँधी से पूरा घर अस्त-व्यस्त पड़ा था। जहाँ देखो वहाँ रेत। पहले इत्मीनान से चाय पी ले फिर सफ़ाई करेगी। तब तक खेत से भूरया भी आ जायेगा, सहायता हो जायेगी। वह चाय लेकर उनके कमरे गयी थी। वे वहाँ नहीं थे। कहाँ चले गये, ऐसी हालत में। देखा तो, वे आँगन में पड़ी खाट पर औंधे पड़े थे। रात की भीषण आँधी में...ये यहाँ कैसे चले आये? रेत जमकर बरसी थी उनके ऊपर। कपड़ों में, खुले मुँह में, पलकों पर...रेत ने उनका ताबूत ही बना डाला था। पहले उसने सोचा बेहोशी का दौरा पड़ा होगा...पर वहाँ तो साँस ही नदारद थी, उसने चीखकर पड़ोस से जयदीप को पुकारना चाहा मगर आवाज़ गले में फँसकर रह गयी। कुछ ही दिन पहले वह जीता-जागता आत्मीय सम्बन्ध भी तो मर चुका था। वह किसे आवाज़ दे रही है? मन का काष्ठ में बदलना उसे साफ़-साफ़ महसूस हो रहा था। उसने गहरी साँस लेकर आनेवाली आफतों के लिए ख़ुद को तैयार किया। ठीक ही तो हुआ है, यह देह अपनी गलाज़तों से मुक्त हो गयी।

....बहनों के घर फ़ोन करने...अर्थी के लिए बाँस की खपच्चियाँ चीरने से लेकर ...बाँधने तक...पड़ोस से परताप काका साब और गुलाब मामा को बुलाकर यह कहने तक, "काका, बस जल्दी ही किरियाकरम कर दो...कोई आये भले न आये। अब क्या बचा है इस देह में।" वह ज़रा भी नहीं रोयी थी। अब इस फाँस ने उसे रुला दिया है।

यूँ चिनी जाती हैं गालियों में लड़कियाँ
कोई रिश्ता उनके अख़्तियार में नहीं रहता

कनिष्ठा उंगली में फाँस गहरे धँसकर अब भूरी भी पड़ गयी है। उस फाँस को सहलाने से भी अब दर्द होता है। इसीलिए अब इतनी देर बाद पीड़ा के अतिरेक से आँसू छलछला उठे हैं...गहरे धँसी फाँस के सूख जाने की वजह से या इस सजी हुई अर्थी के सामने बैठकर...एक जीवित, स्पन्दित, चीख़ते-चिल्लाते प्रलाप करते, बेचैन प्राणी की निर्जीव देह से सहमकर... या एक समूचे रिश्ते की व्याख्या करने पर...? यह देह जब जीती थी तो उसने उसकी ज़िन्दगी के तमाम दरवाज़ों पर साँकलें लगा दी थीं, यह देह अब जब निर्जीव है तो भी अपने संग उन साँकलों पर लगे तालों की कुंजियाँ साथ ले गयी है। आज तो उसे रास्ते के नाम पर सुरंगों का पता देता एक सुराख और उससे झरती पीली रोशनी भी नज़र नहीं आ रही।

वह अर्थी के पास चुपचाप बैठी है। सामने रखी निर्जीव देह के प्रति उसके मन में कोई भाव नहीं उठ रहा है। न वितृष्णा, न शोक, न मोह। सच, कुछ भी तो नहीं। वह चुपचाप उँगली में धँसी सूखी हुई फाँस को निकालने की कोशिश में एक यन्त्र की तरह जुटी है। मस्तिष्क सुन्न होने के बावजूद नेपथ्य में पूर्ण सजग है। खोयी हुई आवाज़ें गूँज रही हैं।

"उमा की माँ...इस छोरी से कह दो कि...अब आँगन में नहायी तो टाँगें तोड़ दूँगा।" वह आँगन में रखे बड़े-से कठौत में घुसकर उछलती-कूदती, पानी छलकाती हुई, सहम गयी है... अपने दो छोटे अल्पविकसित स्तनों को अनायास तौलिया से ढक लिया है, बड़ी जीजियों की तरह...। ग्लानि में डूबकर रह गया है नन्हा-सा मन। सीने पर उगे वे दो फूल, उसे पिछवाड़े में उगी नागफनी पर साल में एक बार उगनेवाले फूल जैसे लगने लगे थे।

वह अपना शरीर देखती है, ग्यारह साल की उमर के बाद बाऊ जी की टोक से मानो ठिठककर वहीं विकसित होना रुक गये स्तन, होंठों के ऊपर स्याह बालों की रेख, लड़कों की-सी मजबूत काठी।

"पता है अन्तु तू जब हुई तो भाई साहब तमतमाकर घर से बाहर चले गये थे ...और हमारी माँ यानी तेरी दादी ख़ूब पछाड़ें मारकर रोयी थीं। चौथी बार भी लड़की ...दाई को तो धकिया ही दिया था बिना कुछ दिये लिये। वैद जी ने तो लड़का होने की पाँच सौ रुपये की दवा दी थी...पर हो गयी तू..! तेरा नाम तेरी माँ ने अन्तिमा रखा और तौबा कर ली।"

एक और आवाज़...वह भी तो...जो उसके जहन में सर झुकाये चुपचाप गुज़र रही थी। जिसे वह चाहकर भी 'कायराना' का विशेषण नहीं दे सकी, उस पर समाज की दुहाई और विवशता की गर्द चिपकी थी।

"दुनिया जहान में रिश्ते के नाम पर चाहे छोटे-छोटे अनदेखे काँटे लोग दिन-रात निगलते हों, पर अन्तिमा मेरी माँ कहती है, आँखों देखा मोटा काँटा नहीं निगला जा सकेगा। जीवन भर माँ तुम्हें हिकारत से देखे, यह मैं नहीं चाहता, तुम भी नहीं

चाहोगी। मैं हमेशा तुम्हारी परवाह करूँगा, जब भी पुकारोगी उपस्थित होऊँगा, पर बचपन में हमारी माँओं के खेल-खेल में किये कौल-क़रार को गम्भीरता से मत लेना।''

सारी जीजियों का ब्याह हो गया था, मगर माँ उसके हिस्से के अपने सारे कौल-ओ-क़रार और हिसाब-किताब अधूरे छोड़कर उस दुनिया में चली गयी। तो भी वह 'मनहूस' बनकर उस घर के भाग्य से चिपकी रही है। बुढ़ापे की औलाद में क्या लड़के ही प्यारे होते हैं? दुनिया जहान की उपेक्षिता वह अम्माँ को बहुत प्यारी थी, वे दिन-रात छाती से उसे चिपकाये घूमा करती थीं। बहुत बड़े होने तक। मगर उसके चौदह साल के होते-होते वे जाती रहीं। अपनी गिरती सेहत का इलाज वे नीम हकीमों के ज़रिये ख़ुद कराती रहतीं, बाऊ जी ने तो उसके पैदा होने के बाद अम्माँ की तरफ़ मुड़कर कभी देखा नहीं। कभी-कभी अम्माँ के कमरे से हताश फुसफुसाहट उभरती "हमसे मतलब ही क्या उस राँड़ नर्स के रहते आपको। एक दिन हम पैर घिस-घिस कर मर जायेंगे...ब्याह लाना उसे ही।"

उत्तर में वही दहाड़ ''कल की मरती हो तो आज मर ले। तूने दिया ही क्या हमें? चार-चार छोरियों के सिवा। तीन तो जस-तस ब्याह दीं।'' वे दाँत किटकिटाते... "अब यह चौथी...इसे तो मैं कुएँ में फेंक आऊँगा। अब और करजा लेना मेरे बस का नहीं।'' अपने कमरे की तरफ़ जाते हुए, ताव के साथ मुड़ते और लपककर माँ के कन्धे झकझोरकर कहते, ''और जिसे तू राँड़ कह रही है न, तैने ही धरम बहन बनाया था उसे और उसी ने तीसरी के ब्याह में बिन ब्याज पैसा दिया था।''

''हाँ जी हाँ! बिन ब्याज उसने तो हमारा वह सब-कुछ गिरवी रखवा लिया है, जिसे हम अपने जीते जी न छुड़ा पाये।''

माँ के जाने के बाद यह हवेली कितनी सूनी हो गयी थी, शाम होते ही नीम पर बैठे कव्वों का शोर इसे और मनहूस बना देता था। फिर रात के ढलते हुए सन्नाटे में... मोर की पियाऊ...पियाऊ...उसके भीतर एक निर्वात को जन्म देती थी। उसके वजूद में भी जब सन्नाटा पसर जाता था, तब उसे इस हवेली के भरे-पूरे जवान दिन याद आते। अपने बचपन के दिन-अम्माँ तीनों बड़ी बहनें और उनका लाड़। उनकी शानदार शादियाँ, हर तीज-त्योहार उनका मायके आना, घर में उत्सव का माहौल आये दिन बना रहता था। पिता का व्यापार और सट्टा दोनों उरूज़ पर थे।

याद आता, फागुन में पकते गेहूँ और जलते पलाशों का मौसम। पड़ोस की चाची के बेटे जयदीप के साथ बैलगाड़ियों के पीछे लटककर उसके खेतों पर जाना, जंगल जलेबी के ऊँचे पेड़ों पर चढ़ जाना। बबूल पर लटके पूरे बने और अधबने बया के घोंसले उतार लाना। ड्रेगन फ्लाई की पूँछ में धागा बाँधकर 'हेलीकाप्टर' बनाना। बचपन से ही उन दोनों को पता था, उनकी माँओं के सखिभाव में किये गये करार

के अनुसार बड़े होकर उन दोनों की शादी होना तय है। मगर उससे उनकी गाढ़ी दोस्ती पर कोई फ़र्क़ नहीं पड़ता था। वह निकर पहनकर जयदीप के साथ जमकर गिल्ली डण्डा खेलती। लड़कियों के खेल उसे रास कभी नहीं आये। बेटे के अभाव की अपनी मनोग्रन्थि के तहत बचपन से अम्माँ ने उसे होफपैण्ट-शर्ट ही पहनायी थी। छोटी-छोटी आँखें, भक्क गोरा रंग, छोटी गोल नाक, ऊपरवाले होंठ के ऊपर हमेशा पसीने की बूँदें और गहरे भूरे रोयें, छोटे कटे घुँघराले बाल, अक्सर अनजान लोग उसे लड़का समझ लेते। जयदीप के नये दोस्त उसकी पीठ पर धौल जमा देते लड़का समझकर। अम्माँ के साथ ननिहाल जाते हुए बस का कण्डक्टर भी उसे लड़का समझ लेता।

उम्र का वह सन्धिस्थल न आया होता तो वह माँ का बेटा बनी रहती। पाँच दिन घर में बन्द रहने के बाद, वह छठे दिन चेहरे पर ढेर-सारी अव्यक्त ग्लानि लिये छत पर गयी थी, तब जयदीप हँसकर बोला था, "तो जीजी की तरह तेरे भीतर भी अब काँच की गुड़िया रहने लगी है। माँ कहती है, लड़ाई में बहन को पेट में मुक्का नहीं मारना, लड़कियाँ अन्दर से नाज़ुक होती हैं, काँच की गुड़िया-सी। क्यों?"

"क्या हर वक़्त माँ कहती है ये...माँ कहती है वो। मेरे अन्दर कोई काँच की गुड़िया-वुड़िया नहीं रहती।" उसने प्रतिरोध किया था।

जयदीप के फ़ौज में लांस नायक की ट्रेनिंग पर जाने के बाद और माँ के मर जाने के बाद, वह ख़ुद ही हिचकने लगी थी चाची के घर जाने से। कहीं, उसे चाची बेसब्र न समझ लें। रिश्ता तो तय है, मगर चाची उसके पिता से चिढ़ती भी हैं और डरती भी। उसकी सम्पूर्ण चेतना पड़ोस के उस घर की सुगबुगाहटों पर लग रहती। माँ के साथ बचपन चला गया। जयदीप के साथ आँखों की कोटरों से हरियल सपने भी उड़ गये थे।

माँ-सच में उसे कुएँ में फेंके जाने के लिए छोड़ गयी। कुआँ ही नहीं, अन्धा कुआँ। जिस कमरे में से माँ के सधे गले से सुन्दरकाण्ड की आवाज़ों की धूप उगा करती थी, उस कमरे में से उभरते आवेगमय—आतुर पुकारों और उत्तरों के रहस्यमय धुँधलके ने उसे जीवन के समस्त गुह्य रहस्य समझा दिये थे। वह अपनी किताबों में अपना चित्त एकाग्र करती ही थी कि एक अलसायी आवाज़ गूँजती, "अब जाऊँ।"

बाऊ जी की उसके प्रति वितृष्णा जीवन भर रही...बचपन में मनहूस कहीं की ...या छोरी....के अलावा कब उसे प्यार से अन्तिमा कहकर बुलाया? हाँ, बुलाया था एक बार... नशे की हालत में अपनी असीमित, अनैतिक और किसी मनोरोग की हद तक जा पहुँची कामना के ज्वार में...'अन्तिमाऽऽ' और फिर वितृष्णा का बचा-खुचा हिस्सा, उसके पाले में आ गिरा था। अब उसे करनी थी वितृष्णा अपने उस जनक से, जीवन भर।

किसी तरह उसने ग्यारहवीं पास कर ली थी, उसके बाद उन्होंने उसकी फ़ीस देना बिल्कुल बन्द कर दिया था। उसने मोहल्ले के दो-चार बच्चों को ट्यूशन पढ़ाना शुरू कर दिया। वह भगवान् का शुक्र मनाती थी कि कम-से-कम उसके पास कहने को एक घर तो है, अपना कमरा है, आँगन है, आँगन में दो विशाल नीम के पेड़ हैं। लम्बी-लम्बी छतें हैं। जिन्हें फाँदकर वह पड़ोस में जयदीप के घर में कूद जाया करती थी, चाची का हाथ बँटाकर, जयदीप से बातें कर बाऊ जी के लौटने से पहले आ जाया करती थी।

मगर इसी घर ने अपनी दीवारों में भीतर-ही-भीतर नागफनी काँटे उगा लिये थे। इस घर का स्वामी... उसका जनक, झुण्ड से तज दिये गये बूढ़े शेर की मानिन्द हवेलीनुमा गुफा में दिन-रात चक्कर काटा करता। अब नर्स भी कभी आती, तो दो मुश्टण्डों के साथ पैसों का तकाज़ा करने के लिए ही आती। उसे चुकाने के लिए उन्हें हवेली के पीछे के अहाते का बड़ा टुकड़ा बेच डालना पड़ा। वे अपनी हार, हताशा और अकेलेपन के गर्त को शराब से पाट रहे थे समाज में उन्हें पहले का-सा सम्मान मिलना ख़त्म हो चुका था। रिश्तेदार दुरदुराने लगे थे।

उस रात उनके नशे में घर लौटने की आहट से हवेली कँपकँपा गयी थी। उसके कान सजग हो गये थे। रसोई में उनकी थाली उसने ढककर रख दी थी। अमूमन जब वे देर रात पीकर लौटते तो जैसे-तैसे खाना खाकर वे सीधे अपने कमरे में जाकर सो जाया करते थे। सुबह देर से आढ़त पर जाते। मगर उस दिन, वे लड़खड़ाते हुए, चीज़ों से टकराते, उन्हें गिराते, ख़ुद गिरते हुए सीधे उसके कमरे में चले आये, "अन्तिमा सो गयी क्या?" आवाज़ सायास नरम की गयी थी।

वह चुप रही। उनसे उसका वार्त्तालाप लगभग नहीं के बराबर होता था। "बहुत दिनों से तूने स्कूल की फीस नहीं माँगी। स्कूल छोड़ दिया क्या?" वे अँधेरे में टटोलते हुए उसके बिस्तर पर बैठ गये। जेब से एक नोटों की गड्डी निकाली।

"ये ले फीस। बारहवीं में एडमिशन ले ले। तू ही मेरा लड़का है अब तो।" कमरे में धुँधली, जीरो पावर के बल्ब की रोशनी थी। उनके कृश शरीर की परछाईं भी दीवार पर दानव की तरह पड़ रही थी। उसके सर पर हाथ फेरते-फेरते, अचानक उनके हाथ नीचे सरक आये। अचानक वे उसके स्तन दबोचने लगे। वह बुरी तरह चीख पड़ी तो, गुस्से में भन्ना गये।

"शोर मत मचा ए छोरी।" कहकर एक चाँटा रसीद कर दिया था और अपने कमरे में चले गये। वह रात-भर काँपते हुए और रोते हुए अपने संकल्पों और विकल्पों से उलझती रही। उसे पढ़-लिखकर अपने पैरों पर खड़ा होना होगा, इस यन्त्रणागृह से निकलकर भागना होगा। कब, कहाँ और कैसे? उस दिन, पहली बार उसे अपने दबंग, लापरवाह, विद्रोही, व्यक्तित्व के बाहरी आवरण के भीतर एक काँच की नाज़ुक गुड़िया काँपती नज़र आयी थी। उसकी सुरक्षा को लेकर वह डर गयी थी।

गलियों में आये दिन पुरुषों के स्वर में बकी जानेवाली गालियाँ उसके जहन में गूँज रही थीं। वे गालियाँ जिनका इस्तेमाल क्रोध में भी होता है, प्यार में भी। दो पुरुषों के शक्तिप्रदर्शन के बीच औरतों के जिस्म चिने जाते हैं। जिनमें चिने जाकर ख़ून के रिश्तों का दम घुटा करता है। बहुत मुश्किल से सँभाला था उसने, अपनी टहनी की तरह टूट जानेवाली उस उम्र में स्वयं को। वह उठी तो नोटों की गड्डी ज़मीन पर गिर पड़ी थी। उसने चुपचाप से खाट की निवाड़ के नीचे उसे छुपा दिया। आख़िर उसे एक दिन पास के शहर के नर्सिंग कॉलेज में दाखिला जो लेना है।

सुबह-सुबह जब वे उठे तो शायद उन्हें कुछ याद नहीं रहा, सिवाय इसके कि उन्होंने सट्टे में जीते नोटों की गड्डी कहीं गिरा दी है। उन्होंने जब उससे पूछा तो उसने पूरी उदासीनता के साथ अनभिज्ञता जता दी। पिछली रात के उस अपवित्र स्पर्श की लिजलिजाहट उसके व्यक्तित्व में फाँस बनकर गड़ गयी थी। वह उनके सामने पड़ने से बचती।

चित्त को झुलसानेवाली इस घटना के बाद उसने घबराकर जयदीप को पत्र लिखा था, सत्तरह साल की लड़की की भोली-भाली आशंका के तहत या जाने उस पर अपने अखण्ड विश्वास के तहत। अब याद नहीं कि क्या लिखा था, पता नहीं वह अपने डर को पूरी तरह व्यक्त कर भी पायी थी कि नहीं। मगर उसका उत्तर जरूर आया था कि, “वह बेवजह डर गयी है। कोई पिता...इतना क्रूर कैसे हो सकता है। वह ट्रेनिंग के बाद सालाना छुट्टी पर आयेगा, तब बात करेगा।” वह उस साल नहीं आ सका। ट्रेनिंग के तुरन्त बाद उसकी यूनिट की कश्मीर में तैनाती हो गयी थी। इस बीच व्यक्तित्व की तमाम परतों के भीतर बहुत सहेजकर रखी वह काँच की गुड़िया टूट ही गयी।

उस दिन सियारों की हू ऽ हू से उसकी नींद खुली थी। अँधेरे में उसने देखा उसके सिरहाने कोई खड़ा है। लड़खड़ाते हुए। बनियान पहने मगर नीचे से पूरा नग्न। उसका सारा वजूद जैसे मनों बर्फ़ के नीचे दब गया था। उसे लगा सपना है मगर लिजलिजे स्पर्शों ने जल्दी ही स्पष्ट कर दिया कि यह सपना नहीं था। गालियों में चिना हुआ एक ख़ून का रिश्ता है... जो तमाम सभ्य समाजों के पल में परखच्चे उड़ाकर उसे आदिम काल की गुफाओं में लिये जा रहा था। सभ्यता बरहना सिर उन गुफाओं में चीख़ती घूमती रही। कमज़ोर दिल, कमज़ोर लिवरवाले उसके लगभग ठठरी हो आये उसके जन्मदाता में जाने किस दानव की ताक़त आ गयी थी कि उसका सोचा हुआ ग़लत साबित हुआ। उसने सोच रखा था कि अगली बार शराब के नशे में पिता ने ऐसी-वैसी कोई हरकत की तो उसका सिर दीवार से फोड़ देगी। उसके पिता ने ही उसका सिर दीवार से दे मारा। अर्द्धचेतनता में जाने कब, समाज और सभ्यताओं के कानों में बरसों से वह एक गाली जो गर्म शीशे-सी गिरती थी, आज

उसी सभ्यता की जाँघों में वह लहू से लिख दी गयी। जब चेतन हुई तो एक स्नायविक तबाही उसके भीतर मची थी, उसका अवचेतन झुलस गया था। उसके भीतर से झुलसती हुई झाड़ियों की-सी तड़तड़ाहट आती रही। भारी वेदना, चीख़ के कुएँ के मुँह पर चट्टान की तरह पड़ी थी। चीख़ अन्दर-ही-अन्दर घुटती रही। निहत्थे शब्द हताशा में उलटकर उसका ही अन्तस् खरोंच देते।

अपने ही घर में वह ख़ुद को सात तालों में रखती। रात को उठ-उठकर कमरे की सिटकिनी देखती कि लगी है कि नहीं।

अगले साल की शुरुआत में जयदीप आया था, पड़ोस के घर की सुगबुगाहटों ने उसके आने का पता दे दिया था। इस बार उसने दौड़-दौड़कर लम्बी छतें नहीं लाँघी। वह घुटनों में सिर छिपाकर चेतनात्मक स्तर पर न चाहकर भी अवचेतन के तल पर उतरकर, बाँहें फैलाकर उसकी प्रतीक्षा में थी।

वह आया, छत-से-छत के रास्ते नहीं। हवेली के बड़े द्वार से, नीम के पीले पत्तों से अटे आँगन में, पत्तों पर चर्र-मर्र करते हुए, बड़े-बड़े डग भरता हुआ। पिता से बिना डरे—बिना हिचके, एक औपचारिक अभिवादन के बाद सीधा वह उसके कमरे की सीढ़ियाँ चढ़ गया था। जब गया था तो किशोर-सा लगता था, अब पुरुष बनकर लौटा है। चाल में फौज का सिपाही होने की पूरी ठसक आ गयी है। उसके अन्दर नमी की बाक़ी बची एक परत सिहर गयी।

वह चाहकर भी ख़ुश नहीं हो सकी। न हहराकर, फूटकर विलख सकी। वेदना के पत्थर के नीचे उसकी चीख़ दम तोड़ चुकी थी। उसने बहुत कुरेदा, उसमें आये एक पथरीले बदलाव की वजह को... तो उसके पास गाली में बिंधे उस रिश्ते के बयान के लिए शब्द थे ही नहीं, आँसू थे, पीड़ा थी, ज़ख़्म थे, उधड़ा हुआ अवचेतन था। इसके अलावा उसके पास कुछ भी नहीं था जिससे वह समझा पाती। मगर अन्तिमा के पिछले वर्ष लिखे गये पत्र के मजमून के प्रकाश में वह बहुत-कुछ समझ चुका था। ख़ाली वह ही नहीं समझा, चाची को भी उनके खेत में काम करनेवाले भूरे ने हल्का-सा संकेत दिया था— बाईसा, अन्तु जीजी रे लारे, मालिक रो वैवार ठीक कोनी। दारू रा नसा में वे कई भी कर सके। वणाने होस कोनी रयो है कि या बेटी है कि बैण...।

जयदीप के सामने ही जब चाची भूरे के मुँह से यह बात सुन रही थी, तब वह अपने नाती को काँटे निकाल-निकालकर मछली खाना भी सिखा रही थी। 'बेटा बारीक़ काँटे तो रोटी के साथ चबा जा, पर बड़ा काँटा आँख से देखकर पहले ही निकालकर बाहर रख दे।"

माँ की सीख पर नाती ने ही नहीं बेटे ने भी अमल किया था।

उसने अपने जीवन के तीन लम्बे शून्य वर्षों के खालीपन को स्वीकार कर लिया था। यन्त्रणा का हो कि सुख का सैलाब, जब गुज़र जाता है तो पूरा-का-पूरा याद

नहीं रहता। लेकिन टुकड़ा-टुकड़ा वह जहन में ज़रूर बनता-बिगड़ता रहता है, कैलाइडोस्कोप की तरह या फिर कोलाज की तरह। कई बार ये टुकड़े, उड़ते चिथड़ों की तरह सपनों के चेहरों पर जा चिपकते हैं।

कितनी ही बार वे घृणित दृश्य...सपनों में टुकड़ों में बँटकर, सपनों को गँदला जाते। एक-दूसरे में गड्ड-मड्ड होते, मांसल भूरे वृत्त, त्रिकोण, चतुर्भुज आकार। घूँ घूँ करके घूमती गुलाबी मज्जा की शंक्वाकार सुरंगों में भटकता उसका 'स्व'। भूरी-काली झिल्लियों में फँसी एक नन्हीं चिड़िया के भ्रूण-सी फड़फड़ाती उसकी आत्मा। कभी-कभी एक सुर्ख अंगारा उसकी देह के उन्हीं अनभिज्ञ, असावधान, अजाने प्रदेशों पर भटकता हुआ उसकी चेतना को सुलगाता हुआ गुज़र जाता...उसकी नींद खुलती, जाँघों के बीच एक से अन्तरालों के बीच जल्दी-जल्दी होनेवाले संकुचनों से। वह समझ नहीं पाती कि यह डर के अतिरेक और आनन्दयुक्त तनाव का मिला-जुला कैसा चरम बिन्दु है? यह क्या है? ऐसे पलों में उसे अपनी देह विलक्षण स्वरों में विलाप करती महसूस होती और अन्ततः वह अवसाद के बीचोबीच ग्लानि के द्वीप पर स्वयं को पाती। उसकी ग़लती? तो फिर यह रज्जुओं और मज्जा तक के भीतर छिपी यह ग्लानि कैसी?

उस दिन भी तूफान के ऐसे ही आसार नज़र आ रहे थे उसे, जब नीचे से एक कर्कश आवाज़ गूँजी थी। "...तूफ़ान आनेवाला है। नीचे उतर आँगन में कुछ पड़ा हो तो उठा ले।"

वह नीचे उतरी थी, बाहर लाल मिर्च जो सूखने को डाली थी। उठाकर उसने रसोई में रखी ही थी कि उसे....पीछे से दबोच लिया गया। दाँतों के बीच जीभ-सा वह ख़ुद को बहुत बचाकर रखती थी, मगर ज़रा-सी असावधानी में जीभ कभी कट जाती तो कभी बच जाती। उसके पिछले घावों के खुरण्ट अभी हरे ही थे...वह अपमान... और पीड़ा दोनों की भयावह और घिनौनी कल्पना से सिहर गयी। मन में छिपे क्रोध की एक चिन्गारी सुलगकर पूरे वज़ूद को दावानल की तरह सुलगाने लगी। उसने अपनी कोहनी से पूरे दमखम से उसकी पसलियों पर वार किया। वह चीखकर वहीं बैठ गया। तब का जो बिस्तर से लगा तो फिर...उठा ही नहीं। शौचादि के लिए भी वह भूरया पर निर्भर रहता। आँतें खाना बामुश्किल पचा पातीं।

अन्तिमा को उसकी इस हालत पर कभी-कभी पश्चात्ताप भी होने लगा था... ज़्यादा ही ज़ोर से मार बैठी थी वह। लेकिन वह कभी हैरान भी रह जाती। टूटी पसलियों के साथ बिस्तर से जा लगी उसके जनक की जर्जर देह के भीतर अब भी क्या कोई कामातुर राक्षस रहता था?

जब भी वह अपने कमरे से कॉलेज को जाने के लिए नीचे उतरती, आँगन में खाट पर बैठे हुए उस व्यक्ति के मुँह से लगातार मवाद की तरह गन्दी गालियाँ टपकतीं। फटी-फटी रहने लगी थीं वे दो जलती आँखें। उनमें उन्माद और ग्लानि

दोनों झगड़ालू पड़ोसियों की तरह रहते। वे जब गालियाँ नहीं देते तो आँगन की दीवार से सर फोड़ा करते या उसे दिखा-दिखाकर अपनी चप्पलें अपने मुँह पर दनादन मारा करते। वह मुँह फेरकर घर से बाहर निकल जाती। कॉलेज जाने के लिए बस में बैठते ही, इन गालियों से उपजी जुगुप्सा से एक उलटी में सारा खाया पिया...उलट जाता। वह उठते-बैठते मनाती कि अब तो यह जीता-जागता प्रेत अपनी समस्त मानसिक व शारीरिक़ यन्त्रणाओं से मुक्त हो जाये।

उसने उँगली की फाँस को सहलाया। उसे लगा, आँधी-तूफ़ान और रेत की झर-झर बरसात के बीच कल रात के किसी पहर में चीख़ता-चिल्लाता, फटी आँखों से शून्य में देखता, कभी ख़ुद को, कभी उसे कोसता, अपनी चप्पलों से कभी अपने को पीटता, कभी उस पर फेंककर मारता एक जीवित प्रेत तो इस हवेलियों की दीवारों से मुक्त हो गया है, मगर एक दंश छोड़ गया है।

अर्थी अब भी दालान में स्वजनों के इन्तज़ार में सजी पड़ी है...लोग धीरे-धीरे जुट रहे हैं। उमा जीजी पास के गाँव में ब्याही हैं सो वह जल्दी ही चली आयी हैं, अन्दर बुआ-सा को सँभाल रही हैं।

"चार-चार छोरियों की जिम्मेदारी में खट के उमर से पहले चला गया मेरा भाई। एक लड़के की आस इसके जी में रह गयी। हाय! अब इसका श्राद्ध कौन करेगा। निरबंसिया रह गया मेरा भाई। इसकी बनायी जैदाद को गिद्ध लूटेंगे।"

"चुप रहो बुआ-सा। यहाँ ये सब मत करो।" अन्तिमा खीजकर चीख पड़ी।"

जीजा बाहर बैठक में आने-जानेवालों को देख रहे हैं...बाऊ जी के भाई और भतीजों का इन्तज़ार है।

शाम तक बाऊ जी के भाई-भतीजे नहीं आये तो उसने जीजा से अर्थी उठा देने को कहा।

"हाँ जल्दी है जीजा-सा, मुझे जल्दी है।"

"अन्तिमा, क्रिया-करम करनेवाले तो वह ही हैं, इनके भतीजे।"

"इनका क्रिया-करम तो मैं करूँगी जीजा-सा।"

"क्या बकवास करती है अन्तु। गाँववाले क्या कहेंगे?"

"तुम चुप रहो जीजी। मुझे परवाह नहीं किसी की। परताप चाचा और गुलाब मामा उठाओ आप लोग अर्थी।" आवाज़ में अजीब-सी तल्ख़ी किसी और ने महसूस की हो कि नहीं, मगर स्वयं उस तल्ख़ी को महसूस कर रही है।

आँगन से धूप जब सिमटने लगी तो हवेली से अर्थी निकली। गली धूल से गुबार से धूसर पड़ी हुई थी। ढोर-डंगर घर लौट रहे थे। मोहल्ले के पुरुष अपने-अपने अँगोछे कन्धे पर डालकर शवयात्रा में शामिल हो गये, कुछ पड़ोसी होने के नाते, कुछ कुतूहलवश। औरतें अपने घरों की खिड़कियों से, घूँघटों में से ताक रही थीं, उस कभी न देखे गये दृश्य को।

'राम नाम सत्य है' की हल्की-हल्की उदास गूँज के साथ हल्का सलेटी शलवार कुर्ता पहने, दुपट्टे को कमर पर बाँधे अन्तिमा अर्थी के आगे पानी भरी मटकी लेकर चल रही थी, जिसके तल में से बूँद-बूँद जल टपक रहा था। रास्ते-भर सारा गाँव उसे हैरत से देखता रहा था। उसका चेहरा हमेशा की तरह पथरीला-सा था, न सुख न दुःख। न शोक न उल्लास।

शवयात्रा के श्मशान पहुँचते हुए अँधेरा घिर आया था। एक बड़ा-सा बरगद, पास बहती वैरागिन-सी नदी, इधर-उधर बिखरी राख, अर्थी से शव का जल्दीबाज़ी में खोला जाना और पण्डित के वे महायात्रा सम्बन्धित श्लोक उसके मन में देह की अर्थहीनता को लेकर अजीब-सी विरक्ति जगा रहे थे। शुरू में पण्डित एक लड़की से अन्तिम संस्कार कराते हुए हिचकिचा रहा था। मगर वह सारे संस्कार तटस्थता से निर्देशानुसार पूरे करती रही तो पण्डित भी सहज हो गया। मुखाग्नि देने के पाँच मिनट के भीतर श्मशान के सन्नाटे में चिता तड़तड़ाकर जल उठी।

कपाल क्रिया के ठीक पहले जीजा आगे बढ़े, यह सोचकर कि लड़की है, कहीं डर न जाये। मगर हाथ में लकड़ी थामे अन्तिमा सोच रही थी, इस संस्कार का महत्त्व क्या होता होगा? क्या इससे मनुष्य के दिमाग़ में रहता काम-क्रोध-मोह का प्रेत मुक्त हो जाता होगा? विचारों के घनीभूत बवण्डर की सम्भावना से घबराकर उसने कपाल पर एक भरपूर प्रहार किया। कपाल-अस्थियों के टुकड़े बिखर गये थे।

सुबह से उँगली में धँसी फाँस को उसने सहलाया, अब वह वहाँ नहीं थी।

●

अँधेरे की कोई शक्ल नहीं होती

ज्योति चावला

यह कहानी कई वर्ष पुरानी है, और आज जब मैं इस कहानी को लिख रही हूँ तो मेरी उम्र 38-39 के आस-पास है। कुछ था जो सालों से मेरे भीतर उथल-पुथल मचाये हुए था और चूँकि किसी से कह नहीं सकती थी तो यह पीड़ा और सालती थी मुझे। सोचा किसी जंगल में पेड़ के कान में या फिर किसी घोड़े के कान में अपनी कथा कहने से बेहतर है आपसे कहूँ।

कहानी 31 अक्टूबर, 1984 के कुछ दिन पहले से शुरू होती है। नन्दनगरी के एक मोहल्ले में हमारा घर था। बड़ा-सा आँगन, और आँगन में एकदम किनारे ठीक पिछले दरवाज़े के पास अमरूद का पेड़। हमारा अमरूद का पेड़ इतना घना था कि उसका फैलाव बाहर गली तक जाता था। घर में हम कुल पाँच सदस्य थे। पापा जी, मम्मी, बड़ा भाई, बण्टी उर्फ सुखदीप और उससे छोटा टोनी उर्फ मनदीप और सबसे छोटी मैं यानी हरप्रीत यानी प्रीतो सिर्फ़ नाम से नहीं, सबकी लाड़ली भी थी मैं।

हम तीन भाई बहन बड़ी शैतानियाँ करते थे। पेड़ पर कच्चे-कच्चे अमरूद फलते ही तोड़ लेते और मम्मी के लाख डाँटने पर भी भरी दुपहरी में पेड़ से अमरूद तोड़कर कच्चे ही खा लेते थे। अमरूद खाने से ज़्यादा लालच दूसरे के हाथ में पड़ने से बचाने का था। डाली क्योंकि बाहर तक जाती थी, तो पड़ोस के रिंकी, मन्नू, राजू और राहगीरों की भी नज़र उस पर टिकी रहती थी। इसलिए उनसे बचाने के लालच में, चाहे पेट दर्द ही क्यों न हो जाये, हम तीनों उसे छोड़ते नहीं थे। और फिर अमरूद खाने के बाद पेट दर्द होता तो माँ कभी अजवाइन खिलाती, तो कभी पिटायी।

स्कूल जाते हुए भी हमारी शरारतें यों ही चलती रहती थीं। बण्टी वीरजी की पगड़ी की पूनी पापा जी करवाते और टोनी वीरजी की मम्मी। और मैं ख़ुद ही अपनी दोनों चोटियाँ गूँथ लेती थी, बस रिबन लगाने का काम मम्मी के जिम्मे रहता था। हम तीनों को स्कूल विदा करके ही दोनों को कुछ आराम मिलता और फिर मम्मी पापा जी के काम पर जाने की तैयारी करने लगती। पापा जी की अपनी तीन टैक्सियाँ

थीं। पापा जी को दिल्ली में बसे अभी सोलह साल ही हुए थे। इन सोलह सालों में पंजाब से दिल्ली आये पापा ज़ी ने अपनी लगन और मेहनत से ठीक-ठाक कमा लिया था। मम्मी-पापा जी जब दिल्ली आये तो उनकी गोद में छह-सात महीने का सुखदीप यानी बण्टी वीरजी थे। पापा जी ने यहाँ आकर मजदूरी की, किराये के मकान में रहे, टेम्पो टैक्सी चलायी और धीरे-धीरे पापा जी की मेहनत और मम्मी की समझ से दोनों ने अपनी पहली टैक्सी डाली और आज वाहेगुरु की कृपा से तीन टैक्सियाँ नन्दनगरी में बड़े से आँगनवाला अपना एक घर और तीन-तीन बच्चों सुखी गृहस्थी थी उनकी।

हमारा बड़े से आँगन और बड़े से अमरूद के पेड़वाला वह घर छोटी-छोटी खुशियों से भरा था। बण्टी वीरजी ग्यारहवीं, टोनी वीर जी नौवीं और मैं सातवीं कक्षा में पढ़ रहे थे तब। पापा जी अक्सर कहते कि घर की मजबूरियों के चलते मैं तो कभी पढ़ नहीं पाया, लेकिन मेरे तीनों बच्चे ज़रूर पढ़ेंगे-लिखेंगे। पुरखों का नाम रोशन करेंगे।

मैं अपने पापा जी की बहुत लाड़ली थी। स्कूल में मेरा नाम हरप्रीत, पड़ोस की सहेलियों के लिए प्रीतो, भाइयों के लिए प्रीतो माई और पापा जी के लिए लाडो पुत्तर था। पापा जी ने मुझे कभी हरप्रीत या प्रीतो कहकर पुकारा हो, मुझे याद नहीं आता। बण्टी और टोनी वीरजी जब मुझे 'प्रीतो माई बड़ी सयाणी, लगदी पूरी बुड्डी नानी' कहकर चिढ़ाते, तो पापा जी उन्हें बहुत डाँटते।

हमारा पूरा मोहल्ला पंजाबियों और हिन्दुओं का था, जिसमें कुछ घर सिक्खों के थे। पंजाबी यानी पंजाब के हिन्दू परिवार। लोहड़ी-दीवाली पर हमारी गली में खूब रौनक लगती। गली के कई परिवारों ने मिलकर, जिसमें सिक्ख, हिन्दू और पंजाबी थे, एक साँझा चूल्हा बना रखा था। साँझा चूल्हा यानी साँझा तन्दूर, जो गली के सभी परिवारों के सहयोग से बना था। शाम ढलते ही चूल्हे पर औरतों की भीड़ लग जाती। अपनी-अपनी परातों में गुँथा आटा लेकर वे इकट्ठी होतीं और रोटी बनाने के बहाने न जाने कितना कुछ आपस में बाँटतीं। साँझे चूल्हे की इन शामों को कभी औरतों के ठहाके गूँजते तो कभी चूल्हे से उठते धुएँ में वे अपने आँसू छिपातीं और बहातीं अपने दुःख-सुख साँझे करतीं।

पापा जी की टैक्सी कई लोगों के काम आती। कभी कोई बीमार पड़ गया, तो उसे लेकर अस्पताल भागने में और कभी किसी को आने में देर हो जाये, तो उसे ढूँढ़ने को निकलती यह टैक्सी। वहाँ नफ़े-नुक़सान की सोच से परे पूरी तरह उस गली, उस मोहल्ले की साँझी हो जाती, ठीक उस साँझे चूल्हे की तरह। साँझे चूल्हे से निकलती गरम-गरम रोटी पर महकते घी की तरह खुशियों से महकता था हमारा वह मोहल्ला और मोहल्ले में हमारा घर। हर इतवार को मम्मी-पापा जी के साथ हम सब भाई-बहन बँगला साहब गुरुद्वारे जाते और हर संक्रान्ति पर पापा जी की तीनों टैक्सियों में हमारा मोहल्ला सवार होता दमदमा साहब गुरुद्वारे जाने के लिए। गुरुद्वारे

में मत्था टेकते मम्मी-पापा जी उस वाहेगुरु का बार-बार शुक्रिया अदा करते और हम बच्चों पर अपनी रहमत बनाये रखने की उससे गुज़ारिश करते। मोहल्ले के और बच्चों के साथ हमें खेलने को मिल जाता और गुरुद्वारे के बड़े-से आँगन में हम ख़ूब शरारतें करते। लाइन में बार-बार लगकर कड़ाह प्रसाद खाते और छककर लंगर खाते। फिर बड़े बुज़ुर्ग गुरुद्वारे की सेवा में अपना दिन सार्थक समझते और हम सब धमा चौकड़ी में।

31 अक्टूबर, 1984 से पहले तक यह मोहल्ला ठीक ऐसा ही था। हिन्दू और सिक्ख के भेदभाव से परे। लेकिन उस एक मनहूस घड़ी ने देखते-ही-देखते वहाँ की आबोहवा को बदलकर रख दिया। उस मनहूस दिन को कुछ सिक्ख पहरेदारों ने इन्दिरा गाँधी की हत्या कर दी। और यह पता चलते ही पूरा शहर-का-शहर सिक्खों का विरोधी हो गया जैसे सब सिक्खों ने मिलकर इस साजिश को अन्जाम दिया हो। पापा जी टैक्सी स्टैण्ड पर थे, जब उन्हें ख़बर मिली। शाम के चार बज रहे थे। गुस्साये लोगों का हुजूम सिक्खों को ढूँढ-ढूँढकर उन्हें मार रहा था। दंगा फैलनेवाला था। पापा जी के साथियों ने कहा—सरदार जी माहौल ठीक नहीं है। आपका घर जाना ही ठीक है। पापा जी को उनके एक साथी ने यह सलाह दी, तो पापा जी बिना कुछ सोचे सीधा घर की ओर चल दिये। 4.20 पर दरवाजा खटका। हम तीनों के स्कूल से लौटने पर खिला-पिला और मुँह-हाथ धुला हमें डाँट-डपटकर सुलाते-सुलाते मम्मी की भी आँख लग गयी थी। अचानक दरवाजा खोला तो देखा सरदार जी दरवाज़े पर खड़े हैं। मम्मी को चिन्ता हो गयी कि कहीं सरदार जी की तबीयत तो ख़राब नहीं। माँ को और पूरे मोहल्ले को इस बात की कोई जानकारी नहीं थी। पापा जी ने जब माँ को बताया, तो वे यह तो समझ गयी थीं कि भीड़ सिक्खों पर गुस्सायी है, लेकिन आनेवाले दो दिनों में क्या अनहोनी घटनेवाली है, इसका पापा जी और माँ को भी कोई अन्दाज़ा नहीं था।

साढ़े पाँच बजे बण्टी और टोनी वीरजी का ट्यूशन का समय था, लेकिन पापा जी ने दोनों को आज घर पर ही रोक लिया। वे हम बच्चों को कुछ बताना भी नहीं चाह रहे थे, लेकिन छिपाना भी उतना ही मुश्किल था। उन्होंने बस इतना कहा कि बाहर का माहौल कुछ ठीक नहीं है और उन्हें कमरे में जाने की ओर इशारा किया। दोनों भाई बिना कहे चुपचाप कमरे में चल दिये। माँ ने मुझे भी अन्दर जाकर पढ़ाई करने के लिए कहा और खिड़की से बाहर देखने लगी।

उन दिनों हमने नया-नया टी.वी. लिया था और टी.वी. पर दूरदर्शन के अलावा कुछ नहीं आया करता था। पापा जी स्थिति का पूरा जायजा लेना चाहते थे। इन्दिरा गाँधी की मौत से वे बहुत दुःखी थे, लेकिन सरदारों के ख़िलाफ़ पनपे गुस्से की वजह को वे पूरी तरह समझ नहीं पा रहे थे। पापा जी ने टेलीविज़न चलाया। तस्वीर कुछ

साफ़ नहीं आ रही थी। छत पर जाकर एण्टीना को थोड़ा इधर-उधर घुमाने पर तस्वीर साफ़ होने लगती थी। पापा जी ने टोनी वीरजी को आवाज़ लगायी और ऊपर जाकर एण्टीना ठीक करने को कहा।

बाहर बेशक तनाव का माहौल था और मम्मी-पापा जी भी घबराये हुए थे, लेकिन अन्दर के कमरे में हम तीनों को शरारतें सूझ रही थीं। हम धीरे-धीरे मुँह पर हाथ रखकर बातें करते और फिर हँसी आने पर आवाज़ को लगभग दबाकर हँसते। लेकिन बण्टी वीरजी खेल में हमारे साथ होकर भी हमारे साथ नहीं थे। खैर, पापा जी के बुलाने पर टोनी वीरजी को तो जैसे मन की मुराद मिल गयी। वे दौड़कर छत पर चढ़े, और एण्टीना को इधर-उधर घुमाने के साथ-साथ उनकी नज़रें भी चारों ओर का मुआयना करने लगीं। आख़िर बात क्या है जो पापा जी ने हमें आज बाहर नहीं जाने दिया। बाहर का माहौल तो ठीक ही है। नीचे टी.वी. पर तस्वीर ठीक आने पर पापा जी और मम्मी तो टी.वी. देखने में मशगूल हो गये और ऊपर टोनी वीरजी चुपके-चुपके छतें फाँदते हुए उस पहले मकान की छत पर पहुँच गये। दूर से एक हुजूम चला आ रहा था। लाठी-डण्डे हाथ में पकड़े लोग इस तरफ़ ही चले आ रहे थे। टोनी वीरजी यह तो नहीं समझ पाये कि इस भीड़ के इकट्ठे होने का कारण क्या है। लेकिन पापा जी की कही बात से इसे जोड़ते ही वे बुरी तरह घबरा गये और डरकर वापस घर की ओर दौड़ने लगे। वे चिल्लाते जा रहे थे, "पापा जी, पापा जी, वे लोग आ गये।" सीढ़ियों से उतरते हुए वे बुरी तरह घबराये हुए थे। मम्मी ने टोनी वीरजी को गले से लगाया और पानी पिलाया। टोनी वीरजी के चेहरे पर पसीना छलछला आया था और आँखें जैसे फटी-की-फटी रह गयी थीं। वे बुरी तरह हाँफ रहे थे।

एक ही पल में डर के साये ने पूरी तरह से हमारे घर को अपनी जकड़ में ले लिया था। पापा जी, मम्मी और खासकर टोनी वीरजी के चेहरे की दहशत को देख मैं भीतर तक काँप गयी थी। घरवालों की आँखों में डर की यह ख़ौफ़नाक छाया मैं पहली बार देख रही थी। अब पापा जी भी छत पर जाकर स्थिति का जायज़ा लेना चाह रहे थे। लेकिन मम्मी ने किसी तरह हाथ-पैर जोड़कर उन्हें रोक लिया।

माहौल सचमुच ख़राब होता जा रहा था। थोड़ी ही देर में भीड़ हमारे मोहल्ले तक पहुँच गयी। ज़ोर-ज़ोर से हो-हल्ले की आवाज़ आ रही थी। "जब तक सूरज चाँद रहेगा, इन्दिरा तेरा नाम रहेगा।" पगलायी भीड़ नारे लगाते हुए लोगों के घरों के दरवाज़ों को भी ज़ोर-ज़ोर से पीट रही थी। डर के मारे मैंने रोना शुरू कर दिया था। मम्मी 'वाहेगुरु वाहेगुरु' का जाप करने लगीं। लेकिन अभी तक हम अपने को अकेला नहीं समझ पा रहे थे। मम्मी-पापा जी को अपने पड़ोस और पड़ोस में अपनी साख पर पूरा भरोसा था। जैसे ही कोई दंगाई हमारे घर की तरफ़ बढ़ेगा पड़ोसवाले मिश्रा जी और शर्मा जी और सब लोग मिलकर इस आतंक को रोक लेंगे। आखिर हमारा कुसूर ही क्या था! लेकिन यह हमारा भ्रम था।

हमारे घर के दरवाज़े बन्द थे और दिल ज़ोरों से धड़क रहे थे। 'वाहेगुरु हमारी रक्षा कर। इन बेअक्लों को सद्बुद्धि दे। मेरे बच्चे मेरे परिवार की लाज रख मेरे वाहेगुरु!'' माँ बार-बार यही बुदबुदा रही थी। हमें मिलाकर कुल चार घर सिक्ख परिवारों के थे। अगर पड़ोसी चाहें तो इन चारों घरो को अपनी समझ-बूझ से छिपा भी सकते हैं। आटे में नमक की तरह मिले-छिपे ये चार घर दंगाइयों से छिपा ले जाना कोई बड़ी बात तो नहीं...! आख़िर उन्होंने भी तो वक़्त-बेवक़्त इस मोहल्ले के सभी लोगों का साथ दिया है। पापा जी सोच ही रहे थे कि हमारे घर के बाहरी दरवाज़े को कोई ज़ोर-ज़ोर से धकेलने लगा। धीरे-धीरे हाथों की संख्या बढ़ती चली गयी। दरवाज़ा लकड़ी का था और पुराने स्टाइल का बना हुआ था। उसमें एक ज़ंजीर थी जो ऊपर की तरफ़ थी। पापा जी ने बाद में इसमें एक लोहे का हैण्डल भी लगवा दिया था, जो बीच में था।

माँ ने हम तीनों बच्चों को गुसलख़ाने में बन्द कर बाहर से कुण्डी लगा दी। अब पापा जी हिम्मत करके दरवाज़े की तरफ़ बढ़े इस उम्मीद के साथ कि शायद वे गुस्साई भीड़ को कुछ समझा सकें और पड़ोसियों से मदद की गुहार कर सकें। लेकिन जैसे ही दरवाज़ा खुला, भीड़ दनदनाती हुई घर के भीतर घुस गयी। शायद उन्हें ख़बर थी कि इस घर में पाँच सदस्य हैं। मम्मी चिल्लाती रही कि घर में और कोई नहीं है और दंगाई घर के दरवाज़े तोड़-तोड़कर अपनी तसल्ली करते रहे।

हमारा घर दो कमरों का था। मुख्य दरवाज़े से अन्दर घुसते ही जो थोड़ी-सी जगह थी उसके पीछे दो कमरे थे और उन कमरों के बीच से जो रास्ता पीछे की ओर जाता था वहीं गुसलखाना था। उसी गुसलखाने में हम तीनों बन्द थे। बाहर की चिल्लाहट की आवाज़ हमें अन्दर सुनायी पड़ रही थी और इस कारण अन्दर हम तीनों की जान हलक़ में उतर आयी थी। बण्टी वीरजी ने हम दोनों को कसकर गले से लगा लिया था। और अब दरवाज़े पर एक लात पड़ते ही हम अपनी आनेवाले मौत के सामने खड़े थे। हम तीनों को वहाँ देखकर उनकी आँखों में चमक आ गयी। एक ने दौड़कर मुझे दोनों भाइयों से ज़बरदस्ती खींचकर अलग कर लिया और गोद में उठाकर ले चला। दोनों भाई भी उनकी गिरफ़्त में थे। बाहर निकलते ही उनमें से एक ने सीधा पापा जी के केशों को खींचते हुए कहा, ''क्यों बे सरदार, कहता था घर में कोई नहीं है। यह माल अन्दर छिपा रखा था।'' 'माल' कहकर उसने मेरी ओर एक भद्दा इशारा किया। अभी तक हरप्रीत, प्रीतो माई, लाडो पुत्तर सुननेवाले मेरे कान अपने लिये यह नया शब्द सुनकर हैरत में थे। मैं तब तक उस शब्द का अर्थ भी नहीं समझती थी।

अब तक हम सब बाहर लाये जा चुके थे। पापा जी और हम सबने देखा—सिक्ख परिवारों के घर के आगे जैसे होली जल रही हो। उनके घर फूँके जा चुके थे और कुछ दंगाइयों की एक टुकड़ी उन घरों के लोगों को भी इसी तरह बाहर खींचकर आग में जिन्दा जला रही थी। हमारे पड़ोसी और गली के अन्य लोग

अपने-अपने घरों के आगे खड़े हो तमाशा देख रहे थे। मम्मी और पापा जी तो जैसे अपनी सुध-बुध खो चुके थे। मम्मी अपनी चुन्नी लोगों के सामने फैलाती हम सबकी जान की भीख माँग रही थीं। वे कभी उन आततायियों के सामने गिड़गिड़ाती तो कभी आस-पड़ोस के अपने सगे से भी ज़्यादा प्यारे पड़ोसियों के सामने। सब जैसे दम साधे हमारे घर के तमाशे में होनेवाली बाक़ी घटनाओं का इन्तज़ार कर रहे थे।

भीड़ में से कुछ लोग अब बण्टी और टोनी वीरजी की ओर लपके और उन्होंने दोनों भाइयों को सीधे उनकी दस्तार और बालों से पकड़कर ज़मीन पर पटक दिया। दरवाज़े-दरवाज़े अपने परिवार की ज़िन्दगी की भीख माँगती माँ अचानक हमारी चीख़ें सुनकर लौट आयी और अपने दोनों जान से प्यारे पुत्तरों के ऊपर औंधी लेट गयी। मुझे अब तक उस आदमी ने अपनी गोद से उतरने नहीं दिया था। पापा जी इस पूरे दृश्य से अलग सिर्फ़ मुझ पर अपनी नज़रें टिकाये हुए थे। वे बार-बार उस आदमी से गुहार लगाते कि मेरी बेटी को छोड़ दो। और वह आदमी बार-बार पापा जी को लात मारकर नीचे गिरा देता। अब भीड़ ने ज़मीन पर गिरी माँ को दोनों भाइयों से अलग किया और उनकी चुन्नी खींच ली। माँ के कपड़े फाड़े जा रहे थे। तेरह बरस की मैं इतनी बुरी तरह घबरायी और उस आदमी के हाथ से एक झटके से कूद गयी। माँ को नंगा कर दिया गया। पापा जी गुहारें लगा रहे थे। दोनों भाइयों को भीड़ तलवारों से कोंच रही थी और हँसी के ठहाकों और रोने का एक अजीब-सा मिश्रण वहाँ खड़े तमाशबीनों के कानों का मनोरंजन कर रहा था।

और अगले ही पल हमारा घर आग के हवाले था। बचे हिस्सों को भी वे लोग मिट्टी का तेल, पेट्रोल डालकर आग के हवाले करते जा रहे थे। पापा जी की पिछली सोलह बरसों की मेहनत को उन्होंने एक ही पल में फूँककर रख दिया। पापा जी उस वक़्त क्या सोच रहे थे, यह तो मैं नहीं जान सकी, लेकिन उनके आँसुओं और चीत्कार के लिए दो आँखें और एक-एक गला ज़रूर कम पड़ रहा था। हमारी आँखों के सामने हमारा एक-एक सपना धूँ-धूँ करके जल रहा था।

...लेकिन अभी भी बहुत होना बाक़ी था।

दंगाई अपने साथ एक सफ़ेद-सा पाउडर लेकर आये थे। पता नहीं उस पाउडर में ऐसा क्या था कि आग दिखाते ही वह बड़ी-बड़ी लपटों में धधकने लगता था। पगलायी भीड़ ने सड़क पर पड़े दोनों भाइयों के ऊपर वह सफ़ेद-सा पाउडर छिड़क दिया। इससे पहले कि कोई कुछ समझ पाता, आग की एक लपट उन पर भी फेंकी जा चुकी थी। दोनों भाई हमारी आँखों के सामने ज़िन्दा जला दिये गये और अब तक दो हाथों से अपनी इज़्ज़त ढँकती माँ के दोनों हाथ छाती पीट रहे थे। हाहाकार मचा हुआ था। यह एक भयानक सपना था या ख़ौफ़नाक...समझना मुश्किल था।

"फूँक दो साले को भी। कोई सरदार न बचने पाये। ढूँढ़-ढूँढ़कर निकालो। साले बहुत गरमी है न तुम्हारी जात में।" कहते-कहते उन्होंने पापा जी पर भी तेल छिड़का और आग लगा दी। अब तक छाती पीटती माँ ने भी आव देखा न ताव, पापा जी के ऊपर ही कूद गयी। माँ बार-बार चिल्ला रही थी, "मैं वी ज़िन्दा रहके की कराँगी। रब्बा (ईश्वर) तेरा की विगाड़या सी मेरे परिवार ने?" माँ शायद यह भूल गयी थी कि उनकी प्रीतो अभी दंगाइयों की गिरफ़्त में ही है।

मेरी आँखों के सामने मेरा परिवार जलकर राख हो गया। जलती लाशों का नंगा नाच देखा मेरी आँखों ने। परिवार को बचानेवाला, उन हैवानों को रोकनेवाला कोई नहीं था उस दिन उस गली में। उस गली में, जहाँ शाम को साँझा चूल्हा जलता था, जहाँ हिन्दू, पंजाबी और सिक्खों की औरतें हँसी-ठट्ठों के बीच तो कभी एक-दूसरे के आँसू पोंछती साथ-साथ रोटियाँ सेंका करती थीं। जहाँ एक आवाज़ लगाने पर पापा जी की टैक्सी दूसरे की सेवा में हाज़िर होती थी। जहाँ पर दीवाली-लोहड़ी में ग़ज़ब की रौनक हुआ करती थी। आज सड़क के ठीक बीचोबीच रखा वह साँझा चूल्हा ठण्डा पड़ा था। आज शाम की आग में मेरी माँ की चुन्नी और पापा जी व भाइयों की पगड़ियों की आहुति दी जानी थी...

...आज होली जलनी थी इसी आग में मेरी आबरू की भी।

छत पर खड़ी होकर जब भी मैं आसमान से गुज़रते हवाई जहाज़ को देखती, तो उछलकर हाथ हिला-हिलाकर 'बाय-बाय' कहती। "बाय-बाय एरोप्लेन, बाय-बाय एरोप्लेन।" मम्मी बताती कि इस हवाई जहाज़ में इन्दिरा गाँधी बैठती हैं। उन्हें जब एक जगह से दूसरी जगह जाना होता है, वे इसी या ऐसी ही किसी हवाई जहाज़ से जाती हैं। इन्दिरा गाँधी हमारे देश की प्रधानमन्त्री हैं। हमारा और हमारी ज़रूरतों हर चीज़ का ख़याल रहता है उन्हें और यह कहते-कहते माँ अक्सर एक बात दुहराती बेटा प्रीतो, खूब पढ़ा कर। तुझे भी बड़े होकर इन्दिरा गाँधी जैसा बनना है। बहादुर और समझदार। और फिर मैंने हवाई जहाज़ को देखते हुए धीरे-धीरे 'बाय-बाय एरोप्लेन' की जगह 'बाय-बाय इन्दिरा गाँधी' कहना शुरू कर दिया था।

आदर्श क्या होता है, इतनी छोटी-सी उम्र में मैं न तो जानती थी और न समझती थी। लेकिन मुझे इन्दिरा गाँधी जैसा बनना है, यह सपना मैं ज़रूर देखने लगी थी। अख़बार में इन्दिरा गाँधी की तस्वीर देखकर मैं ख़ुद को उनसे जोड़ने लगती थी। मंच पर बोलती इन्दिरा गाँधी, हज़ारों-लाखों की भीड़ में इन्दिरा गाँधी। इन्दिरा गाँधी मेरे लिये एक विशाल मूर्ति बन चुकी थीं, जिसे छूने की तमन्ना मैं पालने लगी थी।

लेकिन मैं नहीं जानती थी कि मेरा सपना बन चुकी इन्दिरा गाँधी एक दिन यों मेरे और मेरे परिवार की बर्बादी का कारण बन जायेंगी।

31 अक्टूबर, 1984 की शाम हमारी ज़िन्दगी में एक जलजले की तरह आयी, जिसने एक ही पल में हमारा सब-कुछ राख करके रख दिया।

पूरा परिवार धूँ-धूँ करके जल रहा था। जलती लाशें इधर-से-उधर दौड़तीं और हारकर गिर जातीं। दंगाइयों की गोद में जकड़ी मैं बस खुली आँखों से यह तमाशा देख रही थी और मेरे साथ तमाशा देखनेवालों में शामिल था हमारे मोहल्ले का एक-एक आदमी। मौत का नंगा नाच आँखों के सामने था और भीड़ दम साधे सब-कुछ देख रही थी।

"इसे ले चलते हैं..." सुनते ही मेरी इन्द्रियाँ जो पूरे परिवार से जुड़ी हुई थीं अचानक मुझ पर केन्द्रित हो गयीं। मेरे कानों ने कुछ और, शायद और ज़्यादा भयावह सुन लिया था। तेरह साल की छोटी उम्र में इस ऊपर कहे गये अधूरे वाक्य का क्या अर्थ हो सकता है, वह तो उस समय मैं नहीं समझ पायी थी, लेकिन कुछ बेहद भयावह होनेवाला है, इसका अन्दाज़ा मुझे ज़रूर हो गया था। अब मेरी बारी थी। नहीं नहीं, वे मुझे ज़िन्दा नहीं जलानेवाले थे। मुझे गोद में उठाया गया, और फिर जत्था न जाने किस पड़ाव की ओर बढ़ा गया। मेरा रोना और चीख़ाना जारी था। लेकिन उनमें से किसी को भी मुझ पर कोई गुस्सा नहीं आ रहा था...और फिर एक अधजले घर के एक तहख़ानानुमा कमरे में मुझे ले जाया गया।

वह अधजला घर भी कुछ समय पहले घटे हादसे की गवाही दे रहा था। घर में जलती लाशों की सड़ायँध भरी हुई थी। कमरे में उतना अँधेरा नहीं था, लेकिन जले हुए सपनों के धुएँ ने उसे ज़्यादा अन्धकारमय बना दिया था। यहाँ भी कुछ देर पहले तक एक परिवार बसता होगा। उसमें भी मेरे घर जैसे कुछ लोग रहते होंगें और कुछ देर पहले यहाँ भी ज़िन्दा लाशों की होली जली होगी। कमरे का अँधेरा और यह भयावह माहौल...मैं एकदम सहम गयी थी। उस कमरे में उस वक़्त कितने लोग थे, मेरे लिये गिन पाना मुश्किल था। एक समवेत हँसी। एक गूँज, एक ठहाका और एक मैं। सिमटी, घबरायी, लगभग एक लाश।

स्साले ये सिक्ख क्या खाकर काम पर लगते हैं कि बला-सी ख़ूबसूरत लड़कियाँ पैदा होती हैं इनके यहाँ साली माल है, माल! तेरी उम्र क्या है री! वे मुझे उँगलियों से कोंच रहे थे। उनके हाथ न जाने कहाँ-कहाँ छू रहे थे मुझे। अरी बोल ना, बोल दे मेरी लाल परी! मेरे मुँह से किसी तरह निकल पाया था : तेरह बरस। और फिर एक भयानक हँसी। तेरह साल च्च्च च्च्च, बस! फिर तो अभी तुझे...! लेकिन हट्टी-कट्टी तो ऐसी है कि जैसे सोलहवें में लगी हो। कोई बात नहीं, हमें उम्र से क्या लेना-देना! चीज़ तू कमाल की है।

और फिर उसके बाद मुझे कुछ कहने का मौक़ा नहीं दिया गया। मेरे विरोध करने पर मेरे हाथ-पैर बाँध दिये गये थे और फिर पूरी देह मुक्त थी...! उस कमरे

में कुछ पुरुष थे और एक लड़की की देह। यहाँ मेरा तेरह बरस का होना कोई महत्त्व नहीं रखता था। यहाँ इतना सही काफ़ी था कि मैं एक लड़की हूँ मेरे पास एक शरीर है। एक देह...अनछुई। मुझे कितनी बार रौंदा गया, कुछ याद नहीं। मैं कब बेहोश हो गयी, यह भी याद नहीं। मैं बहुत रोयी थी, चीखी थी, बहुत चिल्लायी थी। हर स्पर्श पर मेरे भीतर कुछ उधड़ रहा था, उधड़ता जा रहा था।

जब मुझे होश आया, उस कमरे में कोई नहीं था। कोई नहीं। सिर्फ़ मैं और मेरा बिखरा शरीर और उस घर के ख़ौफ़नाक इतिहास में जुड़ चुकी एक और ख़ौफ़नाक घटना। खून और उन दरिन्दों की हैवानियत के उस रात छोड़े हुए सबूतों से लथपथ। बेहोशी से सिर्फ़ मेरी आँखें जगी थीं, शरीर अब भी वैसा निस्पन्द और बेबस था। मैंने उठने की कोशिश की, लेकिन सब बेकार...। उस अँधेरे में मैं न जाने कितने घण्टे यों ही बेबस और भूखी-प्यासी पड़ी रही। और मेरी आँखों के आगे घूमता रहा पिछली रात का एक-एक दृश्य। बेबस लाचार चीख़ें।

एक नवम्बर की सुबह। मेरे चारों ओर एक सन्नाटा पसरा था। ख़ौफ़नाक सन्नाटा। उस तहख़ानानुमा कमरे में मैं थी...अधढँकी, अनढँकी मर चुकी...या ज़िन्दा, कुछ नहीं कहा जा सकता था। मेरी तेरह बरस की देह पिछली रात न जाने कितना कुछ सह चुकी थी। मेरी कच्ची कोमल देह पिछली रात फौलादों से टकराकर चूर-चूर हो चुकी थी। दिन ढला, रात आयी। मुझे कुछ याद नहीं। होश में थी या बेहाशी में, यह भी याद नहीं। दो दिन मैं यों ही बेसुध पड़ी रही। दो दिन बाद एक भारी उबकाई के साथ मेरी तन्द्रा टूटी। मेरे शरीर में बिल्कुल जान नहीं बची थी। पिछले दो दिनों से पेट में अन्न का दाना नहीं गया था। मैंने किसी तरह अपने शरीर को हिलाया। ज़मीन पर पैर रखते हुए शरीर में भारीपन महसूस हुआ। मैं ठीक से चल भी नहीं पा रही थी। किसी तरह दीवार का सहारा लेते-लेते मैं बाहर तक आयी। आँखों पर अचानक सूरज की तेज़ रोशनी पड़ी। चक्कर खाकर गिरते-गिरते किसी तरह बची मैं। बाहर जैसे मौत का साया-सा पसरा हुआ था। मैं शायद अपने घर से बहुत दूर नहीं थी। जैसे ही मैंने बढ़ने के लिए बाहर पैर रखा, लोगों की घूरती नज़रों से मेरा सामना हुआ। मेरे कपड़े जगह-जगह से फटे हुए थे और उनमें से झाँकता मरा शरीर उस रात की सारी कहानी बयान कर रहा था। अपने शरीर के प्रति पहली बार मैं इतनी चौकस हुई थी। मैंने अपनी चुन्नी से तार-तार हुई अपनी अस्मत को ढँकने की कोशिश की और लड़खड़ाती लेकिन लगभग भागती-सी अपने घर की ओर बढ़ने लगी। उस रात की एक-एक घटना मुझे याद थी और मैं जानती थी कि घर अब जला हुआ खँडहर रह चुका है और उस घर में रहनेवाले केवल जली हुई लाशें। लेकिन फिर भी मेरे पैरों की रफ्तार कम नहीं हुई थी।

रास्ते भर लोगों की सवालिया नज़रें मेरी पीठ से चिपकी रहीं। अब मैं अपने मोहल्ले में पहुँच गयी थी। मैं सीधा पहुँची और जले हुए दरवाज़े को धकेलकर अन्दर दाखिल हुई। उस जले हुए दरवाज़े में कोई आवाज़ नहीं थी। अन्दर कुछ नहीं था सिवाय दो-चार सड़क के कुत्तों के, जो लावारिस घर को देखकर उसका एक कोना दबाये बैठे थे। मेरे परिवार के साथ-साथ गली में उस रात की होली में जले सभी परिवारों की लाशों को वहाँ से उठा लिया गया था। पता चला कि अगले ही दिन म्युनिसिपैलिटी की वैन आयी, और उन जली-अधजली और लावारिस लाशों को अपने साथ उठाकर ले गयी थी। मेरे हाथ कुछ नहीं आया था, न किसी का कन्धा और न परिवार की लाशें। कुछ बचा था तो सिर्फ़ यह जला हुआ घर और अपने परिवार की यादें। इस घर के अब मेरे लिये कोई मायने नहीं रह गये थे। बस अपनों की यादें समेटे मैं एक कोने में सुबकती रही। किसी ने तरस खाकर दो कौर रोटी खिला दी और अगली सुबह किसी तरह बचते-बचते पंजाब से आये नाना-नानी मुझे अपने साथ ले गये। अपने घर से मेरी मेरी अन्तिम विदाई थी। मेरी विदाई के सपने तो मम्मी और पापा जी ने भी देखे होंगे, लेकिन यह विदाई ऐसी होगी, किसे पता था...!

नानी मेरे गले लगकर ख़ूब रोयी। अब मैं ही उनकी इकलौती बेटी और बेटी के परिवार की आख़िरी निशानी थी। धीरे-धीरे दिन बीतते गये। दिल्ली से शरीर और आत्मा पर गहरी चोटें खाकर आयी मैं अब नाना-नानी, मामा-मामी के लाड़-प्यार में पलने लगी। जो कुछ हुआ, वह इतना भयावह था कि उसे चाहकर भी भुलाया नहीं जा सकता था, लेकिन इन सबने मिलकर उन घावों को भरने की हर सम्भव कोशिश की। नानी मुझे एक पल भी अपने से जुदा नहीं होने देती थीं। दिल्ली के नाम से ही उनके भीतर ख़ौफ़ ने इतनी गहरी जगह बना ली थी कि वे लोग भूलकर भी दिल्ली का नाम तक नहीं लेते थे। दिल्ली जाने की सोचना तो बहुत दूर की बात थी...और यों भी दिल्ली में उनका अब था भी कौन?

जिला पटियाला के एक छोटे-से गाँव कोहड़ा के हाईस्कूल में मेरा दाख़िला करवा दिया गया। दिल्ली जैसे बड़े शहर से पंजाब के एक ज़िले के गाँव के किसी स्कूल में जाकर मेरा दाखिला होगा, मैंने कभी सोचा भी न था। दिल्ली से गाँव आयी मैं एक बिल्कुल अलग अनुभव से गुज़र रही थी। दिल्ली के स्कूल में लड़के-लड़कियाँ साथ-साथ पढ़ते थे, लड़कियों की यूनिफार्म स्कर्ट और बुशर्ट थी, जबकि गाँव में मुझे सिर्फ़ लड़कियों की कक्षा में पढ़ना था। नीली क़मीज़, सफ़ेद शलवार और सीने पर कसकर लपेटा दुपट्टा-अजीब घुटन-सी होती थी। लेकिन यह घुटन मुझ पर कभी इतनी हावी नहीं हो पायी कि मेरे दिल में वापस दिल्ली लौटने का ख़्याल आये।

नानी की इकलौती बेटी की मैं आखिरी निशानी थी और शायद इसीलिए नानी ने जितना प्यार मेरी माँ को दिया होगा, उससे ज़्यादा मुझे देने लगी थीं। मुझे स्कूल

लाना-ले जाना, गाँव में कहीं भी जाना तो मुझे साथ ले जाना—यहाँ तक कि उन्होंने वेहड़े की खुली-ठण्डी हवा में सोने का अपना इकलौता मोह भी छोड़ दिया था और मेरे साथ अन्दर कमरे में सोने लग गयी थीं। नानी मुझे लेकर हमेशा चौकस रहती थीं। ठीक ऐसे जैसे अपने घोंसले से बेघर और टूट चुके अण्डों को देखकर कौआ चौकस हो जाता है और कई दिन तक उन अण्डों की निगरानी में बैठा रहता है कि कहीं से कोई आकर उसके बच्चों को नुकसान न पहुँचा सके।

मेरी हालत धीरे-धीरे सुधरने लगी। शरीर पर आयी चोटें सभी लगभग भर गयी थीं, लेकिन निशान अभी बाकी थे। त्वचा पर छूटे ये बाहरी निशान चोटों की तरह एक-न-एक दिन चले जायेंगे... नानी को पूरा भरोसा था।..लेकिन मुझमें से कहीं कुछ छूट गया था, कहीं कुछ कम हो गया था, जिसकी पूर्ति नहीं की जा सकती थी। नाना-नानी मेरी शारीरिक और मानसिक हालत में सुधार देखकर कुछ सन्तुष्ट थे। लेकिन मैं...! अक्सर सुबह नहाने के बाद स्कूल की वर्दी पहनने से पहले मैं शीशे के आगे खड़ी होकर ख़ुद को देखा करती थी। एक बारीक़ नज़र मेरे शरीर के एक-एक अंग को टटोलती रहती थी। आख़िर क्या था ऐसा जो अधूरा छूट गया था, मैं ढूँढ़ने की कोशिश करती। शायद कोई बेहद गहरा ज़ख़्म जिसका इलाज मुमकिन नहीं था। ज़ख़्म शरीर पर तो नहीं दिखा था लेकिन कहीं भीतर अपनी टीस के साथ उतना ही हरा था।

लेकिन नाना-नानी के घर मिलनेवाला यह प्यार अधूरा नहीं था। मामा-मामी भी मुझे उतना ही प्यार करते और मेरी ज़रूरत का ख़याल रखते। मामा उम्र में माँ से बारह साल छोटे थे और मुझसे चौदह साल बड़े। मामा-मामी का एक छोटा-सा बेटा था डेढ़ साल का—बबलू। एकदम गोल-मटोल और प्यारा-सा। नानी अक्सर कहतीं कि जब मैं बबलू जितनी थी तो ऐसी ही गोल-मटोल थी और मोटी इतनी कि मुझे आसानी से कोई गोद में उठाता ही नहीं था। बस माँ मुझे तैयार करके मंजे पर बैठा देती। लोग आते-जाते मुझे प्यार करते, खिलाते लेकिन गोद में कोई नहीं उठाता था। सबके बीच और बबलू के साथ दिन अच्छे गुज़रने लगे थे। बबलू अब मेरी ज़िम्मेदारी हो गया। वह मेरे साथ बेहद घुल-मिल गया था। मामा जी शाम को खेत से लौटते तो मेरे और बबलू दोनों के लिए कुछ-न-कुछ ज़रूर लेकर आते। और मुझे अपने पास बैठाकर खिलाते।

धीरे-धीरे मैं बड़ी होने लगी थी। हाल ही में मेरे जीवन में घटी दो घटनाओं ने मुझे अचानक बड़ी और ज़्यादा लड़की बना दिया था। मेरे कच्चे शरीर ने बेहद छोटी उम्र में बहुत बड़े अनुभव को झेल लिया था और दूसरी घटना थी मेरा लड़कियों के स्कूल में जाना। क्लास में सभी लड़कियाँ लगभग मेरी ही उम्र की थीं और इस उम्र में होनेवाले नये अनुभवों को बड़े अजीब और बड़ी हैरत से महसूस कर रही थीं। यह

लड़कियों का स्कूल होने के कारण था, या फिर मेरी क्लास में पढ़ने लड़कियों की उम्र का...लेकिन सभी लड़कियाँ एक-दूसरे के कानों में न जाने क्या-क्या फुसफुसाती रहतीं, फिर किसी का चेहरा शर्म से लाल हो जाता, तो कोई खिलखिलाकर हँस पड़ती। सबका ध्यान पढ़ाई में कम और क्लास-रूम का दरवाज़ा बन्द कर बातें करने और हँसने में ज़्यादा लगता था।

मुझे भीड़ को देखकर अजीब-सी घबराहट होने लगती थी। वह घबराहट डर की वजह से थी या नफ़रत की वजह से...ठीक-ठीक कहना मुश्किल है। लेकिन मेरी ज़्यादा सहेलियाँ नहीं थीं। कुल मिलाकर एक ही लड़की थी, जो मुझे अच्छी लगने लगी थी—हरसिमरन। हरसिमरन मेरे अतीत के बारे में तो कुछ नहीं जानती थी लेकिन मेरे अकेलेपन को समझने की कोशिश ज़रूर करती। मैंने ही उसे अपने अतीत के बारे में बताया, लेकिन उतना ही जितना उसके लिए जानना ज़रूरी था। दिल्ली के '84 के दंगों में मेरा अपने पूरे परिवार को खोना और अब नाना-नानी के साथ पटियाला आकर मेरा रहना—बस मेरा इतना ही अतीत वह जानती थी और मेरे साथ सहानुभूति महसूस करने लगी थी।

हरसिमरन औरों से अलग थी। क़द में छोटी, गोरी और हमेशा मुस्कराती रहती। उसकी आँखों में और लड़कियों की तरह कोई रहस्य नहीं था। बेहद धुली-धुली और अपनी उम्र के बोध से परे, बिल्कुल बच्ची-सी। लेकिन साथ ही उतनी गम्भीर और समझदार भी। वह अपने घर से अक्सर मेरे लिये कुछ-न-कुछ लाती रहती थी और बहुत कम समय में बेहद-सी हो गयी थी हरसिमरन। हरसिमरन और मैं साथ-साथ छत मुँडेर पर बैठे घण्टों बातें करते। हरसिमरन खुलकर मुझसे बातें करती और अपने घर के सारे राज मेरे सामने खोलकर रख देती। लेकिन मेरे भीतर शायद कोई चोर था, हरसिमरन से इतना प्यार करते, इतना भरोसा करते हुए भी मैं अपनी ज़िन्दगी का सबसे कड़वा अनुभव कभी बता ही नहीं पायी। मैं अब उसे सिमरन पुकारने लगी थी।

हरसिमरन सही मेरी राज़दार थी और हरसिमरन से ही मैं अपनी ज़िन्दगी का सबसे बड़ा राज छिपाये हुए थी। लेकिन मैं नहीं जानती थी कि ऊपर से चंचल, मासूम और अनजान दिखनेवाली सिमरन मेरी ज़िन्दगी का वह सबसे बड़ा राज़ भी जानती थी।

दिल्ली से जब मैं पंजाब पहुँची थी तो अपने साथ बहुत-सारे ज़ख़्म और घाव लिये मैं उस हिंसक घटना की गवाह भी हो गयी थी। दिल्ली में हुए इस नरसंहार की ख़बर पंजाब और मेरे गाँव तक तो पहुँच ही गयी थी, लेकिन उनके हाथ कोई आँखों देखी बयाँ करनेवाला नहीं आ पाया था। दिल्ली में सिक्खों में सिक्खों का कत्ले-आम और उनकी बहू-बेटियों की अस्मत लुटने की ख़बरें उनके पास थीं ही

और इस सारे घटनाक्रम से उन्होंने मुझे जोड़ भी लिया था। मेरे घावों और मेरी मनहूस ख़ामोशी से उन्हें यह शक हो गया था कि न हो मेरे साथ भी वह सब घटा है, जो ऐसी परिस्थितियों में एक स्त्री के साथ घट सकता है। नानी के पास सहानुभूति जताने आते लोग कुरेद-कुरेदकर इस सैच को भी जानने की भरपूर कोशिश करते। नानी ने तो जैसे अपनी ज़ुबान सी ली थी। घर में भी इस बारे में बात करते वे चारों ओर चौकस निगाहों से देख लेती थीं। नानी जानती थी कि एक बार अगर उनके मुँह से यह बात खुल गयी कि बस फूल-सी बच्ची की ज़िन्दगी तबाह हो जायेगी। फिर कौन ब्याह करेगा इससे?

घर से यह बात बाहर गयी हो, ऐसा तो नहीं था। लेकिन लोग अनुमान के आधार पर बहुत-कुछ कहते थे। सिमरन ने इन झूठी-सच्ची अफ़वाहों से नहीं, बल्कि मेरी ख़ामोशी, अपनी जवान होती देह के प्रति मेरे मन में पल रही गहरी वितृष्णा और बात बेबात पर अक्सर खोये रहने से इन सब स्थितियों का अन्दाज़ा लगा लिया था। शायद मैं अकेली ही ऐसी लड़की थी, जिसे अपनी जवान और ख़ूबसूरत देह और उसमें पुरुषों के आकर्षण के प्रति कोई लगाव नहीं था।

देखते-देखते लगभग पाँच साल बीत गये। इन पाँच सालों में हम सातवीं से बारहवीं क्लास में आ गये थे और लड़कियों की वयःसन्धिवाली कानाफूसी बन्द होकर जवानी के उल्लास में कहीं खो गयी थी। अब लड़की होने का रहस्य उनके लिए उतना रहस्य नहीं रह गया था। इन पाँच सालों में सिमरन खिलकर 18-19 साल की पंजाबी मुटियार हो गयी थी और उसके लिए कनाडा में रहनेवाले रिश्तेदारों की ओर से रिश्ते भी आने लगे थे।

बारहवीं क्लास से विदाई के दिन लड़कियों ने ख़ूब जश्न मनाया। सिमरन खुलकर नाची और जुदा होते हुए सब एक-दूसरे के गले लगकर ख़ूब रोयी थीं। सब अपनी एक नयी ज़िन्दगी की शुरुआत करने जा रही थीं।

और उसी दिन मुझे भी एक नयी ज़िन्दगी मिली...

घर लौटते वक़्त मैं सिमरन साथ-साथ थे। सिमरन उदास थी। मैं इस उदासी को स्कूल से विदाई से जोड़कर ही देखती रहती अगर सिमरन ने मुझे हाथ खींचकर खेत की एक मुँडेर पर बैठा न लिया होता।

"तैनू की लगदा है ऐसी तरह ही निभ जायेगी?" उसकी आँखों में सवाल थे। मैं चुप बैठी रही।

"कद तक ऐस तरह ही रहेंगी, चुपचाप?"

"सिमरन, नहीं यार ऐसी कोई गल्ल नहीं...।"

"तैनू की लगदा है मैनू नहीं पता दिल्ली च तेरे नाल की होया-सी। तूँ दसया न होए, ऐ हो सकदा है लेकिन मैं वी कुड़ी याँ। मैं वी समझ सकनी याँ। और तेरियाँ ऐ अक्खाँ, बिना बोले वी सब-कुछ दस देंदियाँ ने प्रीतो।"

मैं जैसे एक गहरी नींद से जागी थी। "की मतलब?"

"प्रीतो, इक उमर आँदी ए जद सब-कुछ बदल जाँदा ए। तूने इस उम्र को भी क्या ऐसे ही काट लेना है।" फिर ठहरकर, "हुण बहुत हो गया। बस कर। इस शरीर ने क्या-क्या झेला है मैं जानती हूँ मेरी प्रीतो। तू कहे-न-कहे। बहुत-सी बातें ऐसी होती हैं जिन्हें बिना कहे ही समझा जा सकता है।"

अब मैं अपना सब-कुछ हार चुकी थी। सिमरन की गोद में मैं ऐसे गिर गयी जैसे पेड़ से कोई डाल टूटकर ज़मीन पर जा गिरती है। उस दिन आँसुओं की नदी में हम दोनों साथ-साथ बहें। मैंने अपनी सारी गिरहें खोल दीं। सब-कुछ कह दिया सिमरन से।

सचमुच उस दिन काफ़ी हल्का महसूस किया था मैंने ख़ुद को। ऐसे जैसे अचानक मानो वजन मेरे सीने से खिसक गया हो। आज सिमरन सही मायनों में मेरी राज़दार हो गयी थी।

सिमरन और मैंने एक साथ कॉलेज में दाखिला लिया। सिमरन का मन पढ़ाई में लगना कम हो गया था। उसकी शादी के लिए आ रहे रिश्ते उसे एक नयी दुनिया दिखाने लगे थे ख़्वाबों की हसीन दुनिया और सच पूछा जाये तो शादी से ज़्यादा उसकी दिलचस्पी विदेश जाने में थी। लेकिन चूँकि शादी ही विदेश जाने का पासपोर्ट हो सकती थी, तो उसके इन सपनों ने भी शादी शब्द में अपना घरौंदा बना लिया था।

सिमरन के इस लम्बे साथ ने मुझे अपने उसे काले इतिहास से निकलने में सहारा ज़रूर दिया था और ख़ासकर पिछले एक साल में। सिमरन से अपनी सारी बात कह मैं सुकून महसूस करने लगी थी और इस समय में मुझमें काफ़ी बदलाव भी आया था। मैं ज़्यादा खुलकर साँस लेती, ज़्यादा खुलकर बातें करती और ज़्यादा खुलकर हँसने भी लगी थी। मैं उन काले सायों को भी लगभग भूल-सी गयी थी जिन्होंने मेरी जिन्दगी को अपनी मनहूसियत से ढँक-सा दिया था। मेरा परिवार—मेरी माँ, मेरे पापा जी और मेरे दोनों भाई—बण्टी वीरजी और टोनी वीरजी सिर्फ़ मेरी यादों का हिस्सा बनकर रह गये थे। बबलू अब सात साल का हो चला था और उसकी कलाई ही मेरे लिये राखी बाँधने की इकलौती जगह बच गयी थी। लेकिन फिर भी मैं ख़ुश थी। अपना बहुत-कुछ खोकर मैं ख़ुश थी।

लेकिन शायद अभी और खोना, कुछ और होना बाक़ी था।

नाना जी पिछले डेढ़ साल से बीमार चल रहे थे। उनकी तबीयत सुधरने की बजाय दिन-दिन बिगड़ती ही जा रही थी। नानी को अब मेरी चिन्ता और गहरे से सताने लगी थी। दोनों बेहद बूढ़े हो चले थे और नाना जी की बिगड़ती हालत देखकर नानी भी भीतर तक काँप-सी गयी थीं। वे अक्सर मामा जी से कहती रहतीं, "साड्डा हुण कुछ नहीं पता पुत्तर। कद बुलावा आ जाये। पापा जी दी तबीयत ते तूँ वेख ही

रहयाँ ऐ।" फिर लम्बी साँस लेते हुए, "प्रीतों दा ब्याह हो जाँदा, ओ अपणें घर चली जाँदी, ओनू अपणें घर सुखी वेख लाँ, ताँ मैनू वी होर कोई चिन्ता नहीं।"

लेकिन मामा जी ने कभी हौसला नहीं हारा। वे हमेशा नाना-नानी को हिम्मत बँधाते रहते थे। नाना-नानी के परिवार के माली हालात कभी भी बहुत अच्छे नहीं थे, लेकिन उनकी तंगी अब खुलकर सामने आने लगी थी। बबलू की पढ़ाई और मेरी शादी का ख़र्च-सचमुच हालात अब ज़्यादा तंग हो गये थे।

घर के माली हालात चाहे जितने भी ख़राब रहे हों, लेकिन नानी ने कभी भी हिम्मत नहीं हारी। तब भी नहीं, जब कई साल पहले उन्हें ख़बर मिली कि 1984 के दंगा पीड़ितों को सरकार की तरफ़ से आर्थिक मदद दी जा रही है। इस दंगे में मैंने अपने पूरे परिवार को खोया था और सरकार की ओर से मुझे इसके एवज़ में अच्छा ख़ासा मुआवज़ा मिल सकता था। लेकिन नाना-नानी की न तो न! अपने परिवार को खोने की एवज़ में मिलनेवाले रुपये को लेना वे पाप समझते थे। न तो उन्हें पैसा लेने में कोई रुचि थी और न इससे जुड़ी ख़बर जानने में। दिल्ली से और दिल्ली के इस सियासी खेल से उनका जी खट्टा हो गया था। आये दिन कानों में ख़बर पड़ती रहती थी कि 1984 के दंगा पीड़ितों को सरकार की तरफ़ से मुआवज़ा दिया जा रहा है। लेकिन मेरे परिवार का कोई भी सदस्य पैसे की इस चमक से नहीं चौंका लेकिन इस बार हालात अलग थे। इन छह-सात सालों में बहुत-कुछ बदल गया था। नाना-नानी बूढ़े हो चले थे। नाना जी अब काम नहीं कर पाते थे। मामा जी के घर बेटी हुई थी और उसकी उम्र भी अब साढ़े तीन साल हो चली थी...और सबसे ज़्यादा यह कि मैं जवान हो गयी थी। नाना-नानी के लिए मैं एक बहुत बड़ी ज़िम्मेदारी थी, जिसे सही तरह से निभाकर ही उन्हें चैन मिलना था। और कुसूर उनका भी नहीं। इतने साल तक मुझे पाला, मेरी एक-एक ज़रूरत का ध्यान रखा। मुझे सीने से ऐसे लगाये रखा जैसे मैं उनकी ही औलाद हूँ। लेकिन यह भी सच था कि मुझे वे किसी और के भरोसे छोड़कर जाना नहीं चाहते थे। मामा जी के भी नहीं। वे जानते थे कि मामा जी की अपनी कुछ ज़िम्मेदारियाँ हैं और इन ज़िम्मेदारियों को निभाने में मेरी ज़रूरतें कहीं पीछे छूट गयीं, तो उनकी आत्मा को भी तक़लीफ़ होगी।

कुछ दिन बाद वही ख़बर सरगर्मियों में थी। सरकार दंगा पीड़ितों को फिर से मुआवजा दे रही है, यह ख़बर फिर चारों ओर फैल गयी। फिर दिल्ली से विस्थापित लोग वापस दिल्ली पहुँचने लगे। लेकिन इस बार दंगों के मुआवज़े को पाने में मामा जी की भी दिलचस्पी बढ़ गयी थी। वे इस बार इस मुआवजे के लिए मेरी ओर से अर्जी डालना चाहते थे। लेकिन नाना-नानी को कहने की हिम्मत नहीं जुटा पा रहे थे।

और फिर एक दिन मौक़ा देखकर उन्होंने नाना जी से यह बात कह ही दी।

"पापा जी, सुण्या ए सरकार फेर चौरासी दे दंगा पीड़िताँ नू पैसा दे रई ऐ!"

नाना जी ने बात को उतना ही अनदेखा करते हुए कहा, "हाँ सुण्या ते में वी ऐ। प असी की करना ऐ। जेड़ी सरकार मेरे बच्च्याँ नू खा गयी, हुण पैसा दे वी देगी ते की हो जायेगा? सानू नहीं चाहिदा पैसा।

"पर पापा जी" मामा जी ने हिम्मत जुटाकर कहा, पहले देते हुण दे हालाताँ विच बहुत फ़र्क़ आ गया ऐ।"

नानी अन्दर कहीं सुन रही थीं। वहीं से चिल्लाती हुई आयीं, "ओ काका! की फ़र्क़ पै गया ऐ। ऐने सालाँ विच सानू साड्डी औलाद वापस ते नहीं मिल गयी ना!"

"माता जी तुसी समझण दी कोशिश करो!" फिर लगभग मुझसे बचाते हुए बोले, "प्रीतो हुण जवान हो गयी ऐ। साल दो साल विच ओदा ब्याह करना ऐ। किदरों आयेगा पैसा? तुसी दस्सों!"

नानी जैसे अवाक् रह गयीं। मामा जी कह तो ठीक ही रहे थे।

"पर बेटा।"

"पर-वर कुछ नहीं, अक्खाँ मीच के रक्खण नाल कुछ बदल ते नहीं जायेगा ना!"

मामा जी ठीक ही कह रहे थे। आख़िर सच से कब तक आँखें चुरायी जा सकती हैं!

तय हुआ कि अगले महीने मैं और मामा जी जायेंगे। मुझे घरवालों का यह फ़ैसला ठीक ही लगा। आखिर उनके पास और चारा ही क्या था! लेकिन न जाने क्यों इतने बरसों बाद भी दिल्ली के नाम पर मैं भीतर से काँप-सी जाती थी। आज मुझे सिमरन की ज़रूरत महसूस हो रही थी। सिमरन मुझे सहारा देने के लिए कन्धा बने हमेशा खड़ी रही थी और आज फिर मुझे उसके कन्धे की ज़रूरत थी।

शाम को सारा काम निपटाकर मैं सिमरन के घर गयी। उसका घर हमारे घर के पास ही था। घर में ख़ूब चहल-पहल नज़र आ रही थी। पीछे आँगन से होते हुए मैं उसके कमरे तक पहुँची। सिमरन पलँग पर बैठी थी। नया जोड़ा पहने वह बहुत अच्छी लग रही थी। उसका रूप तो हमेशा से आकर्षक था, लेकिन उसकी आँखों की शर्म, चमक और बेचैनी मिलकर आज उसे और निखार रही थीं। पता चला कि सिमरन का रिश्ता हो रहा है। कनाडा से मामा-मामी आये हुए हैं और मामी ने अपने सबसे छोटे भाई के लिए सिमरन के माँ-पापा जी को मना लिया है और आज उसकी रस्म अदायगी है। पिछले दो-तीन दिनों में मेरी सिमरन से मुलाक़ात न होने के बीच कितना कुछ घट गया था। सिमरन शादी के बाद कनाडा जानेवाली थी।

मैंने इस माहौल में सिमरन से कुछ भी कहना ठीक नहीं समझा और उसे बधाई देकर वापस लौट आयी। अगले दिन फुर्सत पाकर सिमरन मुझसे मिलने आयी और

मैंने उसे पिछले दिन की सारी कहानी कह दी। सिमरन कुछ देर मेरे साथ बैठी रही और फिर चल दी। जाते-जाते उसने बताया कि 14 अप्रैल वैसाखी के दिन की उसकी शादी तय हो गयी है।

सिमरन के चले जाने के नाम से ही मैं सिहर गयी थी। ख़ैर, अगले महीने की दस तारीख़ यानी दस मार्च को हम दिल्ली के लिए रवाना होनेवाले थे। इस बीच सिमरन से गिनी-चुनी मुलाकातें ही हो पायीं, जिनमें से ज़्यादातर का मुद्दा उसकी शादी और शादी की तैयारियों से जुड़ा था। हम उसकी शादी को लेकर ख़ूब बातें करते। बाज़ार से ख़रीदारी होती, और वक़्त बचा-बचाकर या कहें चुरा-चुराकर वह अपने होनेवाले से ख़ूब बातें किया करती थीं। अपना घर, अपना देश, अपना परिवार और मुझे छोड़कर चले जाने का उसे दुःख भी था, लेकिन आनेवाली ख़ुशियाँ उसकी आँखों में इतनी चमकती थीं कि बाक़ी सारे दुःख हल्के लगने लगते थे। सिमरन अपनी शादी में क्या पहनेगी यह तो तय ही था, लेकिन मैं उसकी शादी में क्या पहनूँगी, यह भी उसने तय कर लिया था। मैं भी अपनी इकलौती सहेली की हर ख़ुशी में उतनी ही ख़ुशी से शरीक होना चाहती थी। तिल्ले की कढ़ाईवाले सूट और मैचिंग परिन्दे तक हम लोगों ने ख़रीद डाले थे।

देखते-देखते दिन बीत गये। दस मार्च की सुबह मैं और मामा जी अपने घर से निकलनेवाले थे। सिमरन मुझसे मिलने आयी थी और नानी ने उसे कहा था, ''बेटा, जिस कम्म नाल दिल्ली जा रहे ने, ओ ठीक-ठाक निबट जाये, ताँ अगली वैसाखी तक प्रीतो दा वी ब्याह कर दाँगे।'' और हँसते हुए सिमरन की चुटकी ली थी, ''तेरा कोई द्योर (देवर) होवे, ताँ तेरी सहेली तैनू ही वापस करके सानू वी चैन मिल जायेगा। फेर बैठ के सारी ज़िन्दगी गल्लाँ करना।'' नानी की इस बात से सब हँस पड़े थे और मेरी और सिमरन की नम आँखें भी मुस्करा दी थीं।

10 मार्च, 1991 को ट्रेन में बैठकर हम दिल्ली की ओर रवाना हो गये थे और पूरे रास्ते दिल्ली से जुड़ा मेरा अतीत मेरी आँखों में तैरता रहा था। कई सालों बाद मैं दिल्ली आ रही थी। जानने की उत्सुकता थी कि नन्दनगरी के हमारे घर क्या हुआ होगा। अमरूद के पेड़ पर अमरूद अब भी फलते होंगे या नहीं। मेरे बचपन के साथी राजू, रिंकी और मुन्नी कितने बड़े हो गये होंगे, और अब भी क्या वे हमारे घर के अमरूद चुराकर खाते होंगे? मैं जान-बूझकर अपने घर और घर के भीतर पापा जी की मुझे पुकारती 'लाडो पुत्तर' की आवाज़ याद नहीं करना चाहती थी। सुबह-सुबह मेरी गुतों में रिबन बाँधती माँ और दौड़-दौड़कर हमारे बस्तों में खाने का डिब्बा रखती माँ...मैं उन्हें भी याद करना नहीं चाहती थी। बण्टी और टोनी वीरजी को तो बिल्कुल भी नहीं, जो घर के एक कोने से दूसरे कोने से दूसरे कोने तक 'प्रीतो राणी बड़ी सयाणी लगदी पूरी बुड्डी नानी' कहकर चिढ़ाते हुए दौड़ाया करते थे। लेकिन न जाने

क्यों, न चाहते हुए भी वह घर और घरवाले मेरी आँखों के सामने से हट नहीं पा रहे थे।

दिल्ली पहुँचते ही मामा जी ने अपने दोस्त का पता खोजना शुरू किया। पुरानी दिल्ली स्टेशन पर उतरकर हमें आज़ाद मार्केट की ओर जाना था। मामा जी की पंजाब से निकलने से पहले अपने दोस्त से बात हो चुकी थी। शाम के साढ़े पाँच बजे का समय था। हमने स्टेशन से रिक्शा पकड़ा और दिल्ली की अपनी अस्थायी मंज़िल की ओर चल दिये।

आज़ाद मार्केट एक बहुत पुरानी-सी कॉलोनी है, जिसके खँडहर मुग़ल काल की उजड़ी दास्ताँ बयाँ करते हैं। रिक्शा जाकर एक पतली-सी गली के मुहाने पर रुक गया और अपने-अपने कन्धों पर अपना झोला लादे हम उस आठ फुट की सीलन भरी गली में धँसते चले गये। गली के दूसरे मुहाने की तीसरी मंज़िल पर जाकर उनका घर था, एक सँकरे-से दरवाज़े से बिल्डिंग के अन्दर दाख़िल हुए। इमारत को देखने से ऐसा लगता था, जैसे उसके चार पायों में से एक पाया उखड़ गया हो और उसका सन्तुलन बिगड़कर इमारत एक ओर झुक गयी हो, ज़्यादा बोझ पड़ने से किसी भी दिन लड़खड़ा सकती है। ऊपर जानेवाली सीढ़ियाँ बेहद घुमावदार थीं। वह शाम सात बजे के आस-पास का समय था और सीढ़ियों में बिल्कुल अँधेरा था। कोनों पर पान के थूक से जैसे उसकी प्राचीनता का दस्तावेज़ लिखा हुआ था। इमारत को देखकर ऐसा लगता ही नहीं था कि यहाँ रहनेवाले लोग ज़िन्दा भी होंगे। पूरी इमारत पर मनहूसियत तारी थी। तुझे अन्दर-ही-अन्दर डर लग रहा था, लेकिन मामा जी का हाथ थामे मैं उनके साथ बढ़ती जा रही थी। दरवाज़ा खटखटाने पर कुछ देर तक सन्नाटा रहा, ऐसा लगा जैसे उस घर में रहनेवाला इतिहास के किसी सुदूर कोने में जाकर बैठ गया है। हम कुछ देर तक दरवाज़े पर हाथ मारते रहे तब फिर इतिहास के सुदूर कोने से एक मोटी आवाज़ आयी। "आ रहा हूँ।" इस आवाज़ की मोटाई को बाहर खड़े होकर भी पहचाना जा सकता था। यह एक फँसे गले की आवाज़ थी। दरवाज़ा खुला और फिर एक आदमी बाहर निकला जो हम दोनों को भीतर ले गया।

मैं थोड़ा सकुचायी हुई थी। नयी जगह और नये माहौल में मुझे कुछ अजीब लग रहा था। थोड़ी देर इन्तज़ार करने पर जब कोई नहीं आया तो मुझे कुछ अन्दाज़ा तो हो ही गया। बाद में पता चला कि मामा जी के ये मित्र यहाँ अकेले ही रहते हैं, और इनका परिवार पंजाब के अपने पुश्तैनी घर में। घर दो कमरे का था और दोनों कमरे बेहद सीलन भरे थे। एक कमरा बनिस्बत बड़ा था और उसी में एक किनारे एक तख़्तनुमा मेज़ पर रसोई बनायी गयी थी। हम लोग इसी कमरे में बैठे थे। दूसरे कमरे का दरवाज़ा इसी कमरे से होकर जाता था। यानी दोनों कमरों को अलग करने के लिए बीच में एक दरवाज़ा था। उस कमरे में फालतू सामान के अलावा एक मंजा

बिछा हुआ था और आधी-अधूरी-सी रोशनी देता एक बल्ब दीवार पर लगा हुआ था। मामा जी और उनके दोस्त आपस में बातें करते रहे और मैं उतनी देर बैठी उस घर में अपने लिये किसी सुरक्षित जगह की तलाश करती रही। अभी काम के सिलसिले में हमें न जाने कितने दिन यहाँ रहना था।

चाय पीने और मुँह-हाथ धो लेने के बाद मैं खाना बनाने की तैयारी करने लगी और मामा जी और मामा जी के मित्र मंजे के आगे छोटा-सा टेबल लगाये न जाने किस चीज़ की तैयारी में लगे थे। मामा जी के कहने पर मैंने दो गिलास वहाँ ले जाकर रख दिये और फिर शुरू हुआ उनका जश्न का दौर। उबले अण्डों पर मसाला डालकर खाने के लिए मुझे देकर वे दोनों शराब की बोतल खोलकर बैठ गये थे। मेरा उस जगह पर दम घुटने लगा था। माहौल बड़ा अजीब-सा हो गया था। लेकिन फिर भी मामा जी का साथ मुझे हिम्मत बँधाये हुए था। मैंने मन को समझाने की कोशिश की कि आख़िर इतने दिनों बाद दोनों दोस्त मिले हैं, थोड़ी-सी मस्ती कर भी ली तो इसमें क्या बुराई है! और वैसे भी घर पर तो मामा जी घर की परेशानियों में दिन-रात घिरे रहते हैं। यही सोचकर मैं अपने काम में लग गयी और धीरे-धीरे खाना बनाती रही।

रात देर तक दोनों बातें करते रहे। खाना खाकर मामा जी के दोस्त ने दूसरे कमरे में मेरा बिस्तर ठीक कर दिया। यानी अब मैं अपने कमरे में जाकर आराम करने के लिए आजाद थी। मैंने राहत की साँस ली और बीच का दरवाज़ा धीरे से भेड़ लिया। कमरे में अन्दर चिटकनी नहीं थी लेकिन फिर भी मैं सुरक्षित थी। मुझे नींद नहीं आ रही थी, लेकिन मुँह पर चादर ताने मैं चुपचाप लेटी हुई थी। मैंने कमरे की बत्ती बुझा ली थी और एक अजनबी जगह पर अपने इस निजी कोने में राहत महसूस कर रही थी। उनके हँसने-बातें करने की आवाज़ें देर तक आती रहीं और दरवाज़े के नीचे और बीच से आ रही उनके कमरे की रोशनी भी मेरे कमरे की दीवार और बिस्तर पर एक रेखा बनाती रही! सेफ़र की थकान में जाने कब मेरी आँख लग गयी, पता ही नहीं चला...।

देर रात मुझे अपनी चादर के ऊपर कुछ हलचल-सी महसूस हुई। गहरी नींद में होने के कारण चादर को एक बार झटककर मैं दीवार की ओर करवट बदलकर सो गयी। अब वही रेंगती हुई-सी चीज़ मेरी पीठ पर थी और मेरे कपड़ों के भीतर नीचे की ओर बढ़ रही थी। मैं एकदम से डर गयी। जैसे ही मैंने उसे झटकना चाहा कि मेरी साँस थम-सी गयी। वह कोई कीड़ा नहीं था, बल्कि एक हाथ था। मैंने जैसे ही उठने की कोशिश की कि उस हाथ ने मुझे कन्धे से पकड़कर वापस नीचे की ओर धकेल दिया। कमरे में गहरा अँधेरा था। और वह हाथ अब मेरे शरीर से खेलने की कोशिश कर रहा था। अपने को असहाय पा मैं एकदम से चिल्लायी। दूसरे कमरे में सोये मामा जी को मैं जगाना चाहती थी। लेकिन उसके हाथ की तेज़ पकड़ ने

मेरा मुँह बन्द कर दिया। चिल्ला पाना अब नामुमकिन था, लेकिन मैंने हिम्मत नहीं हारी। मुँह से आवाज़ नहीं निकल पा रही थी। लेकिन घों-घों की कराह मेरे गले से ज़रूर निकल रही थी। उसका हाथ अब मेरे जिस्म से खेल रहा था। हाथ का कसाव मुँह पर इतना अधिक था कि मैं समझ ही नहीं पायी कि उसके कौन से हाथ को पहले रोकना ज़रूरी है। हो-न-हो, यह मामा जी का दोस्त ही है। मामा जी को इसीलिए इसने शराब पिलायी थी ताकि वे नशे में बेसुध सो जायें और यह अपने गन्दे इरादे को अन्जाम दे सके।

दूसरे कमरे में सन्नाटा था। अँधेरा पसरा हुआ और उस अँधेरे को चीरती मेरे गले से निकलती घों-घों की आवाज़ लगातार जारी थी। मैं मंजे पर अपने हाथ-पैर पटक रही थी और ईश्वर से प्रार्थना कर रही थी कि किसी तरह मामा जी की नींद टूट जाये।

उस विकट परिस्थिति में अचानक मुझे महसूस हुआ इस कमरे में दो लोग हैं। दो लोग जो दिखे नहीं, लेकिन दो लोगों की उपस्थिति वहाँ थी। मैं कुछ समझ नहीं पा रही थी। उनमें से एक ने तब अपने ज़बरदस्त हाथों से मेरे पैरों को कसकर पकड़ लिया था।

धीरे-धीरे आँखों की रोशनी अभ्यस्त हुई और फिर सब साफ़ हो गया। मैं यह जानकर चकित रह गयी कि वह पहला पुरुष जिसके हाथ मेरे जिस्म से खेल रहे थे, वह कोई और नहीं मेरे मामा ही थे। वह दूसरा पुरुष जिसने अपने जबरदस्त हाथों से मेरे पैरों को पकड़ रखा था, वह मामा के दोस्त थे।

दूसरे कमरे में शायद कोई छोटा बल्ब जल रहा था। जिससे आ रही रोशनी दोनों की पीठ से टकराते हुए सीधे मेरे चेहरे पर आ रही थी। मेरे चेहरे की बेबसी को दोनों की पीठ से टकराते हुए सीधे मेरे चेहरे पर आ रही थी। मेरे चेहरे की बेबसी को साफ़ देखा जा सकता था, और उन दोनों के घिनौने चेहरे उन पर फैली हैवानियत भी मेरी आँखें देख पा रही थीं। ये वही मामा जी थे जिनके साथ मैंने पिछले कई साल गुज़ारे थे, जिनमें मैं अपने रक्षक की छवि देखने लगी थी, जिनके साथ मैं पंजाब से इतनी दूर दिल्ली चली आयी थी। मेरी आँखें फटी-की-फटी रह गयीं। और गले से घों-घों की लाचार कराह भी निकलनी बन्द हो गयी थी। मैं सन्न थी। अचानक जैसे जड़ हो गयी थी। अब मेरे मुँह पर कसकर पट्टी बाँध दी गयी थी। ऐसे कि अब घों-घों की आवाज़ निकलना भी सम्भव नहीं था...और यों भी उस आवाज़ के कोई मायने भी नहीं रह गये थे। रात के गहरे सन्नाटे में मेरी गहरी चुप्पी भी शामिल हो गयी थी। दो हैवान मुझ पर सवारी कर रहे थे। हारने से पहले मैंने दोनों हाथों से दोनों पर भरपूर वार किया। दोनों के चेहरों का मास मेरे नाख़ूनों में भर चुका था। वहाँ से खून रिसने लगा था। मेरे गाल पर ज़ोरदार तमाचा पड़ा फिर मेरे दोनों हाथ-पैर बाँध

दिये गये...। पिछली बार की तरह इस बार भी मैं थक गयी थी, लेकिन बेहोश नहीं हो पायी थी। मेरी खुली आँखें मेरी देह पर दंगे की एक और त्रासदी देख रही थीं। दोनों ने एक-एक कर अपनी भूख शान्त की। मेरी आँखों के सामने पुरुष के भीतर का जानवर खुलकर आ गया था।

मुझे फिर से पूरी तरह रौंदा जा चुका था और दोनों शैतानों के ठण्डे पड़ चुके शरीर जमीन पर पस्त पड़े थे।

उसके बाद मेरा क्या हुआ, मैं वहाँ से कहाँ और कैसे भागी, नाना-नानी का क्या हुआ, यह सब इस कहानी का हिस्सा नहीं है और बताना ज़रूरी भी नहीं है। 14 अप्रैल को वैसाखी के दिन सिमरन की शादी हुई या नहीं, मुझे नहीं मालूम। आज सिमरन कहाँ है– पंजाब में या कनाडा में, यह भी मुझे नहीं पाता। 10 मार्च, 1991 को पंजाब से चली मैं कभी वापस नहीं लौटी और सिमरन से मेरी मुलाक़ात भी फिर कभी नहीं हो पायी। उन दोनों हैवानों का क्या हुआ, यह तो मैं नहीं जानती, लेकिन मेरी बेबसी के सुबूत आज भी उने चेहरों पर होंगे, यह पता है मुझे। तेरह से बीस साल की होते-होते मेरा शरीर ने कितना झेला, आप जान तो गये होंगे, लेकिन शायद महसूस न कर पायें। आपसे कहने की भी कोई ख़ास वजह नहीं, सिर्फ़ इसके कि मैं इस सच को किसी से कहना चाहती थी और मैं सुरक्षित भी हूँ क्योंकि आप कभी नहीं जान पायेंगे कि मैं कौन हूँ, हो सकता है मैं आपके पड़ोस के किसी घर में रहती हूँ और आपको पता तक न चल पाये।

मेरे सारे राज़ों की राज़दार एक सिमरन थी। लेकिन मेरी ज़िन्दगी का यह राज़ वह नहीं जानती। अगर यह कहानी किसी तरह उसके हाथ लग जाये तो वह मुझे ज़रूर पहचान जायेगी और इस तरह उससे एक राज़ छिपा ले जाने का पाप भी मेरे माथे नहीं रहेगा।

1984 के दंगों में या ऐसे ही दंगों में कितने लोग मारे जाते हैं, सत्ता की इस लड़ाई में कितनी जानें चली जाती हैं, लेकिन कितने ख़ुशक़िस्मत होते हैं वे, जो दंगे की इस वीभत्सता को केवल एक ही बार भोग पाते हैं। उन औरतों, उन लड़कियों की तरह नहीं, जो बार-बार, हर बार दंगे की त्रासदी, इस आतंक, इस पीड़ा को झेलती हैं। सच पूछा जाये तो स्त्री की देह की इस आहुति के लिए किसी दंगे की ज़रूरत नहीं। उसके लिए तो चौरासी कभी ख़त्म ही नहीं हुई।

●

पापा, तुम्हारे भाई

शिल्पी

इस तस्वीर को देखिये, यह मैं हूँ, झबरे बालोंवाली लड़की जो जूते से अपनी एक आँख ढके हुए है सामने घुटनों तक मोज़े पहने हुए स्टिक को गिटार की तरह बजाते हुए जो आदमी नंगे बदन नाच रहा है, मेरे पापा हैं, आसमान पर बादल हैं, पानी बरसनेवाला है, हम लोग बारिश में भी नाचेंगे और गरम जलेबी खाते हुए घर लौटेंगे, मेरे पापा को नहीं जानते आप, क्रिकेट से फ़ुर्सत मिले तब न, जाट रेजिमेण्ट के थर्ड आर्टीलरी डिवीज़न के सूबेदार मेज़र भारत सिंह, वही बर्सिलोना औलम्पिक के गेममेकर मास्टर माइण्ड लेफ्ट इन...और गेंद एक बार फिर भारत के क़ब्ज़े में, लचकदार कलाइयों की ख़ूबसूरत ड्रिब्लिंग, दो को छकाया बहुत आसान लगती जादूई फ्लिक, प्रतिद्वन्द्वी भौंचक, एकदम कार्नर से रिवर्स क्रास, फारवर्ड ने गेंद को ट्रैप करके समय गँवाने का जोख़िम नहीं लिया बेहिचक शॉट, गोलकीपर के बायें पैर को छूती हुई गेंद अन्दर और ये गोओओ... गाँव के लोग पापा की मौत को भी इसी तरह याद करते हैं... वह कारगिल की लड़ाई में मारे गये, नये ताबूत की वार्निश की भीगी महक और उनका सोया चेहरा मुझे याद है। लेकिन, यह तस्वीर मैं दिखा किसे रही हूँ?

ओह पापा तुम ज़िन्दा होते तो देखते, लोग कहते हैं, मैं एकदम तुम्हारी तरह खेलती हूँ विरोधियों के घेरे में उन्हें ललचाते हुए, खिलवाड़ करते हुए लेकिन घेरा तोड़ने की नयी-नयी चालें सोचते हुए, तुम्हारी अचानक छूटी गोली जैसी दौड़ अब मेरी पिण्डलियों में ज़िन्दा है। तुम्हारी वह स्टिक हमेशा मेरे किट में रहती है जिस पर किसी अल्हड़ लड़की को चलायी कैंची का निशान मैं माँ इसके लिए तुमसे कितना लड़ती थी, अक्सर लुटकर उसे चूल्हे में लगा देने के लिए खोजती थी और तुम उसे बच्चों की तरह कहीं अनाज के ढेर में तो कहीं दुछत्ती पर छिपाते फिरते थे। माँ से घर में कोई कुछ भी छिपा सकता है क्या? वह जानती थी कि वह स्टिक कहाँ रखी है, फिर मैं भी मुझसे पूछती थी। जैसे मैं बता दूँगी, मैं हमेशा शरारत से इनकार में सिर हिलाती थी और वह मुझ पर झल्लाने लगती थी, हम औरतें ऐसी ही होती हैं पापा।

लेकिन तुम क्या जानो, इस बार मैं कैसा घेरा तोड़कर भागी हूँ , अचानक बहुत बड़ी होकर शर्म से लिथड़ गयी हूँ। ख़ून, रिश्ते, समाज, प्यार मेरे लिये सब बंजर-ऊसर हो गये हैं। अभी तो अपने कमरे से बाहर भी नहीं निकल सकती, अभी तो स्पोर्ट्स हॉस्टल के कमरे की इन चहारदीवारों के बीच सिर्फ़ तुमसे बात की जा सकती है, लेकिन यकीन रखो एक दिन मैं सच्चे खिलाड़ी की तरह सबका सामना करूँगी घेरा चाहे कितना मज़बूत हो, विरोधी चाहे जितने क्रूर और कमीने हों। तुम्हीं मैच के बीच चिल्लाया करते थे मुश्किल वक़्त कमाते सख़्त और मैं फिर एक बार उठकर जूझने के लिए तैयार हो जाती थी।

तुम्हारे चले जाने के बाद मेरी प्रैक्टिस, धम्बरी और उसके बछड़े में करायी। वह जानती तो थी ही कि तुम नहीं रहे, यह भी जान गयी थी तुम्हारा सपना क्या था। इसलिए उसने यह काम अपने हाथ में ले लिया। आये दिन दुहे जाने से ठीक पहले रोज़ सुबह वह खूँटे को झटका देकर भाग निकलती थी और मैं उसके पीछे दूर खेत में खड़ी होकर वह और उसका बछड़ा मुझे शरारत से देखते थे जैसे चिढ़ा रहे हों। गाँव की ऊबड़-खाबड़ सँकरी गलियों से होते हुए फ़सलों से भरे खेतों, खलिहान, टीलों, कीचड़ और तालाब के छिछले पानी में माँ-बेटे पकड़ने की चुनौती देते हुए मुझे दौड़ाते रहते थे। थककर पस्त हो जाने के बाद जब मैं हाँफते हुए दोनों को कोसने, मुँह चिढ़ाने या गालियाँ देने लगती थी तो वे चुपचाप खड़े हो जाते थे। गले का पगहा पकड़ाते समय वह मुझे उसी तरह देखती थी जैसे तुम सुबह की कठिन प्रैक्टिस के बाद हँसती आँख से देखते थे। घर की ओर लौटते हुए उसका बछड़ा मुझे पीछे से ठेलकर छेड़ता था। अब वह पूरा बैल हो गया है और गम्भीर रहता है। वह किसी और को अपने थन पर हाथ भी नहीं लगाने देती थी। एक दुलत्ती और बाल्टी मुँह पर, पैर ऊपर लाठियों का असर उस पर नहीं होता था। मेरे थन पर हाथ लगाते ही चुपचाप खड़ी हो जाती थी, और जैसे दूध का झरना बहने लगता था. मुटियार, दूध भी इतना देती थी कि दुहते-दुहते बाँहें भर जाती थीं और बाल्टी सँभाले टाँगें थरथराने लगती थीं। इतना थक जाती थीं कि आधे दिन तक मुझे नींद में पूरा स्कूल हिलता हुआ लगता था। मेरे हॉस्टल आ जाने के बाद सनकी, मनमौजी और ज़बर समझी जानेवाली उस शानदार गाय को बेच दिया गया।

और घर के आँगन में! वहाँ भी 'स्किल हॉनिंग सेशन' चलता रहता था, माँ बड़ी देर से बाहर का दरवाज़ा बन्द करने के लिए बड़बड़ा रही है एक ड्रेग हिट, धड़ाक! दरवाज़ा बन्द, पिसने के लिए सूख रहे गेहूँ पर कौवे टूट रहे हैं, स्कूल, भाग गये साले! चाची का बेटा रो रहा है, एक रंग-बिरंगी कैप उसके सिर पर रखने के बाद टाँगों को बीच से ड्रिब्लिंग, टूटे दाँतों की खिड़की खुल गयी. हर वक़्त की मेरी खट-खट से और सभी चाहे जितना नाराज़ हों माँ ने कभी कुछ नहीं कहा, शायद उन्हें तुम्हारी

याद आती होगी और अच्छा लगता होगा है न! कभी-कभार बड़बड़ाती थी कि पता नहीं हजारों मर्दों के सामने बित्ता-भर स्कर्ट पहने नंगी टाँगें दिखाते हुए कैसे दौड़ती है, उन्हें क्या पता जिन लड़कियों की टाँगें सूखी और डिशेप हो जाती हैं वे उन्हें भरी-भरी बनाने के लिए क्या-क्या उपाय करती हैं, ताकि सेलेक्टरों और कोच की नज़र उन पर से हटे नहीं...टी.वी. और अख़बारवाले भी अपने कैमरे ऐसी ही लड़कियों पर फ़ोकस किये रहते हैं, खेल उनका चाहे जैसा हो आजकल खिलाड़ी खेल से बनता है लेकिन स्टार तो टाँगें ही बनाती हैं।

अख़बार और टी. वी. वालों की छोड़ो पापा, तुम्हारे भाई! मर्यादा सिंह जो तुम्हारे मेडल, ट्राफियाँ सँभालकर रखते थे और अख़बारों पत्रिकाओं में तुम्हारे बारे में जो छपता था उसकी फ़ाइल बनाते थे। बता दूँ कि गुज़र गये। अगर तुम ज़िन्दा होते तो भी तुम्हें दुःख नहीं होता। हद-से-हद शर्म और पछतावा होता।

उन्होंने पता नहीं कहाँ-कहाँ से तस्वीरें काटकर महिला जिमनास्टों, तैराकों और टेनिस स्टारों का मोटा-सा अलबम बना रखा था, उसे ताले में बन्द रखते थे और अकेले में देखते रहते थे। नादिया कोमानेची, ओल्गा कोरबुत, बुलाचौधरी, निशा मिलेट गैबरीला सबातीनों, अन्ना कुर्निकोवा, मोनिका सेलेस...और भी ढेरों तस्वीरें। मैं उन्हें खिड़की की झिरी से उचककर देखती थी और बहुत बड़ा खेल प्रेमी समझती थी। मुझे लगता था, उनकी वह झक डाकटिकट, सिक्के या सिगरेट की डिब्बियाँ जमा करने जैसा ही कोई शौक है। लेकिन पापा, एक दिन अचानक मैं समझ गयी। मैंने देखा, अपने पाजामे के ऊपर वह मेरी लाल रंग की स्कर्ट पहनकर, बन्द कमरे में बेवकूफ़ों की तरह घूम रहे थे और बार-बार वह एलबम पलट रहे थे, रह-रहकर उसे उठाकर डरावनी आँखों से उसमें कुछ घूरते थे और फिर फेंक देते थे। लगा वह बुखार में हैं और उनका दिमाग़ चल गया है...मैंने कहा न, मैं समझ गयी थी। हाँ तुमसे सच कहूँ तो पहले मुझे थोड़ा-सा अच्छा लगा और बाद में बहुत हँसी आयी। हँसते-हँसते मैं पागल हो गयी, तो जाकर मैंने माँ को बता दिया।

माँ का सुन्दर चेहरा अपमान और पीड़ा से ऐंठ गया, वे चिल्लायी "आयी तू दाँत निकाल रही है।" राँड़! और टाँगें दिखा, और घोड़ी की तरह कूद, देखती जा, तेरी क्या गति बनती है,

"मैंने क्या कर दिया?"

जवाब में बाल पकड़कर घसीटते हुए माँ मुझे चौके में ले गयी और एक तमाचा मारा। फिर वहीं बैठकर रोने लगी। तुमसे कहा, "ये कौन-सा चलन सिखा गये हो इस घोड़ी को, अब इस घर को बरबाद करके मानेगी।"

माँ ने चाची से कुछ कहा होगा। दो दिन बाद चाचा माँ पर फट पड़े। बहुत दिखायी देने लगा है तुम्हें और तुम्हारी छोकरी को मेरा पाजामा और लँगोट तक दिखने

लगा है। पता नहीं किस-किस जात के लड़कों के साथ सिंगापुर, मलयेशिया, नेपाल और कलकत्ता घूमती रहती है, वह नहीं दिखता। अगर तुम लोगों को इसी तरह बातें बनानी हैं तो अलग हो जाओ और गाँव भर के मर्दों के बारे किस्से गढ़ती रहो।

माँ, अकेली विधवा, शायद अलग होकर नहीं जी सकती थी, चुप लगा गयी।

और चाचा बस जलती आँखों से घूरते रहते थे. उनका घूरना मुझे अब भी कँपा देता है. बचपन में भी तुम तो जानते ही हो मैं कभी उनकी गो में नहीं जाती थी. वह मुझे ज़बरदस्ती उठाते थे. उनके छूने में ही कुछ जंगली और अजीब था कि मैं विदक जाती थी घर में माँ चुपके-चुपके महीना भर मेरे एक-एक अण्डरवियर, स्कर्ट, हाफ़ पैण्ट खोजती रही, फिर सबको धोकर बक्से में बन्द कर दिया घर पर पहले तो ट्रैक सूट फिर और लड़कियों की तरह शलवार-कुर्ता पहनने लगी।

तब की बात नहीं है पापा, हाईस्कूल के बाद की बात है। मैंने अविनाश से अपनी टी-शर्ट बदल ली। तुम तो जानते ही हो कि खिलाड़ियों के जर्सी बदल लेने का क्या मतलब होता है। क़स्बे के धर्मपाल गूजर का बेटा अविनाश, मेरा सीनियर. क्या खेल था उसका। खेल चुका था।

खेल की बात नहीं है, मेरे लिये तुम्हारे जैसा कोई कभी नहीं खेल पायेगा। वह एकदम तुम्हारी तरह भोला और प्यारा-सा था। एक बार मैंने उससे मज़ाक में हाँक दिया मेरे पापा गाँव में कई एकड़ का लॉन और स्विमिंग पुल बनवा गये हैं।

उन्होंने एक इटालियन सैलून भी खुलवाया है जिसमें गाँव के लोग बाल कटवाते हैं। वह मुँह बाये सुनता रहा, उसने विश्वास कर लिया...एक दिन वह मोटरसाइकिल से अपने एक दोस्त के साथ बाल कटवाने हमारे गाँव आ गया। वह लड़का फोटो खींचने के लिए एक कैमरा भी लाया था। मजा आ गया। उन दोनों को मैंने फकीरे नाई का चबूतरा दिखाया जहाँ वह ईंटों पर बैठ चाचा की दाढ़ी बना रहा था। ईंटोंवाला सैलून इटालियन हुआ न! स्विमिंग पुल देखकर तो वह उछलने लगा। तालाब में भैंसें बिना कास्ट्यूम पहने तैर रही थीं और चारों तरफ़ लहलहाती फ़सलों का हरियाला लॉन तो था ही। यह वैसा ही हुआ न, जब तुम घर होते थे, मैं स्कूल से लौटकर स्टिक हवा में उछालकर चहकते हुए तुमसे बताती थी कि आज हम लोगों ने सीनियर टीम को हरा दिया और तुम ख़ुश होकर तुरन्त जलेबी खिलाते थे। खाने के बाद मैं बताती थी कि दरअसल हम लोग बुरी तरह हारे और मैं घायल हो गयी हूँ। इसीलिए जलेबी खाना ज़्यादा ज़रूरी था।

आये दिन मुझे अपने किट बैग में गुलाब के फूलों के गुच्छे मिलने लगे। कोई इस खेल के दौरान चुपके से रख जाता था। हालात यह हो गये कि मेरे जूते में एक्लट गेंद, नीकप, नैपकिन कपड़े सबमें गुलाबों की गन्ध समा गयी और चारों तरफ़ मुझे फूल-ही-फूल नज़र आने लगे। अक्सर मेरी स्टिक हवा में ही उठी रह जाती थी। मुझे

लगता था मैं फूल को हिट करने जा रही हूँ, उसकी पंखुड़ी-पंखुड़ी छितरा जायेगी। टीम की लड़कियाँ मुझे 'गुलाबो' कहकर चिढ़ाने लगीं, मैंने हिम्मत बटोरकर एक दिन उससे कहा, "मैं अपने चाचा को बता दूँगी फिर होश ठिकाने आ जायेगा, "पहले तो वह झेंपा फिर कोमलता से कहा, "अब चाहे जिससे बताओ, हद-से-हद क्या होगा, मैं तैयार हूँ।"

गुलाबो की महक से पागल होकर शायद मैं भी उससे प्यार करने लगी। वह रोज़ भोर में क़स्बे से आठ किलोमीटर जागिंग करता हुआ हमारे गाँव के बाहर नदी किनारे तक आ जाता था। मैं भी वार्मअप करते हुए घुटनों भरवाली नदी पारकर पहुँच जाती थी. अभी तारे भी डूबे नहीं होते थे। अक्सर चाँद भी चमक रहा होता था। हम लोग गन्ने के खेत में, प्राइमरी स्कूल के बरामदे में बीच गोदाम के पिछवाड़े मिलते थे, बातें करते थे आख़िरकार, मैंने कह ही दिया कि अपना पहला नेशनल खेलने के बाद उससे शादी कर लूँगी, और फिर कभी गाँव नहीं लौटूँगी।

सिर्फ़ मुझे ही नहीं पता चला, कई गाँवों में सबको पता था। यहाँ तक कि लोग गुलाबोवाला क़िस्सा भी जानते थे। कई लड़के खेतों में कम्बल ओढ़कर सिर्फ़ हम दोनों को देखने के लिए रात-भर बैठ जागते रहते थे। माँ ने मुझसे पूछा तो मैंने अपने मन की बात बता दी उन्होंने माथा पीट लिया, वह दालान के दरवाज़े पर ताला लगाकर और चाभी तकिये के नीचे रखकर सोने लगीं, महीनों बाद जब चाचा की गालियाँ, लड़कों के ताने, बढ़ों के भद्दे द्विअर्थी मज़ाक जब मन्द पड़ने लगे तो मैं फिर सुबह एक्सरसाइज के लिए निकलने लगी। और तभी एक सुबह घात लगाकर चाचा, गाँव के लड़कों ने हमें पकड़ लिया।

आज उसका दूसरा दिन था। मेरे मना करने के बाद भी वह मरने चला आया था। उस समय वह एक गन्ना तोड़कर उसे स्टिक की तरह इस्तेमाल करते हुए, मेरे फेंके ढेले को रोककर पेनॉल्टी कार्नर हिट करना बता रहा था। अचानक ओस में भीगी शान्त फ़सलों के बीच से निकली भीड़ ने हम दोनों को दबोच लिया, चाचा और चीख़े, 'साले गन्ने के खेत में डाण्डिया रास कर रहे थे', मैं डर के मारे सुन्न हो गयी।

अविनाश को मारते-पीटते गाँव लाया गया और मुझे एक कमरे में बन्द कर दिया गया. दरवाज़े पर पूरा गाँव जमा हो गया। पड़ोस के गाँवों के लोग भी आने लगे। माँ ने कमरे में आना चाहा तो चाचा ने धकेल दिया, "राँड़ कहीं की, उसे यार के साथ भगाने जा रही थी।"

घर की औरतों बच्चों को पड़ोस के घर में बन्द कर चाचा आये, चिटकनी चढ़ायी। जलती आँखों से घूरते रहे। अचानक बालों से पकड़कर उन्होंने मुझे उठा लिया।

कान से मुँह सटाकर भिंची आवाज़ में बोले, "गरमी शान्त करने के लिए कोई बिरादरी का छोरा नहीं मिला जो सुअर गुज्जर को बुला लायी हमारी नाक कटाने।"

ज़मीन पर पटककर मेरे ऊपर बैठ गये। फिर वही यहाँ वहाँ नोचता हुआ जंगली जानवर का पता। घबड़ाकर मैंने रोते हुए कहा। "यह क्या कर रहे हैं आप?"

"वही जो साले गुज्जर इतने दिनों से कर रहे थे" घिन और अपमान से तिलमिलाकर मैंने अपने पैर उनके पेट में जमाकर पूरी ताक़त से ठेल दिया। वह उछलकर गिरे और सिर दीवार से लगकर फट गया। फिर कितनी गालियाँ, घूँसे, लात मुझे पड़े नहीं पता। मैं घुटनों में सिर देकर पड़ी रही बाहर अविनाश को जो आता, वही चोर की तरह पीट रहा था। मुझे बाद में पता चला वह मूर्ख लगातार बड़बड़ाये जा रहा था, "हमने कोई ग़लत काम नहीं किया, ग़लत काम नहीं किया।"

वह जितना बकता, उतना पिटता। वह पिटते-पिटते बेहोश हो गया, बाहर पंचायत बुलाने की तैयारी हो रही थी।

पुराने मोज़े को फाड़कर बनायी पट्टी बाँधे चाचा थोड़ी देर बाद फिर लौटे, इस बार उन्होंने शान्त ढंग से कहा, "सोच ले, अभी मैंने पंचायत के लिए हाँ नहीं कही हैं अगर एक बार पंच बैठ गये तो तुम दोनों फाँसी पर लटका दिये जाओगे।" चाचा सौदेबाजी कर रहे थे, मैं सुन्न बैठी रोती रही।

दो-चार-छह या पता नहीं कितने घण्टे बाद मुझे बाहर लाया गया, रोशनी से मैं चौंधिया गयी मुझे घूरती अजनबी आँखों और मक्खियों जैसी भन्नाहट के सिवा और कुछ याद नहीं है। हाँ, चलते समय पुराना कपड़ा मैंने सिर पर डाल लिया। मैंने कभी ओढ़नी सिर पर नहीं डाली थी, सारे गाँव में ट्रैक सूट पहनकर कूदती फिरती थी। पता नहीं मुझे क्यों ऐसा लग रहा था कि इस कपड़े से सिर ढककर खड़े रहने से वे मुझे और अविनाश को शायद छोड़ देंगे। थोड़ी-बहुत और मार पड़ेगी, बस! अब और कितना मारेंगे ज़्यादा-से-ज़्यादा थूककर चाटने को कहा जायेगा या एक-दूसरे के कान पकड़कर उठक-बैठक कराने के बाद मेरा घर से निकलना बन्द करा दिया जायेगा। हो सकता है, मैंने सुन रखा था कि इन्दिरा गाँधी को सिर पर पल्लू रख लेने के कारण ही लोगों ने प्रधानमन्त्री बना दिया था, इसलिए यह बात उस समय दिमाग़ में आयी हो। उम्मीद का बेवकूफ़ी से रिश्ता बहुत पुराना है।

बाहर निकलकर मैंने कई बार कहा, प्यास लगी है, पानी चाहिए, किसी ने ध्यान नहीं दिया मुझे लग रहा था, मैं चिल्ला रही हूँ लेकिन कोई सुन ही नहीं रहा था, आज लोग सुनना भूल गये थे। बस देख रहे थे। मैंने दरवाज़े के बाहर हैण्डपम्प के सामने झुककर अँजुरी रोप दी।

झुके-झुके पता नहीं कितना समय बीत गया, कोई चलाने नहीं आया। सीधे खड़े होकर देखा तो लोग हँस रहे थे। जैसे पागलों को विचित्र हरकतें करते हुए

देखकर हँसते हैं। सहमते-झिझकते कुछ बच्चे आगे बढ़े बच्चे जो हैण्डपम्प चलाने के नाम से ही उछल पड़ते थे, फटी-फटी आँखों से ठण्डे, भावहीन ढंग से मुझे देखते हुए इस तरह हैण्डपम्प से बेमन से जूझ रहे थे कि मुझे कोठरी से भी ज़्यादा डर लगा। अचानक एक बूढ़े आदमी ने बच्चों को डाँटा, "गुज़रों की रखैल अपनी मौसी को गंगा स्नान करा रहे हो।"

बच्चे उसकी बात पूरी होने से पहले ही भाग गये, किसी ने मेरे सिर से वह कपड़ा भी नोचकर फेंक दिया और मुझे ठेलते हुए पंचायत में ले जाया गया।

गाँव के बाहर के बग़ीचे में लोग-ही-लोग भरे हुए थे। इक्का-दुक्का बन्दूक़ें, लाठियाँ, तलवारें भी थीं ताकि किसी को भी दख़ल देने से रोका जा सके। कई तो तमाशा देखने के लिए पहले से पेड़ों पर चढ़कर बैठे हुए थे। मेरे पहुँचते ही एक मरियल-से आदमी ने इमली के पुराने पेड़ के नीचे चबूतरे पर चढ़कर हाँक लगायी, "भारत सिंह की छोरी अनिता और गूजर धर्मपाल के नालायक छोरे अविनाश ने वह काम किया है कि जाटों की इज़्ज़त मिट्‌टी में मिल गयी है। सर्वशक्तिमान् पंच इस पर विचार कर न्याय करें। फ़ैसला पूरी बिरादरी को मंजूर होगा।"

यह आदमी त्योहारों और शादियों में नगाड़ा बजाकर नाचता था और लोगों की झाड़ सुनने के लिए तरह-तरह की मसखरी करता रहता था। लेकिन आज वह मुझे बहुत भयानक लगा. इज़्ज़त! कहाँ है इज़्ज़त? किसकी? इसकी? नगाड़ेवाले की? अचानक मुझे लगा कि इज़्ज़त कोई अदृश्य रहस्यमय प्रेत है, जिसकी सवारी आते ही मसखरे भी भयानक लगने लगते हैं।

लोग चुप हो गये। सन्नाटा छा गया। चबूतरे पर बैठे पंचों ने अपनी गरदनें झुका लीं, जैसे बहुत गम्भीरता से सोच रहे हों। अविनाश का चेहरा पहचाना नहीं जा रहा था, वह भावशून्य ढंग से देखे जा रहा था जैसे वहाँ जो कुछ हो रहा था, उस पर उसे यक़ीन ही नहीं आ रहा था। उसके हाथ पीछे बँधे थे, पैर में जानवरों को बाँधा जानेवाला छन्ना डाल दिया गया था। गले में किसी जानवर का पगहा था, उसे घसीटते हुए वहाँ लाया गया था।

सन्नाटे से अचानक चौंककर मैंने पंचों की ओर देखा, उनके बीच में हुक्का सुलग रहा था। लेकिन उसे किसी ने छुआ तक नहीं। बग़ल में एक बाँस की टोकरी में गुड़ की डलियों का ढेर था और एक ड्रम में पानी रखा था और पंच भी कौन थे पापा! हुकुम सिंह, जिनके दादे-परदादे जानवर चुराते थे और उनकी सींगें तराशकर बेच देते थे। वे अब मानिन्द किसान और गाँव सभा के मुखिया हो गये वे अपनी अधपगली पत्नी को सरेआम लाठियों से पीटते थे। चौधरी रजिन्दर सिंह जिनकी डेयरी में यूरिया मिलाकर सैकड़ों लीटर दूध तैयार होता था और बेचा जाता था। शहर में उनका बड़ा होटल था, जहाँ अफसरों-ठेकेदारों को लड़कियाँ सप्लाई की जाती थीं।

मानसिंह, सारा गाँव जानता है कि अफीम खिलाकर अपनी भानजी के साथ उन्होंने कई महीने बलात्कार किया। जब वह गर्भवती हो गयी तो उसे पागल बताकर पता नहीं कहाँ छोड़ आये। मैनेजर सिंह कोटेदार, जो दहेज के लिए अपनी बहू जलाकर जेल हो आये थे और उनकी दुकान का सारा राशन और तेल ब्लैक में बिक जाता था और पट्टी बाँधे डकैत लग रहे मेरे चाचा ख़ुद जिन्होंने आज सुबह ही अपनी भतीजी से सौदेबाज़ी की थी।

"...तो ये मेरा न्याय करेंगे अपनी इज़्ज़त बचाने के लिए।"

उनकी इज़्ज़त और मेरी इज़्ज़त अलग-अलग है। मेरी इज़्ज़त बर्बाद किये बिना, यहाँ तक कि मेरी जान लिये बिना उनकी इज़्ज़त बच ही नहीं सकती। अकेली मैं, अकेला अविनाश और इतने सारे इज़्ज़तदार लोग। पंच, सरपंच मैं अकेली...

मैंने पहले कभी इस तरह इन लोगों को नहीं देखा था। मैंने सोचा इज़्ज़त...आँखों के आगे अँधेरे के बीच रोशनी के चकत्ते उड़ने लगे। मुझे लगा अविनाश ब्लेजर के नीचे टाई पहने विक्ट्री स्टैड पर खड़ा है, और मैं ताली बजा रही हूँ। नहीं शायद वह डॉक्टर था, जो गले में आला लटकाकर भीड़ से घिरे किसी मरीज़ को देख रहा था। नहीं वह बछड़ा था जो मेरा हाथ चाटने के लिए गरदन हिलाकर अपने पास बुला रहा था।

मैं रोने लगी।

पंचों के बीच में मेरे बिल्कुल सामने चाचा नंगे बैठे हुए हैं, उन्होंने गले में बड़ा-सा ताबीज पहन रखा है और उनके सफ़ेद जूतों से जलती-बुझती रोशनी निकल रही है। तभी पापा आ गये, हँसने लगे। उन्होंने मुझे कन्धे पर उठाकर, लोगों की तरफ़ इशारा किया। इस भीड़ में सबके हाथों में एक-एक पेटीकोट था और वे उसके कमर के घेरे में फूँक मार रहे थे और पंच इससे कुढ़कर माथे पर हाथ दिये बैठे थे। मुझे हँसी आ गयी।

मैं हँसने लगी, लोगों को देखा वे भी रंग-बिरंगे पेटीकोट हिलाते हुए हँस रहे थे। तभी मेरी माँ ने वहाँ आकर नाचना शुरू कर दिया। नाचते हुए वे गाँव की ओर चलीं तो सभी उनके पीछे चले गये और मैं अकेली खड़ी रह गयी। मेरी किसी सहेली ने आकर बड़ा-सा पत्थर देकर कहा शादी मुबारक हो। मैं बन्दरिया बन गयी। पगड़ी बाँधे मदारी ने कहा गुलाबो चलकर दिखाओ. ससुराल का काम करके दिखाओ मैं ठुमकने लगी।

मैं पता नहीं कितनी देर तक इसी तरह हँसती, रोती, बड़बड़ाती रही।

बीच में किसी ने फुसफुसाकर कहा फाँसी। फिर सभी लोग फाँसी, फाँसी जपने लगे जैसे वे किसी मन्दिर में बैठकर कीर्त्तन कर रहे हों। मूर्तियों के ऊपर लाल कपड़े के आगे दो कठपुतलियाँ झूल रही थीं। उनको नचानेवाले खेल के बीच में ही कहीं चले गये थे।

अचानक मुझे होश आया, तब मैं एक रस्सी पकड़े बैठी खाँस रही थी। पूरा शरीर दुख रहा था और दूर खड़ी भीड़ हँस रही थी। अरे! पंचायत ने मुझे इमली के पेड़ से लटकाकर फाँसी पर चढ़ा दिया था। ऊपर बँधी रस्सी खुल जाने के कारण मैं गिर पड़ी थी। क्या पता कोई मुझे बचाना चाहता हो और उसने गाँठ ही ऐसी लगायी हो। उस भीड़ में कितने ही लोग थे जिन्होंने मुझे गोद में खिलाया था। मेरे साथ खेल थे। मुझे कन्धे पर बैठाकर घुमाया था। पापा की मौत पर मेरे साथ रोये थे।

मैं गले में रस्सी लिये-दिये उठकर भाग चली।

"हाथ-पैर जकड़ गये थे। मैं लँगड़ाते हुए फुदक रही थी, तभी लाठियाँ बन्दूकें लिये भीड़ ललकारते हुए मुझ पर झपटी। शरीर में भय की बिजली कौंधी और मेरे पैरों को पंख लग गये मैं सरपत के जंगल की ओर मुड़ गयी ताकि ऊँची झाड़ियों के पीछे मुझे कोई खोज न सके। चीख़ती, पगलायी भीड़ क़रीब आती जा रही थी और मैं सरपट भागी जा रही थी। मेरे पीछे साँप की तरह लहराती रस्सी सरसरा रही थी। इतना भी होश नहीं था कि उसे निकाल फेंकूँ अगर किसी झाड़ी में उलझती तो मैं इस बार की फाँसी से नहीं बच पाती।

बहुत देर तक भागने के बाद मैंने पीछे मुड़कर देखना चाहा। अचानक मैं एक विशाल गड्ढे में लुढ़क गयी। कंकालों, गिद्धों, कुत्तों, मांस के लोथड़ों पर लुढ़कते हुए मैं तलहटी में जाकर थमी तो असह्य बदबू के मारे सिर चकरा रहा था और साँस घुट रही थी। यह गाँव से काफ़ी दूर कोई गड्ढा था जिसमें मरे जानवर फेंके जाते थे, मेरे सामने दो भैंसें फटी-नुची पड़ी थीं और एक लाश किस जानवर की थी पहचानना मुश्किल था। जानवरों के बिखरे सिर, सींगों, अस्थि पंजर के बीच गिद्ध किकियाते हुए मुझ पर उचक-उचककर लपक रहे थे और कुत्ते दाँत फाड़े गुर्रा रहे थे। मैं भय से जकड़ी बैठी रही। भैंसों के ऊपर और मेरे चारों तरफ़ गिद्ध-ही-गिद्ध थे। सौ से ज्यादा ही रहे होंगे। उनके बीच से कुत्ते उन्हें ठेलकर मुझ पर लपक रहे थे। गिद्धों के फैलते-सिकुड़ते भारी डैनों से उठती अलग तीखी गन्ध थी। जल्दी ही मांस से लिथड़े मेरे शरीर को मक्खियों ने ढक लिया। थोड़ी देर बाद, जब किसी कुत्ते ने मुझे काटा नहीं तब मैंने धीरे-धीरे गले में बँधी रस्सी के फन्दे को ढीला कर बाहर निकाला। रस्सी को कई परत मोड़कर चाबुक की तरह घुमाना शुरू किया तो गिद्ध उचकते हुए दूर खिसकने लगे। थोड़ी देर में वे समझ गये कि मैं उनके खाने में हिस्सा बँटाने नहीं आयी हूँ, तो वे आपस में लड़ते हुए अपने काम में जुट गये। अचानक कुत्ते भी शान्त हो गये।

गिद्धों की किकियाहट और मक्खियों की भन-भन से हटकर मैंने कान लगाकर ऊपर की आवाज़ें सुनने की कोशिश की तभी बदबू के भभके के साथ, पेट में मरोड़ उठी। उल्टी के साथ सब-कुछ बाहर आ गया। ट्रैक सूट की बाँह से आँसू और लार

पोंछकर मैंने किसी जानवर का पीला पड़ चुका सूखी हड्डियोंवाला भारी अस्थि-पंजर घसीट-घसीटकर ओढ़ लिया और उसके नीचे दुबककर बैठ गयी।

बहुत छोटी-छोटी साँसें लेते हुए मैं बदबू की अभ्यस्त होने की कोशिश करने लगी। यह बहुत सुरक्षित जगह थी। बदबू के मारे देर तक किनारे खड़ा होकर कोई गड्ढे के भीतर देख नहीं सकता था। अगर देखता भी तो सैकड़ों उचकते गिद्धों के बीच पंजर से ढकी मैं आसानी से नज़र नहीं आ सकती थी। मैंने तय किया कि रात में यहाँ से निकलूँगी और किसी सड़क या रेलवे लाइन तक पहुँचने के बाद हॉस्टल पहुँच जाऊँगी फिर देखा जायेगा।

मैं मांस पर टूटते, थकक़र किनारे बैठे, आपस में लड़ते, एक-दूसरे के पंख खुजलाते गिद्धों को देखने लगी। यदा-कदा कोई गिद्ध अचानक उचककर मेरी ओर लपकता था, लेकिन पंजर के क़रीब आते ही वापस लौट जाता था। उनके इस खिलवाड़ को देखते हुए मैंने सोचा, "गड्ढे के बाहर आस-पास मेरे घर गाँव के गिद्ध मेरी बोटी-बोटी नोच डालने के लिए खोज रहे हैं और यहाँ सचमुच के गिद्धों के कारण मैं अभी तक ज़िन्दा हूँ।"

शायद गिद्धों को देखते-देखते थक जाने के कारण मेरी आँखें थकने लगीं। मैं सो रही हूँ, नींद आ रही है...यह ख़याल आते ही झुरझुरी दौड़ गयी। कहीं इन गिद्धों और कुत्तों ने मरा समझकर मुझे भी नोच डाला तो, मेरी आँखें ही निकाल लें तो? अगल-बग़ल कई जानवरों के सिर थे, जिनमें आँखों की जगह अँधेरे से भरे दो सुराख थे। मैंने नायलान की फन्देवाली रस्सी को कई परत हाथ में लपेट लिया और हाथ को इस पोजीशन में रख लिया कि एक झटके में किसी गिद्ध की गरदन लुढ़कायी जा सके।

भारी अस्थि-पंजर के नीचे से मैंने धुँधलाते आसमान को देखा। पता नहीं कितने लम्बे इन्तज़ार के बाद अब शाम उतर रही थी तभी गिद्धों के झुण्ड में हलचल हुई, वे उड़कर वापस जाने लगे। वे अपने घोंसलों की ओर लौट रहे थे। भय से मेरा दिल बैठने लगा, ये चले जायेंगे तो इस वीरान गड्ढे में मुझे वे आसानी से देख लेंगे और खींच ले जायेंगे। जिनसे मैं अब तक डर रही थी, वह गिद्ध अब अच्छे लगने लगे। मुझे रामलीला में देखे जटायु की याद, पता नहीं कहाँ से आयी। अगर मैं उनकी भाषा जानती तो कहती कि आज वे बस थोड़ी देर और रुक जायें, मेरे आस-पास तब तक रहें जब तक पूरी तरह अँधेरा न हो जाये, कुत्ते भी एक-एक कर जा रहे थे।

जब आख़िरी कुत्ता गड्ढे से निकला, आसमान में एक तारा नज़र आने लगा था। तभी मैंने अपनी तरफ़ बढ़ती आवाज़ें सुनीं, लोग इधर ही चले आ रहे थे। गड्ढे के ऊपर हिलते-डुलते लोग झिलमिलाने लगे। मैंने अपना सिर बाँहों में दबाकर ज़मीन में गाड़ दिया कि ज़रा भी हलचल न हो कि उनका इधर ध्यान जाये, मुझे अपनी धड़कन शोर की तरह सुनायी दे रही थी।

थोड़ी देर बाद कोई बहुत भारी चीज़ लुढ़कती हुई आकर गड्ढे में गिरी। मुझे लगा शायद वे मेरी ओर दौड़ पड़े हैं। मैं वैसी ही मुर्दा बनी पड़ी रही। ऊपर से आवाज़ें आना बन्द हो गयीं। लोगों के जाते पैरों की आवाज़ सुनने के बहुत देर बाद मैंने सिर उठाया तो चारों ओर घुप्प अँधेरा था, मच्छर भनभना रहे थे। हड्डियों के बीच अब भी ढेरों छोटे-छोटे जानवर इधर-उधर डोल रहे थे वे लोग कोई मरा जानवर फेंकने आये थे। मैं बेवजह ही इतना डर गयी थी।

भारी पंजर हटाकर, मैं अँधेरे में मच्छरों को भगाते बैठी रही। फिर धीरे-धीरे सरकते हुए गड्ढे के बाहर आ गयी। आसमान में चाँद निकल रहा था। अन्दाज़ से मैंने गाँव की उल्टी दिशा का अनुमान लगाया और तेज़ी से चल पड़ी। यह तो मुझे दो दिन बाद पता चला कि जिसे मैंने जानवर समझा था, वह अविनाश था। फाँसी पर लटकाकर दिन भर नुमाइश करने के बाद पंचों ने उसकी लाश को उस गड्ढे में अगले दिन चील-कौवों के खाने के लिए फेंकवा दिया था।

थोड़ी देर चलने के बाद सड़क पर आती-जाती गाड़ियों की बत्तियाँ झिलमिलाने लगीं...झिझकते-डरते एक ट्रक को रुकवाकर लिफ्ट ली। थोड़ी देर बाद ड्राइवर ने ट्रक किनारे रोककर उतरने को कहा, क्योंकि मेरे शरीर की बदबू उसके लिए असह्य थी। मैंने अपने ट्रैक सूट का अपर ट्रक की खिड़की से बाहर फेंकने के बाद उससे बड़ी देर तक विनती की, तब जाकर उसने मुझे शहर तक छोड़ा। हॉस्टल आकर वार्डन और कोच से मैंने पूरा वाकया बताया।

पापा तुम्हारा नाम और मेरी गिरती-पड़ती हिम्मत बहुत काम आयी। खिलाड़ियों ने पूरा साथ दिया। लेकिन पूरे दो दिन बाद पुलिस ने गाँव जाकर अविनाश की अधखायी, सड़ी लाश को बरामद किया। चाचा और सरपंच पुलिस को देखकर हट-बढ़ गये थे। पुलिस खानापूरी कर लौट आयी।

महीने भर बाद अब फिर अख़बारों से पता चला और माँ ने ख़बर भिजवायी है कि चाचा को मचान पर सोते में गोली मारकर ख़त्म कर दिया गया। अविनाश के भाई सत्यप्रकाश ने घात लगाकर उनकी हत्या कर दी। बदला लेने के लिए गूजर लगातार उनको खोज रहे थे।

जो हुआ, अच्छा हुआ लेकिन मेरी मुसीबत अख़बारों में छपी चाचा की लाश की फ़ोटो है। उनके औंधे शरीर पर कपड़े के नाम पर बस मेरी वही सुर्ख़ लाल स्कर्ट है, ख़ून में भीगी हुई। लड़कियाँ तक कह रही हैं कि मैं अपने चाचा की 'सिद्ध' की हुई स्कर्ट पहनकर मैदान में उतरने के कारण ही इतना अच्छा खेलती थी। गाँव में लोग कह रहे हैं कि मेरा और अविनाश का प्रेम नाटक था। चाचा ने पंचायत सिर्फ़ अविनाश को रास्ते से हटाने और मुझे भगाने के लिए बुलायी थी। जब उन्हें गोली मारी गयी तब मैं भी उनके साथ थी और एक बार फिर मौत को चकमा देकर भाग

निकली। यह ठीक है, पापा! चलो थोड़ी देर को मान लिया कि मैंने बिरादरी की इज़्ज़त ख़राब की, लेकिन मैं अपनी इज़्ज़त तो सहेजकर रखना चाहती थी। लेकिन वह अब एक लाश की कमर पर खून से भीगकर हमेशा के लिए चिपक गयी है।

लेकिन पापा यह बताओ! मान लो, अगर इस वक़्त तुम ज़िन्दा होते तो। कहीं तुम भी तो इज़्ज़त के रहस्यमय प्रेत के असर में पंचों के साथ तो नहीं खड़े हो गये होते? नहीं पापा, ऐसा मत कँरना, मेरा यह भरम बनाये रखना, माफ़ करना यह पूछा इसलिए कि अब मैं तुम्हारे जितनी बड़ी हो गयी हूँ और तुम्हारे जूते मेरे पैर में आने लगे हैं।

●

एक औरत : ढेर कहानियाँ

अनीता गोपेश

मधूलिका दी नहीं रहीं। विद्युत् शवदाहगृह से लौटते हुए, मेरा मन इतना उद्विग्न, इतना अनमना क्यों है!! मौत मुझे अब विचलित नहीं करती। फिर मधूलिका दी की मौत तो हर तरह से एक गरिमामय मौत कही जायेगी। ऐसी मौत तो हर कोई चाहता है। इस मौत पर दुःखी क्यों होना चाहिए। याद आता है माँ अपने अन्तिम बरसों में उठते-बैठते, हर साँस में अपने भगवान् से यही प्रार्थना किया करती थी "हे भगवान चलते पौरुख उठा लेना।" हम जैसी 'सिंगल लेडीज' को जीवन के फ्रण्ट पर हर तरह से लड़ लेने के बाद इसी का भय दिखाकर डराया जाता है। सच कहें, तो जीवन में किसी से न डरनेवाली बहादुर-से-बहादुर अकेली औरत को यही डर तो सताता है जब शरीर पर उम्र हावी होने लगेगी, शिराएँ शिथिल होने लगेंगी और ख़ुदा-न-ख़्वास्ता हम बिस्तर से लग गये तो कौन साथ देगा? (वैसे शादी-शुदा औरतों के चौथेपन पर भी कौन साथ होता है?? स्वाभिमान से बेटे-बेटियों के पास रहने नहीं गये तो, जब तक पति-पत्नी साथ रहे, तब तक ठीक। पर एक के जाने के बाद दूसरे की ज़िन्दगी आख़िर को सवाल बन ही जाती है। वह अकेले रहे तो वही 'सिंगल' होने की समस्या और बच्चों के साथ रहने गये तो बच्चों के केयर-टेकर या फिर घर पर अनावश्यक बोझ!!)

मधूलिका दी तो बिना किसी का ज़रा-सा भी सहारा लिये, बिना किसी को आवाज़ दिये, अपने फ़्लैट में अपनी पसन्दीदा जगहों की तस्वीरें देखती चुपचाप चल दी। अपने लैपटाप पर उन्होंने 'सी इन द मून लाइट' 'मून लाइट ऑन द रॉक्स' 'डान्सिग फ्लेम्स' 'रेस्टलेस ओशन' जैसे ढेरों दृश्य डाल रखे थे। इन चित्रों को वह अक्सर मुझे ई-मेल करती रहती थीं। मैंने उन्हें देखकर कभी भी मधूलिका दी को जवाब नहीं दिया। जब मिलतीं तो शिकायत करतीं। "नामुराद लड़की! मैं इतने अच्छे-अच्छे चित्र भेजती हूँ तुम्हें। कभी थैंक्स भी नहीं भेजती जवाब में।"

मधूलिका दी को मैंने कम जाना, पर जितना जाना उसके हिसाब से वह एक गर्माहट भरा बिन्दास व्यक्तित्व थीं और उनसे मिलने पर हमेशा अच्छा भी लगता

था फिर भी पता नहीं क्यों मैं अपनी तरफ़ से उनसे कोई संवाद शुरू करना ऐवॉइड करती रहती थी। उनसे ज्यादा मिलना या कोई संवाद शुरू करना मैं ऐवॉइड करती थी, न जाने क्यों!! अपनी मौत के एक हफ़्ते पहले उन्हें दिल की तक़लीफ़ हुई थी। डॉक्टर ने उन्हें एडमिट हो जाने को कहा था। मधूलिका दी टाल गयी थीं। जानती हूँ मैं, शिकायत नहीं, शिकवा नहीं, आत्मदया भी नहीं, वस्तुस्थिति का स्वीकार भर "कौन दौड़ेगा मेरे लिये डॉक्टर? मैं घर पर ही रहूँगी। आय प्रामिस, आय विल टेक गुड केयर ऑफ माई हार्ट ऐण्ड बी इन टच विथ यू बाइ फ़ोन।" सोचती हूँ, लोगों का जमघट मधूलिका दी के इर्द-गिर्द, तीन भाइयों का भरा-पूरा परिवार, बड़े-बड़े भतीजे, भतीजियाँ, एक पति, एक बेटा, एक दर्जन कलीग्स और ढेर-सारे मित्र...और "दौड़नेवाला कोई नहीं।"

अपनी शर्तों पर जीनेवाली मधूलिका दी ने किसी से सहायता लेना नहीं चाहा होगा। इसीलिए तो किसी को ख़बर भी नहीं की। या की थी पर किसी के पास "जब तक अनहोनी घट न जाये आने की फुरसत नहीं होती।" अनहोनी घटते ही सब इकट्ठा हो जाते हैं।

पर मधूलिका दी में मृत्यु का भय बिल्कुल नहीं था। या था तो उन्होंने कभी दिखाया नहीं– वह तो शायद तैयार हो रही थी इसके लिए। आज के ठीक एक महीने पहले यूँ ही चली गयी थी उनसे मिलने। हमेशा की तरह ख़ुश हो गयी थी। लड़की जो उनके साथ हेल्पर की तरह रह रही थी, उसे आवाज़ देकर कहा था, "मेरी दोस्त के लिए अच्छी-सी चाय बनाओ और साथ ही पकौड़ी भी – आज देर तक रुकना पड़ेगा तुम्हें।" यही कमज़ोरी थी उनमें। जो भी आ जाता मिलने को उसे जल्दी जाने नहीं देती थीं। उनके साथ के सभी लोग कहते, "मधूलिका बुरी तरह क्लिंग कर जाती है। इसीलिए जाने का मन नहीं करता।" मैं भी तो इसीलिए टालती थी। हालाँकि जब-जब शिकायत करती न आने की, मन में ईमानदारी से भाव उठता, "आना चाहिए। हम सभी अकेली औरतों को एक-दूसरे के बारे में सहृदयता से सोचना चाहिए। एक वर्ग की तरह हम एक-दूसरे को कष्ट और ज़रूरत में सपोर्ट नहीं करेंगे तो कौन करेगा?" पर जाना नहीं ही हो पाता था। मधूलिका दी को दिल की तक़लीफ़ हुई और वह अस्पताल में एडमिट रही थीं। उन्हें देखने को जाते-जाते न जाने कितने ही दिन निकल गये थे। मज़ाक में टालती रही थी उनकी शिकायत को "चलो अच्छा हुआ ना मधूलिका दी। कन्फर्म हुआ कि तुम्हारे पास दिल है। वरना हम तो समझते रहे सिर्फ़ दिमाग़-ही-दिमाग़ है।"

"अच्छा – बस कर! दिमाग कहाँ? मेरे पास तो दिल-ही-दिल है। लोग तो हमेशा मुझे "इमोशनल फूल" कहते रहे हैं। तुम भी तो हमेशा यही कहती रही हो मुझे।

"हाँ, इसीलिए तो हम आपको इतना प्यार करते हैं।"

''हाँ-हाँ ज़रूर! तभी तो कभी हाल-चाल पूछने भी नहीं आती।''

''अरे मधूलिका! हम लोगों का प्यार जहाँ पहुँच चुका है वहाँ मिलने-मिलाने की बहुत ज़रूरत नहीं होती। समझो कि मिले हुए से ही रहते हैं। तुम्हारी एक-एक ख़बर मिलती रहती है मुझे।'' मैंने बात को हँसी में टालने की कोशिश की।

''और तब भी तुम मुझे देखने नहीं आयी। इतने दिन मैं अस्पताल में रही। सारा शहर आया। बस एक तुम ही नहीं आयी शैतान।''

''आये ना! आज आये हैं ना। जब ज़रूरत होती है आ नहीं जाते हैं हम? याद करो मधूलिका दी, जब तुम 'दीपशिखा बिल्डिंग' के चौथे माले पर अकेली पड़ी, बुख़ार में कराह रही थी, तब अचानक से हम नहीं पहुँच गये थे?'' दरवाज़ा खोलने नहीं आ पा रही थी मधूलिका दी। उनका कुत्ता बेतरह भौंक रहा था। मुझे तब लगा था सचमुच कुछ अनहोनी हो गयी है। बालकनी के रास्ते पड़ोसी के बेटे को भेजा। तब जाकर दरवाज़ा खुला था। मधूलिका दी वाइरल फीवर में बुत पड़ी थीं। मैंने ही डॉक्टर बुलाया, दवाइयाँ पहुँचायीं। उनके दोस्तों को ख़बर की। सब दोस्तों ने पारी बाँधकर देखभाल की थी मधूलिका दी की।

''हाँ फिर सारे फ्रेण्ड्स हमारे आते-जाते रहे थे। लकी टू हैव सच गुड फ्रेण्ड्स।'' मधूलिका दी की आँखें भर आयी थीं।

''दी, वी श्योर, जब ज़रूरत होगी, हम ज़रूर आ जायेंगे।''

''चुपकर शैतान! अभी ज़रूरत नहीं थी क्या? और अब तो वक़्त आ गया कि ज़रूरत बराबर पड़ती ही रहेगी। अपनी दोस्त को पूछती रहा करो। समझी! वरना बता दें तुम्हें एक दिन सुबह के अख़बार में पढ़ोगी कि पुअर मधूलिका इज डेड।''

चाय का प्याला किनारे लेकर बचने की ऐक्टिंग करती, मैं हँसकर बोली ''दी प्रामिस, उस दिन मैं ज़रूर आऊँगी तुम मरकर तो देखो।''

मारने की ऐक्टिंग करती मधूलिका दी हँस-हँसकर दोहरी हो गयी थीं। ''हाऊ मीन ऑफ यू! उस दिन आओगी और अभी जीते जी नहीं आओगी।'' मृत्यु का कोई भय नहीं था उनके चेहरे पर उस दिन भी... ''सच, सबसे अच्छा दिन होगा वह। सारे झगड़ों-झंझटों से मुक्ति मिलेगी।''

अपनी आल्मारी खोलकर अपनी कई साड़ियाँ निकालकर पलँग पर फैला दी—इनमें से तुम्हें जो पसन्द आये ले जाओ। अब धीरे-धीरे सब काम करने का समय आ गया है। ''क्या करेंगे इतनी सारी साड़ियों का— जिसको ठीक समझो दे देना।''

पुश्तैनी ज़मीन-जायदाद में उनके हिस्से के बारे में पूछने पर उन्होंने कहा था ''क्या करना है सब-कुछ का। यह फ्लैट ही काफ़ी है मेरे लिये। रजत को कुछ चाहिए नहीं। वह बम्बई छोड़कर यहाँ आयेगा नहीं। अब तो बस—चैन से मरने का इन्तज़ार है। उस दिन आ जाना पहुँचाने।''

● पर मैं नहीं ही पहुँची। अख़बार में ख़बर छपने के बाद भी नहीं पहुँची थी। मन शायद इसीलिए बेचैन था कि मधूलिका दी ने हमें फिर फेल कर दिया था।

बाहर से आज ही लौटी। अख़बार सरसरी निगाहों से देखा – फिर घर के कामों में लग गयी। अचानक सुमी का फ़ोन आया "दीपिका, तुम्हें ख़बर नहीं मिली क्या?"

"किस बात की।"

स्वरों में फुसफुसाकर बोली सुमी, "मधूलिका नहीं रही। शी इज डेड"

"कब",

"कल दिन में। जान-पहचान के सारे लोग हैं। बस तुम ही नहीं दिखी, तो सोचा तुम्हें पूछें।"

"हाँ, अच्छा किया! क्या-कब होना है।" सँभलने में समय लगा।

"बस तैयार है – दस मिनट में ले जायेंगे।"

"रजत आ गया क्या" उसके बेटे का ख़्याल आया जो बम्बई में काम करता है।

"हाँ! वह कल रात ही हवाई जहाज़ से आ गया था।"

"आती हूँ! फ़ोन रखो।"

बिल्डिंग के पार्किंग प्लेस को उनकी भाभियाँ धो रही थीं। यानी अर्थी उठा दी गयी थी। मधूलिका दी मुझे फेल करने पर तुली हुई थी– "नहीं, यू कैन नाट फेल मी लाइक दिस।" पता किया कहाँ ले गये हैं, भागी उधर ही। मालूम हुआ मधूलिका दी लिख गयी थी उनको इलेक्ट्रोक्यूट किया जाये और बाद में कोई रस्म अदायगी न की जाये। बेटे को दायित्व से मुक्त करने के ख़्याल से शायद।

● विद्युत् शवदाहगृह में मर्द-ही-मर्द थे। इतने सारे मर्द। उनके भतीजे, भतीजों के बच्चे, साथ के कलीग्स पास-पड़ोस और भी न जाने कौन-कौन। निगाहें बेवजह उनके पति को खोजती रहीं, "जीवन में नहीं आये तो मरने पर क्यों आये।" मधूलिका दी की बात याद आयी। एम्बुलेन्स में रखे शव के पास रजत बैठा था। उदास सूनी आँखें, काले भूरे हो गये बाल, कन्धे झुके हुए–असमय ही बुढ़ापा ओढ़ लिये रजत के लिए मधूलिका दी ने कभी कविता लिखी थी–

"मेरे बेटे – जाओ मुक्त करती हूँ तुम्हें।
जाओ जहाँ तुम्हारा दिल चाहे
मेरी काली-बदरंग छाया से दूर।।
कुछ नहीं दिया मैंने तुम्हें
एक लड़ती जूझती
ज़िन्दगी के कसैले अनुभवों के सिवा"

मधूलिका दी का चेहरा ढका नहीं था लोगों ने। उनकी पसन्दीदा टसर सिल्क की साड़ी में लपेटा गया था उन्हें। हेना किये बाल हमेशा की तरह। आज शायद तेल भी लगाया गया था। सिन्दूर तो उन्होंने जीवन में कभी नहीं लगाया, अब क्या लगाया जाता। शायद उनकी मर्ज़ी के ख़िलाफ़ जाने की किसी की हिम्मत भी नहीं हुई होगी। जहाँ से माँग शुरू होती है वहाँ एक बड़ी-सी बिन्दी चिपका दी गयी थी। चेहरा अगर मन की किताब होता है तो मधूलिका दी के चेहरे के भाव बता रहे थे कि उनके मन में किसी के प्रति कोई शिकायत, कोई गिला नहीं था। ना ही कोई विकार था। बल्कि उनका चेहरा सौम्य और अधिक शान्त लग रहा था। जो कोई जो भाव ढूँढ़ता, वह भाव मिलता उस चेहरे पर कुछ ऐसा भाव। गीता के निरासक्त भाव को पा लेता है कोई क्या इस तरह जीवन जीने से?" सब-कुछ के बीच जीते हुए कुछ भी अपना नहीं होने जैसे। भरा-पूरा मायका, सम्बन्ध विक्षत ससुराल, दोनों हाथ भर की दूरी पर। परित्यक्त पति, एक विद्वान् बेटा, इतनी सारी सहेलियों, मित्रों, परिचितों का मेला और फिर भी एक जीवन अकेला "कौन दौड़ेगा मेरे लिये डॉक्टर ..."

शाम को कुछ लोगों को खाने पर बुला लिया था। मन हो रहा था उन्हें फ़ोन करके मना कर दूँ। आज कुछ न करूँ। सिर्फ़ मधूलिका दी के बारे में सोचती रहूँ। दिवंगत आत्मा को कम-से-कम एक दिन का समय तो दिया ही जाना चाहिए, पर नहीं कर सकती। क्या कहकर मना करूँ! पूछेंगे लोग, बताने पर समझेंगे नहीं। क्या लगती थी वह तुम्हारी! हाँ, साफ़-साफ़ कुछ भी तो नहीं दोस्त? नहीं। हमउम्र नहीं थी हमारी—कुछ सातेक साल बड़ी थी। तभी तो मैं नाम नहीं लेती थी। 'मधूलिका दी' कहती थी उन्हें। दोस्ती थी पर कुछ इतनी नहीं कि मित्र कह सकूँ।

कलीग? नहीं। मैं हिन्दी विभाग में और वह अंग्रेज़ी में। मिलना बहुत कम ही होता।

पर कुछ तो था कि उनके न रहने पर एक ख़लिश-सी घेर रही है। शायद मृत्यु से जुड़े फ़लसफ़े के हिसाब से हमेशा ही लगता रहा है, हर जीवन अपने-आप में एक पूरी कहानी होती है और एक जीवन के साथ एक कहानी ख़त्म। फिर अकेली औरत!! उसके साथ तो एक नहीं, अनेकों कहानियाँ होती हैं। जो भी मिलता है उससे, उसके पास उस औरत के बारे में सुनाने को एक कहानी होती है। अन्धों के हाथी को टटोलकर देखने जैसा जिसने जो अंग महसूसा हाथी का, वैसा ही उसे बखाना। पर समूचा किसी ने नहीं देखा। वैसा ही रहा शायद मधूलिका दी का जीवन। एक बड़े समृद्ध घर की सबसे छोटी, लाड़ली बेटी। कुशाग्र बुद्धि-विद्रोही घरवालों से विद्रोह कर अपनी पसन्द से, साधारण मध्यमवर्गीय परिवार के अध्यापक नीहार रंजन से विवाह और और फिर तलाक़।

● मैंने जब उन्हें पहले-पहल जाना वह एक अंग्रेज़ीदाँ अंग्रेज़ी की लेक्चरर, अपने पति के साथ एक प्रेम और रोमांस में डूबे युगल की तरह मशहूर थीं। बहुत

ख़ुश, मस्त हँसोड़ और सातवें आसमान पर। उनका आभिजात्य मुझे तब उनके बहुत पास जाने की छूट नहीं देता था। नज़दीक से जानने का अवसर मिला, एक नाटक में काम करने के सिलसिले में। पास से जानने पर दूर से दिखता आभिजात्य, सतह की काई की तरह फटा और अन्दर से निकला सहज, उन्मुक्त, निश्छल व्यक्तित्व। जीवन को अन्तिम बूँद तक जी लेने की इच्छा से लबरेज़। तलाक़ हो चुका था उनका तब तक। बावज़ूद इसके वह 'बेचारी' और 'उजड़ी' नहीं नज़र आती थी। तरह-तरह की बातें, तरह-तरह की कहानियाँ सुनायी पड़तीं उनके बारे में। सहज विकसित होते रिश्ते की रास कहानियाँ सुनायी पड़तीं उनके बारे में सहज विकसित होते रिश्ते की रास मैं बार-बार खींच लेती। पर उनके व्यक्तित्व की गर्माहट रुकने नहीं देती मन को, आगे बढ़ जाने से।

अबूझ कुछ था क्या उनके इर्द-गिर्द? समझ न पाती मैं। लगता अबूझ वह नहीं, अबूझ है उनके और उनकी छवि के बीच का गैप। गैप ख़तम होता, फिर खड़ा हो जाता।

बनारस जा रही थी अपने मौसी के घर। वह पीछे पड़ गयी– "मैं भी चलूँगी घूमने। मुझे बनारस के घाट बहुत अच्छे लगते हैं।" घूमने के लिए पागलपन की हद तक उतावली रहती थी मधूलिका दी। मैं पीछा छुड़ाती रही थी अन्त तक। बनारस का मेरी मौसी का परिवार एक पारम्परिक पुराने ख़्याल का परिवार था। उन्मुक्त अत्याधुनिक व्यक्तित्व की मधूलिका दी। पता नहीं वे लोग क्या समझें। कैसे रिएक्ट करें!! पर वह कहाँ माननेवाली थी! बनारसवाली बस चलने को हुई तो एक बैग कन्धे पर डाले मधूलिका दी हाज़िर, यह भी छिपाकर कि घर से चलते वक़्त उन्हें तख़्त से ठोकर लग गयी थी जिसमें उनके अँगूठे का नाख़ून उखड़ गया था। रिसते हुए घाव की मरहम-पट्टी करके आ गयी थीं। तक़लीफ़ का पता तब लगा जब वह पैर लटकाकर नहीं रख पायीं। सामने ड्राइवर के बग़ल की ऊँची-सी जगह पर पैर टिकाना पड़ा। उन पर मया हो आयी – कितनी अकेली होगी ये जान कि साथ के लिए साथ लग ली। वरना बनारस जाना, सो भी अपनी गाड़ी से कौन-सा मुश्किल काम था उनके लिए।

बनारस पहुँचते ही सुशील भाई सबसे पहले उन्हें अस्पताल लेकर भागे। चोट काफ़ी गहरी थी। नाखून को उखाड़ना था पूरा-का-पूरा। इंजेक्शन लगने के वक़्त मधूलिका दी बच्चों की तरह हल्ला मचा रही थीं। सुशील भाई ने किसी बड़े की तरह उन्हें कसकर डाँट लगायी। मैंने समझा मधूलिका दी बुरा मान जायेंगी। पर वह तो एक बच्चे की तरह सहमकर शान्त हो गयी और मरहम-पट्टी कराकर ही घर आयीं। सुशील भाई और मधूलिका दी के बीच शायद उम्र का बहुत फ़र्क़ नहीं रहा होगा। पर इस एक क्षण में उनके बीच एक भाई-बहन का रिश्ता बना जिसे मधूलिका दी

जीवनपर्यन्त निभाती रहीं, एन्जाय करती रहीं। कौन कह सकता था मधूलिका दी एक पारिवारिक औरत नहीं थीं या उनमें पारिवारिकता की ललक नहीं थी।

डॉक्टर ने जब उनसे एडमिट होने को कहा और उन्होंने मना कर दिया तब उस वक़्त कोई होता जो सुशील भाई की तरह उनसे डपटकर कहता, "तुम्हें होना पड़ेगा" मधूलिका दी इन्कार कर पातीं क्या? अपने-अपने दायरे, अपनी इण्डिपेण्डेन्स की रौ में हम कितने वंचित होते जाते हैं। कितने अधिकार खो देते हैं, कितने विदड्रा कर लेते हैं। ऐसे अधिकार भी जिनमें प्यार का पुट होता है। शुभेच्छा होती है, मंगलकामना होती है। ऐसे अहम् और उनके चलते सिमटन कितना नुक़सान करते हैं जीवन का।

कितना आसान है किसी भी आधार पर किसी की जिम्मेदारी से हाय झाड़ लेना। कितना कठिन और श्रमसाध्य है किसी की ज़िम्मेदारी उठाना। कितना आसान है किसी पर कोई भी फ़तवा दे देना। कितना कठिन और श्रमसाध्य है किसी को सचमुच समझना। दरअसल, मन कचोट इसीलिए रहा है कि मैंने भी तो कभी उनको समय नहीं दिया। एक क़दम आगे और तीन कदम पीछे के हिसाब से चलती रही—उनसे मिलकर जितना उनकी ओर खिंचती उनके बारे में कही जातीं बातें सुन उतनी ही दूर हो जाती।

मधूलिका इज ए बिग फ्लर्ट...

शी इज निम्फोमैनियक...

शी इज लेस्बियन...

इतनी सारी बातें। इतनी कहानियाँ। डरती रहती मन-ही-मन इन अफ़वाहों से। सोचा नहीं कभी— ये सारे फ़तवे, सारी-की-सारी परिभाषाएँ सब यौनिकता से जुड़ी। क्या किसी औरत की कोई भी पहचान उसकी यौनिकता ये परे नहीं होती। पर शायद इसीलिए डरती रही, पर उनसे मिलती भी रही। यौनिकता से परे कोई औरत क्या होती है — क्या कुछ हो सकती है — थाहती रही। याद करती रही एक-एक आरोप और कसती रही मधूलिका दी कसौटी पर उनके व्यवहार से।

फ्लर्ट? उन्हें दोस्ती बहुत प्यारी थी, दोस्त बनाना अच्छा लगता था। दोस्तों के साथ समय बिताना अच्छा लगता था। दोस्तों में औरतें भी थीं, मर्द थी। खाना-पीना साथ घूमना—हाँ, यह सिलसिला आगे भी बढ़ सकता था। तो क्या पाप होता! एक बार पूछने पर साफ़-साफ़ कहा था मधूलिका दी ने "सेक्स! 'इट्स आल ए गेम ऑफ़ फ्यू सेकेण्ड्स।' दो सेकेण्ड के प्लेजर के लिए इतना सारा सिर दर्द। ना-बाबा-ना। इतनी भूमिका बनाओ, फिर इतनी बदनामी उठाओ। तिस पर हमारे मर्दों का डबल स्टैण्डर्ड। इन फैक्ट, इट्स नाट वर्थ इट यार।" वह जब यह कह रही थीं तो क्या झूठ बोल रही थीं? हाँ, इस पर कहा तो था किसी जाननेवाले ने, "ओ शी इज ए

बिग हिप्पोक्रैट।'' लो एक और नया तमगा! अब क्या समझूँ!! थी क्या हिप्पोक्रैट? लगती तो नहीं थी। वह तो एकदम पारदर्शी लगती थीं— अन्दर से बाहर तक साफ़ दिखायी पड़ती। कुछ भी तो नहीं छिपाती थी। पर सबके ऊपर फिर भारी पड़ जाता था शक का कीड़ा – क्या पता?

उन दिनों 'दीपशिखा एपार्टमेण्ट' के पाँचवें माले पर रह रही थीं, मधूलिका दी। बग़ल में एक इन्स्टीट्यूट में आना-जाना होता था मेरा। ऊपर से कई बार देखा था मधूलिया दी ने और शिकायत की थी, ''पास से आकर निकल जाती हो। कभी मन नहीं करता कि अकेली पड़ी दोस्त का हाल-चाल पूछ लो। कैसी दोस्त हो तुम!'' उस दिन समय था। चली आयी उस इमारत के पाँचवें माले पर। हमेशा की तरह अति उत्साहित हो गयीं मधूलिका दी क्या बनाऊँ! क्या खिलाऊँ!! पूरे फ़्लैट में हवा सर्र-सर्र बह रही थी ''इसी के लिए तो मैंने ऊपर का फ़्लैट लिया है। कितनी हवा रहती है ना? और चारों तरफ़ खिड़कियों की हरियाली दिखती है वह दूर गंगा दिखायी पड़ती है।'' अपने बेड-रूम में बिस्तर पर ही पलथी मारकर बैठा लेती थीं हमेशा। उनकी ड्राइंग-रूम ज्यादातर अन्यूज्ड पड़ा रहता था। चाय लेकर आयी— ट्रे बिस्तर पर रखकर बाल समेटती हुई उठीं और खिड़कियाँ बन्द कर दीं। मन में भय के चोर ने सिर उठाना शुरू किया, ''शी इज ए बिग लेस्बियन। किसी दिन फँसोगी तो समझ में आयेगा।'' सामने का दरवाज़ा भी बन्द करने लगीं तो लगभग कूद ही पड़ी मैं। ''मधूलिका दी, दरवाज़ा खिड़की क्यों बन्द कर रही हो?'' सिटकिनी उठाते-उठाते गर्दन घुमायी उन्होंने। शायद मेरे चेहरे का उड़ा हुआ रंग नहीं दिखा उन्हें। सहजता से जवाब दिया-''अरे इतनी हवा आ रही है। सारे काग़ज़ उड़े जा रहे हैं जिन्हें मैंने आज ही लिखा है। डोण्ट यू सी इट।'' फिर बोली – अलावा इसके ए.सी. चलायेंगे इडियट। तुम्हें ठण्डे में बिठाने का इन्तज़ाम कर रहे हैं। तुम क्या समझी?'' आश्वस्त होकर मैंने मन की बात ज्यों-की-त्यों कह दी थी। हँसते-हँसते दोहरी हो गयी मधूलिका दी ''ओह गॉड! और तुमने विश्वास कर लिया पागल लड़की? सुनो आय एम नाट एबनारमल। आय हैण्ड फुल शेयर ऑफ माई नारमल सेक्स लाइफ। फिर ऐसा सोचा तो मारूँगी। समझी। चाय पियो।''

रुककर पूछा उन्होंने ''वैसा कहा किसने ये सब तुमसे?'' जिन्होंने कहा था मैं उनका उनका नाम बताना टाल गयी थी।

जिन्होंने यह सब-कुछ कहा था वे हम दोनों के कामन परिचित थे। शुभेच्छु बनकर यह कहा था उन्होंने मुझसे। एक तरह के जिस्म फेंक (दिलफेंक की तर्ज़ पर) इन्सान थे वह। वह बात किसी से छिपाते भी नहीं थे। कहते थे, ''मेरा तो खुला खेल फर्रुखाबादी। कोशिश करके देखता हूँ। सामनेवाली की मर्ज़ी हुई तो ठीक—वरना तुम अपने रास्ते, हम अपने। ज़बरदस्ती मैं कभी भी नहीं करता, जो औरत ज़्यादा

नखरा दिखाती है मैं उस पर कभी हाथ नहीं डालता" और ज़्यादातर औरतें हाथ डालने देती थीं, ऐसा वे ख़ुद ही बताते थे।

एक दिन अचानक मधूलिका दी का फ़ोन आया– "यार दीपिका! क्या है ये तुम्हारी कलीग। तुमने कभी बताया नहीं इसके बारे में ही इज ए बिग चिपकू।"

"मधूलिका दी, अपने काम के सिलसिले में हमें आपको कितने ही लोगों से मिलना होता है। मैं हरेक से चरित्र प्रमाण-पत्र लेकर थोड़ी ना मिलती हूँ। मेरे साथ कोई ठीक-ठाक है तो बस ठीक है। मैंने सबका ठेका थोड़ी न ले रखा है, हुआ क्या?"

"यार रोज़ किसी-न-किसी बहाने ऊपर फ़्लैट में आ जाता है। मैं अकेले रहनेवाली – कभी कैसी हूँ, कैसे नहीं बैठ जाता है। फिर हिन्दी में न जाने क्या-क्या बोलता रहता है। आधे से ज़्यादा तो मेरे समझ में ही नहीं आता।"

इस स्थिति पर थोड़ी हँसी आयी थी। मधूलिका दी अंग्रेज़ीदाँ क्लिष्ट हिन्दी तो क्या, उन्हें कभी-कभी बोलचाल की ठेठ हिन्दी भी समझ में नहीं आती थी। अर्थ का अनर्थ कर दिया करती थीं। अब अगर कोई शुद्ध हिन्दी में कुछ बोलता हो तो निश्चय ही मधूलिका दी को नहीं समझ में आता होगा।

मैंने पूछा, "क्या कहता है – कुछ बताओ तो सही।" दरअसल उत्सुकता हुई थी जाने की कि आख़िर वह औरतों को सर्व-सुलभ माननेवाले ये लोग उन्हें एप्रोच करते हैं तो कैसे करते हैं।

"अरे यार वह बहुत-कुछ कहता है जो मेरी बुद्धि के बाहर होता है। क्या कहता है? हाँ वह कहता है, हे मधूलिका लोगी ... या दोगी... इसका क्या मतलब होता है? इज इट समथिंग आब्सीन?"

"हाँ, और क्या? सीधा-सीधा सेक्स के लिए निमन्त्रण है और क्या-क्या कहता है?"

"यह कि आपने किस-किस पोजीशन में सेक्स किया है?

और आपको किसमें सबसे ज़्यादा मजा आता था।

और यह कि, "आप सेक्स को अब मिस नहीं करतीं? करती हैं तो मन को क्यों मारती हैं, इस उम्र में आपको किसका डर है? यार क्या करूँ उसका!"

मुझे गुस्सा आया, उस व्यक्ति पर भी और मधूलिका दी पर भी। उनकी लाचारगी मेरी समझ के बाहर थी। मैं बिगड़ गयी थी।" इतनी उम्र होने आयी आपकी मधूलिका दी। आप किसी बच्ची की तरह घबरा रही हैं! चीज़ों को अपने हाथ में लेना अब सिखाना पड़ेगा क्या? अरे भाई। आपका मन करे तो गो अहेड विथ हिम, अगर नहीं, तो गेट आउट टू हिम ऐण्ड नेवर, कम हियर अगेन।" शायद उन्होंने उस व्यक्ति को कुछ कहा ज़रूर था, क्योंकि जब उनकी शिकायत का ज़िक्र मैंने हल्के से उस व्यक्ति से किया और पूछा वह पसन्द नहीं करतीं तो आप वहाँ क्यों जाते

हो, छूटते ही बिफर गया वह। चिल्लाने लगा, "किसने कहा यह आपसे? उसने कहा. .. उसने कहा तुमसे? दैट निम्फोमैनिक बिच। इतने बुरे दिन नहीं आ गये हैं मेरे। कुछ करना भी हो तो वही बची है मेरे लिये...। अरे आप जानती नहीं, वह क्या चीज़ है। छोड़िये। या तो आप उसके बारे में जानती नहीं या आप बनती हैं।"

उसके बाद से मैंने काफ़ी दिनों तक दूरी अख़्तियार कर रखी थी मधूलिका दी से।

● कई सालों के बाद नये साल की गुनगुनी सुबह मधूलिका की अचानक फिर घर आई थी। जाड़े की सुनहरी धूप थी और वैसे ही खिली-खिली थीं मधूलिका दी।

"तुम तो मुझे भूल ही गयी। पर मुझे लगा, चलो मैं ही याद कर लेती हूँ।" इस बीच उनका दो कविता-संग्रह आ चुका था। उस पर उन्हें विदेश यात्रा करने का मौक़ा मिल गया था। बहुत ख़ुश थीं वह– मेरे लिये अपनी किताबें लेकर आयी थीं। दोनों पर लिखे उद्‌बोधन को पढ़कर मन भावुक हो आया। उनके कन्धे से लगकर बधाई दी। सचमुच उपलब्धि थी, एक अकेली ज़िन्दगी को एक सकारात्मक मोड़ दे दिया था उन्होंने। मेरी भर आयी आँख देख बोली – 'हट पागल लड़की! इस सारे नाटक से मैं हिलनेवाली नहीं– आज पूरा दिन यहाँ बिताऊँगी। सोचकर आयी हूँ आज चाय पियूँगी फिर खाना भी खाऊँगी।"

लॉन में कुर्सी डाल बैठे रहे हम, बातें कीं। उन्होंने चुन-चुनकर अपनी कविताएँ सुनायी–सुनाती रहीं। जीवन के गहरे अनुभवों से उपजी रचनाएँ – पूरा दिन कविताओं से भर गया, हमारा मन भी। मैंने कहा "मधूलिका दी, आप मेच्योर हो गयी हो।"

"हाँ, जो कुछ जैसा है जीवन में उसे स्वीकार करना आ गया है, तक़लीफ़ों से उबरने का और कोई रास्ता नहीं है, सिवाय इसके कि उसके साथ जीने की आदत डाल लें।" चीज़ें बहुत बार हमारे हाथ में नहीं होतीं।" हम चाहकर भी कुछ नहीं कर पाते। बातों-बातों में बताया उन्होंने उनके पति को इस बीच पैर की तक़लीफ़ हो गयी थी। पता चला, तो पुछवाया था उन्होंने, "ज़रूरत हो तो मैं कुछ दिन के लिए आ जाऊँ। हेल्प के लिए – लाइक ए फ्रैण्ड इन नीड।" पति ने मना कर दिया।

"आप अभी भी इतना फील करती हैं उस आदमी के लिए?"

"हाँ! क्यों नहीं। एक लम्बा– अच्छा समय बिताया है मैंने उस इन्सान के संग। तुम्हें बता रही हूँ, कभी किसी से नहीं कहा– डिपार्टमेण्ट में स्टॉफ-रूम में मगाकर बाज़ार की तेलही पूड़ियाँ और आलू की कच्ची-पक्की सब्ज़ी खाते हैं, तो देखकर तक़लीफ़ होती है। नाट दैट आय कैन डू एनीथिंग, पर तक़लीफ़ होती है, तो होती है।" भर आयी आँखें बता रही थीं कि वह नाटक नहीं कर रहीं।

"दी, आपने उस इन्सान से इतना प्यार किया था।" मैंने कन्धे पर हाथ रखकर सान्त्वना देने की कोशिश की।"

“आय स्टिल लव हिम। ही वाज ए टेलर मेड मैच फार मी। उससे बेहतर कोई इन्सान मुझे इस ज़िन्दगी में मिल ही नहीं सकता था!”

“सच में?” मधूलिका दी से पहली बार उनकी शादीशुदा ज़िन्दगी की बात हो रही थी।

“हाँ! उसकी जगह मेरी ज़िन्दगी में कोई कहाँ ले सका। कोई ले सकता ही नहीं था।” न जाने कहाँ से बोल रही थीं आज मधूलिका दी। ऐसे जब कोई बोलता है तो वह झूठ नहीं बोल रहा होता है।

“तो फिर आपका तलाक़ क्यों हुआ?”

‘एल्कोहल ऐण्ड बैड कम्पनी। पीने के बाद वह एकदम दूसरा ही इन्सान हो जाता था – समझ से परे कोई विश्वास ही नहीं कर सकता।”

“पर हमने तो सुना था कि एक समय आप भी पीने लगी थीं।”

“हाँ, कुछ लोगों ने कहा कि तुम पीने में उसका साथ दो तो वह ऊटपटाँग लोगों के साथ बैठकर पीना छोड़ देगा। वैसे विहैव करना भी बन्द कर देगा।”

“मैंने ट्राई किया – बट आल इन वेन। नीहार नहीं बदले। बार-बार वायदा किया और बार-बार तोड़ा। दिन में उन्हें देखनेवाले कभी यक़ीन नहीं कर पाते कि वह रात में क्या हो ज़ाते थे।” जब तक रजत छोटा था बर्दाश्त करने की कोशिश की पर जब वह बड़ा हुआ और उसने प्रतिरोध करना शुरू किया तो मुझे उसके लिए निर्णय लेना पड़ा।”

उसके साथ बिताये अच्छे दिनों की यादें बहुत-सारी हैं। उन्हें याद करती हूँ तो दिल दुःखी हो जाता है। कोई विकल्प नहीं है इसलिए उन्हें याद नहीं करना चाहती। मधूलिका दी बहुत भावुक हो गयी थीं। अच्छे दिन की शाम भारी हो आयी थी।

मुझे उदास होता देख मुझे दिलासा देने लगी थी मधूलिका दी– “हे दीपिका! इतनी उदास मत हो। इट्स लाइफ यार – ऐसे भी चलती है।” मन की थाह पाना कितना मुश्किल होता है. – हम क्या सोच रहे होते हैं उसके बारे में और वह – क्या निकलता है। एक बोलती हुई चुप्पी पसरी पड़ी थी, उतरती शाम हम दोनों के बीच, कुछ न बोलना अच्छा लग रहा था। चुप्पी उन्होंने तोड़ी।

“बस एक बात की तक़लीफ़ होती है, मैं रजत को एक नारमल ज़िन्दगी नहीं दे सकी, पिता से तो छूटा ही, मुझसे भी जुड़ न सका। एक आइडियल माँ तो मैं हूँ नहीं – जैसा कि हर बेटा चाहता है।”

बेटे के लिए ही फिर दुखी हुई थी जब पिछली (अब अन्तिम) मुलाक़ात में जब मैंने उनसे पूछा था “रजत शादी नहीं करेगा क्या?”

“नहीं! अपने माँ-बाप की टूटी शादी से डर गया है।

“किसी लड़की से दोस्ती?”

“वह लड़कियों में इण्टरेस्टेड ही नहीं है।” थोड़ी देर रुककर बोली थी देखो मैंने अपने बेटे को क्या दिया है। शैडो ऑफ एक ब्रोक्रेन मैरिज ऐण्ड लोनलीनेस इसके लिए मैं अपने आपको माफ़ नहीं कर सकती।”

मारुति वैन में रखी हुई अर्थी के पास वही बेटा बैठा हुआ था। अकेला घुटनों में सिर लिये हुए – समय से पहले उम्रदराज़ हो गया दिखता – सूनी आँखें दिये - क्या सोच रहा होगा इस वक़्त औरत के बारे में, जो उसकी माँ थी और एक औरत भी कहानियों किस्सों में फैली हुई यहाँ-से-वहाँ तक – कितनी सच, कितनी झूठ–कौन जाने!!

●

बाँयेन

महाश्वेता देवी

भगीरथ जब ख़ूब छोटा था, तभी उसकी माँ चण्डी को बाँयेन ने धर लिया था। बाँयेन के धरने के बाद लोगों ने चण्डी को गाँव के बाहर कर दिया। बाँयेन को मारा नहीं जाता, क्योंकि बाँयेन के मरने से गाँव के बच्चे ज़िन्दा नहीं बचते। अगर किसी को डाइन धर ले तो उसे [illegible]ाकर मार देते हैं, पर बाँयेन के धरने पर उसे ज़िन्दा रखना होता है।

इसीलिए चण्डी को गाँव के बाहर करके रेल लाइन के किनारे उसके लिए झोंपड़ी बना दी गयी।

भगीरथ दूसरी माँ के पास रहकर बड़ा हुआ, उसका आदर-अनादर झेलता हुआ अपनी माँ किसे कहते हैं, यह भगीरथ नहीं जानता। उसने मैदान के उस पार छातिम के पेड़ के नीचे एक झोंपड़ी देखी है और सुना है वहाँ चण्डी बाँयेन अकेली रहती है।

उसने कभी सोचा भी नहीं कि चण्डी बाँयेन किसी की माँ हो सकती है। उसने दूर से देखा है, झोंपड़ी के ऊपर लाल लत्ते की ध्वजा। बीच-बीच में उसने देखा है, पागलों की तरह धानखेत की मेंड़ पकड़कर चैत्र मास की तेज़ धूपवाली दोपहरी में लाल कपड़े पहने पता नहीं कौन एक लकड़ी से टिन बजाते-बजाते पोखरे की दिशा में जा रही है और उसके पीछे-पीछे एक कुत्ता दौड़ रहा है।

बाँयेन जब कहीं जाती है तो टिन बजाकर लोगों को सचेत करती जाती है। बाँयेन अगर किसी छोटे बच्चे अथवा युवक को देखती है तो तत्काल अपनी आँखों से उसके शरीर का सारा ख़ून चूस ले सकती है।

इसीलिए बाँयेन को अकेली रहना पड़ता है। बाँयेन को जाते देखकर बच्चे-बूढ़े सभी रास्ता छोड़कर हट जाते हैं।

एक दिन, केवल एक दिन भगीरथ ने अपने पिता मलिन्दर को बाँयेन के साथ बात करते देखा था।

"आँखें नीचे कर भगीरथ," उसके पिता ने धमाया था।

बाँयेन पाँव दबाये आकर पोखरे के किनारे खड़ी थी।

भगीरथ ने एक पलक देखा था, पोखरे के जल में लाल कपड़ा, ताँबई चेहरा और सिर पर जटा।

उसने देखा था बाँयेन की आँखों में कैसी तो एक भूख थी, जैसे भगीरथ को आँखों से निगल जायेगी।

नहीं, भगीरथ की तरफ़ नहीं देखा था बाँयेन ने। भगीरथ ने जैसे काले पानी में बाँयेन की लाल छाया देखी थी, ठीक वैसे ही बाँयेन ने भी भगीरथ की छाया देखी थी। भगीरथ ने सिहरकर आँखें मूँद ली थीं और अपने पिता की धोती मुट्ठी में जोर से पकड़ ली थी।

"क्यों आयी है?" भगीरथ के पिता ने धीमे से फुफकारकर पूछा था।

"मेरे पास सिर का तेल नहीं है, गंगापुत्र घर में केरोसिन नहीं है। मुझे अकेले डर लगता है, जी।"

बाँयेन रो रही थी। पानी के ऊपर चण्डी बाँयेन की छाया की आँखों से आँसू चू रहे थे।

"क्यों? इस शनिवार को बार का डाला नहीं दिया?"

हर शनिवार को डोमपाड़ा का एक आदमी बार डाला लेकर चण्डी बाँयेन के वहाँ जाता है। उस डाले में चावल, दाल, नमक और तेल आदि होते हैं। डाला ले जाकर डोम छातिम के पेड़ के नीचे रख देता है। फिर छातिम के पेड़ को साक्षी बनाकर कहता है, "बाँयेन के लिए वार का डाला दिये जा रहा हूँ।" इसके बाद वह तेज़ी से भागकर अपने घर चला जाता है।

"डाला का सामान कुत्ता खा गया।"

"पैसे लेगी? ले।"

"मुझे सामान बेचेगा कौन?"

"मैं खरीद दूँगा, तू अब जा।"

"मैं अकेली नहीं रह सकती।"

"तो बाँयेन क्यों हुई? जो कहता हूँ, कर।"

भगीरथ के पिता ने पोखरे के किनारे से बहुत-सी कीचड़ हाथ में उठा ली।

"गंगापुत्र। यह बच्चा क्या ..."

एक घिनौनी गाली देकर भगीरथ के बाप ने कीचड़ फेंककर उसे मारा। चण्डी बाँयेन भाग गयी थी।

"बापू, तुमने बाँयेन के साथ बात की?"

भगीरथ बुरी तरह डर गया। जो बाँयेन के साथ बातचीत करता है वह निश्चित

रूप से मर जाता है। भगीरथ को लगा कि उसका पिता भी मर जायेगा। और पिता के मरने की बात सोचते ही भगीरथ को लगता जैसे उसके सिर पर गाज हो। बाप के मरने पर उसकी सौतेली माँ निश्चय ही उसे मारकर भगा देगी।

"इस समय बाँयेन हो गयी है ज़रूर, मगर वह तेरी माँ है।"

भगीरथ के पिता ने आश्चर्यजनक रूप से गम्भीर स्वर में यह बात कही। भगीरथ के गले में जैसे एक ढेला अटक गया हो। माँ। कहीं बाँयेन भी किसी की माँ होती है? बाँयेन भी क्या आदमी होती है? बाँयेन तो मिट्टी खोदकर मरे बच्चे को निकाल लेती है, उसका दुलार करती है, उसे दूध पिलाती है। बाँयेन की नज़र पड़ जाये, तो खड़ा पेड़ मिनटों में सूख जाता है। भगीरथ तो एक ज़िन्दा बच्चा है। वह कैसे बाँयेन की कोख से पैदा हुआ? भगीरथ की समझ में कुछ नहीं आ रहा था।

"पहले वह आदमी थी, तेरी माँ थी।" भगीरथ के पिता ने कहा।

"तुम्हारी बहू थी?"

"हाँ। मेरी बहू थी।"

पता नहीं क्या सोचकर मलिन्दर ने गहरी साँस ली और कहा, "मैं तुझे सब बता दूँगा भगीरथ। तुझे कोई डर नहीं है।"

अवाक् होकर भगीरथ भी अपने पिता की ओर देखता हुआ बग़ल में चल रहा था। मलिन्दर गंगापुत्र के गले से ऐसा स्वर भगीरथ ने कभी नहीं सुना था। केवल डोम नहीं, वे श्मशान के डोम हैं। आजकल म्युनिसिपैलिटी श्मशान में सिर्फ़ एक डोम रहने देती है। भगीरथ के घरवाले बाँस और बेंत का काम करते हैं। सरकारी मुर्गी फॉर्म पर काम करते हैं। मैला ढोकर ले जाते हैं और उसकी खाद बनाते हैं। अकेले मलिन्दर को छोड़कर उस अंचल में कोई डोम अपना नाम भी नहीं लिखना जानता था। इसी कारण कुछ दिन पहले मलिन्दर को सदर के लाशघर में काम मिल गया था।

वह सरकारी काम था। मलिन्दर गंगापुत्र लिखकर हर महीने 42 रुपये प्राप्त करता था। भगीरथ जानता है, उसका बाप बीच-बीच में लावारिस लाश को चूना और ब्लीचिंग पाउडर में गलाकर कंकाल निकालता है। अगर पूरे आदमी का कंकाल हो तो बड़े काम का होता है। डॉक्टरी के लिए आदमी का पिंजर बहुत काम का होता है।

सरकार बाबू कलकत्ता के डॉक्टरों को ये कंकाल महँगे दाम पर बेच देते हैं। भगीरथ के पिता को 10, 15 रुपये वे जो भी दे देते हैं वह उसी में ख़ुश रहता है। इस ऊपरी आमदनी को सूद पर चलाकर भगीरथ के पिता ने कुछ सूअर खरीद लिये हैं।

मलिन्दर कपड़े पहनकर और पाँव में जूते डालकर सदर जाता है। मोहल्ले में भी उसे लोग मान देते हैं।

वही मलिन्दर आँखें लाल किये चण्डी बाँयेन की झोंपड़ी के ऊपर गेरुए रंग के

आकाश में, किसी औरत के माथे पर लगे सिन्दूर की तरह उस लाल कपड़े के ध्वज को देर तक देखता रहा। फिर फुसफुसाकर बोला, "अँधेरे से डरती है। ऐसी औरत को विधाता ने बाँयेन बना दिया। मर जाती तो उसे शान्ति मिलती, मगर बाँयेन अपने-आप न मरे तो कौन उसकी जान ले सकता है? जानते हो बेटा?"

बहुत दुःखी न होता तो मलिन्दर इतना बोलनेवाला आदमी नहीं।

"बापू। आदमी को बाँयेन कौन बनाता है?"

"विधाता।"

मलिन्दर ने अच्छी तरह देख लिया था कि भगीरथ के आस-पास दोपहर की धूप में कोई छाया चल रही है या नहीं? बाँयेन तरह-तरह के रूप धर सकती है। हाट-बाजार में फूल और मक्खन बेचनेवालों की तरह वह कई तरह के छल-प्रपंच जानती है। मान लो किसी छोटे बच्चे को बाँयेन लेना चाहती है। अब वह चलता है तो चारों ओर धूप पड़ने पर भी उसके चेहरे पर छाया रहती है। अदृश्य होकर बाँयेन अपने आँचल की छाया बच्चे के सिर पर डालकर चलती है। बच्चे के मर जाने पर अगर कोई ज़ोर देता है तो बाँयेन मुस्कराकर कहती है, "मैं क्या जानूँ? उसे धूप में आते देखकर मैं तो सिर्फ़ छाया देने गयी थी। तुम्हारा बच्चा कोई नमक का पुतला था कि हाथ लगाते ही गल गया?"

भगीरथ के आस-पास कोई मैला, दुर्गन्धयुक्त लाल आँचल अथवा उसकी छाया न देखकर मलिन्दर जैसे निश्चिन्त हो गया। उसने भगीरथ से कहा, "तुझे क्या डर, मेरे बाप? तेरा कोई अनिष्ट वह नहीं करेगी।"

फिर भी भगीरथ को भरोसा नहीं हुआ।

उसका मन उधर ही लगा रहता था। वह धान के खेत में जाता अथवा चराने जाता तो बार-बार उसका मन करता कि वह रेल लाइन पकड़कर दौड़ता हुआ वहाँ चला जाये। जाकर देख आये कि अकेली रहकर बाँयेन कैसे डरती है, कैसे वह अपने सिर पर तेल चुपड़कर चैत्र की हवा में अपने बालों का पानी सुखाती है।

मगर भगीरथ जा नहीं पाता था, उसे डर लगता था।

उसे डर लगता था कि एक बार जाकर कहीं वह फिर लौट ही न सके। कहीं बाँयेन भगीरथ को पेड़ या पत्थर बनाकर वहाँ न रख ले। कई दिन तक भगीरथ दूर से देखता रहा।

उसे छातिम के पेड़ और झोंपड़ी के बीच का आकाश जैसे किसी के कपाल जैसा दिखता था। उस कपाल पर सिन्दूर की छोटी-सी बिन्दी की तरह लाल लत्ते का निशान कभी स्थिर रहता, तो कभी हवा में डोलने लगता। उसका मन करता कि एक बार वहाँ जाये, मगर वह डरता भी था। शायद उसी डर के कारण उलटे पाँव भागकर वह घर चला जाता।

आश्चर्य की बात है कि बाँयेन का लड़का होने पर भी कोई उसकी उपेक्षा नहीं करता था, वरन् उसकी ज्यादा ही ख़ातिर होती थी। बाँयेन के लड़के की ख़ातिरदारी करने से बाँयेन को यह बात मालूम हो जाती है। इसलिए वह भी लोगों को अच्छी निगाह से देखती है।

उनके बच्चे-कच्चे ठीक रहते हैं। जो लोग ऐसा नहीं करते उनके घर बच्चे मरते ही रहते हैं।

भगीरथ की नयी माँ कुछ नहीं कहती। सौत के बच्चे से उसको प्रेम है या घृणा, अनुराग है या विराग कुछ भी वह कभी नहीं बताती। उसका प्रधान कारण यह है कि उसका अपना कोई बेटा नहीं। गैरबी और सैरभी नामक दो लड़कियाँ हैं सिर्फ़। पुत्र न हो तो स्त्री का पति पर ज़ोर नहीं चलता। इसके अलावा भगीरथ की नयी माँ का ऊपर का ओंठ कटा हुआ है। मसूढ़े दिखायी देते हैं। इसलिए वह घर से निकलना नहीं चाहती। कहती है, "बताओ तो कौन-सा मुँह दिखाने जाऊँ? मेरा मुँह बन्द ही नहीं होता। हँसती नहीं हूँ, तो भी लोग समझते हैं, यह औरत हँस रही है। देखो गंगापुत्र, मेरे मरने पर मेरा मुँह गमछे से ढक देना, समझे? नहीं तो लोग कहेंगे दाँती डोमिन चल बसी।"

यशी सिर्फ़ काम करती रहती है। घर बुहारती है, खाना पकाती है, लकड़ियाँ इकट्ठा करती है, गोबर पाथती है, सूअर चराती है और लड़कियों के सिर से जूँ बीनती है। भगीरथ को 'बाप' कहकर पुकारती है। कहती है, "खाने आओ, बाप," 'नहाने जाओ, बाप,' जैसे उन दोनों के बीच कोई दूर की रिश्तेदारी हो। बाँयेन के लड़के को अगर ठीक से नहीं रखेगी तो बाँयेन उसकी दोनों लड़कियों को बाण मार देगी। यशी यह बात जानती है और यह भी जानती है कि एक दिन भगीरथ के ऊपर उन लोगों को निर्भर होना होगा।

कभी-कभी वह डरकर गालों पर हाथ रखे बैठी सोचती रहती है। कौन जाने भर-दोपहर बाँयेन उसकी दोनों लड़कियों को याद करके मिट्टी से पुतलियाँ बना रही है। और बान से उसे छेद रही है। ऐसे समय यशी जितनी कुरूप है उससे भी अधिक कुरूप दिखती है। बड़े दुःख के साथ मलिन्दर ने डोमपाड़ा की सबसे बदसूरत औरत से ब्याह किया था। कई गाँवों में डोमपाड़ा की सबसे सुन्दर लड़कियाँ बाँयेन हो गयीं। तब से मलिन्दर सुन्दर लड़कियों को भर आँख देखता भी न था।

मलिन्दर अपनी पहली पत्नी को बहुत चाहता था।

शायद वही प्यार की बात सोचकर एक दिन उसने भगीरथ से चण्डी बाँयेन के बारे में बातचीत की थी। दोनों बाप-बेटे रेल लाइन के पास से जा रहे थे। मलिन्दर के हाथ में मांस की एक पोटली थी। मलिन्दर की एक आश्चर्यजनक दुर्बलता है। अपने हाथों पाले सूअरों को वह काट नहीं पाता। सूअर जब बड़े हो जाते हैं और

उनकी काटने लायक उम्र हो जाती है, तो वह पूरा सूअर किसी को बेच देता है। जो खरीदता है वह मलिन्दर को थोड़ा मांस दे देता है।

"चलो, इस पेड़ की छाया में थोड़ी देर बैठते हैं?"

जैसे अपने तेरह साल के लड़के से मलिन्दर ने अनुमति माँगी और बरगद के पेड़ की एक जटा से टिककर बैठ गया। भगीरथ ने पूछा, "इधर से होकर डाकू लोग जाते हैं, है न बाप?"

भगीरथ उन दिनों प्राइमरी स्कूल में पढ़ने जाता था। सरकारी स्कूल की दीवार पर उनके मास्टर साहब ने एक बार लड़कों से दीवार-पत्रिका लिखवायी थी। ख़ुद ही वे अक्षर लिखकर लाये थे। भगीरथ ने उन अक्षरों को स्याही से भरा था। उस लेख को पढ़कर भगीरथ ने जाना था कि 1955 के अछूत क़ानून के बाद से वे लोग अछूत नहीं रह गये थे।

उसने जाना था कि संविधान नाम की एक चीज़ होती है और उसके शुरू में ही मौलिक अधिकारों के बारे में स्पष्ट रूप से लिखा है कि सभी समान होते हैं।

वह दीवार-पत्रिका अभी भी टँगी हुई है, मगर भगीरथ और उसकी जाति के दूसरे बच्चे जानते हैं कि उनके सहपाठी और मास्टर लोग उन्हें अपने से थोड़ी दूर बैठाना ही पसन्द करते हैं। इस स्कूल में ऊँची जाति के लड़के, अगर बहुत ग़रीब या असमर्थ न हों, तो नहीं आते, आयें भी क्यों? आजकल चारों और स्कूल-ही-स्कूल हैं।

जो भी हो, भगीरथ आजकल थोड़ी अलग क़िस्म की भाषा में बात करता है। मलिन्दर को उसकी बातें अच्छी लगती हैं और अक्सर वह ख़ुद को भगीरथ की तुलना में एक आयोग्य बाप समझता है।

भगीरथ ने डाकुओं के बारे में प्रश्न किया था। उन दिनों सोनाडांगा, पलाशी और धुबुलिया के इलाक़ों में जगह-जगह शाम के बाद की रेलगाड़ियों में डकैतियों की संख्या बढ़ गयी थी। एक तरह से सभी लोग डकैती करते हैं। भद्रजन, ग़रीब छात्र, कॉलोनियों में रहनेवाले, पक्के मकानों के मालिक तरह-तरह का परिचय देकर वे ट्रेन के डिब्बे में चढ़ते हैं। इसके बाद ठीक समय पर चेन खींचकर गाड़ी को अँधेरे मैदान में रोक देते हैं। अँधेरे में से उनके साथी आ जाते हैं। इसके बाद सब मिलकर जिसे जो मिलता है लेकर चम्पत हो जाते हैं। विशेषकर यह बरगद का पेड़ अँधेरा होने के बाद बड़ा डरावना हो उठता है।

इसीलिए भगीरथ ने डाकुओं के बारे में पूछा था, मगर मलिन्दर ने उसकी बात पर ध्यान नहीं दिया। सूने मैदान की तरफ़ देखते हुए आकाश और मैदान में जाने क्या खोजता रहा। फिर बोला, "मैं पहले बड़ा निर्दयी था, समझे बाप। तेरी माँ चुपचाप भूसी की आग की तरह सुलगती और रोती रहती थी। विधाता की इच्छा।"

एक दिन जैसे भगवान् ने ख़ुद डोमपाड़ा में आकर पासा पलट दिया। चण्डी

बाँयेन हो गयी, निष्ठुर, निर्दय, शिशुहन्ता और मलिन्दर हो गया भूसी की अँगीठी। होना ही पड़ता है।

एक आदमी अगर अमानुष हो जाये, मनुष्य की पकड़ के बाहर, अलौकिक जगत् के अदृश्य दरवाज़े खोलकर उसमें प्रवेश कर जाये, तो दूसरे आदमी को और आदमियों जैसा होना ही पड़ता है।

भगीरथ को अब लगा कि उसका बाप उससे कुछ कहना चाहता है। भगीरथ को थोड़ा आश्चर्य हुआ। बहुत पहले, एक दिन उसके पिता ने बाँयेन के साथ बातचीत की थी। उसके बाद फिर कभी नहीं की। आज वह बाँयेन की बात क्यों कर रहा है? मलिन्दर ने भगीरथ का हाथ जोर से पकड़कर कहा, ''डर क्या है? सभी तो जानते हैं, तो तू ही अपनी माँ की कहानी से क्यों अनजान रहे?''

वे गंगापुत्र हैं, डोम हैं। मलिन्दर बाँस ढोता था, लकड़ी काटता था और चण्डी लाश उठाने का काम करती थी।

उसका वंशगत उत्तराधिकार था इस गाँव के उत्तर में बावड़ी के किनारे स्थित बरगद के पेड़ के नीचे के कच्चे मुर्दघट्टे पर। पाँच वर्ष से कम उम्र का बच्चा मरे तो आजकल उसे जलाना पड़ता है। उन दिनों सभी ज़मीन में गाड़ देते थे। इसी मुर्दघट्टे में चण्डी का पिता खन्ती से गड्ढा खोदता, गड्ढे को काँटों के झाड़-झंखाड़ से ढक देता और सियारों को भगाता। हई ... हई ... हइया ... उसकी मदहोश आवाज़ रात-बेरात हरदम सुनायी पड़ती थी। उसकी यह पुकार बड़ी भयंकर होती थी।

चण्डी का बाप गाँजा और शराब पीता रहता था और शनिवार के दिन एक डाला हाथ में लेकर गाँव में निकलता था। कहता, ''मैं आप लोगों का सेवक हूँ, गंगापुत्र हूँ, मेरा डाला दे दीजिये।''

सभी लोग उससे डरते थे। छोटे बच्चों को उसकी नज़र से दूर रखते थे। बिना एक भी शब्द बोले लोग उसे भीख देकर वापस हो जाते थे।

एक दिन एक कटीली आँखों और लाल बालोंवाली एक गोरी लड़की आकर खड़ी हो गयी और बोली, ''मेरा नाम चण्डी है, मैं अमुक गंगापुत्र की बेटी हूँ। मेरा बाप मर गया। बाप का डाला अब मुझे दीजिये।''

''बाप का काम अब तू करेगी?''

''हाँ। करूँगी।''

''तुझे भय-डर नहीं लगता?''

डर-भय की बात चण्डी नहीं समझती थीं। बाल बच्चों के मरने पर माँ-बाप रोते हैं तो शोक का अर्थ समझ में आता है। मगर लाश को भला कोई घर में रख सकता है, या रखना चाहता है? मरे हुए व्यक्ति का अन्तिम संस्कार करना ही चण्डी का काम है, उसकी जीविका है। इसमें डरने की या निष्ठुरता की क्या बात है, अगर हो

भी तो उससे क्या? क्या यही विधाता का नियम नहीं है? यह नियम गंगापुत्रों ने तो नहीं बनाया। तो फिर उनसे घृणा आदमी क्यों करता है, क्यों इतना डरता है?

इसी चण्डी ने मलिन्दर से ब्याह किया था। उन दिनों भी मलिन्दर सरकार बाबू के साथ मिलकर हड्डियाँ बेचने का काम करता था। गाय और बैलों की हड्डियों से खाद बनती है, उसका भी अच्छा दाम मिलता है। मलिन्दर के हाथ में पैसे थे, दिल में हिम्मत थी। रात को मैदान में से गुजरते हुए वह ज़ोर से कहता था ... "किसी से नहीं डरता, हम आग खाता, किसी से नहीं डरता।"

शाम के समय लालटेन हाथ में लेकर बरगद के पेड़ के नीचे घूमते हुए चण्डी को देखकर उसने कहा था, "ऐ! तू अँधेरे में डरती नहीं?"

"नहीं। हम भी आग खाता, जानता है?" चण्डी की हँसी देखकर मलिन्दर अवाक् रह गया। उसी वैशाख में उसने चण्डी से ब्याह कर लिया। दूसरे वैशाख में चण्डी की गोछ की गोद में भगीरथ आ गया।

भगीरथ को गोद में लिये चण्डी एक दिन रोती-रोती वापस आयी थी और कहा था, "गंगापुत्र! मुझे उन्होंने ढेला मारा। कहा तुम्हारी नज़रबन्द है।"

"किसने ढेला मारा?"

"क्यों जी। तुम क्या उसे मारोगे?"

"ढेला मारा क्यो?"

मलिन्दर मारे गुस्से के प्रायः आँगन में नाचने लगा था। गालियाँ बकते हुए उसने चिल्लाकर कहा था, "किसी की इतनी हिम्मत, जो मेरी औरत को ढेला मारे?"

चण्डी उसकी ओर कुछ पल निर्निमेष देखती रही, फिर बोली, "गंगापुत्र! मेरा मन खन्ती पकड़ने को नहीं करता। मन नहीं करता, पर विधाता मुझसे यह काम कराये तो मैं क्या करूँगी, बोलो?"

चण्डी ने गर्दन हिलायी थी और आश्चर्य से अपने हाथों और पाँवों को निहारा था। उसके कुल में भाई-चाचा-दादा कोई होता तो कुल का काम करता, मगर कोई नहीं है। वे लोग आदिम काल से श्मशान में काम करते आये हैं। जब राजा हरिश्चन्द्र चाण्डाल हुए थे तो चण्डी के एक पूर्वज ने ही उन्हें यह काम सिखाया था। दुबारा जब हरिश्चन्द्र राजा हुए, तब सागरपर्यन्त पृथ्वी उनके राज में थी। वे अपनी सम्पत्ति खुले हाथों दान करने लगे।

"हम लोगों के लिए क्या व्यवस्था है?" उसी आदिम गंगापुत्र ने राजसभा को गुँजाते हुए पूछा।

उन लोगों के कानों में रावण की चिता जलने की धू-धू आवाज़ गूँजती रहती थी, इसीलिए वे हर बात चीखकर कहते थे। धीरे से बोलने पर सुन नहीं पाते थे।

"किस चीज़ की व्यवस्था?" राजा ने पूछा।

"बामन गाय-बैल पायेगा, संन्यासी के लिए नित्य भिक्षा, हमारे लिये क्या व्यवस्था है? हमें आपने क्या दिया?"

"पृथ्वी के सारे श्मशान तुम्हें दिये।" राजा ने कहा।

"क्या दिया?"

"सागरपर्यन्त पृथ्वी के सारे श्मशान मैं तुम्हें देता हूँ।" राजा ने जोर से कहा।

"सच?"

"हाँ। दिया, दिया, दिया।"

तब वह आदिम गंगापुत्र हाथ उठाकर ख़ुशी से नाच उठा था और उल्लास से बोला था, "हाँ। हमें सारे श्मशान मिल गये, सारे श्मशान मिल गये। इस पृथ्वी पर जितने श्मशान हैं सब हमारे।"

उसी आदि गंगापुत्र के वंश की बेटी होकर चण्डी कैसे अपने वंश के काम को लात मार दे? लात मारने पर वह देवता का कोपभाजन नहीं बनेगी, इसका क्या ठिकाना? फिर भी चण्डी को बहुत डर लगता। खन्ती से गड्ढा खोदते समय वह मुँह फिरा लेती। उसे झाड़-झंखाड़ से ढकने के बाद भी उसका डर न जाता। उसे लगता किसी भी समय मुँह से आग उगलते हुए एक सियार बरगद जैसे बड़े-बड़े पंजों से मिट्टी खोदना शुरू कर देगा।

"भगवान्...भगवान्...भगवान्..." चण्डी बुदबुदाती और रोती और भागकर घर आ जाती। घर में बत्ती जलाकर भगीरथ की ओर टकटकी लगाये बैठी रहती और ईश्वर को पुकारती। उस समय चण्डी कामना करती कि गाँव का प्रत्येक शिशु चिरंजीवी हो, सुखी और प्रसन्न रहे। पहले जो दुर्बलता उसके अन्दर न थी वह अब जाग उठी थी।

भगीरथ को याद करके, उसके मन में प्रत्येक शिशु के लिए दुःख होता, भयंकर दुःख होता। अगर बरगद के पेड़ के नीचे ज़्यादा समय रुकना पड़ता तो उसकी छातियों में इतना दूध भर जाता कि दर्द होने लगता। मुँह नीचा किये गड्ढा खोदते हुए वह मन-ही-मन अपने बाप को दोष देती कि क्यों वह ऐसा निष्ठुर काम करने के लिए उसे कसम धरा गया?

"आप लोग कोई और आदमी देख लीजिये, मेरा मन नहीं करता।" चण्डी ने एक दिन कह दिया।

मगर किसी ने उसकी बात पर कान नहीं दिया। मलिन्दर उसकी बातें ज़्यादा नहीं समझता था, क्योंकि दूसरा आदमी जिस चीज़ को देखकर डर जाता है, घृणा करता है, उसी अपवित्र शव, हड्डी और चमड़े से उसकी जीविका चलती थी। चण्डी की बातें सुनकर वह कहता, "धत् तू बेकार डरती है।"

चण्डी ज़्यादा रोना-धोना करती तो वह कहता, "तेरे वंश का तो और कोई है नहीं। तू ही बता, कौन आयेगा यह काम करने?"

उन्हीं दिनों वह भयानक घटना घटी थी। मलिन्दर की एक रिश्ते की बहन उसके गाँव आयी थी। उसकी लड़की दो-चार दिन में ही चण्डी से बहुत हिल-मिल गयी थी। गाँव में उस समय खूब ज़ोरों से चेचक फैला था। ननद की बेटी को गोद में लेकर ननद के साथ, चण्डी शीतला देवी के मन्दिर में पूजा चढ़ा आयी थीं। रेल लाइन के किनारे जिन दिनों बिहारी कुली काम कर रहे थे, उन दिनों उन्होंने वहाँ शीतला मइया का एक स्थान बनाया था। वहाँ पर एक बिहारी पुरोहित स्थायी रूप से रहते थे।

आश्चर्य की बात है कि दो-चार दिन बाद ही वह शिशु शीतला माता के प्रसाद से मर गया। चण्डी के घर नहीं, कहीं और, मगर उस लड़की के माँ-बाप, चाचा-ताऊ सभी कहने लगे कि चण्डी ने ही उसकी जान ली है।

"मैंने?"

"हाँ रे। तूने।"

"मैंने नहीं। मैंने नहीं ली उसकी जान।" चण्डी ने उन लोगों से बड़े कातर स्वर में कहा।

"हाँ। तुम्हीं ने।"

"कभी नहीं।"

चण्डी ने साँप की तरह फुफकारते हुए कहा था, "मुझसे किसी का बुरा हो ही नहीं सकता। जानते हो मैं किस वंश की हूँ?"

भीरु तथा कुसंस्कारग्रस्त उन अन्धे लोगों ने नज़रें नीची करके फुसफुसाते हुए कहा था, "तो फिर टुकनी को कबर देते समय कल तेरी छाती से दूध क्यों गिरा था मिट्टी में?"

"हाय रे। मूरख समाज।"

चण्डी कुछ पल घृणा और विस्मय से उन सभी को देखती रही और फिर कहा, "ठीक है। पितरों का शाप मुझे लगे, तो लगे। आज से यह काम मैंने छोड़ दिया।"

"काम छोड़ दिया?"

"हाँ छोड़ दिया। जाओ, जिसकी छाती में दम हो, जाकर पहरा दो। बहुत दिनों से मेरा मन इस काम में नहीं लग रहा था। गंगापुत्र गौरमिण्ट के घर काम पानेवाले हैं। फिर मैं इस काम में जान क्यों खपाऊँ?"

समाज के सभी लोगों का मुँह बन्द करके चण्डी अपने कमरे में चली गयी थी। मलिन्दर से उसने कहा था, "जहाँ काम करते हो, वहाँ कमरा नहीं मिलेगा क्या? चलो, हम वहाँ चले जायेंगे। जानते हो, वे लोग मुझे क्या कहते हैं?"

मलिन्दर ने हँसी करके चण्डी को सहज बनाने के लिए अपनी स्वाभाविक ऊँची आवाज़ में हँस करके कहा, "क्या बोलते हैं तो लोग? तू बाँयेन हो गयी है?"

कहते ही मलिन्दर चुप हो गया था। यह क्या कह दिया उसने। ऐसी भयानक बात उसके मुँह से निकली कैसे?

बाँस की खूँटी पकड़कर चण्डी काँपने लगी थी। उत्तेजना, दुःख, क्रोध के मारे उससे चौगुनी आवाज़ में उसने चीखकर कहा था, "घर में वंशधर के रहते भला कोई यह बात मुँह पर लाता है? मैं बाँयेन हूँ? मैं घर का बच्चा छोड़कर मरे हुए बच्चों को दूध पिलाती हूँ। मरे हुए बच्चों को दुलारती हूँ बोलो मैं बाँयेन हूँ।

"चुप हो जा।"

मलिन्दर ने उसे धमकाया था, क्योंकि दोपहर का वक़्त था। ऐसे समय आदमी के मुँह से निकली कोई भी बुरी बात हवा पर सवार होकर चारों दिशाओं में फैल जाती है। ऐसे समय जिनके सिर पर तेल और पेट में भात नहीं होता उनके मन में भयंकर ईर्ष्या-द्वेष और आक्रोश धुधुवाते रहते हैं मलिन्दर अपने समाज के लोगों के स्वभाव और चरित्र से परिचित था।

"मैं बाँयेन नहीं हूँ, मैं बाँयेन नहीं हूँ।"

चण्डी की रुलाई और बातों की चील की तरह झपट्टा मारकर हवा ऊपर उठा ले गयी थी और पल में ईशान से लेकर अग्निकोण तक सभी दिशाओं में इसे फैला दिया था।

यही एक बात कहकर रो-धोकर चण्डी हो गयी थी। उसने फिर कोई बात नहीं की। काफ़ी देर बाद मलिन्दर से कहा था, "चलो हम लोग अँधेरे में कहीं चले जायें।"

"कहाँ जायेगी।"

"कहीं भाग जायेंगे।"

"कहाँ?"

"मालूम नहीं।"

चण्डी भगीरथ को गोद में लेकर मलिन्दर के पास आयी थी और कहा था, "ज़रा पास आओ तुम्हारे सीने पर सिर रख लूँ।"

फिर एक पल बाद कहा, "मुझे बहुत डर लग रहा है। पितरों का काम नहीं करूँगी, उनसे कह आयी ... इस कारण भी डर लग रहा है। इतने दिन तो कभी डर नहीं लगा। आज ऐसा डर क्यों लग रहा है? क्यों लग रहा है कि अब मैं तुम्हें देख नहीं पाऊँगी। भगीरथ को लोग मुझे देखने नहीं देंगे।"

"हे भगवान्।" इतना कहकर मलिन्दर ने आँखें पोंछीं।

फिर एक पल बाद बोला, "अब लगता है भगवान् ने उसके मुँह से यह बात कहलवायी थी, समझे?"

इस घटना के बाद कई दिन तक चण्डी बुत बनी रही। थोड़ा-बहुत काम करती और भगीरथ को गोद में लिये बैठी रहती। कभी-कभी गाना भी गाती। कमरे में धूप और दीप जलाकर कभी-कभी कान लगाकर कुछ सुनती।

दो महीने बड़े आराम से कट गये। चण्डी को कोई बुलाने नहीं आया। ज़रूरत भी नहीं पड़ी। वे कुछ दिन उनके लिए बड़ी शान्ति के दिन थे। चण्डी भी बहुत शान्त और स्थिर हो गयी थी। उसने एक दिन कहा था, "इन बच्चों-कच्चों की कोई और व्यवस्था होनी ही चाहिए। यह व्यवस्था ठीक नहीं है।"

"होगी, होगी। चारों ओर हो रही है।"

चण्डी ने कहा, "कौन बताये कि मैंने ठीक किया या ख़राब किया। देखो, कभी-कभी सुनती हूँ जैसे मेरा बाप जोर से पुकार रहा है।"

"क्या तूने अपने कान से सुना?"

मन कहता है, जैसे हई-हई हइया करके मेरा बाप सियार भगा रहा है।"

"चुप कर, चण्डी।"

मलिन्दर को डर लगा। कभी-कभी क्या उसको भी नहीं लगता कि चण्डी बाँयेन हो गयी है? चण्डी रात में चौंक उठती है और कहती है बरगद के नीचे पता नहीं कौन रो रहा है। शायद समाज जो कह रहा है, वही सच है। उसे लगता, इससे अच्छा है वह गाँव छोड़कर शहर चला जाये।

उधर समाज भी चण्डी को भूला न था। चण्डी पर उसकी नज़र थी। चण्डी यह बात समझ नहीं रही थी। समाज जब चाहता है तब प्रकट रूप से निगरानी करता है और जब नहीं चाहता तब गुप्त रूप से निगाह रखता है। समाज के लिए कोई भी काम असाध्य नहीं है।

इसीलिए एक रात जब आँधी-वर्षा का प्रकोप चल रहा था और वह मलिन्दर शराब के नशे में डूबा गहरी नींद सोया था, उसकी दालान आदमियों से भर गयी थी। उसे केतन ने पुकारकर उठाया था। वह रिश्ते में चण्डी का मौसा लगता था। उसने कहा था, "चल देख लें, तेरी औरत बाँयेन है कि नहीं।"

अचानक नींद टूटने से मलिन्दर की समझ में कुछ नहीं आया। कुछ देर वह बेवकूफ़ की तरह ताक़ता रहा।

तब केतन ने फिर कहा, "देख ले साले, चलकर देख। घर में बाँयेन पोसकर इतने दिनों से हमारे बच्चों की जान मरवा रहा था।"

मलिन्दर देखने गया। उसने देखा था– बरगद के पेड़ के नीचे मशाल जल रही है। गाँव के मर्द उसे घेरकर गोलाई में खड़े हैं। कोई कुछ बोल नहीं रहा।

"चण्डी रे।"

मलिन्दर की आर्त्त पुकार को जैसे निस्तब्धता की छुरी से किसी ने काट फेंका हो। सभी स्तब्ध थे। देख रहे थे कि अब क्या होता है।

"चण्डी।"

चण्डी खड़ी थी। उसके एक हाथ में दाव था और पास ही लालटेन रखी थी। एक किनारे पेड़ की डालों का एक गट्ठर खड़ा करके रखा था।

"डालियाँ और झाड़-झंखाड़ लाकर मैं गड्ढे ढक रही थी, जी।"

'क्यों? तू उठकर आयी क्यों?"

"सियार एकाएक चीखते-चीखते जिस तरह चुप हो गये, उससे मेरे मन में हुआ कि वे गड्ढों की मिट्टी खोद रहे हैं। मुर्दे निकालने के लिए।"

"तू बाँयेन है।" गाँव के लोगों ने डरकर मन्त्रोच्चार की तरह कहा।

"कोई पहरा नहीं दे रहा था।" चण्डी ने कहा।

"तू बाँयेन है।"

"यह मेरे पितरों का काम है। ये लोग क्या जानें?"

"तू बाँयेन है।"

"मैं बाँयेन नहीं हूँ, भाई। मेरी गोद में छोटा बच्चा है, मेरी छातियाँ दूध से फटी जा रही हैं। बाँयेन मैं नहीं हूँ। गंगापुत्र तुम बोलो न, तुम तो सब जानते हो?"

लालटेन के प्रकाश में वर्षा के कारण चण्डी की छाती से चिपके हुए आँचल को मन्त्रमुग्ध की तरह मलिन्दर देख रहा था। उसकी छाती दुःख से फटी जा रही थी। पता नहीं कौन उसके भीतर कह रहा था ओ—मलिन्दर! तू तो साँप देखकर भी उसके पास जाता है ... आग में जाकर हाथ घुसा देता है। अब जाता क्यों नहीं। तुम दोनों में कितना प्यार है। इतनी सुख-शान्ति भरी तेरी गृहस्थी है। तू चला गया तो सर्वनाश हो जायेगा।

मलिन्दर चण्डी के पास गया था और लाल-लाल आँखों से चण्डी को अच्छी तरह देखते हुए अचानक जानवर की तरह चीख़ पड़ा था, "तू बाँयेन है। बरगद के नीचे आकर किसे दूध पिला रही थी?"

"गंगापुत्र! हाय! तुम ऐसा कह रहे हो?"

चण्डी रोने लगी। रुलायी उसकी छाती को जैसे फाड़ देना चाहती थी। उसकी भयंकर रुलायी से मिट्टी के नीचे सये मृत शिशु, चण्डी के पिता की अशान्त आत्मा, यहाँ तक कि उसका आदिपुरुष वह आदिम डोम भी डर गया था। मनुष्य के जगत् से अलौकिक जगत् में निर्वासन के समय मनुष्य की आत्मा शायद ऐसे ही कलपती है; ऐसे ही आकाश, पाताल और धरती कँपाती हुई।

किन्तु मलिन्दर दौड़कर घर आया और अपने ससुर की शनिपूजा का ढोल लेकर फिर बरगद के नीचे दौड़ गया। ढोल को लकड़ी से पीट-पीटकर पूरे गाँव को कँपाते

हुए वह चिल्लाया था, "मैं मलिन्दर गंगापुत्र मुनादी करता हूँ कि मेरी औरत बाँयेन हो गयी है।"

"इसके बाद क्या हुआ?" भगीरथ ने जानना चाहा।

"इसके बाद समाज उसे बेलतला ले गया, बाप। अकेले रहने से जिसे डर लगता था, वह अब एकदम अकेली हो गयी। सुन-सुन। बाँयेन गा रही है।"

बहुत दूर से टिन के कटोरे का शब्द और एक अद्भुत गीत के स्वर तैरकर आ रहे थे। लगता था, उस गीत में कोई शब्द नहीं है, मगर धीरे-धीरे कुछ शब्द स्पष्ट होने लगे :

सो जा, सो जा रे सोना
आ रे निंदिया जादू कर ...

इस गीत को भगीरथ जानता है। उसकी सौतेली माँ अपनी बेटियों गैरबी, सैरभी को यही गाकर सुलाती है।

"चल, घर चलें, बाप।"

मलिन्दर अभिभूत भगीरथ को लेकर घर लौट आया। भगीरथ को लग रहा था, जैसे बाँयेन का गीत उसकी आत्मा में प्रवेश कर गया, उसके ख़ून में मिल गया और एक दुर्बोध वेदना की तरह उसके कानों में देर तक बजता रहा।

इसके कई दिन बाद भगीरथ दोपहर में अकेला बाँयेन की झोंपड़ी में गया। उसने बहुत दूर से टिन की आवाज़ सुनी थी और सुनते ही दौड़ा-दौड़ा चला आया था।

बाँयेन उस समय मिट्टी के घड़े में पोखरे से पानी भर रही थी। वह उसकी ओर देख नहीं रही थी। पानी में बाँयेन की छाया पड़ रही थी।

भगीरथ ने पूछा, "तुम्हारे पास और कपड़े नहीं हैं?"

बाँयेन चुप, मुँह फिराये रही। भगीरथ की ओर नहीं देखा।

"तुम अच्छे कपड़े पहनोगी?"

अब बाँयेन के मुँह से बोल फूटे, "गंगापुत्र के बेटे, घर जाओ।"

"मैं ... मैं अब स्कूल में पढ़ने जाता हूँ। मैं अच्छा लड़का बन गया हूँ।"

"मेरे साथ बात नहीं करते। मैं बाँयेन हूँ।"

"मैं छाया से बोल रहा हूँ।"

"मेरी छाया में भी पाप है, यह बात गंगापुत्र का बेटा नहीं जानता क्या?"

"मुझे पाप का डर नहीं है।"

"अभी घर जाओ। अभी बहुत धूप है। इस वेला दूध पीनेवाला लड़का बाहर नहीं घूमता।"

"तुम्हें ... तुम्हें अकेले डर लगता है न?"

"अकेली? ना रे ना। मुझे कोई डर नहीं। भला बाँयेन अकेली रहने से डरती है?"

"तो तुम रोती क्यों हो?"

"कौन कहता है?"

"मैंने सुना है।"

"गंगापुत्र के बेटे ने सुना है कि मैं रोती हूँ?"

पानी में लाल छाया काँप रही है। बाँयेन की आँखों में आँसू थे। बाँयेन ने आँखें पोंछीं और कहा, "गंगापुत्र के बेटे को घर में रहना चाहिए। बाँयेन के पास कभी नहीं आना चाहिए। नहीं तो ... नहीं तो मैं गंगापुत्र को बोल दूँगी।"

भगीरथ ने देखा मेंड़ पकड़े बाँयेन चली जा रही है। बालों के गुच्छे हवा में उड़ रहे हैं। उसका लाल कपड़ा चमक रहा है। भगीरथ बहुत देर तक पोखरे के पास बैठा रहा। तब तक बैठा रहा जब तक कि पोखरे का पानी स्थिर नहीं हो गया, मगर किसी ने फिर वह गीत नहीं गाया— "सो जा, सो जा रे सोना, आ रे निंदिया जादू कर।"

अपनी झोंपड़ी में लौटकर बाँयेन भी काफ़ी देर तक स्तब्ध बैठी रही।

बैठे-बैठे आकाश-पाताल की बातें सोचती रही। सोचते-सोचते बहुत देर बाद उठी और एक टूटी आरसी कहीं से निकाली।

"चेहरे में कुछ भी नहीं है।" वह बड़बड़ायी। उसने बालों को एक बार उँगलियों से सीधा करने की कोशिश की, मगर नहीं, बालों में भयानक जटें पड़ गयी थीं।

वह सोचने लगी ... लड़के ने कपड़े की बात क्यों की? उस तो कुछ भी याद नहीं होना चाहिए, कितना छोटा था वह। साफ़ कपड़े और सुन्दर चेहरे की बात उसे कैसे मालूम हुई? भौंहें सिकोड़े देर तक सोचती रही बाँयेन। बहुत दिनों से आदमी की तरह ठीक ढंग से सोचने का उसे अभ्यास नहीं था। सोचने के लिए उसके पास था भी क्या। केवल बरगद के पत्ते के हिलने का शब्द, हवा की हरहराहट और पास की रेल लाइन से गुज़रती रेलों की आवाज़ को लेकर कोई कितना सोच सकता है।

मगर आज उसे लगा कि लड़के का सर्वनाश हो जायेगा। अचानक एक पत्नी की तरह अपने विवेकहीन पति मलिन्दर के ऊपर उसे गुस्सा आया। लड़के को सँभालकर रखना किसका काम है? बाँयेन की नज़र से इसे दूर रखना किसकी ज़िम्मेदारी है?

उसने उठकर लालटेन जलायी और दनदनाती हुई रेल लाइन पकड़े आगे बढ़ती गयी। चलते-चलते वह गुमटी और लेबिल क्रॉसिंग पार कर गयी। वहीं से मलिन्दर आता है। फिर मेंड़ों के रास्ते घर जाता है। लाइन पकड़कर जाते-जाते उसने कुछ लोगों को देखा। वे लोग लाइन से कुछ हटा रहे थे।

नहीं, नहीं, लाइन के ऊपर ला-लाकर बाँसों का ढेर लगा रहे हैं।

आज बुधवार है। रात में फाइव अप से लाल गोला का मेल-बैग आयेगा। उसमें ढेर-सारे रुपये होंगे। बहुत दिनों से लोग इसी की तैयारी कर रहे थे।

"कौन हो तुम लोग?"

बाँयेन ने पूछा और लालटेन को उठाकर अपने मुँह के पास लहराया। उस

आदमी ने मुँह ऊपर किया। बाँयेन को देखकर उसका चेहरा पीला पड़ गया और आँखें डर से फैल गयीं। बाँयेन ने कभी अपने समाज के किसी आदमी के चेहरे पर इतना डर नहीं देखा था।

"बाँयेन?"

"तुम लोग गाड़ी के सामने बाँस डाल रहे हो, गाड़ी को गिराना है क्या? और फिर भागे जा रहे हो? क्यों? मेरे डर से? पहले ये बाँस परे फेंको, नहीं तो सर्वनाश हो जायेगा।"

वे लोग रेल लाइन पर से सारे बाँस नहीं हटा पाये। अब सर्वनाश को रोक पाना सम्भव न था। समाज हमेशा से यही करता आया है। इन्हीं में से एक दिन आदमी ने ढोल लहराकर उसे बाँयेन बना दिया था। बारिश शुरू हो गयी थी। हवा से बूँदें लहराकर गिर रही थीं। हाथ में लालटेन लिये चण्डी असहाय भाव से खड़ी थी। उधर से गाड़ी दौड़ी चली आ रही थी। उसने सोचा– अगर वह सचमुच बाँयेन है, तो उसके पाले हुए भूत-प्रेत आकर इस ट्रेन को रोकते क्यों नहीं? समाज तो यह कर सकता है। मगर वह तो यह भी नहीं कर सकती। कितनी असहाय है चण्डी! अब क्या करें?

लालटेन एक हाथों में उठाये चण्डी लाइन पर दौड़ने लगी और दूसरे हाथ से गाड़ी को रोकने का इशारा करने लगी। वह चीख़ी, "आना मत, और आगे मत आना, यहाँ पहाड़ जैसा बाँसों का टीला ...

ट्रेन रुक नहीं रही है। किसी दुर्दान्त बालक की तरह कोई बाधा न मानती हुई वह आकर एकदम से चण्डी के ऊपर चढ़ गयी।

प्राण देकर ट्रेन को दुर्घटना से बचाने के लिए चण्डी का नाम बहुत दूर तक पहुँचा, सरकार के पास तक भी।

लाशघर से वे जब चण्डी को लेकर चले गये तब दारोगा साहेब मलिन्दर के गाँव आये। उनके साथ बी. डी. ओ. भी थे।

"रेल कम्पनी चण्डी गंगादासी को मेडल देगी, मलिन्दर। तुम लोगों की कहानी तो मुझे मालूम है। उसका कोई न था फिर भी सरकार ने पता लगाने के लिए बी.डी.ओ. साहब को भेजा है।"

"बड़े साहस का काम है। उसने बड़े साहस का काम किया। हमारे महकमे के सभी लोग उसकी तारीफ़ कर रहे हैं। वह तुम लोगों के परिवार से थीं?"

सभी चुप रहे। समाज का हर आदमी एक-दूसरे का मुँह ताक रहा था। सिर नीचा किये ज़मीन में आँखें गड़ाये किसी ने कहा, "जी। हमारी ही जात की थी।"

भगीरथ अवाक् रह गया। वह सभी के चेहरे एक-एक कर देखने लगा। चण्डी को इन लोगों ने अपनी जाति का माना? इसका मतलब है, चण्डी को उन्होंने स्वीकार कर लिया?

"तुम सभी लोगों को तो सरकार मेडल नहीं देगी।"

"सर। मुझे दीजिये।" भगीरथ आगे आया।

मराठी"तू कौन है?"

"वे मेरी माँ थीं।"

"अच्छा। तेरा नाम क्या है? क्या करता है?"

बी.डी.ओ. ने कागज और क़लम निकाल ली। भगीरथ की आँखों से आँसू गिरने लगे थे। उसने अपना गला साफ़ करके किसी तरह कहा, "जी। मेरा नाम भगीरथ गंगापुत्र है। बाप का नाम पूजा मलिन्दर गंगापुत्र। निवास– डोमपाड़ा। माँ का नाम ईश्वर चण्डी गंगादासी ..." भगीरथ अपना वंश-परिचय देने लगा।

(बाँग्ला से हिन्दी अनुवाद– डॉ. माहेश्वर)

●

औरतज़ात

उर्मिला पवार

वकील साहब को कोर्ट के बरामदे में आता देख मैं और सदाशिव उठकर उनके पास चले गये। सदाशिव से उन्होंने कहा, "आप कब आये?"

"अभी-अभी आ रहा हूँ।" सदाशिव ने कहा।

"सबूत लाये हो?" वकील साहब्।

"ना" में गर्दन हिलाते हुए सदाशिव ने कहा, "मैंने कोशिश की, लेकिन कोई कुछ कहने के लिए तैयार नहीं है। जिस पुरोहित ने शादी करवायी, वह भी बात टाल गया।" पता नहीं सदाशिव की बातों में सच्चाई कितनी थी लेकिन वकील साहब ने भौंहें तानते हुए कहा, "ठीक है। जो सबूत उपलब्ध हैं वही पेश करेंगे। वह टूटा हुआ ताला तो है ना?"

पर्स में रखा ताला टटोलते हुए मैंने हामी भरी। वकील साहब ने पूछा, "और वह पड़ोसन आयी है?"

"साब, वह डरती है। उसके पति ने उसे धमकाया है। ताला तोड़कर प्रभाकर घर में घुसा और उसके साथ उस वक़्त कोई दूसरी औरत थी यह बात किसी से न कहने की उसे सख़्त हिदायत दी गयी है," मैंने कहा।

"तो सब भगवान् भरोसे है, क्यों? ठीक है, हम उसे सम्मन भेजेंगे, अगली तारीख़ लेंगे, आज सदाशिव की गवाही लेंगे। तब तक मैरिज सर्टिफिकेट ..." मैंने गर्दन हिलाकर हाँ कहा और हारे खिलाड़ी की तरह निराश होकर बेंच पर बैठ गयी। मेरे पास आकर बैठते हुए लगभग धमकानेवाले अन्दाज़ में सदाशिव ने कहा, "बाबा ने कहा है, अभी भी सोच लो। केस वापस लो अपना। यहाँ आज तक कभी औरतज़ात ने अपने पति पर केस नहीं ठोंका है, ख़ासकर तलाक़ का।"

मुझे गुस्सा आया। मैंने लगभग चिल्लाते हुए कहा, "क्यों मेरा दिमाग़ चाट रहे हो? शादी का सबूत लाने के लिए रुपया देकर तुम्हें गाँव भेजा था। क्या किया तुमने? कुछ नहीं। ख़ाली हाथ वापस लौट आये और यहाँ बैठकर मेरा दिमाग़ चाट

रहे हो। निकल जाओ यहाँ से।" वह सचमुच उठकर चलता बना। मैं देखती रह गयी। वह सामनेवाले होटल में घुसकर बैठ गया। मेरे ही पैसे से अब वह ठूँसकर खायेगा।

सदाशिव मेरा भाई है, सौतेला भाई होने के बावजूद मैंने उसे कभी सौतेला नहीं माना। एक ही घर में पैदा हुए, बढ़े। मैंने उसे अपनी गोद में बड़ा किया। कहते हैं साथ-साथ रहने से प्रेम बढ़ता है लेकिन प्रेम सिर्फ़ मेरे ही मन में बढ़ा। सदाशिव के मन में बढ़ा ही नहीं। ऐसा क्यों? असल में गुस्सा तो मुझे उस पर होना था। मेरे बाबा के प्यार में वह और उसकी माँ हिस्सेदार बनकर आये थे।

सम्मन लेकर प्रभाकर को घेरने के काम में सदाशिव से मदद ज़रूर मिली थी। प्रभाकर ने पहले कई बार सम्मन की तारीख़ पता कर झाँसा दिया था। उसने जब जाना कि सदाशिव उसे कहीं भी घेर लेगा तो उसने चुपचाप नोटिसें लेनी शुरू कर दीं।

दोपहर की चिलचिलाती धूप में सूनी आँखों से सामने देखते हुए बैठी थी कि अचानक पान के ठेले पर खड़ा सदाशिव दिखायी दिया। पान चबाता हुआ सिगरेट के छल्ले हवा में छोड़ता हुआ वह किसी के साथ बतिया रहा था। वह प्रभाकर था। मेरी तरफ़ उसकी पीठ थी। प्रभाकर के साथ उसकी 'बीवी' थी, मेरी सौत। कोर्ट में भी वह प्रभाकर के साथ खुल्लमखुल्ला घूमते हुए मानो मुझे और कोर्ट को चुनौती दे रही थी कि, साबित करो कि हमारी शादी हुई है। सदाशिव भी वहीं उनके साथ खड़ा अपनी बत्तीसी दिखाते हुए हँसता चला जा रहा था। पल-भर के लिए मेरा दिमाग़ भन्ना गया।

सबूत लाने के लिए सदा गाँव गया था लेकिन वहाँ उसने गाँव के लोगों की बैठक ली। बैठक में निर्णय लिया गया कि बच्चा पैदा होने तक मैं उन दोनों को अपने घर में ठौर दूँ। बच्चा पैदा होते ही वे दूसरी जगह रहने चले जायें।

यह बात मैं कैसे मानती? दो पत्नियों के बीच एक पतिवाली अजीब तिकोनी गृहस्थी मुझे नहीं चाहिए थी। आँखों के सामने उन दोनों का उठना-बैठना मैं कैसे सह पाती? इसलिए मैंने एक निर्णय किया था कि जब प्रभाकर ने उसके साथ शादी की है तो अलग घर लेकर उसके साथ वहीं जाकर रहे। मेरे घर में तब वह क़तई नहीं रहेगा। मेरी अम्माँ ने जो सहा था, वही सब सहने की ताक़त मुझमें नहीं थी।

मेरे पैदा होने के बाद अम्माँ को कोई बच्चा पैदा नहीं हुआ। इसलिए, दस सालों बाद बाबा ने दूसरी शादी की। इस तरह माई घर आयी। अम्माँ ने बड़े दिल से माई को स्वीकारा। अपने परिवार में उसके लिए जगह बनायी। लोग अम्माँ की तारीफ़ करते। कहते कि औरत हो तो तारा की माँ जैसी हो। सौत के साथ अपनी छोटी बहन जैसा व्यवहार करती है। सुनकर अम्माँ हँस देती लेकिन लगता जैसे रो रही

हो। अम्माँ की हालत देखकर मुझे माई पर गुस्सा आता। बाबा पर भी गुस्सा आता। दो शादियाँ करनेवाले सभी पुरुषों और उनकी दो नम्बर की पत्नियों से मुझे नफ़रत थी।

मुझे लगता औरतें ही औरतों के घर तोड़ती हैं। ऐसे कई पुरुष हमारे रिश्तेदारों में थे जिन्होंने छोटी और मामूली-सी वजहों से दुबारा शादी रचायी थी। बच्चा नहीं है, लड़का नहीं है, घर में काम करने के लिए कोई औरत नहीं है, गाँव में ज़मीन की देखभाल करने के लिए औरत नहीं, किसी औरत का कोई सहारा नहीं है, किसी के बग़ैर चैन नहीं आता, कोई मन को भा गयी इन जैसी वजहों से पुरुष दूसरी या तीसरी शादी करने में हिचकते नहीं थे। लेकिन कभी मेरा पति भी यह करेगा, यह मैंने नहीं सोचा था। प्रभाकर पढ़ा-लिखा है, नौकरी करता है और कार्यकर्त्ता है। लेकिन शादी के चार-पाँच साल बाद भी बच्चा नहीं हुआ तो उसका स्वर भी शिकायती हो गया। मेरे ससुरालवाले और मायकेवालों ने भी उसे दूसरी शादी की सलाह देनी शुरू की।

रात-दिन प्रभाकर सभाओं, मोर्चों, शिविर, लोगों के सरकारी काम, कार्यकर्त्ताओं से मिलना आदि में व्यस्त रहता। फ़ुरसत से बातचीत करने या कुछ तय करने के लिए उसके पास समय ही नहीं बचता था। घर लौटते ही बाहर के सभी कामों की थकान वह बच्चा न होने का बहाना बनाकर मुझ पर उतारता। धीरे-धीरे यह रोज़मर्रा की बात हुई। मैं भी तंग आ गयी। प्रभाकर के पीछे पड़कर हमने अपना चेकअप करवा लिया। दोनों की रिपोर्ट्स बिल्कुल नॉर्मल थी। पता नहीं बात कहाँ अटक गयी थी। प्रभाकर से मैंने कहा कि हम दूसरे डॉक्टर को दिखायेंगे। साथ में आप अपने दौरे कम कर घर पर ध्यान दीजिये। लेकिन उसने कभी मेरी बात नहीं मानी, उल्टे, बच्चा नहीं है इसे मेरा क़सूर मानकर चिढ़ता, झगड़ता, दूसरी शादी की बात करता। मेरी पिता की, और भी कइयों की दो-दो शादियों का ज़िक्र करता।

एक दिन बिना कुछ कहे प्रभाकर ग़ायब हुआ और पन्द्रह दिनों बाद लौटा। सामाजिक कार्यकर्त्ता की हैसियत से उसका घूमना-फिरना बदस्तूर जारी था, सो मैं चुप थी। इसी दरमियान उसके एक दोस्त ने आकर बताया था कि वह गाँव गया है।

प्रभाकर लौटा तो मैंने गुस्से से पूछा कि इतने दिन वह कहाँ था? हर वक़्त घर से बाहर क्यों रहता है? जवाब में फुत्कारते हुए उसने कहा,

"घर में है ही क्या देखने लायक़?"

"यानी, बाहर कोई देखने लायक़ मिल गयी है?"

"कुछ ऐसा ही समझो।"

"मतलब?"

"देखो तारा, मैं बच्चा चाहता हूँ।"

"मैं नहीं चाहती?"

"इसीलिए कह रहा हूँ। देखो, पहले भी इस विषय पर अपनी बातचीत हो चुकी है। बेकार में वही बातें दोहराने का ..."

"कौन है वह?" उसे बीच में ही रोकते हुए मैंने पूछा।

"तुम्हारे ननिहाल की तरफ़ की ही है। सोन बावड़ी की।"

यानी सदाशिव के ननिहाल की। माई की गाँववाली। मेरे माथे की नस तड़की। मैंने पूछा, "आखिर क्या करना चाहते हैं आप?"

"वही मैं बता रहा था ... हमने गाँव में शादी कर ली है। उसे यहाँ लाने के लिए तुम्हारी इजाज़त ...।"

"मेरी इजाज़त?" मैं चीख़ी। मेरे पूरे बदन में आग लग गयी। "शादी करने से पहले मेरी इजाज़त ली? फिर अब ये तमाशा क्यों कर रहे हो?"

तमाशा कैसा? मैंने शादी की है उसके साथ?"

"वाह...ऽ। क्या तीर मारा है? लेकिन यह सब ऐसे चोरी-छिपे क्यों किया? करने के बाद फिर यहाँ क्यों आये हो? जहाँ किया वहीं रहते। क्या तुम जानते नहीं कि यह घर मेरा है?" मैंने जो कुछ कहा उससे प्रभाकर कुढ़ गया। बोला, "हाँ, हाँ, ज़रा मुँह सँभालकर बात करना।" मैंने कहा, "क्यों? तुमने मुझे धोखा दिया, मेरी सौत लेकर आये इसलिए चुप रहूँ? ख़ुद गुनाह करके मुझ पर रौब गाँठने में शर्म नहीं आती?"

प्रभाकर दौड़कर मेरे पास आया और मेरी कलाई मरोड़ते हुए बोला, "ख़बरदार अगर मुझे शर्मिन्दा करने की कोशिश की तुमने!"

चिल्लाकर मैंने पूछा, "क्या कर लोगे?" तो तुरन्त प्रभाकर ने मेरे गाल पर झन्नाटेदार तमाचा रसीद करते हुए कहा, "बाँझ होकर ज़बान लड़ाती हो?..."

मेरे बदन में आग लग गयी। मैं चीख़ी, "चले जाओ ...निकल जाओ यहाँ से ... मैं शायद बहुत ज़ोर से चीख़ी थी क्योंकि किसी ने हमारे घर की कॉलबेल दबायी। दरवाज़ा खोलकर देखा तो डरी हुई पड़ोसन पूछने लगी, "क्या हुआ?" उसे नज़रअन्दाज़ करते हुए मैं दरवाज़े से ही चिल्लायी, "निकलो, निकल जाओ कहा ना?"

खुला दरवाज़ा, उसमें से झाँकते पड़ोसी और मेरा चण्डिका-सा रूप देखकर प्रभाकर बौखला गया। बात ऐसा मोड़ लेगी, शायद उसने सोचा नहीं था।

दाँत पीसते हुए उसने अपना ब्रीफकेस उठाया और मेरी तरफ़ देखते हुए आँखें तरेरकर कहा, "देख लूँगा तुझे" और वह झट से बाहर निकल गया। मैं सोफ़े पर लुढ़क गयी। सब पड़ोसनें पूछ रही थीं, "क्या हुआ?" "क्या हुआ?" लेकिन मैंने उनसे कहा, "कुछ नहीं, आप लोग जाइये।" मेरी आवाज़ इतनी परायी थी कि ख़ुद मुझे अनजानी-सी लगी।

पता नहीं कितनी देर तक मैं उसी तरह बैठी रही। अँधेरा घिर आया तो मुझे एक बात का डर लगने लगा। रात-भर में कभी लौटकर प्रभाकर ने दरवाज़े पर तमाशा खड़ा किया तो? मैं क्या कर सकती थी, मैं फिर उठी। थैली में दो साड़ियाँ ठूँसी । दरवाज़े पर बड़ा-सा ताला ठोंका। तुरन्त सदाशिव की खोली की तरफ़ चल दी।

सदाशिव भी सुनते ही भड़क गया। "उसकी यह मज़ाल?" कहते-कहते दो-चार तगड़ी-भद्दी गालियाँ उसने प्रभाकर के नाम पर चस्पा कर फिर मुझसे पूछा, "फिर अब करना क्या चाहती हो तुम?"

"उस पर मुकदमा ठोकेंगे, और क्या?" मैंने कहा।

"और नहीं तो क्या", सदा ने भी कड़ा रुख़ अपनाते हुए कहा, "उसे अपने किये की सज़ा तो दिलाकर रहेंगे।" बाद में, वह और उसकी बीवी मिलकर देर तक प्रभाकर को गालियाँ देते रहे।

मैं रात-भर सो नहीं पायी। प्रभाकर का हमेशा से गायब रहना, दूसरी शादी के बारे में बताना और झन्नाटेदार तमाचा जड़ देना, सब एक-एक कर याद आने लगा। बेइज़्ज़ती के बिच्छू का ज़हर शरीर भर में फैला। सुबह मैंने सदाशिव से कहा कि वह प्रभाकर की कम्पनी में जाकर उससे मिले और पता करे कि लड़की कौन है, और कब उन दोनों ने शादी की।

सदाशिव ने कहा, "ठीक है पता करते हैं कि उसने किया क्या है? और तुम दफ़्तर नहीं जाओगी आज?"

"नहीं। हरारत-सी लग रही है। तुम वहाँ रुकना मत। शाम को जल्दी लौट आना।"

"ज़रा, दस रुपये देना तो, "खिसियानी हँसी हँसते हुए सदाशिव ने कहा। उसे दस के दो नोट थमाते हुए मैंने कहा, "कुछ पता करके ही आना। कुछ सुराग़ ज़रूर लाना।"

दोपहर ढलने के बाद सदाशिव लौटा। लेकिन लौटा हुआ सदाशिव कोई और ही था। हो सकता है प्रभाकर से ग़लती हुई हो लेकिन बच्चे की ख़ातिर ...कहते हुए वह मुझे ही समझाने लगा।

उसकी बातें अब मेरे लिये बेमतलब हो गयी थीं। उसकी बातों से कुछ इतना पता चला कि चार दिन पहले गाँव में ही प्रभाकर की शादी हो चुकी है और उसकी नयी ब्याहता गाँव में प्रभाकर के ही घर में रहती है।

रातवाली थैली उठाकर शाम की गाड़ी से मैं गाँव रवाना हुई। सदाशिव को साथ चलने के लिए कहा लेकिन उसने मना कर दिया। रात यात्रा में बीती। सुबह थके हुए तन-मन से मैंने गाँव में क़दम रखा तो सब लोगों को अपनी तरफ़ ताक़ते हुए पाया। किसी के चेहरे पर मुझे पढ़ने की कोशिश थी, तो किसी का चेहरा "प्रभाकर की पत्नी क्यों आयी?" इस बात का अन्दाज़ा लगाने की कोशिश कर रहा था।

आँगन में आयी तो देखा कि ससुर जी बरामदे में बैठे चिलम पी रहे हैं। मुझे देखते ही वह सकपकाये। उन्होंने कहा, "आँ, ताराबाई? अचानक कैसे आना हुआ?" मैंने थैली नीचे रखी। अभी बैठ ही रही थी कि अन्दर के दरवाज़े के पास कहीं चूड़ियाँ खनकीं। पल-भर में झाँककर कोई दरवाज़े के पीछे छिप गया, यह मैंने महसूस किया।

मैं कुछ कहती इससे पहले ससुर जी बोले, "ताराबाई, यात्रा से थक गयी होगी। हाथ-मुँह धो लो। चाय पीयेंगे, फिर बातचीत होती रहेगी।"

"अब बचा क्या है बोलने के लिए, मैंने कहा, "इतना सब हुआ और आपने मुझे ख़बर भी नहीं की।"

"क्या कहा? बताया नहीं?" जली हुई तमाकू चिलम से नीचे झटकते हुए अचरज भरे स्वर में ससुर ने कहा, "लेकिन प्रभाकर ने तो यही कहा कि इस शादी के बारे में तुम्हें कोई आपत्ति नहीं है।"

मैं समझ नहीं पायी कि ससुर जी को क्या कहूँ? गुस्से से सिर चकराने लगा। सीढ़ियाँ उतरकर मैं एकदम अन्दर गयी ... अन्दर चूल्हे के पास मेरी सौत लम्बा घूँघट काढ़े बैठी थी। मुझे देखकर वह डर गयी। बिल्ली की तरह मेरी तरफ़ देखने लगी। उसके हाथ की हरी चूड़ियाँ या माथे की बड़ी बिन्दी से ज़्यादा उसकी कमसिनी ही मेरे सीने में खंजर की तरह उतर गयी। अचानक मैं चिल्लायी, "इसका अंजाम बहुत बुरा होगा, कहे देती हूँ।" ससुर जी हड़बड़ाकर अन्दर आते हुए बोले, "धीरज से काम लो ताराबाई, धीरज से।"

"कैसे धीरज धरूँ? ये सब करके मेरी ज़िन्दगी में आग लगाते हुए आप लोगों को मेरा ख़्याल नहीं आया?..." मैं चीख़-चीख़कर बोल रही थी। आवाज़ सुनकर गाँव के लोग आँगन में इकट्ठे हो गये। ससुर जी बाहर गये और उन पर बरसे, "यहाँ तमाशा चल रहा है क्या? चलो, निकलो, निकलो यहाँ से।" लोग जाने के लिए मुड़े तो मैं चिल्लायी, "रुको, मैं आपसे पूछती ... मैं इस घर की बहू हूँ। और मेरे होते हुए आप इस लड़की को बहू बनाकर कैसे ले आये? क्यों ले आये?"

मेरी बात जैसे लोगों तक पहुँची ही नहीं, वे चुपचाप चलते रहे, चलते चले गये। अपनी थैली उठाते हुए उनके पीछे मैं भी चल पड़ी। "ठीक है, मैं भी देख लूँगी..."

"ताराबाई ... ताराबाई ... सुनो तो ..." ससुर कहते रहे लेकिन मैं रुकी नहीं, धूप अब तेज़ हो गयी थी। बदन जलने लगा था। मन भी गुस्से से सुलग रहा था। जंगल रौंदते हुए मैं मायके की तरफ़ बढ़ रही थी। ठोकरों से पैर लहूलुहान हो गये थे।

मायके पहुँची तो सब सुनसान था। दरवाज़े भिड़ाकर सब लोग खलिहानों में गये हुए थे। घर में बस अम्माँ थी। इन दिनों बाबा और वह बीमार चल रहे थे।

अम्माँ घर पर थी यानी दोनों में से कोई बीमार था, यह पक्की बात थी।

मुझे आँगन में देखकर अम्माँ बाँह पसारे आगे आयी। मुझसे लिपटकर रोने लगी। मैंने पूछा तो अम्माँ बोली, "बेटी, देख तेरे बाबा बीमार हैं। तेरी ख़बर सुनते ही उन्होंने खाट पकड़ ली। हम लोगों को पहले कुछ पता नहीं था। उस दिन मेले में तुम्हारे पति से बात हुई लेकिन उसने हमें कुछ बताया नहीं। फिर ख़बर आयी कि उसने तुम्हारी इजाज़त से दूसरी शादी रचा ली है।"

मैंने उनकी सारी बातें चुपचाप सुन लीं। बाबा की तरफ़ देखा। वह बिस्तर पर ही उठ बैठे। मैंने पूछा, "क्या तक़लीफ़ है बाबा?" तो उसाँस छोड़ते हुए उन्होंने कहा, "अब क्या होना है? अब हम थक गये। झुक गये। अब यह सब चलता रहेगा।...

अम्माँ ने पानी का लोटा सामने रखकर कहा, "जाओ, हाथ-मुँह धो लेना, कुल्ला कर लेना... जाओ, मैं तब तक नहाने का पानी चढ़ाती हूँ।"

मैंने मुँह धोकर, चाय पी और थके शरीर को दीवार का सहारा देते हुए बैठ गयी। फिर कहा, "बाबा, रात को चार समझदार लोगों को बुलाना। मैं कुछ फ़ैसले करना चाहती हूँ।" दोनों ने मेरा कहा सुनकर एक-दूसरे की तरफ़ देखा। कुछ समय बाद अम्माँ ने कहा, "बाई, अपना भाग्य ही खोटा हो तो किसे दोष दूँ? फिर हमारी तो है औरतज़ात।"

"अम्माँ, भाग्य क्या सिर्फ़ पत्नी का ही होता है?"

"वह बात नहीं, लेकिन हम सौतें भी बहनों की तरह रहीं न?"

"अम्माँ, आपने जो किया वह शिक्षा हमें मत देना, वह समय ही था वैसा। लेकिन अब ज़माना बदल गया है।"

"ठीक है, पर यह तो बताओ कि तुम करना क्या चाहती हो?"

"मैं तिकोना घर बनाना नहीं चाहती। मैं तलाक़ चाहती हूँ।" मैंने बेझिझक कह दिया। "देखो, हमारा पक्ष लूला है। तुम्हारी शादी को आज दस साल हुए, अभी बच्चा नहीं पैदा हुआ... तो क्या अब आप गारण्टी दे सकते हैं कि बच्चा पैदा होगा ही?" मेरे सवाल का जवाब बाबा के पास नहीं था। वह चुप रहे। इतने में दो-तीन चाचा और कुछ गाँववाले आये। उन्होंने जो कहा उसका सार यही था कि प्रभाकर ने शादी ही की है, किसी औरत को लाकर बिठा तो नहीं लिया। प्रभाकर की शादी के बारे में बात चली तो किसी ने कहा कि उसने बम्बई में ही शादी की और पत्नी को लाकर यहाँ रखा। किसी ने कहा कि भिंगरोली के बौद्ध विहार में उसने शादी रचायी।

वैसे तराली और भिंगरोली दोनों अगल-बग़ल के गाँव थे। किसी को भौंहे उड़ी तो दूसरे को ज़रूर पता चलता, यह हाल होने के बावज़ूद लोग साफ़-साफ़ बात नहीं कर रहे थे।

मैंने कहा, "देखो, प्रभाकर ने शादी कर ली और अब उसकी बीवी उसके साथ ही रहती है। इन दो बातों पर ग़ौर करके पंचायत बुला लो। इसका विरोध करो। प्रभाकर को सज़ा भी दिला दो। सबसे जरूरी है पंचायत का यह फ़ैसला करना कि अब मेरा और उसका रिश्ता ख़त्म हो चुका है, और प्रभाकर को ताक़ीद दें कि अब वह मेरे घर में रह नहीं पायेगा।" मेरी बात सुनकर चाचा ने कहा, "यह क्या बोल रही हो? औरतज़ात हो तुम, अकेले कैसे रहोगी।" मैंने तैश में कहा, "क्यों नहीं रह सकती? कितनी ही औरतें हैं जो अकेली रहती हैं। मैं भी वैसे ही रहूँगी लेकिन मैं उन दोनों को सबक सिखाऊँगी।" लोग एक-दूसरे का मुँह देखते, अपनी नाक-कान खुजाते हुए सुन भर रहे थे।

उनकी उदासीनता और चुप्पी से जो संकेत मुझे मिल रहा था उसे मैंने स्पष्ट रूप से भाँप लिया। असल में वह, मेरा, मेरी पढ़ाई-लिखाई का, नौकरी और वैवाहिक जीवन, मेरी भावनाओं का, व्यवस्थित जीवन और मेरे सारे वजूद का अपमान था।

दोपहर में रोटियाँ खाकर तुरन्त वापस लौटने की मैंने सोची थी। मगर माँ बोली, "बेटी, आते ही लौट मत जाना। रात-भर तो ठहरो, रात में बातें करेंगे।"

"बात करने को बचा ही क्या है?" मैंने तुनककर कहा।

"अभी मत जाओ। चेहरा कितना उतर गया है तुम्हारा।" माँ को सिर्फ़ मेरा चेहरा नज़र आ रहा था। वह मेरे मन की थाह नहीं ले पा रही थी। रात को मुझे इसका पूरा अहसास हो गया।

अँधेरा होते ही माई घर में आयी। सारा शरीर कीचड़ से सना हुआ। बाल चेहरे पर बिखरे हुए। पसीने से तर। सिन्दूर नाक तक फैल आया था। उसके हाथ में फावड़ा और कुदाल थी, और भी कुछ सामान था। आते ही मुझे उड़ती निगाहों से देखकर वह सीधे पिछवाड़े चली गयी। उसकी नज़र और उसका यूँ चले जाना मुझे अखरा। उसने मुझसे "कैसी हो", या "कब आयी" यह तक नहीं पूछा। पूछती भी किस मुँह से? मेरी सौत उसकी गाँववाली थी। इतना ही नहीं, रिश्ते में वह उसकी दूर की बहन भी थी। फिर मैंने भी उसे सुनाते हुए अम्माँ से कहा, "हँसते-खेलते घर में आग लगाने की आदत ही है। सोनबावड़ी की औरतों को। पता नहीं और कितने घरों में आग लगायेंगी।"

अम्माँ ने एकदम से कहा, "बेटी, इस शादी के बारे में उसे कुछ भी पता नहीं है। उसे कुछ मत कहो।" मैंने कहा, "क्यों न कहूँ? अम्माँ, तुम चुप रही इसीलिए तुम्हें यह वनवास झेलना पड़ा। अब यही सब मेरे भी हिस्से आ गया... गुस्से में मैं बोलती चली गयी। अम्माँ उठकर अँधेरे में बाहर कहीं चली गयीं।"

रात खाना खाते समय लालटेन की रोशनी में मैं माई की तरफ़ देख रही थी लेकिन न उसने मुझे देखा न मुझसे कोई बात ही की। उसकी चुप्पी मुझे अम्माँ, बाबा और गाँववालों के शब्दों से ज़्यादा गड़ रही थी।

अम्माँ और मैं आँगन में लालटेन के ईद-गिर्द चुपचाप बैठी थीं। अपने-अपने ज़ख्मों की टीस सहती हुई। इतने में पाँच औरतें आयीं। हमारे आस-पास बैठ गयीं। अम्माँ ने कहा, "तारा, पहचानती हो इन्हें?"

मैंने देखा उनमें से दो-तीन के चेहरे पहचाने-से लगे। पढ़ाई और नौकरी की वजह से मैं हमेशा बाहर ही रहती आयी थी। सो गाँव की औरतें मेरे लिये नयी थीं। उनके सिर पर ओढ़े पल्लू, माथे का सिन्दूर, किसी के माथे पर सिन्दूर की जगह का गोदना और सभी चेहरों पर छिपाने की लाख कोशिशों के बावज़ूद फैली असहायता।

अम्माँ बोलती रही, "बेटी, ये सब हमारे जैसी ही हैं। इनको देखो। यह है धुर्पदा। चार लड़कियाँ पैदा हुईं तो ख़ुद पति का ब्याह रचाकर सौत घर ले आयी। यह है चांगुना, इसका घरवाला मिलिट्री में गया और वहाँ से दो औरतें लेकर आया। और इस सजनी को देखो।" अम्माँ ने एक बहुत ही दुबली और फैले बालोंवाली औरत की तरफ़ उँगली उठायी। अम्माँ हँसने लगी। बाक़ी औरतें भी हँस रही थीं। सजनी भी हँस रही थी।

मेरी समझ में नहीं आ रहा था कि ये सब किस बात पर हँस रही थीं। फिर अम्माँ ने बताया, "अरे, यह तो पगली है। शादी हुई तब यह छोटी थी लेकिन बड़ी होने के बाद भी इसने पति को पास फटकने नहीं दिया। वह पास आता तो यह चिल्लाती, भाग जाती जंगल में। सास से कहती कि पति के साथ घर में अकेली नहीं रहूँगी। आप भी मेरे साथ ही रहना। फिर इसके पति ने दूसरी शादी की।" अम्माँ बता रही थीं और सब हँस रही थीं। मैंने सजनी की तरफ़ देखा, दर्द से उसका चेहरा निचुड़ गया था। अचानक उठकर वह चली गयी।

अम्माँ ने कहा, "बेटी, इन सबने सौत को अपनाया। तू भी अपना।" अम्माँ का बर्ताव मुझे बड़ा अटपटा लगा। गुस्सा आया। मैंने कहा, "अम्माँ, यह सब तुम क्या कह रही हो? ये कोई शरीर के घाव थोड़े ही हैं कि गिनकर, नापकर देखें कि किसके घाव कितने गहरे हैं, कितने बड़े हैं? इस मामले में सान्त्वना भी कैसे दी जा सकती है? मैं अब किसी से कुछ भी सुनना नहीं चाहती।" कहते हुए उठकर मैं अन्दर चली आयी तो देखा कि अन्दर दरवाज़े के पीछे खड़ी माई हमारी बातें सुन रही थीं।

फिर तो प्रभाकर पर मुकदमा ठोंकना है यह मैंने पक्का तय किया। रुपया खरचना पड़ेगा, छुट्टियाँ लेनी पड़ेंगी और सबके ख़िलाफ़ खड़े होना पड़ेगा। चलेगा। कम-से-कम इससे मेरे मायकेवालों को और ससुरालवालों को सीख तो मिलेगी।

"प्लीज़ योर ऑनर", शब्दों से मेरी तन्द्रा टूटी। वकील कोर्ट के सामने केस रख रहे थे... "फरियादी ताराबाई सोनावणे को प्रभाकर सोनवणे ने बहुत सताया है। ताराबाई के घर में जबरन एक औरत के साथ घुसकर प्रभाकर रहता था। ताराबाई

ने इसका विरोध किया तो उन्हें गन्दी गालियाँ पड़ीं और उन्हें पीटा भी गया। यह गम्भीर अपराध है।" वकील कोर्ट के सामने केस खड़ा कर रहे थे।

उन्होंने कहा, "ताराबाई ने फलाँ तारीख को प्रभाकर और उसके साथ रहनेवाली महिला को घर से भगा दिया। इसीलिए चिढ़कर आरोपी प्रभाकर ने ताराबाई के ऑफ़िस जाने के बाद उसके घर का ताला तोड़ा और उस महिला के साथ घर में प्रवेश किया। उस समय ताराबाई के पड़ोसी वहीं उपस्थित थे।"

अपने जवाब में प्रभाकर ने साफ़ इनकार किया कि उसने ताला तोड़ा। ताला तोड़ते समय साथ किसी महिला के होने की बात से भी इनकार किया। उसने कहा, "मैंने दूसरी शादी नहीं की। सो किसी औरत का मेरे साथ होने का सवाल ही नहीं उठता। फ़लाँ-फ़लाँ तारीख़ को मैं गाँव लौटा और रास्ते में एक परिचित व्यक्ति से मेरी भेंट हुई। उसी के साथ मैं घर लौटा, अपनी चाभी से दरवाज़ा खोलकर अन्दर आया। बाद में ताराबाई ने वह चाभी मुझसे ले ली।"

"तुम्हारे साथ दूसरा व्यक्ति कौन था?" वकील ने पूछा। धूर्त हँसी के साथ मेरी तरफ़ देखते हुए प्रभाकर ने जवाब दिया, "मेरी इकलौती पत्नी का इकलौता भाई सदाशिव काम्बले मेरे साथ था।" मैंने चौंककर सदाशिव की तरफ़ देखा तो वह "शान्त रहो", "रुको" के संकेत मुझे दे रहा था।

वकील ने फिर सदाशिव पर प्रश्नों की बौछार की पर किसी ने सदाशिव पर जैसे मन्त्र ही फेर दिया था। उसने अपनी ज़बान से प्रभाकर की शादी नहीं होने का सफ़ेद झूठ परोसा। और कहा, "इधर कुछ समय से मेरी बहन ताराबाई और बहनोई प्रभाकर के बीच झगड़े चल रहे थे। बच्चा नहीं होना ही उन झगड़ों की जड़ थी यह सब लोग जानते हैं।

"फ़लाँ तारीख को मेरे बहनोई प्रभाकर मुझे रास्ते में मिले। उन्होंने घर चलने के लिए कहा सो मैं उनके साथ घर चला गया। प्रभाकर ने चाभी से दरवाज़ा खोला। हम लोग अन्दर दाख़िल हुए। ताराबाई की ग़लतफ़हमी को कोर्ट दूर करे और दोनों को कम्प्रोमाइज करने की सलाह दे।

काफ़ी लम्बे बयान के बाद सदाशिव को शादी का सबूत पेश करने के लिए कहा गया। अगली तारीख़ पक्की करने के बाद कोर्ट बर्ख़ास्त हुआ। वकील भुनभुनाते हुए ही बाहर निकले और उन्होंने कहा, "तुम्हारा इकलौता गवाह, तुम्हारा भाई भी तुम्हारे ख़िलाफ़ क्यों गया?"

"साहब, मैं क्या कर सकती हूँ? गाँव से लौटने के बाद केस लौटाने के लिए, कम्प्रोमाइज कराने के लिए वह मेरे पीछे पड़ा था।" मैं कह रही थी। "तो क्या, बिना किसी पूर्व सूचना के उसे ऐसा करना चाहिए था? चाहें तो झूठी गवाही देने के जुर्म में हम उसे सज़ा भी दिला सकते हैं।"

"हाँ साहब, लेकिन बिना सबूत के मैं कुछ भी नहीं कर सकती हूँ यह भी वह जानता है। इसके बावज़ूद मैं यह केस लड़ूँगी, साहब ..."

"किसके सहारे?"

"देखते हैं, कोई-न-कोई राह निकल ही आयेगी।" मैंने कहा तो सही लेकिन ख़ुद मुझे अपनी नाव डूबती महसूस हो रही थी।

"ठीक है, फिर एक बार मैं आपके पड़ोसियों से मिल लेता हूँ। देखते हैं मेरी बातों का क्या असर होता है ... इसके बावज़ूद शादी का प्रमाण-पत्र तो चाहिए ही।" वकील मेरे ख़िलाफ़ हो गये थे और मैं बिल्कुल अकेली पड़ गयी थी।

दूसरे दिन दफ़्तर गयी तो सहेलियों ने कहा, "गाँव जाओ, किसी पुरोहित को पकड़ो, रुपये देकर प्रमाण-पत्र ले आओ। जब प्रभाकर झूठ बोल रहा है तो उसे सबक तो सिखाना ही पड़ेगा ना? सच पूछो तो घर की चीज़ें गुम हो जाने की रपट भी तुम्हें लिखानी चाहिए।"

"सचमुच, ऐसा ही करें, तो? वैसे भी मुझे सब तरफ़ से कंगाल बनाकर ही प्रभाकर गया है। सदा भी उसके साथ हो गया है। मेरी सौत दूर के रिश्ते में उसकी मौसी जो लगती है। वह प्रभाकर से जाकर मिला ही। इसी बहाने भाई से भी बदला लिया जा सकता है।" तीन-चार दिनों तक यही विचार मेरे दिमाग़ में कौंधते रहे। मैं कोई निर्णय नहीं ले पायी। उस दिन वकील आनेवाले थे सो कुछ बातें उन्हें भी बतायी जायें फिर निर्णय लिया जा सकता है।

उस दिन मैं ऑफ़िस से जल्द ही घर पहुँची। वकील के आने की बात पड़ोसन को बतायी और ताला खोलकर तुरन्त घर में घुस गयी। प्रभाकर का डर भी था, न जाने कब आ धमके।

कपड़े बदलकर चाय रखी तो बेल बजी। मुझे लगा कि वकील होंगे। की होल से झाँककर देखा और दंग रह गयी। बाहर माई खड़ी थी। मैं डर गयी। यह क्यों आयी होगी? डरते-डरते, बड़ी सावधानी से दरवाज़ा खोला। वह अकेली ही आयी थी। उससे कुछ बोलने की इच्छा ही नहीं हुई। उसने भी कुछ नहीं कहा। अन्दर आकर ज़मीन पर ही बैठ गयी। पानी का गिलास उसके सामने रखते हुए फिर मैंने ही बात छेड़ी, "कब आयी?" "सुबह" "यहाँ कौन ले आया?" "सदा।"

"बाबा, अम्माँ कैसे हैं?"

"ठीक हैं।"

वह गिनकर ही बोल रही थी लेकिन पता नहीं क्यों, मुझे लगा कि वह बहुत कुछ बोलने आयी है। वह क्या बोलना चाहती थी, यह भी मैं जानती थी। सदा ने मेरे ख़िलाफ़ झूठी गवाही दी थी। उसे मैं अन्दर करवा सकती थी। मेरी सौत उसकी बहन लगती थी। शायद यही वह कहने आयी थी कि मेरी बहन और अपने भाई को माफ़ कर दो।

उसके सामने चाय रखकर मैंने पूछा, "क्यों आयी हो?"

चाय की भाप की तरफ़ देखते हुए माई ने कहा, "तारा, मुझे तोड़कर दूसरा घर तोड़ने निकली थी वह।" लगा कि बिना कुछ बोले हाथ पकड़कर उसे खींच बाहर कर दूँ। लेकिन मैं कप के ऊपर से बस उसकी तरफ़ देखती रह गयी। उसने आगे कहा, "मैं जानती हूँ कि तुम मुझसे नाराज़ हो, बिल्कुल बचपन से ही नाराज़ हो। क्योंकि मैं घर में आयी इसलिए तुम्हारी अम्माँ पर अन्याय हुआ ऐसा तुम्हें लगता था। लेकिन कभी मेरे साथ अन्याय के बारे में सोचा है? तुम जब दस साल की थी तब मैं सत्रह की थी। मुझे माँ बुलाते तुम्हें दुःख होता, तुम्हें बेटी कहते समय मुझे भी बुरा लगता। लेकिन ये बातें आख़िर बतायें तो किसे।"

"तुम्हारी माँ ने मुझे स्वीकारा इसलिए उन्हें बड़प्पन मिला लेकिन मैंने सबको अपनाया तो मुझे क्या मिला। दो बीबियों का पति होना पुरुष के लिए आनन्द की बात होगी लेकिन इससे औरतों के जीवन का क्या हश्र होता है इस पर कभी किसी ने नहीं सोचा।" माई के मुँह से ये फ़लसफ़े जैसी बात सुनकर मैं दंग रह गयी। चाय की चुस्की लेते हुए माई इस तरह बोल रही थी मानो बीती हुई ज़िन्दगी की कड़वी यादों के ही घूँट ले रही हो।

"तारा, तुम पढ़ी-लिखी हो, नौकरी करती हो, तुम्हारे हाथ में सत्ता है। सो तुम पति को कोर्ट में खींच सकती हो। मैंने और तुम्हारी अम्माँ ने क्या किया? मैं बाप की उम्र के आदमी की बीवी बनी। उस वक़्त मुझ पर क्या बीती होगी? इसका तुम्हें आज भी ख़्याल नहीं है। तुमने कहा था कि सोनबावड़ी की औरतें हँसते-खेलते घरों में आग लगाती हैं, लेकिन तारा, आग औरतें नहीं लगातीं, आग लगाते हैं आदमी। अपनी बच्चियों को किसी के भी हाथों बेच देते हैं और किसी की नन्हीं बच्ची को भी ब्याह लाते हैं। यह सब बन्द होना चाहिए। तारा जो तुम आज कर रही हो वह मैं भी करना चाहती थी। शौकिया दो-दो शादी रचानेवालों को सबक सिखाने के लिए कुछ करना चाहिए, ऐसा मुझे भी लगता था। पर मैं ठहरी अनपढ़ गँवार। मेरे पास न शिक्षा थी न सत्ता। लेकिन तुम कर सकती हो, इसलिए मुझे तुम पर नाज़ है।

"मैं जानती हूँ कि कोई भी तेरी तरफ़ से बोलनेवाला नहीं है क्योंकि पढ़ने-लिखने के बावज़ूद तुम एक औरत ही हो इसलिए तुम्हारें भाई ने सदाशिव ने भी झूठी गवाही दी है। लेकिन तुम चिन्ता मत करो मैं तुम्हारें साथ हूँ। जँवाई बाबू ने दूसरी शादी की इसका सबूत तुम्हें चाहिए था ना? मैं लायी हूँ।" माई ने अपनी थैली में से काग़ज़ निकाला और मेरे हाथ में दिया। कहा, "जिस पुरोहित ने तुम्हारे पति की शादी रचायी उससे मैं लिखाकर लायी हूँ यह क़ागज़। यह लो और अब अपने भाई का यह पति का जो करना हो करो।"

"तारा, ऐसे क्या देख रही हो, तुम्हारा पति शादी रचाकर इनकार कर रहा है।

उसने तुम्हारे बारे में नहीं सोचा। यह तो चलो ठीक है लेकिन जिसके साथ उसने शादी की उसके बारे में सोचा है? उसके साथ शादी की बात को अगर वह झूठ बताता है तो उसे किस रिश्ते से रख रहा है? अपनी रखैल बनाकर?..."

माई का सवाल सुनकर, उसका लाया सबूत देखकर मैं दंग रह गयी। दरवाज़े की बेल बजी, बाहर वकील खड़े थे और मैं अचम्भित-सी माई की तरफ़ बस देखती रह गयी।

(मराठी से अनुवाद : सन्ध्या पेण्डणेकर)

●

उर्दू

पर्सनल एकाउण्ट

फ़हमीदा रियाज़

"समय भी इन्सान को क्या-से-क्या बना देता है।"

मंसूरा अपने ख़याल में खोयी हुई, अण्डरग्राउण्ड रेल में बैठी चली जा रही थी। वह इब्राहीम भाई के बारे में सोच रही थी, जो पाकिस्तान जानेवाले थे। फ़ैसलाबाद, जहाँ उसकी बूढ़ी माँ और बाप रहते थे। दो दिन पहले इब्राहीम भाई ने उससे कहा था, "ना भई ना, यह पैसे मैं तेरे माँ बाप को नहीं दे सकता। यूँ भी हमारे वतन में बेटी की कमाई कोई नहीं ख़ाता। अरे, बेटी के घर तो पानी भी नहीं पीते बहुत-से लोग।"

मंसूरा दिल मसोसकर रह गयी। अशफ़ाक़ से छिपा-छिपाकर उसने सिलाई से की गयी स्वयं अपनी कमाई से जो सौ पाउण्ड जमा किये थे, वह उसके हाथ में काँपते रह गये थे। उसकी आँखों से आँसू की बूँदें ख़ामोशी से लुढ़कती हुई गरदन पर गिरती रही थीं ... आँसू जो स्वयं उसके गिरेबान में जज़्ब हो गये थे। उसके मुँह से सिसकी की तरह निकला था, "क्या मैं उनकी बेटी नहीं? उनका मुझ पर अधिकार नहीं?"

इब्राहीम भाई ने सिर हिलाकर कहा था, "लो, यह भी कोई बात हुई! वंश तो मर्द से चलता है, अब अल्ला-तअला की यही मर्ज़ी थी कि तुम्हारे माँ-बाप के घर औलादे-नरीना न हो, तो उसकी रज़ा (इच्छा)। अल्लाह के राज़ वही जानता है। या हक़।" उन्होंने माला फेरते हुए नारा-सा लगाया था।

एक स्टेशन पर गाड़ी रुकी तो मंसूरा ने घबराकर बाहर नज़र डाली। लेसिस्टर स्क्वॉयर आ गया था। यहाँ से उसे ऑक्सफ़ोर्ड सर्कस के लिए ट्यूब बदलनी थी। वह जल्दी से उठी और अपने बेटे गुड्डू को हाथ पकड़कर खींचती हुई दूसरे हाथ से उसकी पुश चेयर सँभाले लोगों की भीड़ चीरने की कोशिश करने लगी। एक अंग्रेज़ औरत ने गुड्डू को ट्रेन से नीचे उतार दिया। मंसूरा जल्दी से ख़ुद भी उतरी और हार्दिक आभार कहा, "थैंक यू" औरत मुस्करायी। ट्रेन का स्वचालित दरवाज़ा बन्द हो गया। धुँधले शीशे के पार उस औरत का मुस्कराता चेहरा और सुनहरे बाल ग़ायब हो गये।

मंसूरा ने साँस ठीक की और गुड्डू को पुश चेयर में बैठाकर स्ट्रेप से बाँधा, फिर वह बिजली की सीढ़ियों की ओर चल दी। प्लेटफ़ॉर्म बदलकर वह सेण्ट्रल लाइन की ट्रेन का इन्तज़ार करने लगी।

क्रिसमस का ज़माना था और ऑक्सफ़ोर्ड स्ट्रीट पर सेल लगी हुई थी। सेल तो वैसे बर्किस्टन में भी लगी थी, जो क्लैप हेम साउथ से ज़्यादा दूर नहीं था, पर अशफ़ाक़ का आग्रह था कि उसके रिश्तेदारों के लिए शॉपिंग ऑक्सफ़ोर्ड स्ट्रीट से ही की जाय, जहाँ ज़्यादा वेराइटीज हैं। लिस्ट उसके पास थी। अशफ़ाक़ के सब भाइयों के लिए पतलूनें और क़मीज़ें, उसकी माँ के लिए स्वेटर, बाप के लिए कार्डीगन और बहनों के लिए हैण्ड-बैग ख़रीदने थे। यह सब सामान इब्राहीम साहब अपने साथ फ़ैसलाबाद ले जानेवाले थे।

पाँच साल पहले मंसूरा फ़ैसलाबाद से ब्याह कर लन्दन आयी थी। अशफ़ाक़ केवल महीने-भर की छुट्टी पर आया था। उस एक महीने में उसकी बात पक्की करके शादी कर दी गयी थी। लन्दन में रहनेवाले दामाद के एवज़ उसके बूढ़े माँ-बाप ने अशफ़ाक़ के घरवालों को अपने मकान का प्लाट दे दिया था जिसको उसके ख़ानदान ने निर्लज्जता से स्वीकार करते हुए उस पर मकान भी बनवा लिया था। शादी के समय मंसूरा फ़ैसलाबाद के लड़कियों के कॉलेज में इण्टर में पढ़ती थी। शादी इम्तहानों से पहले हो गयी थी। तब से वह एक बार भी पाकिस्तान नहीं गयी थी। अब तो गुड्डू भी चार साल का हो गया था। इस अर्से में उसकी छोटी बहन ने बी.ए., बी.टी. कर लिया था। उसकी शादी हो गयी थी, पर इस महँगाई के ज़माने में एक आदमी की आमदनी मे माँ-बाप, बहन-भाइयोंवाले ख़ानदान कैसे चलते। टीचर्स ट्रेनिंग की वजह से उसकी बहन रज़िया को एक प्राइवेट स्कूल में चार हज़ार की नौकरी मिल गयी थी। कुछ पैसे वह ट्यूशन पढ़ाकर भी हासिल कर लेती थी। उसकी आमदनी का एक-एक पैसा उसका शौहर ले लिया करता था। रज़िया तड़पती रह जाती थी, लेकिन अपनी माँ और बाप की ज़रा भी मदद नहीं कर पाती थी, केवल उसकी ही नहीं, यह तो उसके देश की सारी औरतों की कहानी थी। बाथ-रूम साफ़ करनेवाली मेहतरानी से लेकर उसकी उन तमाम सहेलियों तक की, जो अब सालों से नौकरी कर रही थीं, उनका अपनी कमाई पर कोई अधिकार नहीं था। कभी-कभी वह सोचती, मेरे प्यारे वतन पाकिस्तान के मर्द कैसे हैं। ये सब अपनी पत्नियों की तनख़्वाहें अपनी हथेलियों पर रखवा लेते हैं यह घर की जन्नत नामी दोज़ख (नरक) में झोंक देते हैं ...अपनी ख़ुशी से वह अपनी कमाई का एक धेला भी क्यों ख़र्च नहीं कर सकतीं?

लेकिन पाकिस्तानी मर्द ही क्या, हिन्दुस्तानी मर्दों की भी यही कहानी थी। क्लैप हेम साउथ में बीसियों हिन्दुस्तानी और पाकिस्तानी परिवार बसते थे। बहुत-से हिन्दू

और सिक्ख घरानों की औरतें भी उसी गारमेण्ट फैक्टरी में बिजली की मशीनों पर सिलाई करती थीं। सबके पति दिहाड़ी का एक-एक पैसा वसूल कर लेते थे। उसकी दोस्त कुलवन्त कौर चुपके-चुपके उससे कहती, "बड़ा सुनया सी पाकिस्तान, पाकिस्तान। इत्थे आके पता चलिया कि इह ते बिल्कुल हिन्दुस्तानियों जैसे होंदे नें। रज के खाना तो बती वसा के साडे उत्ते चढ़ जाना..." कुलवन्त कौर खुली-डुली मोटी-ताज़ी औरत थी। वह बड़े ज़ोर का ठहाका लगाती और कहती, "बड़े गोरे-चिट्टे, लम्बे-चौड़े हैं हमारे मर्द। तीन मिनट में फ़ारिग (स्खलित) होते हैं, तीन मिनट में ...।"

मंसूरा की उससे बड़ी दोस्ती हो गयी थी। कुलवन्त कौर का गला भी बड़ा मीठा था और मज़ेदार बात यह थी कि वह ख़ुद ही सिक्खों के चुटकुले सुनाती रहती थी। मंसूरा ने उससे सब्ज़ियाँ पकाना और आलू-गोभी के पराठे बनाने सीखे थे। कुलवन्त लन्दन में अचार तक अपने घर में डालती थी, जो शायद किसी चमत्कार से दो-तीन महीने में लन्दन की मटमैली धूप में तैयार हो जाते थे।

ऑक्सफ़ोर्ड स्ट्रीट से शॉपिंग करके अनगिनत थैलों के बोझ से दबी मंसूरा हैरान और परेशान खड़ी थी। यह सब शॉपिंग उसे बर्किस्टन ले जानी थी, जहाँ इब्राहीम भाई रहते थे। बर्किस्टन तक कोई ट्रेन नहीं जाती थी। क्लैप हेम नार्थ से पैदल जाना पड़ता था। अब वह इन थैलों को उठाये, गुड्डू को सँभाले कि पुश चेयर पकड़े। एक बार तो दिल में आया कि टैक्सी ही कर ले, लेकिन फिर ध्यान आया कि अशफ़ाक तो क़तल कर देगा। टैक्सी! यहाँ किसी भी पाकिस्तानी-हिन्दुस्तानी गृहिणी का टैक्सी पर बैठना ऐसा पाप था, जो वह कभी नहीं करती थी।

और तब एक अजीब घटना हुई। किसी कार पार्किंग से निकलता उसे मार्क नज़र आ गया। मार्क ने उसे देखकर पहले गाड़ी धीमी की और फिर रोक ली। उसने कहा, "वाण्ट टू कम? ...कम।" कड़े जाड़े में मंसूरा पसीने से नहा गयी। वह पाँच साल से लन्दन में थी, लेकिन उसने किसी गोरे से बात तक नहीं की थी। मार्क उसके ही मोहल्ले में रहता था और उसे पहचान गया था। और कोई समय होता, तो मंसूरा एक मिनट भी सोचे बिना "नो, थैंक्य यू।" कहकर आगे बढ़ जाती, लेकिन शॉपिंग के ये तमाम थैले, गुड्डू और पुश चेयर मिल-जुलकर कुछ ऐसी समस्या बन चुके थे कि दूसरे ही लम्हें वह तमाम थैले पिछली सीट पर रखकर गुड्डू की पुश चेयर फोल्ड करते हुए कह रही थी, "यस, थैंक यू।"

गुड्डू को गोद में लिये मार्क के साथ अगली सीट पर बैठे हुए उसने हिम्मत करके मार्क पर नज़र डाली। यह देखकर वह धक् से रह गयी कि मार्क उसे चोरी-चोरी देखकर मुस्करा रहा था। मंसूरा को क्या पता कि सामान के थैलों से लड़ते-लड़ते यह जो उसका चेहरा गुलाबी हो गया था, बालों की सियाह लटें जो चोटी से निकल-निकलकर बिखर गयी थीं और भरे-भरे बदन से जो जवानी की ख़ुशबू

फूट-फूटकर निकल रही थी, वह सब कैसी क़यामतें ढा रहे थे। उसे कब पता था कि वह एक बहुत .ख़ूबसूरत औरत है। सतरहवीं में लगी थी कि शादी हो गयी। अठारहवीं में गुड्डू आ गया। पाकिस्तानी और हिन्दुस्तानी पति अपनी पत्नियों से यह कब कहते हैं, "तुम एक बहुत खूबसूरत औरत हो।"

लेकिन उस आइरिश मजदूर की आँखें उससे यही कह रही थीं। मंसूरा घबरा गयी। उसे यूँ लगा, जैसे उससे झूठ बोला जा रहा है। उसने फिर मार्क की तरफ़ देखा, पच्चीस-छब्बीस वर्ष का रहा होगा। मामूली लम्बाई। बच्चों जैसा भोला चेहरा, पर नीली-नीली आँखों में शरारत की चमक। दूर से अंग्रेज़ों के चेहरे उसे कार्डबोर्ड पर बनी तस्वीरों जैसे नज़र आते थे। शुरू-शुरू में तो सब गोरे एक जैसे लगते थे। उसके लिए उन्हें अलग-अलग पहचानना भी मुश्किल था। साल भर में कहीं जाकर आँखों को आदत पड़ी थी और आज... एक गोरे के इतने पास बैठी थी वह। अचानक उसे मार्क के शरीर की महक महसूस हुई। एक मर्द के शरीर की महक... मंसूरा का दिल धड़कने लगा, "हाउ यू गेट पार्किंग?" मंसूरा ने अजनबी आवाज़ में पूछा।

मार्क हँस पड़ा। उसने कहा, "ओह, आई एम ए प्लम्बर। आई गो टू फिक्स थिंग्स। आइ गेट पार्किंग।" फिर उसने क्लैप हेम साउथ की ओर गाड़ी मोड़ दी। मंसूरा ने घबराकर कहा, "प्लीज़ ड्राप मी एट बर्किस्टन ..." उसने जल्दी से इब्राहीम साहब के मकान का नम्बर दोहराया।

"फाइन" मार्क ने कहा और उसे बर्किस्टन की ओर ले चला। इब्राहीम भाई साहब के घर जाते हुए गुड्डू मंसूरा की गोद में सो गया। मंसूरा को फिर इब्राहीम भाई का ख़याल आया। वह उन्हें बचपन से जानती थी। उसके मोहल्ले में ही उनका घर था। वह केवल एक ख़ुश-शक्ल नौजवान नहीं थे, बल्कि बड़े प्रतिभावान् और मशहूर थे। वह कहानियाँ लिखते थे, जो सचमुच पत्रिकाओं में छपती भी थीं। उनमें 'चरवाहा' नाम की एक कहानी को ख़ासी शोहरत भी मिली थी। उस समय उनमें इन्सानियत थी और चेहरे पर उमंग की चमक रहती थी। वह लन्दन अंग्रेज़ी साहित्य पढ़ने के इरादे से ही आये थे। कहते थे, बस कुछ दिन मेहनत-मज़दूरी कर लूँ, फिर मैं हूँ और साहित्य है, लेकिन ज़ालिम वक़्त ने उनकी यह इच्छा पूरी न होने दी थी। कुछ दिनों बाद उन्होंने हलाल मीट की दुकान खोल ली, जो ख़ूब चल निकली। एक अत्यन्त कम-शक्ल अंग्रेज़ औरत से उन्होंने शादी भी कर ली। हलाल गोश्त ने इब्राहीम भाई को पहली बार सम्पन्ता से परिचित कराया तो उन पर पीरी-मुरीदी छा गयी और उन्होंने अंग्रेज़ बुढ़िया को भी कलमा पढ़ाकर मुसलमान कर लिया। वह भी शलवार-क़मीज़ पहने उनके साथ ग्रॉसरी स्टोर पर बैठी हलाल मीट बेचा करती थी, लेकिन बर्किस्टन के लोग जानते थे कि इधर एक वर्ष से उस स्टोर पर कुछ और भी बिकता था, कोई भी ऐसी चीज़ जो इन्सान की अक़्ल को खब्त (बुद्धि-विकार)

कर देती है। इब्राहीम भाई से पूछने की कोशिश कौन करता। पाकिस्तान एसोसिएशन पर उनका गहरा असर था और उनको टोकने का मतलब कम्युनिटी की नाराज़गी मोल लेना था। इब्राहीम भाई के दो बेटे भी जवान हो गये थे। उन्होंने दोनों को मुश्किल से स्कूल में डाला था और फिर सिक्योरिटी गार्ड बनवा दिया था। उन दिनों के लिए बीवियाँ वह फ़ैसलाबाद से ही लेकर आये थे।

इब्राहीम भाई अक्सर मंसूरा के घर आया करते थे। अब उन्होंने लम्बी-सी दाढ़ी रख ली थी। वह माला घुमाते रहते थे और बिल्कुल ऐसी आएं-बाएं-शाएं बातें करते थे, जिनका कोई सिर-पैर न होता। उनकी उन बातों से लन्दन में अपने कल्चर के लिए तरसी हुई लन्दन की कम पढ़ी-लिखी कम्युनिटी ने उन्हें पीर मान लिया था। वह भी उनसे चुपके-चुपके कहते, "ज़रा-सी चुसकी लगाओ, शराब-वराब सब भूल जाओगे, ज्ञान प्राप्त हो जायेगा। यह बूटी भी ख़ुदा ने बनायी है। कहाँ की अक़्ल, कहाँ की साइन्स, यह बिजली, यह ट्रेनें, यह हवाई जहाज़... यह कमबख़्त अंग्रेज़ के शैतानी आविष्कार हैं। हमें देखो, एक पीर के चमत्कार से बेपर के उड़ते हैं और बेपर की उड़ाते हैं... हू हक़।" वह नारा लगाते। मगर जैसी कि कहावत है, दीवाना अपने काम के लिए होशियार होता है, उनकी दौलत में लगातार इज़ाफ़ा हो रहा था।

"ह्वाट आर यू डूइंग दिस इवनिंग?" मार्क की आवाज़ ने उसे चौंका दिया। वह गड़बड़ा गयी। उसने कहा, "मी?... नथिंग... ह्वाई?" मार्क ने हाथ से इशारा करते हुए अंग्रेज़ी में कहा, "तुम मेरे साथ शाम को यहाँ क्यों नहीं आतीं?" मंसूरा ने खिड़की से बाहर झाँककर देखा। एक ख़ाली शो विण्डो में एक पोस्टर लगा था, जिसमें गुज़राती, हिन्दी, उर्दू और अंग्रेज़ी में किसी मीटिंग की दावत थी, नस्ल भेद के ख़िलाफ़ ... आज शाम सात बजे ...

मंसूरा साँस रोककर बैठी रही, फिर उसने लम्बी-सी साँस छोड़कर दुखते मन से सोचा, मैं और बाहर जाऊँ? किसी मीटिंग में जाऊँ?

"यह तुम लोगों के हक़ में है।" मार्क ने कहा। वह 'राइट' का मतलब समझती थी। रंगदार लोगों के हक़ूक़ (अधिकार) का मतलब समझ सकती थी, लेकिन 'राइट' का 'हक़' वह शब्द न था, जो उसके या उस जैसे दूसरों घरों में कभी बोला जाता हो और वह भी औरतों की ज़बान से, यह तो सोचा भी न जा सकता था।

इसी लन्दन में ऐसे हिन्दुस्तानी और पाकिस्तानी भी थे, जो अपनी पत्नियों और बहनों के साथ इन मीटिंगों में आते थे, जो नस्ल-भेद के ख़िलाफ़ लड़ रहे थे... लेकिन वह तो अंग्रेज़ी अख़बार पढ़नेवाले लोग थे ... उन पर तो पश्चिम का रंग चढ़ गया था ...। वे तो रविशंकर का सितार सुनना चाहते थे। मंसूरा जिस क्षेत्र में रहती थी, वहाँ उन लोगों को गद्दार और पश्चिम का गुलाम समझा जाता था। इसी लन्दन में ऐसे मुसलमान, हिन्दू और सिक्ख भी थे जो यूनिवर्सिटियों में इस्लाम, हिन्दू मत

और सिक्ख धर्म और सभ्यता और संस्कृति पर रिसर्च कर रहे थे, जिनके लेख अंग्रेज़ी अख़बारों में छपते थे और जिनकी उस समाज में बड़ी इज़्ज़त थी, लेकिन मंसूरा के इलाक़े में उन्हें 'काला साहब' के नाम से याद किया जाता था।

मार्क ने गाड़ी इब्राहीम भाई के घर के सामने खड़ी कर दी और पिछली सीट से शॉपिंग बैग उतार-उतारकर दरवाज़े के सामने रखने लगा फिर उसने सामने का दरवाज़ा खोलकर गुड्डू को मंसूरा की गोद से ले लिया। मंसूरा ने गाड़ी से उतरकर दरवाज़ा बन्द किया और कॉलबेल बजायी। दरवाज़ा शलवार-क़मीज़वाली बुढ़िया ने खोला। उसके पीछे इब्राहीम भाई खड़े थे।

"आओ, भाई आओ..." उन्होंने कहा, लेकिन मंसूरा के पीछे गुड्डू को गोद में लिये मार्क को खड़े देखकर वह चकित रह गये। शब्द उनके कण्ठ में अटक गये। अन्ततः अंग्रेज़ बुढ़िया ने गिट-पिट करते हुए उनके लिए रास्ता बनाया। मंसूरा शॉपिंग बैग लेकर अन्दर आयी, तो मार्क भी गुड्डू को सँभाले अन्दर आ गया। उसने अपना परिचय कराया और इब्राहीम भाई से हाथ मिलाया।

मंसूरा ने अपने पर्स से एक लिफ़ाफ़ा निकाला। उसकी आवाज़ रोना रोकने से रुँध रही थी। उसने बड़ी मुश्किल से कहा, "इब्राहीम भाई, रज़िया का फ़ोन आया था। अम्मा जी को दमे की बड़ी तक़लीफ़ है। मैंने बड़ी मुश्किल से एक पाकिस्तानी डॉक्टर से अपने लिये नुस्ख़ा लिखवाकर दवाएँ हासिल की हैं, आप कम-से-कम यह तो मेरी अम्माँ को पहुँचा दीजिये। अल्लाह शफ़ा देगा।"

इब्राहीम भाई ने उसे गुस्से भरी नज़रों से देखकर कहा, "मैं तो यह सोच रहा था कि तू गोरे के साथ घर आयी कैसे?...तेरी इतनी हिम्मत।... या अल्लाह! हमारी औरतों में इतनी बेहयाई।"

"इब्राहीम भाई, यह आप कह रहे हैं?" यह तो मेरा पड़ोसी है। बेचारा हमदर्दी में ले आया। आपकी बीवी तो अंग्रेज़ है... आपके बच्चे हैं उससे..." मंसूरा ने गुस्से और नफ़रत से कहा।

इब्राहीम भाई ज़मीन पर थूककर बोले, "मैं तो मर्द हूँ। मेरा क्या है? नस्ल तो औरतें चलाती हैं। तब ही तो वह हमारी ग़ैरत (स्वाभिमान) हैं। या हक़।"

मंसूरा ने ज़हरखन्द (खिसयानी हँसी) किया और कहने लगी, "मैं नस्ल-परस्ती के ख़िलाफ़ मीटिंग में जा रही हूँ आज शाम। आप भी चलिये।" फिर उसने टूटी-फूटी अंग्रेज़ी में कहा, "यस मार्क, वी गो टू मीटिंग दिस इवनिंग..."

मार्क इब्राहीम भाई को मीटिंग का उद्देश्य समझाने लगा। इब्राहीम भाई मजबूरन सिर हिलाते रहे, फिर क्षमा माँग ली, फिर चुपके से उर्दू में बड़बड़ाये, "क्या खुराफ़ात है ... बकवास ... अपनी नस्ल की हिफ़ाज़त तो कुत्ते-बिल्ली भी करते हैं।"

मंसूरा का दिल चाहा कि पूछे, आप कुत्ता हैं या बिल्ली? लेकिन वह होंठ काटकर उठ खड़ी हुई।

अन्ततः इब्राहीम भाई उसकी माँ तक दवाएँ पहुँचाने पर राज़ी जो गये थे और वह उसी की ख़ैर मना रही थी।

वह जाने के लिए तैयार हुई और गुड्डू को भी जगा दिया। गुड्डू कच्ची नींद से उठकर आँखें मलता हुआ मार्क के साथ अगली सीट पर जा बैठा। मंसूरा उनके पीछे-पीछे आ रही थी। अचानक इब्राहीम भाई का हाथ उसकी रानों से टकराया। मंसूरा घबराये घोड़े की तरह बिदकी। उनका हाथ दूसरी बार उसकी जाँघ पर रुका, फिर उसकी कमर के नीचे कूल्हों पर एक चुटकी...

इब्राहीम भाई के घर का दरवाज़ा बन्द हो गया।

अपमान और घृणा से कँपकँपाती हुई मंसूरा मार्क की गाड़ी का पिछला दरवाज़ा खोलकर बैठ गयी। "गुड्डू कम हीयर।" उसने गुड्डू को पीछे से खींच लिया और अपने सीने से ज़ोर से लिपटा लिया। ऐसा लगता था, जैसे वह अपने अन्दर के किसी ज़हर को दूर करना चाहती हो। माँ के सीने की गर्मी पाकर गुड्डू फिर नींद की गोद में चला गया।

मार्क ने पीछे मुड़कर उसे देखा, "विल यू रियली कम?" उसने गम्भीरता से पूछा।

"नो..." मंसूरा ने धीरे से कहा।

वह पथरीला चेहरा लिये खिड़की से बाहर गुज़रते हुए दृश्य देख रही थी। गलियाँ, मकान ... फिर और मकान ...

उसका घर आ गया।

वह मार्क की गाड़ी से निकली। पर्स से चाबी निकालकर अपने घर का दरवाज़ा खोला और अन्दर चली गयी। मार्क हैरानी से उसे देखता रहा, फिर उसने सोते हुए गुड्डू को उठाया और गाड़ी में ताला लगाकर उसके पीछे घर में दाख़िल हुआ।

"सुनो डार्लिंग", उसने कहा, "तुम्हारा बच्चा..."

"उसे लिटा दो।" दूसरे कमरे से मंसूरा की आवाज़ आयी। मार्क गुड्डू को लिटा आवाज़ के पीछे दूसरे कमरे में गया।

मंसूरा पूरी जान से काँप रही थी।

मार्क की नीली आइरस्तानी आँखें चमक रही थीं।

अब यह बत्ती बुझाकर मुझ पर चढ़ क्यों नहीं जाता? लेकिन मार्क उस पर चढ़ नहीं रहा था। वह तो न जाने क्या-क्या कर रहा था ... अपने हाथों से, अपने होंठों से... नी हाय कलवन्ते। किस ... ऐसे करते हैं, किस? अशफ़ाक़ ने तो कभी किया ही नहीं, तो और क्या, कोई पूर्वी मर्द कहीं अपनी पत्नियों को किस करते हैं। छी-छी। यह तो ख़ामख़्वाह समय नष्ट...।

मार्क जो न गोरा रह गया था, न किसी और रंग का, फिर भी पाकिस्तानी नहीं था, हिन्दुस्तानी भी नहीं। जो उसकी बेबाक़ी पर हैरान होकर कहता, "अरे, यह

रण्डियोंवाली हरकतें कहाँ से सीखीं। अज़ल (अनादिकाल) और अबद (नित्यता) के बीच भटकते किसी लम्हे में मंसूरा ने उसे कार्डबोर्ड का पुतला बना लिया था, जो उसके साथ न जाने क्या-क्या कर रहा था और जिसके साथ वह मनमानी कर रही थी। वह फ़ैसलाबाद में थी, अपने बिस्तर में अकेली ... सिसकियाँ दबाती हुई ... अम्माँ न सुन लें, साथ सोयी बहन न सुन ले ... वह किसी मज़ार पर थी और उसे हाल आ रहा था ...। वह एक गहरे ख़्वाब में थी... वह केवल अपनी और मार्क की चीख़ों से चौंकी और दुनिया में वापस आयी और अपनी हौंकती चीख़ सुनी।

ज़िन्दगी में पहली बार... एक बच्चे की माँ ने ज़िन्दगी में पहली बार खुलकर हाँफते हुए गले में घुटती चीख़ निकल जाने दी थी। हाय कुलवन्त। क्या मुझे उस गोरे से प्यार हो जायेगा?

मैं तो... उसे जानती भी नहीं।

चुप नी चुप। कुलवन्त कौर पेट दबाये, झुकी हुई, कानाफूसियाँ करती हुई। वह ज़ोर से उसका हाथ भींचता। आह! यह सदियों पुरानी राज़दारियाँ दो पूर्वी औरतों की ... काट के रख देंगे ... जन्मजली। बस जो हुआ सो हुआ...

क्या वह फिर आयेगा?

पता नहीं ... शायद नहीं आयेगा...

गुड्डू जाग गया था। उलटे-सीधे कपड़े पहने मंसूरा ने उसे ज़ोर से अपने साथ भींच लिया। मार्क न जाने कब चला गया, उसकी गुलाबी होंठों का चुम्बन लेकर... उनके दाँत टकराये थे।

मंसूरा देर तक अपने बेटे को चूमती रही। शक्ति की एक लहर थी, जो उसकी नस-नस में दौड़ रही थी।

"जो लोग प्यार कर सकते हैं..." कुलवन्त कौर ने सोच-समझकर कहा था, "औरत से... वह शायद प्यार कर सकते हैं... सबसे ...मरजानी।"

दूर, कहीं बहुत दूर, अम्माँ थीं और अब्बा। और मंसूरा के पर्स में दूर देश की मुहरोंवाला ख़त, जिसमें फ़ैसलाबाद में बैंक की एक छोटी-सी ब्रांच के एक खाते का नम्बर था। एक साधारण-सा नम्बर जिस पर सतरह वर्ष की ममता और स्नेह की छाँव थी और पाँच वर्ष की जुदाई, अपमान और हीन भावना की कड़ी धूप थी। दूसरे दिन गारमेण्ट फैक्ट्री से एक घण्टे की छुट्टी लेकर मंसूरा ने उस नम्बर पर छतरी तान ली।

मंसूरा ने पति की मर्ज़ी जाने बिना क़रीबी बैंक में अपना अलहदा पर्सनल एकाउण्ट खुलवा लिया।

लेखिका परिचय

कृष्णा सोबती : हिन्दी कथा-साहित्य में अत्यन्त सम्मानित नाम, वरिष्ठ लेखिका। अविभाजित भारत के गुज़रात के उस हिस्से में 18 फरवरी, 1925, जन्म जो बँटवारे के बाद अब पाकिस्तान में है। उपन्यास और कहानी के साथ-साथ अपने वैचारिक लेखन और चिन्तन से भी हिन्दी साहित्य को समृद्ध किया है। अब तक 4 कहानी-संग्रह, 4 उपन्यास एवं 2 लघु उपन्यास प्रकाशित हैं। 'शलाका सम्मान', साहित्य अकादमी पुरस्कार, साहित्य अकादमी की महत्तर सदस्यता तथा 'पद्म भूषण' सम्मान से सम्मानित।

मन्नू भण्डारी : मध्य प्रदेश के मन्दसौर ज़िले के एक गाँव में 3 अप्रैल, 1931 को जन्म। साहित्यिक परिवार में जन्मी मन्नू जी वरिष्ठ कथाकार हैं। इनके अब तक 5 उपन्यास (1 राजेन्द्र यादव के साथ), कहानी-संग्रह, 1 नाटक तथा आत्मकथा प्रकाशित हैं। 'महाभोज' और 'आपका बण्टी' उपन्यास अत्यन्त चर्चित हैं।

कई कहानियों पर फ़िल्म बनी है, कई कहानियाँ अन्य भारतीय भाषाओं सहित विदेशी भाषाओं में अनूदित हैं। 'व्यास सम्मान' सहित कई दूसरे सम्मानों/पुरस्कारों से सम्मानित।

मृदुला गर्ग : 25 अक्टूबर, 1938 को कोलकाता में जन्म। अब तक 20 से अधिक कृतियाँ (उपन्यास एवं कहानी-संग्रह प्रकाशित)। कुछ दिनों तक दिल्ली विश्वविद्यालय में अध्यापन एवं 'इण्डिया टुडे' में नियमित स्तम्भ-लेखन। वाग्देवी पुरस्कार सहित कई पुरस्कार और सम्मान मिले हैं। कथा-साहित्य के साथ-साथ नाटक, व्यंग्य, यात्रा-वृत्तान्त एवं वैचारिक लेखन भी प्रकाशित। 'कठगुलाब' अत्यन्त प्रसिद्ध रचना।

चित्रा मुद्‌गल : 10 सितम्बर, 1944 को चेन्नई में जन्म। मुम्बई में उच्च शिक्षा, मूलतः उत्तर प्रदेश के उन्नाव ज़िले की निवासी (पैतृक गाँव)। अब तक 13 कहानी-संग्रह, 3 उपन्यास, 3 बाल उपन्यास, 4 बाल-कथा-संग्रह तथा 5 सम्पादित पुस्तकें प्रकाशित। चर्चित उपन्यास 'आँवाँ' के लिए 'व्यास सम्मान' से सम्मानित।

मैत्रेयी पुष्पा : 30 नवम्बर, 1944 को अलीगढ़ जनपद के एक गाँव में जन्म। आरम्भिक जीवन बुन्देलखण्ड में बीता इसलिए लेखन में बुन्देलखण्डी जीवन और संस्कृति का गहरा प्रभाव। अत्यन्त चर्चित कथा-लेखिका एवं नारीवादी विचारक। अब तक 3 कहानी-संग्रह एवं 10 उपन्यास प्रकाशित, दो भागों में आत्मकथा प्रकाशित। 1 कविता-संग्रह, 1 नाटक एवं स्त्री-विमर्श सम्बन्धी वैचारिक लेखन की 3 पुस्तकें प्रकाशित। 'फ़ैसला' कहानी पर टेलीफ़िल्म, 'वसुमति की चिट्ठी' निर्मित। उत्तर प्रदेश हिन्दी साहित्य संस्थान सहित कई अन्य संस्थाओं/अकादमियों से पुरस्कृत एवं सम्मानित।

ममता कालिया : हिन्दी की वरिष्ठ लेखिका, 02 नवम्बर, 1940 को उत्तर प्रदेश के वृन्दावन में एक साहित्यिक परिवार में जन्म, शुरू में मुम्बई और बाद में इलाहाबाद के एक कॉलेज में अध्यापन और प्रधानाचार्य के दायित्व का निर्वहन। वर्तमान में म.गां.अ.हिं.वि.वि. वर्धा की अंग्रेज़ी पत्रिका का सम्पादन। अब तक 4 कविता-संग्रह, 8 उपन्यास, 2 नाटक एवं संस्मरणों की एक किताब प्रकाशित। 'सामरसेट मॉम' का अनुवाद।

नासिरा शर्मा : 1948 में इलाहाबाद में जन्म। हिन्दी के साथ-साथ फारसी साहित्य का भी अध्ययन। कई देशों की यात्रा। उपन्यास, कहानी-संग्रह, नाटक, वैचारिकी लेख, रिपोर्ताज एवं साक्षात्कार कई विधाओं में हस्तक्षेप। नाटक (मंचन) एवं डाक्यूमेण्ट्री फ़िल्म के क्षेत्र में भी जुड़ाव, वैविध्यपूर्ण एवं बहुविधि लेखन। कई सम्मान/पुरस्कार प्राप्त। 3 नाटक, 9 कहानी-संग्रह, उपन्यास, स्त्री-विमर्श सम्बन्धी लेखों के 3 संकलन तथा एक रिपोर्ताज प्रकाशित। फ़ारसी और उर्दू की कई महत्त्वपूर्ण रचनाओं का हिन्दी में अनुवाद, स्वतन्त्र लेखन करती हैं और दिल्ली में रहती हैं।

नमिता सिंह : जनवरी, 1944 में लखनऊ में जन्म, अलीगढ़ के एक कॉलेज में रसायन विज्ञान की अध्यापिका रहीं, डॉ. नमिता सिंह प्रतिबद्ध मार्क्सवादी आलोचक कुँवरपाल सिंह की जीवनसंगिनी बनीं। अब तक 2 उपन्यास, 7 कहानी-संग्रह, 2 सम्पादित पुस्तकें प्रकाशित हैं। 'वर्तमान साहित्य' का सम्पादन करती है।

जया जादवानी : 1 मई, 1959, कोतमा (शहडोल) म.प्र. में जन्म, अब तक 3 कविता-संग्रह, 3 कहानी-संग्रह और 3 उपन्यास प्रकाशित। चर्चित कथा लेखिका। कई पुरस्कारों/सम्मानों से सम्मानित। फिलहाल स्वतन्त्र लेखन करती हैं और रायपुर में रहती हैं।

अल्पना मिश्रा : जनवरी, 1969 में जन्म। मूलतः हजारीप्रसाद द्विवेदी के परिवार से सम्बद्ध। पिता के साथ आरम्भिक जीवन बस्ती (सिद्धार्थनगर) में बीता।

बी.एच.यू. से एम.ए. और पी-एच.डी., कुछ दिनों तक देहरादून में अध्यापन, अब दिल्ली विश्वविद्यालय में एसोशिएट प्रोफ़ेसर। समकालीन कथा-साहित्य में अलग और विशिष्ट पहचान बनानेवाली कहानीकार। अब तक 3 कहानी-संग्रह प्रकाशित, सम्बन्धों पर आधारित कहानियों का सम्पादन। कई भाषाओं में कहानियों का अनुवाद भारतीय भाषा परिषद् साहित्य कई संस्थाओं से सम्मान व पुरस्कार।

नीलाक्षी सिंह : जन्म 17 मार्च, 1978, युवा पीढ़ी की अत्यन्त चर्चित लेखिका, पहली ही कहानी में सशक्त पहचान बनी। अब तक 1 उपन्यास तथा 2 कहानी-संग्रह प्रकाशित हैं। बैंक में नौकरी करती हैं और झारखण्ड में रहती हैं।

मनीषा कुलश्रेष्ठ : 1967 में जन्म। युवा पीढ़ी की अत्यन्त चर्चित एवं प्रतिष्ठित लेखिका। 'युवा साहित्यकार सम्मान' (1989) तथा 'कृष्ण प्रताप सिंह स्मृति कथा सम्मान' (2012) से सम्मानित। अब तक 1 कविता-संग्रह, 3 कहानी-संग्रह और दो उपन्यास प्रकाशित। अमीर खुसरो की जीवनी का अनुवाद।

ज्योति चावला : जन्म 5 अक्टूबर, 1979 (दिल्ली) युवा पीढ़ी की सशक्त रचनाकार, 'ज्ञानोदय' में छपी पहली ही कहानी 'अँधेरे की कोई शक्ल नहीं होती' अत्यन्त चर्चित हुई। अब तक 5 कहानियाँ प्रकाशित, कहानियों का पहला संग्रह शीघ्र प्रकाश्य 1 कविता-संग्रह प्रकाशित। इग्नू-दिल्ली के 'स्कूल ऑफ ट्रान्सलेशन स्टडीज ऐण्ड ट्रेनिंग' में सहायक प्रोफेसर।

शिल्पी : जन्म - 28 अगस्त, 1983 (बिहार), काशी विद्यापीठ से स्नातक, लखनऊ में रहती हैं। सामाजिक आन्दोलनों से जुड़ी हैं। पहली ही कहानी 'पापा, तुम्हारे भाई' से ख्याति मिली, युवा पीढ़ी की सशक्त लेखिका।

अनीता गोपेश : M.Sc, D.Phil Zoology पूरी शिक्षा इलाहाबाद विश्वविद्यालय से

— साहित्य के संस्कार साहित्यकर्मी पिता गोपीकृष्ण गोपेश से विरासत में मिले।

— प्रारम्भ कविता से किया। पर कालान्तर में कहानी की तरफ़ मुड़ गयीं।

— पिता की मृत्यु के बाद, बेरोजगारी के दिनों में पत्रकारिता भी की।

— छात्र जीवन से ही स्वतन्त्र लेखन। कहानियाँ, साक्षात्कार, फीचर्स, शब्द-चित्र, लेख—सभी लिखे।

— 'हंस', ज्ञानोदय, वागर्थ, कथादेश, पाखी, लमही, वर्तमान साहित्य, आजकल जैसी सभी साहित्यिक पत्रिकाओं में कहानियाँ प्रकाशित।

— अपने विषय 'मात्स्यवी' (Fishers) में अनेक शोधपरक पर्चे राष्ट्रीय - अन्तरराष्ट्रीय पत्रों में छपे।

– रंग-संस्था 'समानान्तर' की अध्यक्ष और अनेक नाटकों में अभिनय भी किया।
– स्त्री विमर्श, मानवाधिकार, सामाजिक समता आदि विषयों की सशक्त पैरोकार वक्ता।
– एक कथा-संग्रह 'कित्ता पानी' ज्ञानपीठ प्रकाशन से प्रकाशित। उपन्यास 'कुंजगली नहिं साँकरी' प्रकाश्य।

सम्प्रति : इलाहाबाद विश्वविद्यालय के प्राणी विज्ञान विभाग में अध्यक्ष तथा प्रोफेसर।

1983 से अध्यापन–इलाहाबाद विश्वविद्यालय में।

पता : 611, बैंक रोड, इलाहाबाद–211002

फोन :9335107168

अनीता गोपेश इलाहाबाद विश्वविद्यालय के जन्तु विज्ञान की अध्यक्ष हैं। जन्तु विज्ञान में डी. फिल्. प्रो. गोपेश ने साहित्य के संस्कार अपने पिता गोपीकृष्ण गोपेश (गीतकार एवं अनुवादक) से अर्जित किया है। कहानी-लेखन के अलावा रंगमंच में उनकी गहरी रुचि है। उन्होंने कई नाटकों में अभिनय भी किया है। 'हंस', 'ज्ञानोदय', 'वागर्थ', लमही आदि प्रमुख पत्रिकाओं में कहानियाँ/टिप्पणियाँ प्रकाशित। एक कहानी-संग्रह 'कित्ता-पानी' भारतीय ज्ञानपीठ से प्रकाशित। एक उपन्यास शीघ्र प्रकाश्य।

महाश्वेता देवी : 14 जनवरी, 1929 को ढाका (बाँग्लादेश) में जन्म। बाँग्ला की सुप्रसिद्ध लेखिका और एक्टिविस्ट बुद्धिजीवी। आदिवासियों और जनजातियों के अधिकारों के लिए संघर्ष के प्रति समर्पित और प्रतिबद्ध। उपन्यास और कहानी-संग्रह मिलाकर 25 से अधिक रचनाएँ प्रकाशित। कई भाषाओं में रचनाओं का अनुवाद, कई रचनाओं पर फ़िल्म भी बनी है, जिसमें 'हजार चौरासी की माँ' बहुचर्चित है। वर्तमान में कोलकाता में रहती हैं। 'साहित्य अकादमी' सहित कई पुरस्कारों/सम्मानों से सम्मानित।

उर्मिला पवार : महाराष्ट्र के कोंकण क्षेत्र के एक हिन्दू महाड़ परिवार में 1945 में जन्म, बाद में बौद्ध धर्म स्वीकार किया, मराठी साहित्य की अत्यन्त सम्मानित लेखिका के रूप में प्रतिष्ठा, सर्वश्रेष्ठ आत्मकथा के लिए 'लक्ष्मीबाई तिलक पुरस्कार' से पुरस्कृत, कई भाषाओं में इनकी रचनाएँ अनूदित हैं। 'दलित आन्दोलन' से गहरा रिश्ता।

फ़हमीदा रियाज़ : सुप्रसिद्ध पाकिस्तानी लेखिका एवं मानवाधिकार कार्यकर्त्ता। वामपन्थी आन्दोलन से गहरा रिश्ता है। इनका जन्म 28 जुलाई, 1946 को मेरठ (भारत) में एक शिक्षाविद् पिता के परिवार में हुआ। विभाजन के बाद सिन्ध

(पाकिस्तान) जाना पड़ा, अब वहीं की नागरिक। पाकिस्तान के तानाशाह शासक जनरल जिआउल हक़ का विरोध करते हुए कुछ दिनों तक जामिया मिलिया इस्लामिया, दिल्ली में अध्यापन। कुल 15 संग्रह (कविता और कहानी) प्रकाशित। अन्तरराष्ट्रीय ख्याति की लेखिका। 'सितारे इम्तियाज' सम्मान सहित कई राष्ट्रीय-अन्तरराष्ट्रीय पुरस्कारों/सम्मानों से सम्मानित।

●●●